W0469351

Samira El Ouassil/Friedemann Karig

Erzählende Affen

Samira El Ouassil & Friedemann Karig

ERZÄHLENDE AFFEN

MYTHEN, LÜGEN, UTOPIEN

Wie Geschichten unser Leben bestimmen

Ullstein

Wir verpflichten uns zu Nachhaltigkeit

- Klimaneutrales Produkt
- Papiere aus nachhaltiger Waldwirtschaft und anderen kontrollierten Quellen
- ullstein.de/nachhaltigkeit

Abbildungen: S. 28: Anna Fuchs, München; S. 45: Anna Fuchs; S. 160: Sven Simon/ullstein bild; S. 163: Jonathan Bachman/ picture alliance/Reuters; S. 164: Robert Cohen/St. Louis Post-Dispatch/picture alliance/AP Photo; S. 167: Wolfgang Krumm/ picture alliance/dpa; S. 170: Bernd Thissen/picture alliance/dpa

MIX
Papier
FSC FSC® C014496

ISBN 978-3-550-20167-7
© 2021 Ullstein Buchverlage GmbH, Berlin
6. Auflage 2022
Alle Rechte vorbehalten
Lektorat: Ludger Ikas
Gesetzt aus der Granjon LT
Satz: LVD GmbH, Berlin
Druck und Bindearbeiten: GGP Media GmbH, Pößneck
Printed in Germany

Für Martin Martin!

Inhalt

I
Gewohnte Welt
Prolog

Lassen Sie uns mit der Geschichte einer Wette beginnen. Und zwar einer Anekdote aus dem Leben von Ernest Hemingway. Die Legende besagt, dass Hemingway mit einigen Autoren in einem Restaurant saß und wettete, er könne eine Geschichte mit sechs Worten schreiben. Er kassierte von jedem zehn Dollar und schrieb auf eine Serviette:

For sale: baby shoes, never worn.

Unser Leben ist oft nichts anderes als eine Wette auf die Zukunft. Wir erzählen einander und uns selbst, was die wahrscheinlichste und was die wünschenswerte Zukunft ist. Und wie aus der Letzteren die Erstere wird. Dann verhalten wir uns in der Gegenwart danach. Wir stehen jeden Morgen auf (jedenfalls die meisten von uns), in der Erwartung, dass jemand oder etwas – ein Mensch, eine Arbeit, ein Schicksal – auf uns wartet und es auffällt, wenn wir liegen bleiben. Aber was *genau* passieren wird, können wir nicht wissen. Wir gehen eine Wette ein. Und wir erzählen uns, warum wir etwas tun, damit es uns nicht sinnlos vorkommt.

Ein Großteil unserer kognitiven Kapazitäten ist genau damit beschäftigt: eine möglichst stimmige Selbsterzählung zu pflegen. Was passiert morgen, was heute schon wichtig ist? Die Ankündigung von Regen genügt, damit Millionen Menschen eine Jacke oder einen Schirm mitnehmen. Die Zukunft beeinflusst direkt die Gegenwart, was in der Physik normalerweise nicht vorkommt. Doch eine unsichtbare Kraft scheint von der einen in die andere Zeit zu wirken.

Ebenso entgegen allen physikalischen Naturgesetzen scheint es, dass ein Gegenstand durch den Weltraum von einem Planeten auf dessen Mond springt. Aber weil sich die Menschen immer schon Geschichten erzählt haben und ihnen der Mond seit jeher nicht nur ein Fleck am Himmel war, vielmehr ein Sehnsuchtsort oder gleich eine Göttin, wurde die Geschichte irgendwann wahr. Nein, sie *musste* irgendwann wahr werden – und der Mensch auf den Mond fliegen. Nur wegen einer Geschichte. Die nicht einmal wahr sein *wollen* muss. Sie muss uns nur etwas sagen. Etwas bedeuten. Unsere Sehnsucht danach, dass sie wahr werde, erledigt dann den Rest.*

So haben Geschichten uns den Himmel erklärt, die Furcht vor der Dunkelheit genommen und unsere Schiffe an fremde Küsten und schließlich ins All gelenkt. Geschichten lehren uns, wie man lebt und wie man liebt. Wir wachsen mit ihnen auf und wir werden mit ihnen beerdigt. Kaum etwas lässt unsere Augen so leuchten, uns so gebannt zuhören. Und kaum etwas kann uns so tiefgreifend verändern wie eine gute Geschichte. Doch haben sie uns auch Angst eingeflößt, gegeneinander aufgehetzt, Kriege beginnen lassen und das *andere* immer wieder zum Feind erklärt. Die an Gewalt wie Entdeckungen reiche Geschichte der Menschheit kann auch

---

* So wie die Geschichte von Hemingway und seiner Sechs-Wörter-Story. Die ist gut – fast zu gut, um wahr zu sein. Nach allem, was man weiß, ist sie tatsächlich eine Erfindung. Oder zumindest eine freie Kombination aus den sechs Wörtern, die es schon lange vor Hemingways Geburt gab, und dem von Mythen umrankten Schriftsteller, der so gerne wettete.

als Summe unserer geteilten Geschichten gelesen werden. Beides, das Dunkle und das Helle, hat darin einen festen Platz.

Wenig überraschend erzählen wir uns heute, im Zeitalter demokratisierter Zugänge zu Medien durch digitale Technik, mehr Geschichten denn je. Hier könnte nun eine imposante Aufstellung unbegreiflich hoher Geldsummen folgen, die damit weltweit umgesetzt werden. Ob Facebook oder Instagram, TikTok oder Twitter, ob Hollywood, Bollywood oder Nollywood, ob der internationale Buchmarkt, der internationale Hörbuchmarkt oder (vielleicht etwas kleiner) der internationale Theatermarkt, dazu noch der oft vergessene Videospielmarkt (der inzwischen fast alle anderen überstrahlt): Stellen Sie sich einfach die lange Reihe an Nullen vor, die die Fantastilliarden der Erzählindustrie abbilden. Oder überschlagen Sie kurz, wie viele Geschichten Sie selbst heute schon gehört, gesehen oder erzählt haben. Wir wetten, es waren einige. Und versuchen Sie mal, einen Tag lang keine zu hören oder zu erzählen. Geschichten sind so etwas wie die Atemzüge des Geistes. Wir können nicht ohne sie.

In allen Geschichten liegen, wie in diesen russischen Puppen, kleinere Einheiten. Kerne des Erzählten, aus denen unzählige weitere Geschichten sprießen können. Wir nennen sie ›Narrative‹. Sie tragen unterschwellige Botschaften durch die Welt: angebliche Ursachen, Wirkungen, Verbindungen, Konflikte, die wir uns selten vergegenwärtigen und die wir doch immer und immer wieder erzählt bekommen und nacherzählen.

Ein paar Beispiele gefällig? Das erste Narrativ ist millionenfach erzählt worden, es ergibt die erfolgreichsten Hollywood-Filme, steckt in unzähligen Videospielen ebenso wie in politischen Programmen. Es ist uns in Fleisch und Blut übergegangen: *Jeder ist seines Glückes Schmied.* So lautet das Narrativ des neoliberalen Individualismus, das gleichsam Versprechen wie Aufforderung ist. Wenn jeder Mensch direkten Zugriff auf sein Glück hat, ist im Umkehrschluss jeder für sein ausbleibendes Glück verantwortlich – und sogar für sein Unglück. Und zwar indem er nicht genug ›geschmiedet‹, sprich, hart und gut genug gearbeitet hat. Dass die Strukturen, in denen er schmiedet, für sein Glück mitentscheidend sind, dass nicht jeder mit einem brauchbaren Amboss auf die Welt kommt, dass das Leben manchen Menschen bessere Materialien zum Schmieden mitgibt als anderen – all diese systemischen Faktoren für Glück oder Unglück spielen hierbei keine Rolle. Letztlich geht es zurück auf den frühen Individualismus der alten Griechen und hat unser Denken wie kein anderes geformt.

Noch älter: *»Seid fruchtbar und mehret euch und füllet die Erde und machet sie euch untertan und herrschet über die Fische im Meer und über die Vögel unter dem Himmel und über alles Getier, das auf Erden kriecht.«*[1] Sie kennen vermutlich die Quelle: dieses seltsame Buch voller Geschichten und darunter liegender Botschaften, manche heilsam, manche destruktiv. Das Narrativ von der Überlegenheit des Menschen und der Verfügbarkeit des Planeten ist so alt wie die Bibel und so gefährlich wie kaum ein anderes. Ressourcenausbeutung, Vermüllung, Vergiftung, industrielles Abschlachten von Tieren und die größte existenzielle Krise der Menschheit namens Klimakrise – das alles gründet auch in den mannigfaltigen Erzählungen vom Auftrag unserer Herrschaft über die Welt.

Und dann ist da natürlich das ewige Narrativ von der Überlegenheit der eigenen Gruppe und der Unterlegenheit der anderen, von deren Schuld an allem Schlechten und dem daraus folgenden gerechten Kampf gegen sie, notfalls bis zu ihrer Auslöschung. Es ist noch älter als die Bibel, vermutlich so alt wie die Menschheit. Es übersetzt unsere niedersten Instinkte, die dunkelsten Seiten unserer Spezies in mächtige Geschichten von gerechtem Zorn und unausweichlicher Gewalt. Es hat tausendundeine Gestalten, taucht etwa als Antisemitismus, als Faschismus, als Misogynie auf. Es wendet sich gegen andere Religionen, Hautfarben und Kulturen. Es tötet und ist selbst nicht totzukriegen, von keinem Gesetz, keinem Kodex, keiner besseren Idee. Warum? Weil uns solch ein Narrativ eine chaotische Welt erklärt. Noch genauer: weil es uns diese Welt so verlockend schlicht *erzählt*.

Viele dieser Geschichten, die wir einander erzählen, sind nicht nur nicht wahr – sie sind sogar zerstörerisch und gefährlich, schon in ihrer Struktur. Wir, die Autoren, glauben, dass die Schemata, die Beschaffenheit, die Ausprägung und vor allem die eingebetteten Botschaften etlicher unserer heutigen Geschichten letztlich schuld an vielen Miseren unserer Welt sind. Wie kulturelle Gene wurden sie über Jahrtausende von einer Generation, die mit ihnen im Überlebenskampf erfolgreich war, zur nächsten vererbt. Im Grunde erzählen wir uns heute in einer westlichen, fortschrittlichen Gesellschaft schematisch kaum andere Geschichten als die Menschen vor zehntausend Jahren.

Wir haben zwar in den letzten Jahrzehnten Netflix, Dolby Surround, den Kindle und das postmoderne Ende hinzugewonnen (nicht alle würden sagen, dass das echte Verbesserungen waren), doch die Wirkung und die Funktion der Geschichten blieben ähnlich: Die allermeisten von ihnen sollen uns unterhalten und begeistern, erheitern und erhellen. Die Logiken ihrer Weltdeutung haben jedoch oft genug eine unterschwellige Wirkung auf uns, indem sie uns moralisch disziplinieren und indem sie – besonders heute – Verantwortung mal individualisieren, mal bestimmten Gruppen (Frauen, Juden, den *anderen*) kategorisch zuweisen. Sie verschieben Verantwortung in die Zukunft, verschweigen oder legitimieren den Raubbau an unseren Lebensgrundlagen. Indem sie unseren oft einander widerstrebenden Bedürfnissen Figuren zuordnen, vereinfachen sie die Welt.

Diese Narrative sind deshalb so mächtig, weil sie nicht nur das Außen, sondern auch unser Innen bestimmen. Und das viel mehr, als den meisten von uns bewusst ist. In der Erzählung durch andere entwickeln wir überhaupt erst so etwas wie einen Geist, eine Idee von Identität. Nahezu alles, was wir heute das ›Ich‹ nennen, stellt sich uns selbst und den anderen als Summe mehr oder weniger stimmiger Erzählungen dar. Wir sind, wer wir auf der Bühne anderer Bewusstseine zu sein glauben, genauer: welche Rolle wir dort von uns erzählen dürfen. Wenn das Sein dem Bewusstsein folgt und das Bewusstsein von ebendiesen Geschichten auf gewisse Kausalitäten hintrainiert wurde, liegt der Schlüssel zu einem gerechteren Sein im Kern dieser Narrative. Beleuchten und ändern wir Form und Inhalt unseres Erzählens, so beleuchten und ändern wir die Welt – und was es heißt, in ihr Mensch zu sein.

Menschen bringen Menschen um, könnte man einwenden. Menschen schlagen zu und geben Schüsse ab, und keine Geschichte, mag sie noch so wirkungsvoll sein, kann das verhindern. Wer Gerechtigkeit sucht, sollte nicht herumtheoretisieren, sondern für sie arbeiten, könnte man fordern, und als Erstes an sich selbst. Doch läge man damit falsch.

In diesem Buch wollen wir zeigen, dass kaum etwas so mächtig ist wie eine gute Geschichte. Wir sind uns darüber im Klaren, dass unsere Welt ungerecht ist und schlichtweg langsam kaputtgeht. Wir glauben deshalb, dass wir andere Geschichten brauchen. Wenigstens wäre es einen Versuch wert, unsere narrative Programmierung zu begreifen und auszuprobieren, was sich in der Welt bewegt, wenn wir den mentalen Stoff, der sie für uns zusammenhält, verändern. Diesen Versuch wollen wir in drei Schritten wagen.

Erstens möchten wir nachzeichnen, warum für unsere Spezies die Kulturtechnik des Erzählens so überlebensnotwendig wie ermächtigend war, weshalb wir als erzählende Affen also heute von nichts stärker beeinflusst sind als von Erzählungen. Wir möchten ergründen, wieso auch das moderne Selbst sich letztlich nur eine Geschichte erzählt – und wie das heute besser gelingen kann.

Zweitens wollen wir aufzeigen, welche Felder unseres Lebens, unserer Geschichte und unserer Gesellschaften von welchen Narrativen geprägt sind und in welcher Weise – und wie sehr Milliarden Menschen deshalb unter ihnen leiden. Dabei werfen wir unseren Blick naturgemäß zuerst auf die Geschichten des sogenannten ›Westens‹. Zum einen, weil sie eben auch unsere sind, zum anderen und vor allem aber, weil der Westen mit ihrer Hilfe den Rest der Welt politisch wie kulturell unterworfen hatte. Folglich spielen sie, wohl oder übel, für fast alle Menschen eine Rolle. Wir wollen aber auch darüber nachdenken, wie wir diesen Blick weiten können.

Drittens werden wir auskundschaften, welche Narrative die wahrhaftigen, gesünderen, produktiveren und damit – im Sinne einer utopischen Zukunft – die besseren sein könnten. Ob Menschen überhaupt Utopien brauchen oder wie wir sonst am besten moralisch dazulernen.

Wir wollen also nichts anderes leisten als eine radikale (im etymologischen Sinne ›an die Wurzel gehende‹) narrative Kulturkritik, mit dem Ziel, die Hebel hinter den Geschichten zu verstehen und zu verändern. Wir betrachten dabei die Menschheitsgeschichte selbst als Heldenreise eines Wesens, das sich von sämtlichen anderen Wesen dieser Erde darin unterscheidet, dass es sich Geschichten erzählt. Unsere epische Entwicklung als Spezies stellt uns vor die größte Herausforderung unserer Geschichte: die fortschreitende Zerstörung unserer Lebensgrundlagen.

So weit die schlechte Nachricht. Die gute lautet: Wie in jeder Heldenreise ist die Lösung dieses Problems längst in uns angelegt.* Wie in jeder Heldenreise müssen wir uns grundlegend wandeln, um die Lösung in uns zu finden. Und wie in jeder Heldenreise erwartet uns, wenn wir alle Prüfungen bestehen, eine neue, bestenfalls bessere Welt. Auch von ihr soll dieses Buch handeln.

PS: Wir verwenden in diesem Buch die männliche und weibliche Form. Alle Geschlechter seien immer mit gemeint. Wir hoffen, dafür Ihre Zustimmung zu bekommen.

---

* Wenn Sie wissen wollen, wie die Menschheit sich vor dem Untergang retten kann, blättern Sie vor zu Kapitel 12. Wenn Sie lieber den ganzen spannenden Kram dazwischen lesen wollen, blättern Sie auf die nächste Seite um. Generell funktioniert dieses Buch auch als interaktives Abenteuer: Wir geben Ihnen in Fußnoten die Gelegenheit, an eine andere Stelle zu springen. Entscheiden müssen Sie selbst.

2
Ruf des Abenteuers
Erlöser, Dämonen, Heldinnen

Eine Reise, sie alle zu verwandeln

Als der Held aufgeben will angesichts der Übermacht des Bösen und all der Opfer, die er bringen musste, um es zu besiegen, redet sein bester Freund ihm Mut zu:

> Das ist wie in den großen Geschichten. In denen, die wirklich wichtig waren. Voller Dunkelheit und Gefahren waren sie. Und manchmal wollte man das Ende gar nicht wissen. Denn wie könnte so eine Geschichte gut ausgehen? Wie könnte die Welt wieder so wie vorher werden, wenn so viel Schlimmes passiert ist? Aber letzten Endes geht auch er vorüber, dieser Schatten. Selbst die Dunkelheit muss weichen. Ein neuer Tag wird kommen, und wenn die Sonne scheint, wird sie umso heller scheinen. Das waren die Geschichten, die einem im Gedächtnis bleiben, selbst, wenn man noch zu klein war, um sie zu verstehen. [...] Ich weiß jetzt: Die Leute in diesen Geschichten hatten stets die Gelegenheit umzukehren, nur taten sie's nicht. Sie gingen weiter, weil sie an irgendetwas geglaubt haben![1]

Daraufhin fragt der Held: »Woran sollen wir glauben?«, und sein bester Freund antwortet: »Es gibt etwas Gutes in dieser Welt, Herr Frodo. Und dafür lohnt es sich zu kämpfen.«[2]

Frodo, Alice im Wunderland, Jesus, Ellen Ripley – der tapfere Hobbit, das neugierige Mädchen, der barmherzige Erlöser, die mutige Astronautin: Was haben diese so unterschiedlichen Figuren gemeinsam? Sie alle kämpfen für etwas. Sie ziehen los und begeben sich in ungewisse Abenteuer. Sie erleben Konflikte, Widerstände, Siege und Niederlagen. Und sie alle erreichen ein Ziel. Doch was macht sie wirklich zu Helden und Heldinnen? Ihr Glaube. Sie glauben fest genug an etwas, um alles zu riskieren. Die meisten Helden müssen ihren Glauben allerdings erst entdecken, tief in sich selbst, und dazu einen Wandel vollziehen. Sie sind Protagonistinnen* einer Geschichte, weil sie sich auf eine Reise begeben, auf der sie letztendlich sich selbst finden. Frodo findet den Mut, den Ring zu tragen, und den Willen, ihn zu vernichten. Alice wächst aus einer kindlichen Fantasiewelt heraus, die damit ihren Schrecken – und ihren Zauber – verliert. Jesus widersteht allen Versuchungen, opfert sich für die Sünden der Menschen und wird vom Prediger zum Messias. Ellen Ripley wird dank ihrer Entschlossenheit von der gejagten Soldatin zur kosmonautischen Drachentöterin.** Ihre

---

* Vom Altgriechischen *prótos* = »der Erste« und *ágo* = »ich handle, bewege, führe«.

** Die 1979 mit dem ersten *Alien*-Film begonnene Heldinnenreise der Astronautin Ellen Ripley war auch deshalb so speziell, weil es der Hauptdarstellerin Sigourney Weaver und dem Regisseur Ridley Scott hier gegen alle Regeln des Genres gelang, eine Frau als Heldin eines Sci-Fi-Actionfilms zu etablieren. Interessanterweise steht gleich zu Beginn des Originaldrehbuchs von *Alien,* dass alle Rollen von allen Geschlechtern gespielt werden könnten, wobei die Drehbuchautoren zugaben, beim Schreiben einen männlichen Protagonisten vor Augen gehabt zu haben. Scott fand dann aber einfach keinen geeigneten Schauspieler für die Rolle – bis Weaver vorsprach. Sie war der Held, nach dem man die ganze Zeit gesucht hatte.

Abenteuer sind jeweils der steinige Pfad zu ihrem heroischen Selbst, eine Tour de Force, die gleichzeitig Wachstum ist: eine Heldenreise.

Obwohl der Mann diesen Begriff nicht erfand, gilt er als Entdecker dieser erzählerischen Grundstruktur: Joseph Campbell. In seinem 1945 veröffentlichten Opus magnum *Der Heros in tausend Gestalten** analysierte der amerikanische Mythenforscher Tausende von Geschichten, Sagen und Legenden aus aller Welt. Dabei identifizierte er ein Muster, das er den ›Monomythos‹ nannte. In keltischen wie arabischen Mythen, bei indischen wie griechischen Halbgöttern, ja sogar in den uralten, kulturell autarken Erzählungen der Native Americans oder Aborigines findet sich das immer gleiche Schema, welches Campbell wie ein narratives Genom entschlüsselte: eine äußere Reise als physisches Abenteuer neben der inneren Verwandlung als psychische Entdeckung.**

Campbell fragte sich nun, wie diese eine Art des Erzählens sich überall so ähnlich verbreiten konnte. Dabei griff er auf psychoanalytische Theorien der Verdrängung und Sublimierung von Trieben und Ängsten zurück: auf Sigmund Freud, Otto Rank und Carl Gustav Jung. Weil Heldenmy-

---

* Der englische Originaltitel *Hero with a thousand faces* ist noch näher an der zentralen Eigenschaft der Heldinnen, sich durch ihre Reise verwandeln zu können.

** Der französische Anthropologe Claude Lévi-Strauss untersuchte die Bestandteile dieser Mythen und fand »Mytheme«, kleinste Einheiten von Gegensatzpaaren, die immer neue Geschichten ergeben. In den Messiasgeschichten zum Beispiel wäre das die Opposition von Versuchung und Widerstehen, von göttlicher Macht und einem diabolischen Antagonismus. Auch sie sind sich, ähnlich wie die Heldenreise, quer durch viele Kulturen und ihre Erzählungen sehr ähnlich. Für Lévi-Strauss sind Mythen keineswegs primitive Sinnbildungen, sondern ausgefeilte Techniken der Weltdeutung.

then seiner Ansicht nach ihren Ursprung in unseren kulturell übergreifend ähnlich gestalteten Psychen haben, glaubte Campbell, dass sie für alle Menschen universell seien und ähnlichen, wenn nicht sogar identischen Mustern folgten. In gewissem Sinne erlaubt uns diese Schablone, den Helden als Archetypen für den psychischen Reifungsprozess zu betrachten, den wir alle in unserem Leben durchlaufen. Denn Heldinnen sind keine Außerirdischen* und keine Maschinen. Sie erzählen uns etwas über uns selbst und damit über das Menschsein an sich. Sie sind Persönlichkeiten, die wir gerne wären oder die wir sein könnten – oder die wir sogar schon sind, ohne es zu wissen.

Protagonistinnen erleben an unserer Statt kolossale Abenteuer und drastische Emotionen, kämpfen auf Leben und Tod, erfahren größtes Glück und Unglück. Sie erschlagen Drachen, finden Schätze, verlieben sich, retten ihre Kinder und verraten ihre Eltern. Sie riskieren oft alles, gewinnen jedoch meist noch mehr. Doch wozu genau müssen sie diese Wagnisse auf sich nehmen? Um uns zu unterhalten, gewiss. Doch die Unterhaltung ist hierbei nur das Medium einer tieferen Verbindung.

Worum es im Kern geht, fassen die Mythenforscherinnen Eva M. Thury und Margaret K. Devinney wie folgt zusammen: »Wir sind alle Helden, die darum kämpfen, unser Abenteuer zu vollenden. Als menschliche Wesen nehmen wir an einer Reihe von Kämpfen teil, um uns als Individuen zu entwickeln und unseren Platz in der Gesellschaft zu fin-

* Manchmal allerdings schon – wie Alf vom Planeten Melmac. Der ist jedoch kein Held im klassischen Sinne, denn die meisten komischen Genres zeichnet aus, dass die Helden eben *keine* Entwicklung durchlaufen.

den. Darüber hinaus sehnen wir uns nach Weisheit: Wir wollen das Universum und die Bedeutung unserer Rolle darin verstehen.«[3] Die Mission des Helden ist folglich eine Metapher für eine unbewusste Sehnsucht vieler Menschen, insbesondere die nach Orientierung, nach Einsicht in die Ordnung der Dinge, nach Erkenntnis. Als Vorbilder und Vorkämpferinnen, als Champions unserer Bedürfnisse und Narzissmen personifizieren Heldinnen die Aussicht auf Wunsch- und Trieberfüllung. Auf ihrem Weg erleben sie übermenschliche Prüfungen und allzu menschliche Transformationen – wenn sie sich diesen nicht verweigern und letztlich scheitern. Damit bieten sie uns einen raren Zugang zu unserem Unbewussten. Indem wir mit Heldinnen Beziehungen eingehen, uns mit ihnen identifizieren und verbinden, loten wir immer auch unsere eigenen Fragen, Hoffnungen und Werte aus. Doch anders als die Heldinnen gehen wir dabei kontrollierbare Risiken ein. Der lustvolle Selbstverlust des Mitfieberns am Verlauf einer spannenden Erzählung ist immer zeitlich begrenzt. Die Empathie mit den Figuren einer Geschichte ist eine mit »emotionaler Rückfahrkarte«[4], wie der Germanist Fritz Breithaupt es nennt, da wir selbst während der wildesten Abenteuer wissen, dass wir jederzeit das Buch weglegen oder den Fernseher ausschalten können. Und jede Geschichte ein Ende hat.

Dafür ist es egal, ob die Helden echt oder erfunden sind. Man kann bei den meisten der hier (und später) aufgeführten großen Geschichten bezweifeln, ob sie sich jemals so zugetragen haben.* Inwiefern sie Fiktionen mit einem verschüt-

* Die Frage, was überhaupt »authentisch« oder »wahr« genannt werden kann, öffnet insbesondere im Bereich der Erzählungen ein weites Feld. Alle erkenntnistheoretischen Probleme, die damit verknüpft

teten authentischen Kern, fiktionalisierte Dramatisierungen historischer Ereignisse oder schmissig erzählte wahre Biografien sind, ist nicht relevant für unser Buch. Denn an ihrer Funktion für und ihrer Macht über unser Leben änderte keine dieser Einschätzungen etwas, und sei sie noch so begründet. Zumal wir es hier nicht mit Problemen der Historizität, sondern der Symbolik zu tun haben. Wie Campbell es formulierte: »Ob Rip van Winkle, Kamar ez-Zamán oder Christus wirklich gelebt haben, ist nicht unsere primäre Sorge. Ihre Geschichten sind es, was uns angeht, und diese Geschichten sind so weit über die Welt verbreitet, nur in verschiedenen Ländern verschiedenen Personen zugeschrieben, daß die Frage, ob dieser oder jener Träger dieser universellen Themen eine historische Persönlichkeit, ein lebender Mensch gewesen sein mag [...], nur von zweitrangigem Interesse sein kann. Sie würde die Botschaft, die aus den Bildern spricht, einfach beiseite schieben.«[5]

Ob fiktive Person oder nicht: Für den epischen Verlauf seiner Reise in *Der Herr der Ringe* ist Frodo unser Alter Ego, eine freundliche Projektionsfläche, die für uns die Strapazen und Schwerthiebe einsteckt. Mit ihm betreten wir einen fiktiven Kosmos voller Herausforderungen und schwerer Prüfungen. Und damit wird der Held auch Teil der Perspektive,

---

sind, möchten wir hier vernachlässigen. Solange eine Geschichte »wahrhaftig« ist, ist sie wahr genug, um von uns betrachtet zu werden, denn dann kann sie wirken, als wäre sie wahr. In seinem Buch *Coraline* paraphrasierte der Autor Neil Gaiman einen Absatz aus G.K. Chestertons Essaysammlung *Tremendous Trifles* folgendermaßen: »Märchen sind mehr als nur wahr: nicht deshalb, weil sie uns sagen, dass es Drachen gibt, sondern weil sie uns sagen, dass man Drachen besiegen kann.« (Neil Gaiman: *Coraline.* Würzburg, Arena Verlag 2003, S.3)

von der wir auf seine Wirklichkeit schauen. Wir folgen Alice ins Wunderland, das für sie ebenso neu und unwirklich ist wie für uns. Durch Harry Potters Brille blicken wir in die Zauberwelt von Hogwarts. Zusammen mit Katniss Everdeen erfahren wir in *Die Tribute von Panem* das dekadente Leben im Kapitol und die brutale Organisation dieser Gesellschaft. An der Hand eines Helden wagen wir uns also auf eine Reise, auf der das Individuum nach Campbell einen Sinn für seine Identität und seinen Platz in der Welt findet.

Das führt uns zu Campbells Phasen, die ein Protagonist während seiner Heldenreise belaufen muss – und wir mit ihm. Es handelt sich dabei um eine Art erzählerische Uhr, auf deren Ziffernblatt Campbell strukturell wiederkehrende Hauptereignisse chronologisch* platzierte.

Campbell spricht von 17 Etappen einer Heldenreise. Im Verlauf seiner Rezeption wurden diese jedoch auf verschiedene Weisen interpretiert, zum Teil zusammengeführt oder aktualisiert. Während in mythologischen Stoffen zum Beispiel ein Treffen mit einer Göttin stattfand, die dem männlichen Helden maternale Hilfe, manchmal auch eine romantische Begegnung gewährte, findet man dies in vielen gegenwärtigen Geschichten, wenn überhaupt, nur noch symbolisch angedeutet oder in aktualisierter Form. Während Frodo auf die Elbin Galadriel trifft, die ihm wertvolle Erkenntnisse über

---

* Bei Campbell sind die Etappen gegen den Uhrzeigersinn angeordnet, um die Widerstände, gegen die der Held sich behaupten muss, zum Ausdruck zu bringen. Während die gewohnte Wirklichkeit im Uhrzeigersinn voranschreitet, stemmt die Heldin sich gegen diese Routinen ihrer Realität, läuft gegen die Ordnung der Dinge an, nimmt den harten Weg. Wir haben uns dennoch entschieden, aus Gründen der Lesegewohnheit die Etappen von links nach rechts zu platzieren.

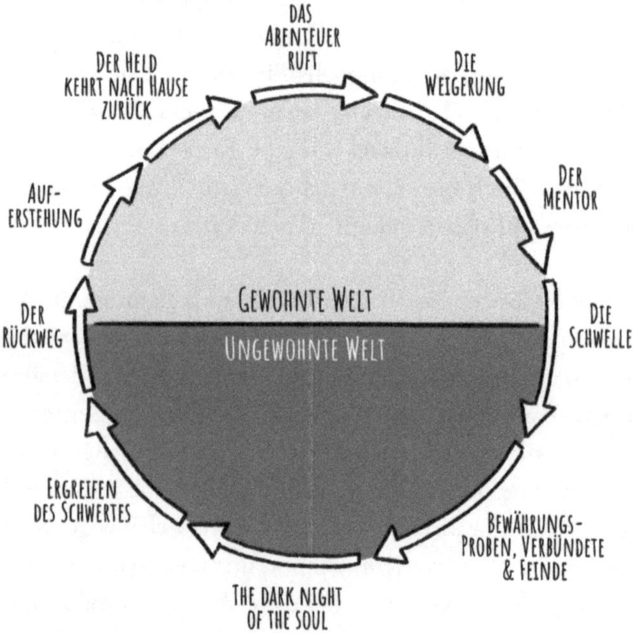

Das Abenteuer ruft
Die Weigerung
Der Mentor
Die Schwelle
Bewährungs-proben, Verbündete & Feinde
The dark night of the soul
Ergreifen des Schwertes
Der Rückweg
Auf-erstehung
Der Held kehrt nach Hause zurück
Gewohnte Welt
Ungewohnte Welt

die Zukunft verrät, fehlt solch ein Rendezvous beispielsweise in *Die Tribute von Panem.* In den unterschiedlichen Ausprägungen der Heldenreise tauchen jedoch in der Regel die hier aufgeführten zwölf Schritte konsistent auf. Für die Benennung der einzelnen Stunden der Heldenuhr haben wir uns verschiedener Werke[6] bedient, um die verschiedenen Facetten der Heldenreise zu präsentieren.

1. *Gewohnte Welt.* Die Reise jedes Helden fängt in einer für ihn gewöhnlichen Welt an. Dorothy, die Heldin aus *dem Zauberer von Oz,* befindet sich im grauen Kansas, Neo aus dem Film *Matrix* im grünstichigen Büro. Ellen Ripley wacht in ihrem Raumschiff auf, Frodo will nur seine Ruhe im schönen Auenland. Und doch ahnt man schnell, dass hier etwas nicht stimmt oder den Heldinnen selbst etwas fehlt. Manche sind Misfits wie Neo, Außenseiter, gequält von dunkler Vorahnung. Andere dagegen scheinen zufrieden, so wie Frodo, weil sie ihre Bestimmung noch verdrängen. Doch eine leise Sehnsucht nach Veränderung steckt in fast allen Helden.

2. *Knock, knock, Neo. Time to wake up. Das Abenteuer ruft.* Die vertraute Welt wird von außen erschüttert – und etwas zwingt die Heldinnen zum Handeln. Luke Skywalker erhält im *Krieg der Sterne* einen Hilferuf von Prinzessin Leia. Die Königin der Nacht bittet Tamino in der *Zauberflöte* um die Rettung ihrer Tochter aus Sarastros Gewalt (und verspricht sie ihm im Falle seines Erfolgs zur Frau). Harry Potter bekommt einen Brief (beziehungsweise sehr viele) aus Hogwarts in den schrecklichen Ligusterweg geschickt. T'Challas Vater stirbt in *Black Panther,* Wakanda braucht einen Thronfolger, die Welt einen neuen Black Panther. Bei Alice erfolgt

der Ruf in Gestalt eines weißen Kaninchens – ebenso bei Neo, der es als Tattoo bei einer Begleiterin entdeckt. In Anleitungen zum Drehbuchschreiben wird dieser Moment auch der *inciting incident* genannt, der Auslöser, der dafür sorgt, dass der Held sich auf seine Reise begibt.

3. *Die Weigerung.* Moment mal! Etwas hält den Helden zurück. Selbstzweifel oder Angst? Unmut? Faulheit? Oder etwa eine Vorahnung, was ihm blüht, wenn er aufbricht? Nicht immer, aber gelegentlich lehnt der Held den Ruf des Abenteuers ab. Frodo will den Ring, »sie alle zu knechten«, gar nicht haben, und sein bester Freund Sam warnt ihn: »Es ist eine gefährliche Sache, aus deiner Tür hinauszugehen. Du betrittst die Straße, und wenn du nicht auf deine Füße aufpasst, kann man nicht wissen, wohin sie dich tragen.«[7] Sogar der angebliche Sohn Gottes namens Jesus von Nazareth hatte zuerst wenig Lust, Messias zu sein, was wiederum in der Heldenreise seiner Persiflage Brian in Monty Pythons *Das Leben des Brian* (1979) satirisch überhöht wird.* Ebenso brach der spätere Buddha namens Siddhartha Gautama, trotz nagender Unzufriedenheit mit seinem luxuriösen Leben als Fürstensohn sowie allerlei Weissagungen, erst mit 29 Jahren zu seiner asketischen Sinnsuche auf.** Und Luke Skywalker

---

* Brian: »Ich bin nicht der Messias, hört mir doch bitte zu! Ich bin nicht der Messias. Habt ihr verstanden? Ehrlich!« Einer der Anhänger: »Nur der wahre Messias leugnet seine Göttlichkeit.« Brian: »Was!? Oh! Was bleibt mir denn da noch für eine Chance? … Also schön! Ich bin der Messias!« Viele Anhänger: »Er ist es! Er ist der Messias!«

** Generell sind die Parallelen zwischen Jesus und Buddha oder allgemein zwischen monotheistischen Messiasgestalten so häufig, dass man meinen könnte, sie wären allesamt erfunden, von einer einzigen Spezies, die das Bedürfnis nach solchen Geschichten hatte. Allerdings

weist den Ruf erst ab, da das Abenteuer zu weit weg von zu Hause stattfindet, schließlich müsse er sich doch um Onkel und Tante kümmern (die kurz darauf ermordet werden). Selbst Spiderman alias Peter Parker entscheidet sich zunächst für ein bisschen Wrestling gegen Geld, statt einem Mann in Not zu helfen, dabei hat er gerade durch den Spinnenbiss seine Fähigkeiten erlangt, die ihn zum Beschützer der Schwachen machen könnten. (Als bittere Konsequenz tötet der Straßenräuber, den er nicht aufhält, später seinen Onkel Ben.) In der Regel braucht es also einen zweiten Anlauf, eine Verschärfung der Not, bis der Held beschließt, sich seiner Verantwortung zu stellen. Manchmal ist es aber auch das Umfeld, das Angst um die Protagonistinnen hat oder sie aus anderen Gründen zurückhalten will – wie beispielsweise Harry Potters Onkel Vernon. Lässt der Held sich aber auf die Reise ein, gibt es kein Zurück mehr.

4. Der Held bricht auf und erfährt die Hilfe eines *Mentors.* Mentor hieß der Freund des Odysseus, der sich um dessen Sohn Telemach kümmerte. Ein Mentor steht seither archetypisch wie psychologisch für das höhere Ich, eine noblere Version unserer selbst. Oft waren Mentorinnen früher selbst Heldinnen, welche nun die Verwandlungserfahrungen ihrer eigenen Abenteuer an den Helden weitergeben. Dementsprechend sind sie selbst gerne mütterlicher oder väterlicher Art, wenn sie nicht buchstäblich ein Elternteil sind (oder ein Onkel). Von ihnen bekommt der Held Erfahrung, Ratschläge, Techniken, Informationen, Training oder Ausrüstung. Mentoren vermitteln Wissen, so wie Dumbledore Harry Magie

---

wurde Buddha von sage und schreibe 40 000 Tänzerinnen in Versuchung gebracht – so schwer hatte es Jesus nicht.

lehrt. Sie motivieren zum Weitermachen, so wie Rocky Balboa den jungen Creed aufbaut. Obi-Wan, Morpheus, Dumbledore, T'Challas Schwester Shuri, Gandalf, Karate Kids Meister Mr. Miyagi, Rockys Boxlehrer: Sie alle geben dem Helden etwas Entscheidendes mit, denn sie verkörpern all die Werte und die Weisheit, für die es sich zu kämpfen lohnt.

Aber auch eine Erinnerung an jemanden kann die Funktion eines Mentors übernehmen, wie in Zack Snyders *Superman,* oder das Abrufen eines zuvor erlebten, aber schwer zugänglichen Wissens. (Achtung, Spoiler: Besonders doppeldeutig ist die Mentorenbeziehung in *Fight Club* zwischen dem Erzähler und seinem Freund Tyler Durden: Der Held wird zu seinem eigenen Mentor und zugleich zu seinem eigenen Antagonisten.)*

5. *Die Schwelle* wird überschritten, die Grenze des Auenlandes passiert, die rote Pille geschluckt. Die Heldin verlässt ihre vertraute Umgebung, fällt durch den Kaninchenbau und landet im Wunderland oder auf dem Planeten mit den bösen Aliens. Katniss Everdeen erreicht mit dem Zug das erbarmungslose Kapitol, die Hauptstadt von Panem; auch für Harry Potter ist der Zug nach Hogwarts das Symbol der Unumkehrbarkeit seiner Reise. Willkommen in Oz – es gibt kein Zurück mehr, Dorothy.

---

* Zeitgenössische Stoffe spielen mit diesen starren Rollen: Der Pixar-Film *Soul* zum Beispiel erzählt, wie der verstorbene Jazz-Musiker und Lehrer Joe und die Seele 22, der er im Jenseits begegnet, einander zu Mentoren auf allen Bedeutungsebenen des Wortes werden. Am Ende seiner Heldenreise übertritt Joe ein letztes Mal die Schwelle, buchstäblich durch eine Tür und metaphorisch von einer Welt zur anderen, um final zu entscheiden, ob er Held oder Mentor wird.

6. *Bewährungsproben, Verbündete, Feinde.* So langsam geht es ans Eingemachte: Der Held wird geprüft, baut Freundschaften auf, findet Verbündete und lernt seine Feinde kennen. Die Avengers in den Marvel-Filmen werden ein Team, Mulan lernt in der gleichnamigen Geschichte im harten Training, wie ein Mann zu kämpfen. Die Heldin muss auch Misserfolge einstecken, wodurch ihre Willensstärke getestet wird. Wir lernen: Training ist wiederholtes Scheitern unter kontrollierbaren Bedingungen. Zeit für Montagen! Es kann zunächst Niederlagen hageln, aber egal, weiter: Ein Held zeichnet sich vor allem durch Entschlossenheit aus. Die Knochen müssen gebrochen werden, damit sie stärker werden. Was dich nicht umbringt, heldet dich ab. »Tue es oder tue es nicht. Es gibt kein Versuchen«, so der Jedi-Meister Yoda zu Luke. »Konzentrieren, Potter!«, fordert Severus Snape. Also: *Wax on, wax off. Don't forget to breathe!*

7. *The Bad guys close in.* Nun müssen die Heldinnen zeigen, was sie gelernt haben, wie entschlossen sie sind, wie sehr sie den Sieg wollen. Und auch die bösen Buben/Mädchen beweisen ihr ganzes bösewichtiges Potenzial, ihren Willen zur Vernichtung der Heldinnen, vielleicht sogar der ganzen Welt. Die Agenten greifen Morpheus, Trinity und Neo an. Voldemorts Handlanger greifen Harry, Hermine und Ron an. Das Imperium greift Han Solo, Leia und Luke an. Beide Seiten werfen alles in den Ring. Doch wie die epische Schlacht auch ausgeht, sie bedeutet noch nicht die Entscheidung.

8. *The dark night of the soul.* Der tiefste Punkt. Wunden sind geschlagen, Verluste zu verzeichnen, oftmals hat sich ein Mentor geopfert. Morpheus bleibt zurück, um die Agenten aufzu-

halten und den Auserwählten Neo zu retten. Dumbledore wird von Snape getötet, auch Obi-Wan geht über den Jordan. Und die Hobbits müssen sich von Gandalf dem Grauen verabschieden, der sich für sie opfert (und später als Gandalf der Weiße wiederaufersteht). Der Held begegnet in diesem entscheidenden Moment nun seiner größten Angst oder gleich dem Tod – und zwar ganz allein. Selbst in der romantischen Komödie gibt es diesen tiefsten Punkt. Hier stirbt die sich anbahnende Beziehung symbolisch durch eine Trennung: Der Held verliert die Liebe seines Lebens und damit alle Hoffnung. So ist dieser Punkt immer auch eine Begegnung mit den eigenen Dämonen, die nur durch eine enorme Anstrengung überwunden werden können. Der Held muss sich seinen verdrängten Ängsten stellen. Luke fürchtet, von der dunklen Seite der Macht verführt zu werden, und muss symbolisch wie buchstäblich eine dominante Vaterfigur bezwingen. Mulan gewinnt zwar die Schlacht, wird jedoch verletzt und als Frau enttarnt, ausgestoßen und zurückgelassen. Harry Potter liegt wehrlos auf dem Waldboden, er wird gleich von einem Dementoren ausgesaugt. Frodo liegt gleichfalls wehrlos auf dem Höhlenboden und wird gleich von einer Spinne eingewickelt. Rocky liegt auf dem … Kurzum: Alles scheint verloren.

9. *Ergreifen des Schwertes.* Doch im Moment größter Dunkelheit fasst der Held einen Entschluss, gewinnt eine Erkenntnis, rafft sich ein letztes Mal auf. Er überwindet seine Angst, alle Selbstzweifel, manchmal sogar den Tod. Er wird eine neue, bessere Version seiner selbst: wiedergeboren oder wiederauferstanden. Mutiger, stärker, unbeirrbarer. Nun wird der Protagonist endgültig zum Helden. Neo kehrt zurück, um Morpheus zu retten, obwohl er laut Orakel dabei sterben könnte. Jesus und Harry Potter opfern sich für ihre Freunde

und die Menschheit. Mulan kämpft jetzt nicht mehr in der Verkleidung von Hua Jun, sondern als sie selbst, frei von Lügen und Restriktionen. Der beinahe ohnmächtige Harry sieht in der Ferne einen durch ein »Expecto Patronum!« heraufbeschworenen Patronus (ein zeitliches Paradox: Es ist nämlich sein zukünftiges Selbst, welches diesen Schutzpatron heraufbeschwört, weil er sich in der Vergangenheit am Punkt seiner dunkelsten Stunde selbst dabei zuschauen konnte, es bereits einmal geschafft zu haben). Oft symbolisiert das vom Helden ergriffene Schwert die Erkenntnis, die Herausforderung bewältigen zu können. Oder der Held nimmt den Schatz in Besitz, den er durch die Konfrontation mit dem Tod gewonnen hat. Manchmal sind die Schätze echte Schätze – Steine der Weisen oder Baupläne für Todessterne zum Beispiel. Aber der Fund kann auch ein Wissen sein, die Liebe, ein geretteter Mensch. Oder eine Freundschaft wie die zwischen Frodo und Sam: Nachdem Gollum sie scheinbar zerstört hat, erweist sie sich nach der symbolischen Wiederauferstehung Frodos als stärker denn je. Und rettet letztlich die Welt.

10. *Rückweg.* Der Held hat sich verändert. Er hat auf seiner Reise herbe Verluste erlitten, dabei jedoch Grundsätzliches über sich und seine Welt gelernt, manche Täuschung entlarvt und sein altes Ich hinter sich gelassen, wenn nicht sogar getötet. Die Schätze, Grale und Erkenntnisse müssen nach Hause gebracht werden. Doch nicht so schnell – kurz vor der Heimkehr kommt es zu einer nun wirklich finalen Prüfung, die dem Helden abermals alles abverlangen kann. So muss sich Ellen Ripley erneut des sich noch einmal aufbäumenden Aliens erwehren, Neo wird gar auf der Flucht aus der Matrix von Agent Smith erschossen.

11. *Auferstehung.* Doch Neo weiß inzwischen, dass er der Auserwählte ist. Er hat die Beschaffenheit der Matrix begriffen und kann sie mit seinem Willen beeinflussen. Die Verwandlung, die bei der entscheidenden Prüfung begonnen hat, ist hiermit endgültig abgeschlossen und von außen für alle sichtbar. Harry Potter weiß inzwischen, dass er den »Expecto Patronum«-Zauberspruch beherrscht, denn er hat sich selbst dabei beobachten können, es schon einmal geschafft zu haben. Luke hat keine Angst mehr, die Macht zu nutzen, weil er weiß, dass er der dunklen Seite nicht erliegen wird. »Nutze die Macht, Luke!« ertönt im entscheidenden Moment die mysteriöse, aus dem Nichts kommende Stimme seines Mentors Obi-Wan. Der Todesstern explodiert.

Campbell nannte diesen Punkt der Reise »Herr der beiden Welten«: Der verwandelte Held reagiert nicht mehr durch Anpassung auf die Situation, sondern er selbst passt die Situation an. Mitunter erfolgt diese Auferstehung strukturell auch direkt nach dem tiefsten Punkt, oder der Abschnitt des Rückwegs ist sehr kurz. Es muss also nicht immer die Flucht aus dem einstürzenden Tempel sein, sondern es kann sich auch schlicht um ein Aufwachen handeln. Wenn Alice und Dorothy die Augen öffnen und plötzlich wieder daheim sind, stehen sie symbolisch wie buchstäblich wieder auf.

12. *Der Held kehrt nach Hause zurück* – wobei er oft ein Element des Schatzes bei sich trägt, das die Macht hat, die Welt so zu verwandeln, wie der Held verwandelt worden ist. Die Avengers essen Shawarma inmitten der Trümmer eines wieder friedlichen, sicheren New Yorks. Dorothy ist zurück in Kansas – und liebt es. Mulan kehrt mit dem Schwert des Kriegers und dem kaiserlichen Siegel heim, beides Belege

dafür, dass sie ganz China gerettet und die Ehre ihrer Familie wiederhergestellt hat. »Die Freiheit zu leben« nennt Campbell diese letzte Etappe des Helden.

Bösewichte, Mentorinnen und weitere Mitspieler

Doch was wäre James Bond ohne Dr. No oder Ernst Stavro Blofeld? Was wäre die Agentin Clarice Starling ohne Hannibal Lector? Was wäre Van Helsing ohne Dracula, was Mozarts ungleiches Gespann Tamino und Papageno ohne die schrecklich-schöne Königin der Nacht? Der Held ist und bleibt die wichtigste Figur, aber alleine ist er nichts. Eine gute Geschichte braucht weitere integrale Bestandteile, und der nach dem Helden wichtigste ist natürlich der Antagonist – etwa einen Colonel Kurtz in *Apocalypse Now,* eine böse Hexe für Schneewittchen, ein Darth Vader für Luke Skywalker, einen Joker für *Batman* in den gleichnamigen Comics.

An diesen Beispielen merkt man, dass besonders starke Antagonisten eine Geschichte beinahe übernehmen können. Die Protagonisten dienen dann eher dazu, die antagonistische Genialität und Abgründigkeit ihrer Gegenspieler zu betonen, als die Hauptfiguren zu stellen. Getreu des Mottos von Alfred Hitchcock: »Je gelungener der Schurke, umso gelungener der Film.«[8] In der Regel jedoch ist es andersrum: Der Antagonist ist für sich selbst kaum lebensfähig, ist er doch nur das Negativ zum Protagonisten. Er komplementiert ihn, und manchmal erkennt er dies sogar, wie zum Beispiel der Joker, wenn er zu Batman sagt: »Ich will dich nicht umbringen. Was würde ich ohne dich tun? […] Du vervollständigst mich!« Und weiter: »Ich bin kein Monster. Ich bin den anderen nur voraus.«[9] Darin liegt, über einen wohligen

Grusel der Ambivalenz hinaus, seine Funktion für die Geschichte: Er personifiziert gewisse problematische Eigenschaften, Egoismen oder Deformationen, die in jedem von uns angelegt sind – auch im Protagonisten. Frodo erfährt die Gier nach Macht und nach dem sie manifestierenden Ring hautnah; Jesus wird vom Teufel höchstpersönlich in Versuchung geführt; Batman kämpft immer wieder mit seinen inneren Dämonen darum, nicht zum brutalen Lynchmörder zu werden. Manchmal sind diese Antagonismen sogar produktiv, wenn der Antagonist genau die Qualitäten besitzt, die dem Protagonisten fehlen. Besonders die beiden großen Comic-Universen von Marvel und DC verdanken ihren Erfolg auch ihren genialen Gegenspielerinnen: schillernde, tiefgründige Charaktere, immer für eine Überraschung und einen starken Spruch gut – und deshalb von den Fans oft höher verehrt als die leichter berechenbaren Heldinnen.

In *Black Panther* haben Regisseur Ryan Coogler und Autor Robert Cole mit Killmonger einen bemerkenswert komplexen Gegenspieler zum royalen T'Challa geschaffen, der nach dem Tod seines Vaters König von Wakanda und damit Träger des Black-Panther-Kostüms wird. T'Challa will die protektionistische Tradition seines Vaters fortsetzen und das Königreich Wakanda vor der Welt versteckt halten, um sein Volk und seine wertvollen Rohstoffe und Erfindungen zu schützen. Killmonger erhebt ebenfalls Anspruch auf den Thron, möchte aber auf die globale Bühne treten, um weltweit Schwarze Menschen mithilfe der fortgeschrittenen Technologie und der reichen Ressourcen Wakandas aus der Unterdrückung zu befreien. T'Challas Bestreben, sein Volk zu schützen, ist nobel und aus seiner Perspektive als frisch gekrönter König nachvollziehbar, befürchtet er doch, dass die Technologie in die falschen Hände geraten könnte. Gleichzeitig hat Killmonger recht, wenn er die Abschottung für unethisch und egoistisch hält, weil man, auf einem Berg von Rohstoffen und Fortschritt sitzend, die Brüder und Schwestern in der Welt wissentlich leiden ließe. Die Heldenreise von T'Challa beinhaltet eine Versöhnung mit der Position seines Gegenspielers. Er begreift, dass Killmonger recht hat, und nachdem er ihn besiegt hat, beschließt er, das getarnte Königreich der Öffentlichkeit zu präsentieren, wie es Killmonger wollte. Die Stärke des Helden T'Challa zeigt sich hier nicht in seiner Kampffertigkeit oder seinem Geschick, sondern in der Bereitschaft, sich von seinem Gegner berichtigen zu lassen. Gerade dadurch wird er zum Black Panther, den sein Königreich und die Welt brauchen: anpassungsfähig und weise, nicht durch Macht korrumpiert oder von Tradition geblendet.

Der Antagonist muss also gar nicht immer der schurkische Bösewicht sein, der nur existiert, um den Helden zu sabotieren und dadurch die Handlung voranzutreiben. Seine Interessen können nachvollziehbar sein, aber die fehlende Ethik der Mittel, die er benutzt, sowie seine Unfähigkeit zur Reflexion und Transformation sind es, die ihn zum Gegenspieler machen.* Antagonisten sind demnach entscheidende

* Ein anderes Beispiel aus dem Marvel-Universum ist Thanos, der schurkische intergalaktische Antagonist der Avengers, der mit einem Fingerschnippen das halbe Universum töten möchte. Im vorletzten Teil der Saga, *Avengers: Infinity War,* ist den Drehbuchautoren Christopher Markus und Stephen McFeely etwas Bemerkenswertes gelungen: Auch wenn man zunächst glaubt, der bekennende Massenmörder sei der Bösewicht, ist es formal betrachtet genau andersrum. Um alle Planeten zu retten, begibt sich Thanos auf die Suche nach den »Infinity-Steinen«, die ihm die Macht zum sekundenschnellen Auslöschen der Hälfte aller Lebewesen verleihen sollen. Er erreicht dieses Ziel

Hindernisse auf dem Weg der Protagonisten hin zu mehr Qualitäten beziehungsweise zu weniger Charakterschwächen. Sie stehen zugleich für ein nicht wünschenswertes Leben außerhalb des Systems, für einen Irrweg, den die Protagonisten als solchen erkennen und bekämpfen müssen.

Ein letztes Beispiel: In M. Night Shyamalans Film *Unbreakable* (2000) entdeckt der Protagonist David Dunn (Bruce Willis) nach einem schweren Zugunfall, den er als Einziger überlebt hat, dass er unzerstörbar ist. Seine außergewöhnliche Beschaffenheit setzt er fortan zur Rettung von Menschen ein. Sein Gegenspieler ist Elijah Price, ein unter der Glasknochenkrankheit leidender Kunsthändler und Comic-Liebhaber, verkörpert von Samuel L. Jackson. Der Film lässt sich als eine Dekonstruktion von Superheldengeschichten lesen, in der Price als Comic-Fan den Protagonisten erschafft, dessen Antagonist er bewusst wird, um seiner eigenen Existenz einen Sinn zu geben. Sein Geheimnis: Er hat die vermeintlich zufälligen katastrophalen Unfälle, darunter auch das Zugunglück, nur verursacht, um den einen unverwundbaren Menschen zu finden, der sein Antipode sein könnte.

---

schließlich, nachdem er sämtliche Tiefen einer klassischen Heldenreise durchschritten hat. So muss er unter anderem seine Ziehtochter Gamora opfern, die einzige Liebe seines Lebens, wird in einem Hinterhalt der Avengers in Trance versetzt, aus der er symbolisch wiederaufersteht, und kurz vor seinem Ziel stirbt er beinahe. Die egoistischen Avengers stellen sich ihm bei seiner Quest immer wieder in den Weg und sind damit im Grunde tatsächlich seine Antagonistinnen. Die letzte Einstellung des Films: Thanos, als Protagonist, schaut auf die idyllische Landschaft vor seinem Haus, selig lächelnd und sich selbst für den Helden haltend, der die Welt vor sich selbst gerettet hat. Der letzte Akkord des Soundtracks vor dem Abspann erklingt in Dur – die Musik eines Happy Ends. Diese seine Geschichte wird später noch wichtig werden.

Im klischeehaften Bösewicht-Monolog klärt Price den Helden Dunn gleich zu Beginn über sein Vorhaben auf, ohne dass Dunn zu dem Zeitpunkt weiß, dass er den erzwungenen Helden in Price' inszenierter Geschichte spielen wird:

> Ich habe alle Formen von Comics eingehend studiert. Ich habe ein Drittel meines Lebens in Krankenhausbetten verbracht, mir blieb nichts anderes als lesen. Comics sind das letzte Relikt, uns auf eine altertümliche Art Geschichte zu überliefern. Die Ägypter malten Bilder auf Wände. Länder auf der ganzen Welt verbreiten heute noch Wissen durch bildliche Formen weiter. Ich glaube, Comics sind eine Form der Geschichte, die jemand irgendwo gefühlt oder erlebt hat. [...] Dann, eines Tages, sah ich einen Nachrichtenbericht über ein Zugunglück: Es gibt einen einzigen Überlebenden, und er ist wie durch ein Wunder unverletzt. Ich habe etwas namens Osteogenesis imperfecta. Das ist eine genetische Störung. Mein Körper produziert ein bestimmtes Protein nicht sehr gut, dadurch haben meine Knochen eine sehr geringe Dichte und können sehr leicht brechen. Ich hatte bisher 54 Brüche in meinem Leben und ich habe die mildeste Version dieser Krankheit [...]. Irgendwann schoss mir ein Gedanke durch den Kopf: Wenn es jemanden wie mich auf der Welt gibt und ich an einem Ende des Spektrums bin, könnte es dann nicht auch jemanden geben, der das Gegenteil von mir ist, am anderen Ende? Jemand, der nicht krank wird, der nicht verwundbar ist wie der Rest von uns? Und er weiß es wahrscheinlich nicht einmal. Diese eine Figur, von der diese Geschichten handeln. Deren Bestimmung es ist, die gesamte Menschheit zu beschützen.

Durch die schiere Existenz des Helden wird der Antagonist zu dessen Gegenspieler, der auf der falschen Seite steht. Und so wird in den feindseligen Augen des Antagonisten der Held umso mehr zum Helden.

Was Aschenputtel mit dem Alten Testament zu tun hat

Die Heldenreise und ihre wichtigen Bestandteile sind immer wieder neu beschrieben worden, ihr Kern und ihre Struktur bleiben jedoch erstaunlich konstant. Vor allem die modernen Drehbuchschulen mit ihren sehr strukturalistischen Herangehensweisen an (erfolgreiche) Geschichten kennen einige Schemata, die letztlich alle auf Campbells Monomythos zurückgehen. *Save the Cat! The Last Book on Screenwriting You'll Ever Need* von Blake Snyder, ein Standardwerk des ›Plottens‹ (also des Aufbauens einer Geschichte nach festgelegten Schemata), betont zum Beispiel die generelle Gültigkeit der Heldenreise und ihrer *beats,* wie Snyder ihre verschiedenen Schritte nennt. Snyder zufolge kann ein vergessener oder falsch gesetzter Plot-Punkt einen ganzen Film untauglich machen. Titelgebend für sein Buch ist der Moment im ersten Akt einer Geschichte, an dem die Heldin eine Katze (oder jemand/etwas anderes) rettet, also etwas moralisch Vorbildliches oder wenigstens Grundsympathisches tut. Diese mit der folgenden Geschichte nicht direkt verbundene Handlung dient erzählerisch gesehen nur einem Zweck: Wir sollen unsere Helden sofort als solche erkennen, sie mögen und ihnen dadurch bereitwillig ins Ungewisse folgen.

Der Drehbuchautor Christopher Vogler wiederum brachte

in den 80er-Jahren Campbells Überlegungen zur Heldenreise in Form eines siebenseitigen Memos seinen Kollegen und somit der Populärkultur Hollywoods nahe. Natürlich hatten sich bereits andere Leinwanderzähler wie George Lucas, Francis Ford Coppola oder Steven Spielberg von Campbells Werk inspirieren lassen, aber durch Voglers Memo (das er später in einer Langversion veröffentlichte, die ein Standardwerk fürs Drehbuchschreiben werden sollte: *Die Odyssee der Drehbuchschreiber, Romanautoren und Dramatiker*) wurde die Heldenreise als Schablone für erfolgreiche Unterhaltung immer bekannter und beliebter.*

Menschen mit sogenannter klassischer Bildung werden längst anzumerken haben, dass die Struktur des griechischen Dramas nach Aristoteles mit jener der Heldenreise vergleichbar ist – und sie haben recht: Dessen fünf konstituierende Elemente – Exposition, Steigerung, Höhepunkt, retardierendes Moment und Katastrophe – sind leicht in Campbells Heldenreise wiederzufinden. Letztlich ist dieselbe Entwicklung immer wieder neu beschrieben und benannt worden. Die Bezeichnungen ändern sich, ihre Funktionen bleiben:

Erster, zweiter, dritter Akt.
These, Antithese, Synthese.
Verliebt, verlobt, verheiratet.
Man kann diese Trias immer weiter vereinfachen:
Etwas fehlt. Jemand sucht. Jemand siegt.
Mangel, Kampf, Gewinn.

---

* Voglers Memo landete schließlich bei Jeffrey Katzenberg, dem damaligen Leiter von Walt Disney Pictures, der ihn daraufhin sofort als Story Consultant engagierte, und zwar für *König der Löwen*. Eine klassische Heldenreise.

Dieses Erzählschema ist so omnipräsent, dass man es sogar empirisch messen und erforschen kann. Erinnern Sie sich an das Märchen vom Aschenputtel? Eine gutherzige, fleißige junge Frau wird nach dem Tod ihres Vaters von ihrer Stiefmutter und ihren Stiefschwestern als Haussklavin missbraucht, kann sich jedoch mithilfe einer gütigen magischen Person verkleidet zum Ball eines Prinzen schleichen. Um nicht enttarnt zu werden, muss sie pünktlich vom Fest flüchten und verliert dabei ihren Glaspantoffel. Dank dieses Schuhs kann der Prinz das gesamte Königreich absuchen, um die schöne Unbekannte wiederzufinden.

Der US-amerikanische Autor Kurt Vonnegut hat die Erzählbögen beliebter Geschichten wie der vom Aschenputtel als Diagramme abgebildet. Die X-Achse stellt die Chronologie der Geschichte dar, während die Y-Achse die Erfahrungen der Protagonisten auf einem Spektrum von Unglück bis Glück darstellt. Die interessanteste Kurve war für ihn das Märchen vom Aschenputtel. Vonnegut skizzierte sie als treppenartigen Aufstieg von Aschenputtels Glück, der zur Ankunft der guten Fee und bis zum Höhepunkt auf dem Ball führt. Darauf folgt ein plötzlicher Absturz zurück ins Unglück, wenn es Mitternacht schlägt und Aschenputtel aus dem Schloss flüchten muss. Doch schon bald zeigt die Kurve einen steilen Sprung zurück zum Glück, mit dem gläsernen Schuh und dem Happy End des »Und wenn sie nicht gestorben sind …«.[10]

Mann in Loch:

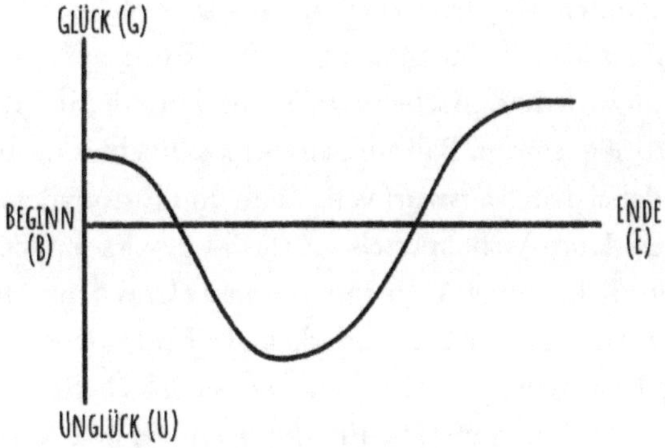

Junge trifft Mädchen:

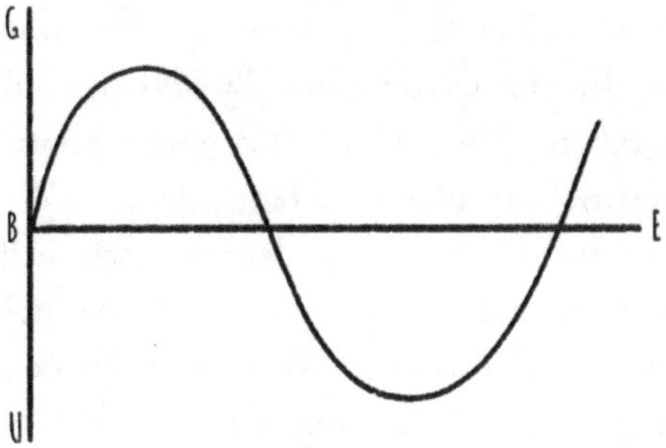

Aschenputtel:

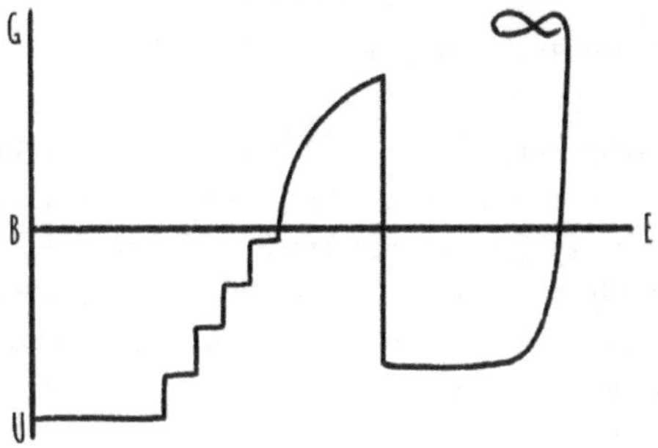

Zu Beginn erschien Vonnegut diese Vermessung eines klassisch erzählten Märchens eher trivial – bis er bemerkte, dass eine andere Geschichte genau dieselbe Kurve aufweist: der Schöpfungsmythos. Aschenputtels Sperrstunde, bei der sie schnellstmöglich vom Ball auf dem Schloss flüchten muss, entspricht dabei dem Rauswurf von Adam und Eva aus dem Garten Eden. Und Aschenputtels Kürbis ist gewissermaßen ihr Apfel der Erkenntnis. Vonnegut staunte: »Und dann sah ich, dass der Aufstieg zur Glückseligkeit am Ende identisch war mit der Erwartung der Erlösung, wie sie im Urchristentum zum Ausdruck kommt. Die Erzählungen waren identisch.«[11]

Vonneguts Arbeit wurde 2016 von einer Gruppe Informatiker und Mathematiker der University of Vermont und der University of Adelaide fortgesetzt, diesmal mithilfe einer künstlichen Intelligenz, die ganze Bibliotheken an Geschichten kartografieren konnte.[12] Der Computer konnte sogar die Kurven eigenständig identifizieren, indem die Wissenschaftler ihrer Software beibrachten, das durchschnittliche Glück der Passagen anhand von mehr als 10 000 spezifischen Signalwörtern zu messen. Zu diesen Wörtern, die zuvor anhand von Umfragen als »glücklich« eingestuft wurden, zählten beispielsweise *Freude, Lachen, Glück, Liebe, lachen, glücklich* oder *ausgezeichnet;* zu den weniger glücklichen Wörtern gehörten unter anderem *Tod, Terrorist, Mord, Selbstmord, Vergewaltigung, Terrorismus, Krebs, getötet, töten* und *sterben.** Die Wis-

* Auf hednometer.org werden diese Wörter genutzt, um Glückskurven im englischsprachigen Twitter nachzuzeichnen. Der COVID-19-Ausbruch im März 2020, die Festnahmen von Demonstrierenden gegen Polizeibrutalität nach dem Mord an George Floyd sowie die Attacke auf das Kapitol in Washington im Januar 2021 waren demnach die emotionalen Tiefpunkte der Jahre 2020/21. Weihnachten hingegen: pure Glückseligkeit in den sozialen Medien.

senschaftler machten sich also auf die systematische Suche nach dem Glück in den Geschichten. Welchen Weg bestreiten die Helden, um glücklich zu werden, und welche Abgründe müssen sie dabei durchschreiten? Aus einer Stichprobe von über tausend englischsprachigen Werken konnten folgende sechs archetypische Erzählformen extrapoliert werden:

1. *»Rags to Riches«* (sinngemäß: »vom Tellerwäscher zum Millionär«): Die Figur startet emotional ganz unten und arbeitet sich nach oben zu einem großen Happy End. Viele klassische Erzählungen über sozialen Aufstieg folgen dieser Kurve, wie beispielsweise *Bel-Ami* (1885) oder *Oliver Twist* (1837). Allerdings muss der Aufstieg nicht an Status oder Klasse gebunden sein, es kann sich auch um einen rein metaphorischen oder emotionalen handeln. Laut der semantischen Auswertung mittels der Glückswörter ist zum Beispiel *Alice im Wunderland* (1865) prototypisch für diese Form. Alice startet buchstäblich ganz unten im Kaninchenbau und klettert so lange durch ihr Bewusstsein nach oben, bis sie erwacht. Ebenso gelten Rudyard Kiplings *Dschungelbuch* (1894) und Filme wie *Täglich grüßt das Murmeltier** (1993)

* In dem Film *Und täglich grüßt das Murmeltier* und in Erzählungen, die einem Loop-Plot folgen, sind die Protagonisten in Zeitschleifen gefangen, in denen sich Situationen ständig wiederholen. Aufgrund dieser Form folgen die Geschichten trotz der Rückschläge strukturell einer aufsteigenden Kurve in Treppenform: Einerseits wird mit jeder neuen Schleife Wissen akkumuliert, andererseits können ohne Risiko und Verluste Fehler begangen werden. Selbst der Tod stellt keinen Tiefpunkt oder Rückschlag dar: Wenn die Protagonisten sterben, fangen sie einfach von vorne an. Die Kurve folgt somit mehr der erzählerischen Logik eines Videospiels, was zum Beispiel in Science-Fiction-Filmen wie *Edge of Tomorrow* und *Source Code* besonders deutlich wird. Trotz des stufenförmigen Anstiegs kann ein Loop-Film eine

oder *Die Verurteilten* (1994) als Geschichten über ein kontinuierliches Vorankommen und/oder Wachsen.

2. *»Riches to Rags«:* Hier vollzieht sich das Ganze umgekehrt, wir sehen also die Geschichte eines kontinuierlichen Absturzes. Bekannt ist dies aus *Madame Bovary* (1857), *Romeo und Julia* (1595), *Das Bildnis des Dorian Gray* (1890), *König Lear* (1606), *Der seltsame Fall des Dr. Jekyll und Mr. Hyde* (1886), *Farm der Tiere* (1945) oder *Die Verwandlung* (1915). Filmische Beispiele wären Lars von Triers *Dancer in the Dark* (2000) oder Alfred Hitchcocks *Psycho* (1960).

3. *Mann im Loch:* Jemand fällt erzählerisch in ein Loch, und wir schauen ihm dabei zu, wie er wieder rausklettert (oder daran scheitert). Logischerweise sind die meisten Ausbruchserzählungen so strukturiert (das Loch ist in dem Fall ein Gefängnis), ebenso viele Krimis (das Loch ist die Abwesenheit von etwas: ein Wertgegenstand, ein Entführungsopfer, das Leben in einer Leiche und damit ein Mörder). *Der Pate* (1972) oder *Departed: Unter Feinden* (2006) sind hierfür repräsentative Beispiele, aber auch der *Zauberer von Oz* (1939), *Der Hobbit* (1937) oder *Findet Nemo* (2003).

4. *Ikarus.* Dieser Archetyp wird auch »Pyramidenschema« oder »Freytags Pyramide« genannt, nach dem deutschen

---

finale Auflösung aber auch verweigern, wie etwa der 2021 oscarnominierte Kurzfilm *Two Distant Strangers* von Tavon Free. Darin wird der Schwarze Protagonist jeden Tag aufs Neue von demselben weißen Polizisten umgebracht – egal was er tut, ohne Aussicht auf einen Ausweg. Die stufenförmige Kurve dieser Heldenreise hat als Parabel für die Unentrinnbarkeit von Polizeigewalt gegen Afroamerikanerinnen die Form einer unendlichen Penrose-Treppe.

Dramaturgen Gustav Freytag. Sie verhält sich spiegelbildlich zum »Mann im Loch«: Erst steigt der Protagonist in die Höhe, um dann brutal abzustürzen. Die Geschichte kann theoretisch zwar gut ausgehen, doch ist der Protagonist zum Schluss emotional an einem mindestens so tiefen Punkt wie zu Beginn. Wir denken beispielsweise an *Der große Gatsby* (1925) oder *Macbeth* (1606).

5. Das bereits erwähnte *Aschenputtel*. Die Figur steigt auf, fällt in der Mitte in die tiefste Stelle der Geschichte und rappelt sich danach wieder auf, um aufzusteigen. Diese Form kommt der klassischen Heldenreise am nächsten. Es ist die uns wohlbekannte Geschichte von Luke Skywalker oder Jesus, Frodo oder Buddha. Andere Beispiele wären Shakespeares Theaterstück *Der Kaufmann von Venedig* (1605) oder der Abenteuerroman *Die Schatzinsel* von Robert Louis Stevenson (1883).

6. *Ödipus*. Die umgekehrte Version des Aschenputtel-Bogens: Hierbei geht es um Figuren, die erst einen Tiefschlag erleben, in der Mitte aufsteigen, aber letztlich ein tragisches Ende erfahren. Der namensgebende Held wird aufgrund der Weissagung des Orakels von Delphi, wonach er seinen Vater König Laios töten und seine Mutter Iokaste heiraten wird, von ebenjenen aus Angst vor diesem Schicksal ausgesetzt. Als erwachsener Mann erschlägt Ödipus, ohne es zu wissen, seinen Vater. Bis dahin ging es erzählerisch nur bergab, dann scheint das Schicksal Ödipus doch noch gewogen: In Theben gelingt es ihm, eine Sphinx zu vertreiben, und zur Belohnung gibt es eine Hochzeit mit der Schwester des Königs Kreon. Die Braut ist Iokaste, Ödipus' Mutter – beide sind im Unklaren über ihre Verwandtschaft. Als Ödipus die Wahrheit am Ende heraus-

findet, sticht er sich die Augen aus und geht beschämt ins Exil. Dieser undankbaren Kurve folgen beispielsweise auch *Frankenstein* (1818), *Moby Dick* (1851), *Lolita* (1955) oder Pedro Almodovars Film *Alles über meine Mutter* (1999).

Nun kann man natürlich anmerken, dass die Wissenschaftler aus Vermont und Adelaide für ihre Stichproben ausschließlich auf literarische Werke zurückgriffen (die filmischen Beispiele haben wir hinzugefügt). Aber 2018 wandte ein britisches Forschungsteam unter der Leitung von Ganna Pogrebna, Professorin für Verhaltensökonomie und Datenwissenschaft an der University of Birmingham, dieselbe Methode an, und zwar auf die emotionalen Bögen von 6000 Filmen.[13] Auch hier fand man ebendiese sechs strukturellen Archetypen. Und nicht nur das: Pogrebna interessierte sich auch dafür, welche der narrativen Muster erfolgreicher waren als andere. Das Ergebnis: Der »Mann im Loch«-Bogen war an der Kinokasse die profitabelste Form, gefolgt von Aschenputtel-Geschichten. Profitabel bedeutet aber nicht beliebt, was deutlich wird, wenn man Publikumsratings und erhaltene Preise mitberücksichtigt. So erhalten Aschenputtel-Geschichten zwar Aufmerksamkeit und führen zu kommerziellem Erfolg, bieten dem Publikum aber nicht unbedingt ein befriedigendes Erlebnis. In den Abstimmungen des Filmportals IMDb schneiden sie sogar am schlechtesten ab. Die besten Bewertungen bekommen dort im Durchschnitt »Tellerwäscher zum Millionär«-Geschichten. Und Biopics, die genau dieser Formel folgen, sind finanziell am ertragreichsten.*

* Besonders erfolglos sind übrigens Komödien, die den »Millionär zum Tellerwäscher«-Bogen nachzeichnen, also happy anfangen und traurig enden. Falls Sie ein Drehbuch planen: Jetzt wissen Sie Bescheid.

Warum aber wiederholen Erzählerinnen diese immer gleichen Strukturen, sodass eine künstliche Intelligenz sie leicht erkennen, herausrechnen und grafisch darstellen kann? Die kurze Antwort: Weil es Dramaturgien sind, die wir alle teilen. Unser Umgang mit der problematischen oder frohen Wirklichkeit, mit Herausforderungen, Schicksalsschlägen und Momenten des Triumphs ist universell. Besonders die klassische Aschenputtel-Heldenreise haben wir Menschen über Jahrtausende intuitiv als die wirksamste Art kennengelernt, Veränderung zu erzählen: Eine noble Figur betritt eine neue Welt, ihr wird von einem Mentor geholfen, sie erlebt einen ersten Erfolg und wächst daran, erfährt dann einen herben Rückschlag durch einen Antagonisten, um sich vom unglücklichsten Tiefpunkt wieder hochzukämpfen – und schließlich ihr Glück zu finden.

Dieses Muster und die anderen fünf beschriebenen sind deswegen so effizient, weil wir uns selbst bei aufregenden, herausfordernden und komplexen Geschichten auf diese Schablonen verlassen können. Der dunkle Wald, den wir narrativ betreten, mag sich verändern. Die Wege hindurch jedoch bleiben gleich.

Masterplots: Geschichten von der Stange

Nach diesem Crashkurs in dramaturgischen Strukturen fragen Sie sich sicher, was das konkret mit Ihnen zu tun haben soll. Was haben Sie davon, wenn Sie nicht gerade vorhaben, der nächste Dan Brown zu werden? Und was ist eigentlich mit den Narrativen der Gegenwart? Wann kommen Donald Trump und Angela Merkel?

Wir bitten um Geduld. Wir möchten Sie hier zunächst für

die Allgegenwärtigkeit narrativer Strukturen sensibilisieren. Denn man findet sie nicht nur im Kino und in der Literatur, sondern in allen Formen von Informationsvermittlung; fiktional wie faktisch, in Nachrichten, Bildung, der Werbung und allgemein überall dort, wo ein Austausch von Inhalten stattfindet. Deswegen wollen wir uns nun noch die sogenannten »Masterplots« anschauen. Je nachdem, welche Experten man fragt, kann man zwischen zwei und 69 Masterplots erkennen[14], die wieder und wieder in Geschichten vorkommen. Während Kurt Vonneguts Archetypen eine *Struktur* der emotionalen Entwicklung vorgeben, beschreiben die Masterplots die *Energie,* die die Protagonistinnen antreibt, ihren einen großen Konflikt oder Wunsch. Um die Verschiedenheit von Archetypen und Plots zu veranschaulichen, sehen wir uns den ersten Masterplot – Rivalität – anhand zweier Filme an.

Die Rivalität

Mit diesem Masterplot wird gemeinhin ein Wettstreit erzählt. In der Regel befinden sich Protagonist und Antagonist in Konkurrenz um dasselbe Ziel, kämpfen zum Beispiel um einen Preis oder um die Liebe einer Person. Der protagonistische Rivale durchläuft meistens eine Heldenreise, die Geschichte an sich kann aber mithilfe unterschiedlicher Archetypen erzählt werden. Betrachten wir dazu beispielhaft zwei Filme, die den gleichen Wettstreit erzählen: Autorennen.

Der Film *Rush* (2013) von Ron Howard, mit Daniel Brühl als Niki Lauda und Chris Hemsworth als James Hunt, ist ein klassischer Rivalitätsplot. Beide Formel-1-Fahrer kämpfen um den Sieg. Der Wettstreit zwischen zwei begabten Sportlern entspricht strukturell unserem Aschenputtel:

Lauda steigt auf, erlebt in der Mitte der Handlung durch seinen beinahe tödlichen Unfall einen Absturz, befindet sich schwer verbrannt am Tiefpunkt seiner Heldenreise und arbeitet sich dann kontinuierlich wieder nach oben, bis er schließlich den Wettstreit gegen seinen ewigen Rivalen doch noch gewinnt.

Le Mans 66 (2019) von James Mangold, mit Christian Bale als der britische Rennfahrer und Fahrzeugingenieur Ken Miles und Matt Damon als Gewinner des 24-Stunden-Rennens von Le Mans 1959, erzählt von der historischen Rivalität zwischen den Rennställen Ferrari und Ford. Strukturell erlebt Miles erst einen Absturz, dann einen Aufstieg in Form sportlicher Erfolge und schließlich erneut einen Absturz. Die emotionale Kurve entspricht somit dem Archetyp der Ödipuskurve.

Besonders im Bereich der faktenbasierten Informationsvermittlung, wie Journalismus oder Politik, stößt man immer wieder auf die Masterplots – weil sie nun mal so gut funktionieren. Um zu verstehen, wie subtil die Plots in unserem Alltag wirken, betrachten wir die zehn wichtigsten Masterplots in den folgenden Beispielen ausschließlich anhand non fiktionaler Inhalte.

Zurück zum Masterplot »Rivalität«: Vermutlich jede Sportübertragung, die kein Yoga- oder Aerobic-Kurs ist, basiert auf ihm. Welche Mannschaft wird gewinnen, wer wird verlieren? Wer wird auf- und wer absteigen? Ganze Generationen wollten Tennis spielen, weil die Erzählung von den Rivalen Björn Borg und John McEnroe, Stefan Edberg und Boris Becker, Rafael Nadal und Roger Federer auf dem Court so unglaublich spannend war. Aber auch in der Werbung ist dieser Masterplot häufig vorzufinden. Erinnern Sie sich noch an die Städte Villariba und Villabacho? Welche der beiden wird es wohl schaffen, ihre lächerlich große Paella-Pfanne schneller zu reinigen? Natürlich die mit dem göttlichen Elixier, das die Helden, die weise genug waren, auf die richtige Marke zu setzen und sie als Schwert in die seifige Schlacht zu führen.

Und selbstverständlich ist Rivalität auch die Standarderzählung, um jede Form von Wahlkampf zu präsentieren. Dank fast täglich aktualisierter (Blitz-)Umfragen gilt das inzwischen sogar vermehrt für alle Politik jenseits von Wahlkämpfen, was zu Recht kritisiert wird, aber nicht verhindern kann, dass es sich um eine sehr effektive Erzählung handelt. Wer hat die besseren Zahlen? Wer lieferte die besseren Interviews? Wer traf die populäreren Entscheidungen? Manche Formate, die angeblich Politikjournalismus betreiben, bestehen aus nichts anderem mehr als der Erzählung der Rivalitäten.

Die Rettung

Als 2018 zwölf thailändische Jungen in einer überfluteten Höhle eingeschlossen waren und ihre Befreiung weltweit für große mediale Anteilnahme sorgte, wirkte der Masterplot der Rettung. Millionen Menschen fieberten mit den Jugendlichen mit. Die intensive Berichterstattung nährte die Hoffnung, dass sie alle überlebten. Die 85 000 Kinder unter fünf Jahren, die in demselben Jahr aufgrund des Kriegs im Jemen verhungerten, fanden in der Berichterstattung hingegen deutlich weniger statt. Neben offensichtlichen Faktoren wie des höheren Nachrichtenwertes* eines singulären Ereignisses

* Die Nachrichtenwerttheorie fasst bestimmte Werte, die ein Ereignis erfüllen muss, um in einer Medienlandschaft als publizistisch relevant zu gelten – zum Beispiel »geografische Nähe«, »Prominenz« oder

gegenüber dem eines andauernden Krisenzustands war jedoch entscheidend, dass das Schicksal der Kinder im Jemen erzählerisch zu abstrakt war: Es gab keine emblematischen Einzelschicksale, die man als Protagonisten hätte inszenieren können, noch dazu war die Bedrohungslage zu diffus. Hier ließ sich also keine so eindeutige journalistische Dramaturgie mit Aussicht auf ein gutes Ende entwickeln wie bei der Rettung der thailändischen Jungen aus der Höhle.

Die Suche

Diese Heldenreise ist eine Suche nach einem spezifischen Gegenstand oder nach etwas, das die Heldin zwingend braucht. Nehmen wir als Beispiel die RTL-Kuppelshows *Der Bachelor, Die Bachelorette, Prince Charming* und *Princess Charming:* Eine alleinstehende Person sucht über etliche Folgen hinweg die große, wahre Liebe – mithilfe von Dates, Abenteuern und den üblichen emotionalen Herausforderungen in einer Gruppe romantisch interessierter Singles. Der delikate Kontext und die Ungewissheit, ob der Protagonistin der große Wurf gelingt, steigert die Spannungskurve. Wer wird am Ende die letzte Rose oder Krawatte bekommen?

Die Metamorphose

Ob Renovierungs- oder Einrichtungssendungen, Doku-Reportagen über Schönheitsoperationen, Vorher-Nachher-Shows wie *The Swan, The Biggest Looser* oder *Vorher Nachher – Dein großer Moment:* Höhepunkt der Sendung und Abschluss der Heldenreise ist jeweils die Präsentation der

---

»Schaden«. Je näher, prominenter und konfliktreicher ein Ereignis ist, desto berichtenswerter erscheint es.

erneuerten Person als Belohnung für einen Gewichtsverlust oder für die ertragenen Schmerzen.

Die Veränderung selbst muss dabei gar nicht tiefgreifend sein, auch Verkleidungsshows arbeiten mit dieser Erzählung, früher etwa *Die Mini Playback Show* oder heute, genau andersherum, *The Masked Singer* auf ProSieben oder *The Big Performance* auf RTL. All diese Formate leben vom Versprechen einer Metamorphose von Menschen, Dingen oder Orten.

In den sozialen Medien funktioniert dieser Masterplot ebenfalls ganz hervorragend (mehr dazu in Kapitel fünf). Auch Boulevardmedien lieben ihn, pervertieren ihn aber gerne dahingehend, dass sie die Veränderungen als negativ bewerten, um dann danach zu fragen und darüber aufzuklären, »wie es so weit kommen konnte!«: »Sarah & Pietro Lombardi: Kilo Schock – Hilfe, sie werden immer dicker! OK! weiß, was dahintersteckt!«[15] »Sarah Lombardi – Diätdrama, Sarahs Kampf gegen die Kilos!«[16] »Sarah Lombardi – hungert sie für ihren neuen Freund?«[17] »Helene Fischer: Muskelwahn – ist das noch schön?«[18]

Am effektivsten funktioniert dieser Plot im Boulevard als Ikarus-Archetyp: Erst hochschreiben, wie »fit«, »attraktiv« und »gesund« jemand aussieht, dann abstürzen lassen, sobald dieses von der Zeitung festgelegte Ideal nicht eingehalten wird, um anschließend wieder anerkennend von der Verwandlung zu einer akzeptierten Ursprungsform zu berichten – zum Beispiel prominente Mütter direkt nach der Geburt.

Die Rache

Eines der erfolgreichsten TV-Formate des amerikanischen Fernsehens ist das von Khloé Kardashian moderierte *Re-*

venge Body. Hier geht es darum, dass Teilnehmer in einem von Kardashian begleiteten Rundumprogramm, bestehend aus Ernährungsumstellung, Sport und Styling, so an ihrem Aussehen arbeiten, dass sie am Ende buchstäblich wie verwandelt den Expartnern, Exfreunden oder anderen antagonistischen Menschen aus der Vergangenheit, die sie missachtet und kleingemacht hatten, gegenübertreten können. Meistens entschuldigen diese sich dann, sehen ihr Fehlverhalten ein, demonstrieren Reue und beglückwünschen zur Verwandlung. Katharsis, Happy End.

Der Underdog

Castingshows haben die Magie des Underdogs vermutlich am besten begriffen – man denke an Lena Meyer-Landrut, die direkt von der unbekannten Abiturientin zum internationalen Popstar gecastet wurde. Oder Susan Boyle, die jenseits konventioneller Schönheitsstandards inszenierte Britin, die in der Talentshow *Britain's Got Talent* »I Dreamed a Dream« aus dem Musical *Les Misérables* sang und damit weltberühmt wurde. Ob Fußball, Eurovision Song Contest oder politischer Wahlkampf, wir lieben Geschichten, die in irgendeiner Form den sozialen Aufstieg verhandeln, vor allem, wenn sich dabei eine Außenseiterin aus dem Nichts nach oben kämpft.

Die Liebesgeschichte

Liebesgeschichten sind in non-fiktionalen Inhalten insbesondere im Boulevard beliebt, ob bei der Berichterstattung rund um Monarchien oder im Falle von Weltstar-Promi-Pärchen. Entstehung und Entwicklung von Beziehungen bieten die Möglichkeit zu langfristigen Erzählbögen und jeder Menge Spekulation über Glück und Unglück: Die beiden Königskinder* Selena Gomez und Justin Bieber – sind sie noch zusammen? Wann kommt der erste Nachwuchs? Wann wird geheiratet? Auch zahlreichen Realityshows gelingt es mit solchen Fragen, routiniert wie unterhaltsam, formal standardisierte Liebesgeschichten von meist völlig unbekannten Teilnehmern über einige Wochen zu inszenieren. Früher waren es die *Traumhochzeit* oder *Nur die Liebe zählt*, heute beispielsweise *Love Island* oder *Die Bachelorette.*

Die Verfolgung beziehungsweise Jagd

Investigativer Journalismus wird oft als Verfolgungsjagd erzählt. Reportagen sind dabei die Heldenreise eines Reporters oder einer Journalistin auf der Suche nach Informationen. Bei Sendungen wie *Spiegel TV* entwickeln sich dabei mitunter echte, körperliche Verfolgungsjagden zwischen Reportern und den von ihnen befragten Protagonisten. Auch Polizeiarbeit lässt sich nachrichtlich als Jagd aufbereiten, besonders wenn ein Täter auf der Flucht ist.

Das Coming-of-Age

Eine Coming-of-Age-Geschichte ist immer die Erzählung einer Initiation: eines Erwachsenwerdens durch Verlust etwa der Unschuld, der Scham oder der kindlichen Furcht. In der

---

* Denken Sie auch sofort an den Anfang des tieftraurigen Liedes: *»Es waren zwei Königskinder, die hatten einander so lieb, sie konnten beisammen nicht kommen, das Wasser war viel zu tief«*? Das zugrunde liegende Narrativ ist interessanterweise ein antiklerikales: Indem eine »falsche Nonne« die Kerze ausbläst und den Jungen umbringt, wird aus dem Liebeslied eine Erzählung von Romantik gegen Obrigkeit. Haben wir es also eigentlich mit einem deutschen *Romeo & Julia* zu tun? Mehr zu Shakespeare in Kapitel 6, mehr zu den Erzählungen rund um die Liebe in Kapitel 9.

Sportberichterstattung gibt es die Erzählung über das junge Talent, das sich im Licht der Öffentlichkeit durch sportliche Höchstleistungen das eigene Erwachsensein verdienen muss – man denke an Boris Becker, Steffi Graf oder Franziska van Almsick. Die Berichterstattung kümmert sich um deren sportlichen wie emotionalen Reifeprozess und erzählt uns diese als Coming-of-Age-Geschichten, meist zugewandt und wohlwollend, zumindest solange die Ergebnisse stimmen. Ähnlich verhält es sich bei Kinderstars, deren Übergang von Teenagern zu erwachsenen Künstlern mit Argusaugen beobachtet und erzählt wird, stets auf der Suche nach dem Skandal und dem Bruch. Britney Spears, die nach ihrem Start als junge Disney-Club-Moderatorin das amerikanische Image des Kleinstadtmädchens mit einer vorgeblich unschuldigen Lolita-Naivität pflegte, um dann unter anderem mit Songs wie »I am not a Girl, not yet a Woman« oder »I am a slave for you« Anerkennung als nunmehr Erwachsene zu finden. Ariana Grande, beliebter Teenie-Star mehrerer Nickelodeon-Serien mit Disney-Ästhetik, ist jetzt eine »Dangerous Woman« und singt davon, wie sie die ganze Nacht der Zahl 69 ihr spannendstes Narrativ entlockt. Während viele Medien Britney Spears' Coming-of-Age als tragische Geschichte erzählten und ihre verlorene Unschuld als Verrat an der amerikanischen Gesellschaft abstraften, schaffte Ariana Grande den Sprung vom Mädchen zur Frau mit weniger narrativen Konflikten. Ein Faktor könnte dabei tatsächlich sein, dass Grande im Unterschied zu Spears die Möglichkeit hatten, mithilfe der sozialen Medien die Erzählungen ihrer eigenen Sexualisierung und ihres Reifeprozesses selbstbestimmt zu steuern.

Eine pervertierte Form dieses Masterplots ist die Castingshow *Germany's Next Topmodel,* in der junge Frauen im Rennen um einen Modelvertrag gegeneinander um die Wette posieren. Feste Bestandteile dieser Heldinnengeschichte sind zumeist ein vor allem bei den minderjährigen Kandidatinnen schambehaftetes Nackt- oder Unterwäsche-Shooting sowie Fotosessions und »Challenges«, bei denen sich die jungen Frauen rituell mit Farbe bemalen oder von fremden Männern berühren lassen müssen. Die erzählte Herausforderung der jungen Damen lautet, erwachsen zu werden, und wird meist begleitet von einem umfassenden Umstyling, das die Wandlung vom Mädchen zur Frau sichtbar machen soll. Vor allem durch Heidi Klum als emblematisch dominante Mutterfigur, welche die unerfahrenen Kandidatinnen mit Sätzen wie »Jetzt stell dich doch nicht so an!« diszipliniert, wird jede Aufgabe zugleich zu einer symbolischen Initiation in die Ökonomie der Modelbranche. Interessant ist hierbei die Rolle von Klum, die einerseits als mütterliche Mentorin beratend an der Seite ihrer Schützlinge und andererseits als Antagonistin zwischen den Kandidatinnen und dem Modelvertrag inszeniert wird. Am Ende des Catwalks wartet sie selbst als letzte Prüfung.

An *Germanys Next Topmodel* kann man gut veranschaulichen, dass manche Formate nicht nur einen Masterplot aufweisen, um ihre Geschichten zu erzählen, sondern sogar mehrere mischen. Hier haben wir neben dem Coming-of-Age auch die bereits erwähnte Rivalität (die bei der Inszenierung der Kandidatinnen benutzt wird), den Underdog (wenn eine Teilnehmerin als Mobbing-Opfer erzählt wird) und die Metamorphose der Teilnehmerinnen mit den umfassendsten Verwandlungen. Verschiedene Menschen sehen verschiedene Geschichten: Für eine junge Zuschauerin ist vielleicht der Initiationsprozess aus Gründen der Identifikation und Projektion besonders relevant, das ältere Publikum schaut das

Format ironisch und findet eher die Konkurrenzsituation unterhaltsam, heterosexuelle Männer blicken mit einem erotisierenden *male gaze** darauf. Vielleicht macht auch genau das den Erfolg dieser Mischformen aus: Sie verfangen, weil sie wie ein narratives Kaleidoskop mehrere Plots anbieten können, sodass sich das Publikum in mindestens einem davon wiederfinden kann. So sehen wir vor allem die Geschichten, die zu uns sprechen.

Die Selbstaufopferung

Erzählungen, in denen es um eine Selbstaufopferung geht, findet man interessanterweise heute noch häufig in der Werbung. Denken wir nur an die Mütter, die für ihre Familie alles tun würden – riesige Wäscheberge besteigen und dafür mit Wunderwaschmitteln belohnt werden zum Beispiel. Im Journalismus findet man diesen Masterplot in milderer Form, wenn beispielsweise über »heroische« Berufe berichtet wird oder wenn Protagonistinnen aus dem Gesundheits- oder Dienstleistungswesen porträtiert werden: die unermüdliche Ärztin oder der rastlose Rettungssanitäter in der öffentlich-rechtlichen Dokumentation wie in privaten Reality-Formaten. Die heroische Selbstaufopferung als erzählerische Energie, die wiederum in Empathie mit den Protagonisten mündet – so werden echte Heldinnen des Alltags erzählt.

---

* Wörtlich übersetzt »männlicher Blick«, bezeichnet es die heterosexuell-männliche Perspektive auf als Frauen gelesene Personen in Werken. Fährt die Kamera zum Beispiel über den Po der Frau, wenn diese sich in der Szene umdreht und das Bild verlässt, oder ihre Beine entlang, wenn sie aus einem Auto steigt, ist das der *male gaze*.

Doch wozu das alles? Brauchen wir heute überhaupt noch Heldinnen? Leben wir laut dem Berliner Politologen Herfried Münkler nicht schon im »postheroischen Zeitalter«[19]? Wozu benötigt eine friedliche Gesellschaft, in der kaum einer mehr in die Verlegenheit kommt, »heldenhaft« handeln zu müssen, so etwas Antiquiertes wie Helden? Oder sind wir heute, in der sozial zersplitterten Spätmoderne mit ihrer schier unendlichen Anzahl an Lebensstilen, umso mehr auf gemeinsame Erzählungen angewiesen, die von Transformationen berichten?

Der Soziologe Ulrich Bröckling beschreibt in seinem Buch *Postheroische Helden. Ein Zeitbild* den Übergang von militärischen Helden zu zivilen Heldinnen. Überliefert seien als Helden vor allem Männer, »kämpferische oder auch tragische Gestalten, die Exzeptionelles leisten und sich mächtigen Feinden entgegenstellen«.[20] So weit, so bekannt seit Campbell. Doch Bröckling geht dem Heldenbegriff nicht im narrativ-strukturalistischen, sondern im soziologisch-politischen Sinne nach, und er erkennt einen Widerspruch: Während unsere Gesellschaften als postheroisch gelten, rufen wir jeden Tag neue Heldinnen aus: in Comics, Computerspielen oder im Kino, und, so Bröckling, »auch der Leistungssport liefert fortlaufendes heroisierbares Personal [...]. Die Feuerwehrleute von 9/11 werden ebenso zu Helden erklärt wie Klimaaktivistinnen, Whistleblower und politische Freiheitskämpfer.«*[21]

Wenn noch die letzte Castingshow und der banalste Wer-

---

* Mehr zu der ambivalenten Rolle der Klimaaktivistinnen als Heldinnen einer schwer zu erzählenden Krise in Kapitel 10.

bespot nach einem Masterplot funktionieren, sind Heldinnen im Grunde allgegenwärtiger denn je. Und damit auch die Konflikte, die sie zu Heldinnen machen. Zum Glück erleben wir kaum mehr Kriege, in denen Helden traditionell geboren wurden, und doch gleicht unser liberalisierter Alltag an vielen Stellen einer Schlacht um Deutungshoheit. Aus militärischem Kampfesmut wird heute Zivilcourage, Nonkonformismus und Empathie. Der Mechanismus der Identifikation und Verehrung bleibt jedoch derselbe. Heutige Heldinnen dürfen laut Bröckling einige, wenn nicht alle unsere Schwächen abbilden: »Liebeskummer, Alkoholprobleme, Überheblichkeit, Jähzorn, Depressionen und andere allzu menschliche Makel«[22]. Und sie sind zugleich auf eine beinahe ironische Art exzeptionell, denn ihnen gelingt, wonach wir uns alle sehnen: sie bewegen sich zu einem besseren Zustand hin. So bedeutet das »postheroische Zeitalter« bei Bröckling eben »nicht das Ende heroischer Orientierungen, sondern ihr Problematisch- und Reflexivwerden«[23]. Wir denken die Helden »kaputt«, indem wir nebenbei ihre Apotheose, ihre Vergötterung demokratisieren: Letztlich kann jede und jeder zum Helden beziehungsweise zur Heldin werden, und sei es nur für einen Tag, wie David Bowie in »Heroes« versprach – oder auch nur für die berühmten *15 minutes of fame* (Andy Warhol). Bröckling konstatiert: »Die appellative Kraft heroischer Narrative mag abnehmen, ihr Unterhaltungswert scheint ungebrochen.«[24]

Dass Geschichten mehr sind als ein Zeitvertreib, als Amüsement oder als Medien von Moral und Erziehung, ist uns längst klar. Die Begriffe »Narrativ« oder »Erzählung« (dem wir uns im nächsten Kapitel noch einmal definitorisch zuwenden) sind modische Accessoires der Publizistik, gehören zum aktiven Wortschatz von Journalistinnen, PR-Beratern,

Werberinnen und anderen »Geschichtenerzählern«, wie sich manche dieser Kasten heute gerne selbst nennen. Diese Perspektive ist weniger neu, als wir annehmen mögen. In der Wissenschaft wurde schon 1983 von einem »narrativist turn« gemunkelt, ohne dass eine solche »Wende« auf breiter Publikations- oder gar Rezeptionsebene stattgefunden hätte. Die Klassiker bleiben die Klassiker, und so lesen Studierende der Medien- wie der Literaturwissenschaft seit Jahrzehnten Joseph Campbell, John D. Niles, Paul Ricœur und Richard McKay (welche auch das theoretische Fundament dieses Buches bereitstellen). Deren Botschaften bleiben gültig: Der Mensch erzählt Geschichten aus einigen wichtigen Gründen. Und zunehmend will er diese Gründe ausleuchten, die Mechanismen der wichtigsten Geschichten verstehen. Menschen möchten aus dem oft nur halb bewussten Vorgang ein Handwerk, eine Kunst, einen Sport machen. Doch wohin führt uns diese Analyse?

In seinem Buch *Into the Woods: How Stories Work and why We Tell Them,* einem weiteren Klassiker der Erzählliteratur, behauptet der TV-Produzent John Yorke, ein tiefergehendes Verständnis für das Geschichtenerzählen enthülle, wie wir jegliche unserer Erfahrungen erfassen und kommunizieren. Wenn dem so ist, was bedeutet das für uns, für Sie, liebe Leserin, lieber Leser? Welchen Einfluss haben welche Geschichten auf uns und warum? Kann es sein, dass wir alle nur unsere Rolle in einer großen Erzählung suchen?

3
Die Weigerung
Wie werde ich mein eigener Held?

Die älteste Geschichte der Welt

Lassen Sie uns mit dem Ende Ihrer Geschichte anfangen: Sie werden sterben. Und das wissen Sie. Der Tod ist, narrativ gesprochen, kein Spoiler. Genau das unterscheidet uns von allen anderen Lebensformen auf der Erde: Wir sind, soweit wir wissen, die einzige Kreatur, die sich ihrer eigenen Endlichkeit grundsätzlich bewusst ist (zum Glück vergessen wir sie oft genug).* Auch deshalb erzählen wir Geschichten: Um der Angst vor dem Tod eine Hoffnung entgegensetzen zu können. Die Hoffnung, nicht vergessen zu werden. Mit Geschichten, weitergegeben von Alt zu Jung, konservieren wir

---

* Das bedeutet nicht, dass Tiere den eigenen nahenden Tod oder den anderer Lebewesen nicht spüren könnten. Wie zum Beispiel Oscar, die berühmte Therapiekatze aus Rhode Island, die zuverlässig den Tod von über 50 Pflegeheimbewohnern ankündigen konnte, indem sie sich auf das Bett der Patienten legte, wenn deren Ableben bevorstand. Das seriöse *New England Journal of Medicine* bestätigte diese Hellsichtigkeit, konnte aber nicht ermitteln, wie sie funktionierte. Auch das Sterben als solches können Tiere offenbar adressieren, wie das Beispiel des Gorillaweibchens Koko zeigt: Auf die Frage, was der Tod sei, antwortete sie in Gebärdensprache »Gemütlich – Höhle – Auf Wiedersehen«.

uns selbst, unsere Ahnen und unser Wissen für nachkommende Generationen. »Geschichten werden erzählt«, heißt es in Hans Blumenbergs *Arbeit am Mythos,* »um etwas zu vertreiben. Im harmlosesten, aber nicht unwichtigsten Fall: die Zeit. Sonst und schwerwiegender: die Furcht.«[1] In einer Zeit, in der mündliche Vermittlung neben Höhlenmalereien die einzige Art der Informationsweitergabe war, machten Geschichten unsterblich – oder wie Walter Benjamin es poetischer ausdrückt: Eine Erzählung »verausgabt sich nicht. Sie bewahrt ihre Kraft gesammelt und ist noch nach langer Zeit der Entfaltung fähig.«[2]

Jedem Wesen ist als stärkster Trieb der Selbsterhaltungstrieb gegeben, und so versuchen auch wir Menschen, möglichst lange nicht zu sterben. Aus dem Wissen um die eigene Sterblichkeit folgt jedoch das Nachdenken über eine möglichst erfolgreiche Verhinderung dieses Todes. Jede Problemlösung, jede Überwindung von Herausforderungen birgt Entscheidungen auf Basis der eigenen Endlichkeit, um das Leben so gut, so lang und so glücklich wie möglich zu gestalten.* Damit sind wir das einzige Wesen, das über die geglückten Versuche nachdenken und aus ihnen lernen kann – und davon erzählt.

Das Wissen um unsere eigene Vergänglichkeit bringt allerdings noch eine Besonderheit mit sich: Da wir absehen können, dass alles zu einem Ende kommen wird, wissen wir

---

* Die Palliativsoziologie hat herausgefunden, dass alte Menschen kurz vor ihrem Tod oft vor allem eines wollen: banalen Alltag. Pflegerinnen in Altenheimen sind erstaunt, dass die letzten Wünsche der Menschen neben dem Abschied von ihren Angehörigen so etwas wie eine halbe Stunde ihrer Lieblingssendung im Fernsehen oder eine liebgewonnene Speise sind. Wir scheinen am Ende genug zu haben von Abenteuern und Heldinnentaten.

auch, dass alles einen Anfang haben muss. Wir denken in einer Logik von Abfolgen. Wir tun dies nicht zwangsläufig linear, und oft genug steckt diese Logik voller Brüche und Fehleinschätzungen. Doch verstehen wir alle das Konzept von Chronologie. Wir begreifen, dass Anakin Skywalker zuerst der Vater von Luke gewesen sein muss, um später als Darth Vader gegen seinen erwachsenen Sohn kämpfen zu können. Außerdem begreifen und reflektieren wir das Konzept von Wandel, das aus einem Zustand einen anderen macht. Wir sind in der Lage, das Vorher und das Nachher einer bestimmten Situation zu denken – und die Zeitlichkeit dazwischen. Die Fähigkeit, chronologisch zu denken, bedingt die des Zurückschauens ebenso wie die der Antizipation. Und damit sind wir kurz vor einer noch viel wichtigeren Entdeckung unseres Geistes.

»Sie sind hier, weil Sie hergeschickt wurden«, sagt der Mann in dem eleganten Restaurant zu seinen Gästen. »Es wurde Ihnen gesagt, herzukommen, und Sie haben gehorcht. Das ist natürlich der Lauf aller Dinge. Sehen Sie: Es gibt nur eine Konstante, eine Universalität.« Wir befinden uns hier im zweiten Teil der *Matrix*-Trilogie. Neo, Trinity und Morpheus suchen den kultivierten Merowinger und seine Frau Persephone in seinem Reich auf. Beim Merowinger handelt es sich um eine künstliche Intelligenz, die in der Lage ist, innerhalb der Matrix eigene Programme zu schreiben. Neo möchte mit seiner Hilfe den Schlüsselmacher finden, um zum tiefsten Punkt der Matrix vordringen zu können. Der Merowinger verlacht mit aristokratischer Geste das Anliegen, amüsiert über die Unfähigkeit des Protagonisten, die Determiniertheit seiner Heldenreise zu begreifen. »Es ist die einzige echte Wahrheit: Kausalität. Aktion, Reaktion. Ursache und Wirkung.«

Morpheus, der Mentor, widerspricht: »Alles beginnt mit einer Entscheidung.«

Der Merowinger korrigiert ihn mit seinem selbst ausgesuchten französischen Akzent: »Nein. Falsch. Entscheidung ist eine Illusion, entstanden zwischen denen mit Macht und denen ohne.« Dann zeigt er auf eine sinnliche, blonde Frau, ein paar Tische weiter, die gerade im Begriff ist, ein Stück glänzenden Schokoladenkuchen zu ihrem Mund zu führen.

»Sehen Sie dort diese Frau? Mein Gott, sehen Sie sie sich an! Sie hat eine Wirkung auf alle um sie herum. So offensichtlich, so bourgeois, so langweilig. Aber warten Sie! Beobachten Sie sie. Sehen Sie? Ich hab ihr ein Dessert geschickt. Ein sehr spezielles Dessert. Ich habe es selbst geschrieben. Es beginnt so einfach. Jede Zeile des Programms erzeugt einen neuen Effekt. Genau wie Poesie.«

Wir sehen diese an Marilyn Monroe erinnernde Erscheinung und ihren inneren Programmcode, den der Merowinger mithilfe des Kuchens gerade gehackt hat. Ihr Atem wird schneller, ihre Wangen erröten, ihre Pupillen weiten sich, etwas passiert mit ihr. Der Merowinger führt aus: »Ihr Herz flattert. Sie können es sehen, Neo, nicht? Sie versteht es nicht. Wieso? Ist es der Wein? *Non*. Was ist es dann? Was ist der Grund? Bald spielt es keine Rolle mehr. Bald werden der Grund und das Wieso verschwunden sein. Das Einzige, was jetzt noch wichtig ist, ist das Gefühl an sich.« Die Frau wird immer ekstatischer, ihr Brustkorb hebt und senkt sich schneller und schneller. Allmählich begreifen wir die Ursache und Wirkung, die der Merowinger demonstrieren wollte. In ihrem Schoß baut sich – aus ihrer Perspektive so unerwartet wie grundlos – ein Orgasmus auf. »Dies ist die Natur des Universums. Wir verleugnen es. Wir kämpfen dagegen an. Aber das ist nur vorgetäuscht. Es ist eine Lüge. Unterhalb unseres aufgesetzten, gelassenen Äußeren sind wir in Wahrheit völlig ...« – der Frau entweicht ein letztes lautloses Keuchen, dann durchflutet, nur für uns ersichtlich, ein programmierter Höhepunkt ihren ganzen Körper – »... außer Kontrolle. Kausalität. Es gibt kein Entrinnen davor. Wir sind für alle Zeit ihre Sklaven. Unsere einzige Hoffnung, unser einziger Frieden ist, es zu verstehen. Das Wieso zu verstehen. Das Wieso ist die wahre Quelle der Macht. Ohne sie sind Sie machtlos.«[3]

Der Merowinger hat recht: Erst wenn wir verstehen, warum Dinge passieren, erlangen wir Macht. Oder zumindest die Illusion davon. Aus Schicksalsschlägen werden Effekte, aus Ursachenforschung wird Selbstwirksamkeit. Jede noch so rudimentäre oder fehlerhafte Erklärung ist ermächtigender als keine. Deshalb ist der Mensch kognitiv permanent mit kaum etwas anderem beschäftigt, als zu versuchen, die Gründe für Ereignisse nachzuvollziehen. Die Wissenschaft nennt das auch »Kontingenzbewältigung« – die Einschränkung des Risikos, enttäuscht zu werden.

Anders als einem Tier in freier Wildbahn erscheint uns ein plötzlicher Blitzeinschlag also nicht grundlos.* Da wir das Konzept »Ursprung« kennen, muss auch der Blitz irgendeinen Ursprung haben. Indem wir begreifen, dass irgendetwas oder irgendwer dieses Wetterereignis verursacht haben muss – und wenn es lediglich himmlische Wutausbrüche einer dem Menschen nachempfundenen göttlichen

* Einige Tiere, zum Beispiel Krähen und Affen, erkennen durchaus eine Kausalität zwischen zwei Ereignissen. Krähen etwa legen Walnüsse auf die Straße vor eine Ampel, wenn diese rot ist, damit sie in der Grünphase von den Autos geknackt werden. Aber sie hinterfragen die Ursachen nicht, und sie erfinden auch keine Ampelgötter.

Entität namens Zeus sind –, werden wir süchtig nach Erklärung. Die Sehnsucht nach Gründen ist so stark, dass Kausalität für uns selbst dort gegeben sein muss, wo wir sie nicht logisch herstellen können. Wir halten daher oft auch an Erklärungen fest, die objektiv falsch oder zumindest nicht belegbar sind.

Als die US-Armee während des Zweiten Weltkriegs über den melanesischen Inseln nordöstlich von Australien massenhaft Fracht zur Unterstützung der dort stationierten Truppen abwarf, entwickelten sich dort sogenannte »Cargo-Kulte«. Die indigene Bevölkerung interpretierte die mit magisch erscheinenden Fähigkeiten ausgestatteten Fremden und ihr unerklärliches Erscheinen als göttlich. Darum bemüht, die himmlische Fracht nach Kriegsende auch weiterhin zu erhalten, imitierten die Bewohner die Praxis, die sie bei den Soldaten gesehen hatten. Sie schnitzten Kopfhörer aus Holz und trugen sie, als würden sie im Flughafentower sitzen. Sie stellten sich auf die Landebahnen und ahmten die Landungssignale der Lotsen nach. Sie entzündeten sogar Signalfeuer.

Die Anhänger dieses Kults waren weder verrückt noch dumm. Da ihre Ahnen für sie die einzigen spirituellen Wesen waren, die über solch eine Macht verfügen konnten, nahmen sie an, dass die Ausländer einen besonderen Kontakt zu diesen hatten und deshalb solche Reichtümer ausschütten konnten. Indem sie deren Handlungen nachahmten, hofften sie auf eine ebensolche Verbindung zu ihren Vorfahren. Sie bauten Flugzeugmodelle in Originalgröße aus Stroh und schufen Anlagen, die den militärischen Landebahnen nachempfunden waren, in der Hoffnung, durch einen Analogiezauber neue Flugzeuge anzuziehen.

Der Begriff des »Cargo-Kults« hat sich für einen Glauben

etabliert, der eine Korrelation zur Kausalität verklärt. Man braucht sich nicht darüber lustig zu machen, denn durch diese Selbstermächtigung wandelt sich der Mensch vom Spielball der Geschehnisse zum Spieler seines Schicksals. Indem wir in Kausalitäten denken und verstehen, dass Wirkungen Ergebnisse von etwas sein müssen, dass also alles einen Ursprung hat, können wir ebendiesen Ursprung idealerweise zu unseren Gunsten beeinflussen, um vorteilhafte Wirkungen zu erzielen – zumindest lassen wir es nicht unversucht. Deswegen ist der Umstand, dass der Mensch irgendwann anfing, Opfergaben zur Besänftigung der Götter zu erbringen, ein emanzipatorischer und aus damaliger Sicht nahezu genialer Akt proaktiver Problemlösung. Wer etwas opfert, kann die Götter vielleicht günstiger stimmen, damit sie es zum Beispiel regnen lassen. Und wenn nicht, versucht man es eben morgen noch einmal. Alles ist besser, als zu akzeptieren, dass man etwa auf das Wetter, das für eine ertragreiche Ernte entscheidend ist, nicht den geringsten Einfluss hat – und in einer Welt totaler Fremdbestimmung lebt.

Man kann einen solchen Glauben heute noch bei fast allen noch so formal hochgebildeten Ureinwohnern anderer Länder finden, also auch bei uns. Wohlwollend ausgedrückt, agiert unsere Spezies oft wie sehr ergebnisoffene Wissenschaftlerinnen, weil selbst die schwächste Arbeitshypothese ihrem Entwickler eine Zeit lang eine ungeahnte Souveränität verleiht. Verifizieren oder Falsifizieren kann man dann immer noch. Natürlich wissen wir inzwischen, dass den allermeisten Regenzaubern ein falscher Kausalzusammenhang zugrunde lag. In anderen Fällen jedoch war der Mensch in Sachen Kausalität erfolgreicher: Wenn wir in der Sicherheit unserer Gemeinschaften etwas anpflanzen, wird nach einiger Zeit etwas wachsen, von dem wir uns ernähren können, ohne in den gefährlichen Wald aufbrechen zu müssen. Wenn wir Tiere halten, die uns Essen und Wolle geben, haben wir immer Essen und Wolle.

Aus dem Verständnis für Ursache und Wirkung erwuchs also eine der für unsere Anpassungsfähigkeit wichtigsten Handlungsmaximen: Wo immer wir verstehen, dass Dinge nicht einfach so über uns hereinbrechen oder grundlos geschehen, begreifen wir auch, dass wir einen Zustand, der für uns bedrohlich ist, durch Weiterentwicklung und Veränderung – heute sprechen wir von *Trial and Error* – in einen besseren Zustand bringen können. Und zwar durch nichts anderes als innere und äußere Transformationen. Man könnte also auch sagen: durch eine Heldenreise.

Doch sind wir Menschen nicht gerade für Mäßigung bekannt, und so neigen wir dazu, alles und jeden zu ›verkausalisieren‹, um dem Horror Vacui zu entfliehen, der hinter der Erkenntnis lauert, dass vieles, was uns im Leben widerfährt, eben *keinen* Grund oder gar Sinn hat. Dabei sind wir erstaunlich leicht zufriedenzustellen. Die Plausibilität einer Erklärung oder Erzählung ist nur eines unter vielen Kriterien, wieso wir ihr glauben. Denken wir nur an eine beliebige Religion und ihren Schöpfungs- und Messiasmythos, an das, was dort alles an Wundern und Magie auftaucht – nicht um das Ganze plausibler, sondern um es spektakulärer zu machen. Ein Meer, das sich teilt, fliegende Pferde, 40 000 Tänzerinnen – besonders wahrscheinlich sind solche erzählerischen Spektakel ja nicht unbedingt, aber sie ergeben eine gute Story, und die ist besser als nichts. Die unerträgliche Zufälligkeit des Seins kann der Mensch weniger gut aushalten als eine falsche, nur halb funktionierende Erklärung.*

* Was die wirklich wichtigen Fragen etwa der Gesellschaft angeht,

Wer andernfalls voll Schrecken und Ohnmacht einem Universum unverstandener Naturmächte gegenüberstünde, fantasiert sich lieber Götter und Fabelwesen herbei.

Stellen Sie sich kurz vor, Sie wären ein Ureinwohner in der australischen Steppe vor 37 000 Jahren. Auf einmal wächst in Ihren angestammten Jagdgründen eine vulkanische Formation aus dem Boden, die auch noch bald darauf beginnt, Feuer und Lava zu spucken. Innerhalb weniger Monate verändert sich ihre Heimat grundlegend, vielleicht sterben sogar viele ihrer Artgenossen. Nun können Sie entweder akzeptieren, dass die Welt voller unberechenbarer und manchmal grausamer Überraschungen ist, selten einen Sinn ergibt, niemand eine Erklärung hat und dass das so weitergeht, bis Sie eines Tages sterben. Oder aber Sie erfinden eine Geschichte.

Es gibt eine Legende, die von Stammesangehörigen der Gunditjmara, Ureinwohnern im Südosten Australiens, erzählt wird: Nach ihr kamen vor langer Zeit vier Riesen dorthin. Drei zogen in andere Teile des Kontinents weiter, aber einer kauerte sich an Ort und Stelle zusammen. Sein Körper verwandelte sich in einen Vulkan namens Budj Bim, und seine Zähne wurden zu der Lava, die der Vulkan ausspuckte.

Es ist nicht klar, wie lange die Gunditjmara schon in ihrem Gebiet des heutigen australischen Bundesstaates Victoria leben. Bis jetzt reichten die ältesten anerkannten Beweise für menschliche Besiedlung dort nicht weiter als

---

kommen wir auch mit noch so viel Nachdenken, Beobachten und Erzählen niemals auf wirklich belastbare Kausalitäten. Denn diese großen Systeme sind »emergent«: Man kann sie nicht vorhersehen, nur bei ihrer Entstehung zuschauen. Alle zutreffenden Vorhersagen sind mehr oder weniger Glückstreffer, aus denen man hinterher Erzählungen von präziser Projektion stricken kann.

etwa 13 000 Jahre zurück. Laut der Geologin Erin Matchan haben Archäologen schon in den 40er-Jahren in der Nähe des alten Vulkans Tower Hill unter dem Vulkangestein eine Steinaxt gefunden. Demnach müssen bereits *vor* der Eruption Menschen in dieser Region gelebt haben. Matchan und ihre Kollegen konnten diese Felsen und das Gestein des Budj Bim auf ein Alter von 37 000 Jahren datieren. Hinzu kommt, dass derartige vulkanische Verformungen sehr plötzlich, innerhalb von Tagen und Monaten auftreten können. Es ist also nicht unwahrscheinlich, dass die Ureinwohner Zeugen dieses Ausbruchs waren und die Ereignisse folglich als Geschichte von einem Zähne spuckenden Vulkangott weitererzählten. Es wäre tatsächlich die älteste mündlich überlieferte Geschichte der Welt, die Tausende von Generationen weitergegeben werden konnte.[4] Eine 37 000 Jahre alte Flüsterpost, ausgelöst von einer Naturkatastrophe, die durch die göttliche Erklärung eine Kausalität und einen mehr oder weniger befriedigenden Sinn erhalten hat. Und so handelt die vielleicht älteste überlieferte Geschichte der Welt von einem schrecklichen Ereignis, das zu ertragen Menschen leichterfällt, wenn sie nur irgendeine Erklärung dafür haben. Eine Erklärung, die sie sich abends am Lagerfeuer erzählen können.

Tote Affen erzählen nicht

Das Märchen von der vielleicht berühmtesten Geschichtenerzählerin aller Zeiten beginnt blutig: Schahriyar, der von seiner Ehefrau mit einem Sklaven betrogene Herrscher des Sassanidenreiches, lässt allmorgendlich seine neue Gattin hinrichten, um einen erneuten Seitensprung zu verhindern.

Abends wartet eine neue Braut auf ihren fatalen One-Night-Stand mit dem König. Doch die junge Tochter seines Wesirs kann diese endlose Tötungsorgie nicht länger mit ansehen und bietet sich deshalb selbst als nächste Gemahlin an. »Ich möchte«, sagte sie ihrem Vater, »dass du mich mit dem König verheiratest. Entweder gelingt es mir, alle Welt vor ihm zu retten, oder ich sterbe und gehe zugrunde, dann ergeht es mir nicht anders als all denen, die schon gestorben und zugrunde gegangen sind.«[5]

In der ersten und vermeintlich letzten gemeinsamen Nacht mit dem König lässt sie ihre jüngere Schwester holen, um sich von ihr zu verabschieden. Diese wünscht sich eine Geschichte, also erzählt unsere kluge Heldin beiden, ihrer Schwester und dem mörderischen Herrscher, ein fantastisches Märchen, das nicht enden will – bis sie im Morgengrauen an der spannendsten Stelle abrupt aufhört. Mit der aufgehenden Sonne steht schließlich ihre Hinrichtung bevor. »Aber das innere Gemüt des Königs Schahriyar verlangte nach der Fortsetzung der Geschichte«, heißt es im Märchen weiter. Und so ließ er die Frau namens Scheherazade am Leben. Zu gerne wollte er wissen, wie ihre Erzählung weitergeht, zu geschickt baute Scheherazade einen Cliffhanger nach dem anderen. Und rettete mit den Geschichten ihr Leben und das der anderen.

Unsere Vorfahren sicherten ihr Leben ebenfalls durch Geschichten. Wenn der Stammesälteste am prähistorischen Feuer davon berichtete, wie er bei der Jagd von einer riesigen Raubkatze verfolgt wurde, erzählte er eine Geschichte über erfolgreiche Improvisation unter Stress: Das Tier greift an, er, der Jäger, wagt einen Speerhieb in dessen Richtung, genau dafür hat er seine Waffe aus Holz und Stein gebaut. Der Speer bricht, und er wird am Arm verletzt. Was tun ohne

Waffe? Er flieht. Da hinten, schnell auf den Baum – andere Jäger seines Stammes hatten schließlich in ihren Geschichten berichtet, wie sie so überlebt hatten. Doch nein, mit dem verletzten Arm kommt er nicht den Baum hoch. Er rennt weiter, dem Rauschen des Wasserfalls entgegen. Er gelangt an den Rand einer Klippe, gleich wird ihn die Raubkatze in Stücke reißen. Erschöpft und wehrlos droht ihm der Tod – oder der Sprung von der Klippe. Er tritt über die Schwelle, hinab ins Nichts. Ein paar Sekunden freier Fall, ein Aufschlag, dann Kälte, Dunkelheit, Stille. Ist er gestorben? Nein, er taucht aus dem tiefen Wasser auf und schnappt nach Luft. Er hat es geschafft!

Mit der Geschichte von der erfolgreichen Flucht kehrt er zurück zu seinem Stamm. Mit seiner Erzählung bestätigt er überlebenswichtige Informationen wie jene, dass man sich nicht nur auf die Waffe verlassen darf, dass der See unterhalb des Wasserfalls tief genug ist, um im Notfall hineinzuspringen, und dass es sich lohnt, seine Furcht zu überwinden.

Das Prinzip ist simpel: Tote Affen können keine Geschichte erzählen. Derjenige, der zurückkehrt, um von seiner Überlebenskunst zu erzählen, muss irgendetwas richtig gemacht haben. Ihm zuzuhören scheint lohnenswert. Welch genialer Trick, was für eine Wunderwaffe, denn: Wenn es ihm nur einer aus seinem Stamm gleichtut und ebenfalls davon erzählt, bedeutet das, dass der Stamm einen Weg gefunden hat, wie er der natürlichen, brutalen Selektion ein Schnippchen schlagen und sich gefahrloser weiterentwickeln kann.

Ein zentrales Element von Geschichten ist also, dass sie Heldentum würdigen und dabei vermitteln, worin es besteht und was es braucht. Der Protagonist stellt sich den Widrigkeiten, und durch seinen Mut und seine Redlichkeit, aber vor allem durch Entschlossenheit besiegt er die inneren und äußeren Dämonen. Helden sind Idealtypen guten Verhaltens, und in ihrer frühen Version zeichnen sie sich vor allem durch Selbstlosigkeit aus.

Diese Idealisierung hatte ursprünglich tatsächlich eine existenzielle Funktion für einen Stamm, denn neben natürlichen Feinden war es vor allem Egoismus, der die Gruppe gefährden konnte. Heldengeschichten, in denen der selbstlose Protagonist der Gewinner und der Selbstsüchtige der Verlierer ist, waren gleichsam eine Paläo-PR für altruistische Verhaltensregeln.[6] Derartige Geschichten entwickelten sich weiter, genauso wie ihre Funktionen und Wirkungen. Liebesgeschichten zum Beispiel: Im Sinne der evolutionsbiologisch bedeutsamen Fortpflanzung sind Liebesgeschichten gute Vehikel zur Vermittlung von Problemlösungskompetenzen beim Finden und Pflegen der Liebe.* Und neben der sinnstiftenden und sozialkittenden Werbewirkung und der allgemeinen Komplexitätsreduktion dienen Geschichten auch dem kognitiven Spielen. Sie sind natürliche Abenteuerspielplätze der Gedanken – ein weiterer Grund, warum wir ihnen gerne lauschen. Man kann Rollen und Lösungsansätze ausprobieren und sozial verhandeln, ohne gleich dabei draufzugehen oder es sich für immer mit dem Stamm zu verscherzen.

Weil unsere Vorfahren auf unterhaltsame, sinnstiftende Weise aus den Fehlern anderer lernten, ohne dabei zu sterben, haben Geschichten dazu beigetragen, die Evolution unserer Spezies massiv zu beschleunigen. Wir evolutionier-

---

* Apropos Fortpflanzung: Eine angeberische Geschichte kann auch die eigene sexuelle Attraktivität erhöhen – vielleicht wurde gerade deshalb das Lügen erfunden.

ten nicht nur vertikal, also durch die Weitergabe bestimmter Gene von einer Generation zur nächsten, sondern auch horizontal: durch die Weitergabe gewisser Informationen innerhalb einer Generation.[7] Mit unseren Geschichten entstand ein Archiv des Überlebens, das durch Anekdoten veranschaulichte, wie das Überleben in einer gefährlichen Welt möglich war. Zivilisation ist dementsprechend über viele Generationen hinweg die Reproduktion von jenen Erzählungen und ihren Überlebensstrategien, die Erfolg hatten. Denn je besser die Geschichte, desto eher wurde sie weitererzählt. Je wichtiger die Geschichte, desto aufmerksamer wurde ihr zugehört. Geschichten waren prähistorischer *Social Content* – und je emotional aufreibender, desto mehr wurden sie *geshared* und *repostet*. Unser Überleben hing also auch davon ab, wie gut die Form war, in der wir diese lebensnotwendigen Informationen vermittelten. Anders ausgedrückt: Der Stamm mit den besseren Geschichten hatte höhere Überlebenschancen.

Diese Kommunikation und die Weitergabe von Informationen ermöglichen das, was der polnisch-amerikanische Philosoph Alfred Korzybski vor hundert Jahren ›Zeitbindung‹ genannt hat.* Damit meinte er eine Art anthropologi-

---

* In seiner Schrift *Manhood of Humanity. The Science and Art of Human Engineering* präsentierte er 1921 eine neue Theorie der Menschheit, in der Zeitbindung die Weitergabe von Wissen und »Abstraktionen« einer Kultur ermöglicht. Dadurch kann eine Generation weitermachen, wo eine vorhergehende aufgehört hat, ihr Wissen anzusammeln. Dieser Prozess kann auch von einer Generation unterbrochen werden, ohne dass das Wissen wieder von vorne akkumuliert werden muss. Landkarten sind zum Beispiel eine Form von Zeitbindung. Durch sie kann der Mensch immer höhere Abstraktionsebenen erlangen und auch Wissen über das Wissen ansammeln. Durch Sprache eignet sich

sches Upgrade, das der Menschheit erlaubte, Erkenntnisse zu einem Menschheitswissen anzuhäufen, indem jede Generation dieses Wissen an die nächste weitergab und dabei ihren Wissensstand beständig neu auswertete, um – über das Leben eines einzelnen Menschen hinaus – Fortschritte im Begreifen unserer Welt zu erzielen. Dabei erwiesen sich die spannenden Erzählungen als eine besonders eingängige, niedrigschwellige und damit effektive Art der Informationsvermittlung und – noch wichtiger – der Informationsverbreitung.

Dabei sind Geschichten nicht nur praktische Anleitungen zum besseren Leben. Jede Geschichte erzählt grundsätzlich auch davon, dass man Probleme überhaupt lösen *kann* – und *wie* man das genau macht. Jede Geschichte lehrt uns das Dazulernen (okay, über Kafka reden wir später noch). Jede Geschichte ist demonstrative, manifestierte Adaptation. Erst dank dieser habitualisierten Problemlösungskompetenz entwickelte sich der *Homo sapiens* zu einem emanzipierten Gestalter seiner Wirklichkeit und eines Daseins, das sich durch beständige Anpassungen verbesserte. All das erklärt, warum das Erzählen von Geschichten noch vor dem Feuer, dem Rad und der Waffe unser wichtigstes Werkzeug war und wir uns laut Kendall Haven, dem amerikanischen Erforscher narrativer Strukturen und »Master Storyteller«,* seit mindestens

---

der Mensch Wissen über die Wirklichkeit an, was den Wissenschaftler zu seiner berühmtesten Bemerkung führte: »Die Karte ist nicht Territorium.« Demnach sollten wir also nicht die Wörter mit den Dingen verwechseln. Außerdem gab er einmal für ein semantisches Experiment seinen Schülern Hundekuchen zu essen.

* Nach drei Jahrzehnten Forschungsarbeit für die National Storytelling Association und als Leiter des International Storytelling Center gilt er tatsächlich als staatlich anerkannter Geschichtenerzähler, der das Geschichtenerzählen neurologisch derart genau erforscht hat, dass er

100 000 Jahren Geschichten erzählen.[8] Dass man uns den *Homo sapiens,* den klugen Menschen nennt, ist dabei mindestens eine Ungenauigkeit. Klug sind wir nämlich nur manchmal. Erzählen tun wir aber immer. Wir hätten da also einen besseren Namen.

Der Homo narrans

Es ist an der Zeit, die Lektüre dieses Buches kurz für eine ehrliche Selbstbetrachtung zu unterbrechen. Schauen Sie sich bitte einmal genau an. Also nicht Sie persönlich, sondern Sie stellvertretend für uns als Spezies. Ihren Körper als Konstruktion der Natur im Vergleich zu anderen anatomischen Bauplänen, die man so kennt: Goldfische, Giraffe, Gorillas. Was fällt Ihnen auf?

Im Vergleich zu anderen Lebewesen auf dieser Erde, vor allem im Vergleich zu unseren nächsten Verwandten, den Affen, zeichnen uns Menschen einige wichtige Besonderheiten aus: lange muskulöse Beine, die uns schnell und weit tragen; flexible, filigrane Hände, mit denen wir komplizierte Arbeiten verrichten können; vor allem aber unser vergleichsweise riesiger, schwerer Kopf mit einem Hochleistungsgehirn, das für seine Größe zudem noch sehr effizient arbeitet. Der menschliche Körper widmet im Ruhezustand ungefähr ein Fünftel seiner Energie dem Gehirn – egal, ob es an etwas Sinnvolles oder ob es überhaupt aktiv denkt. Die beispiellose Vergrößerung unseres Gehirns vor etwa 1,8 Millionen Jahren musste deshalb mit zusätzlichen Kalorien bezahlt werden,

---

naturwissenschaftliche Erkenntnisse nutzt, um Geschichten besser zu erzählen.

die entweder über Nahrung aufgenommen oder von anderen Körperfunktionen abgezogen wurden. Viele Anthropologen glauben, dass sich unsere Gehirne nur in dieser Form entwickeln konnten, weil der Mensch irgendwann damit anfing, andere Lebewesen zu essen. Deren Fleisch muss man jagen und kochen. Und beide Vorgänge waren unmöglich ohne wenigstens rudimentäre Geschichten, narrative Anleitungen und erzählte Rezepte.

Wir sind also eine Spezies, die irgendwann begann, Geschichten zu erzählen, um zu überleben und sich weiterzuentwickeln, und die dadurch ihre Entwicklung enorm beschleunigen konnte. Wir sind Affen, die durch das Geschichtenerzählen erst zu Menschen wurden. Was wäre also eine passendere Bezeichnung? *Homo narrans,* der erzählende Mensch. So jedenfalls bezeichnet uns der US-Kommunikationswissenschaftler Walter Fischer.[9] Oder wie uns der Philosoph Alasdair MacIntyre nennt: *Storytelling Animals.* Vielleicht einigen wir uns einfach auf *Pan narrans* – der erzählende Affe? Und wenn dieses Buch schon so heißt, müssen wir gemeinsam zum Ursprung zurück. Also: Wann begann der erste Affe zu erzählen?

Das Geschichtenerzählen basiert natürlich auf unserer Fähigkeit zu sprechen. Doch wie genau sich unsere Sprache herausgebildet hat, ist, vorsichtig gesagt, umstritten. Ob wir *zuerst* den opponierbaren Daumen ausbildeten und *dann* davon erzählten, welche Vorteile dieser bei der Jagd mit sich bringt – oder ob die Geschichten von überlegenen Jägern *zuerst* existierten und die Menschen sich *danach* entsprechende Körper wachsen ließen? Die Aufgabe dieses Buches ist nun nicht, mit einer aus Sekundärliteratur und Spekulation gebastelten Zeitmaschine zu den Anfängen der Menschheit zurückzureisen, um nachzusehen. Menschliche Entwicklung verläuft kaum jemals ordentlich. Vermutlich entwickelten sich diese Fähigkeiten nicht strikt nacheinander, sondern parallel. Man kann also der Ansicht sein, dass das heutige körperliche und geistige Vermögen des Menschen am Ende einer Reihe fortschrittlicher Entwicklungsstufen steht, einer evolutionären Erfolgsgeschichte im Sinne des »survival of the fittest«, wie es der britische Sozialphilosoph Herbert Spencer prägte. Demnach wäre es denkbar, dass der Mensch irgendwann aufgrund seines Gehirns schlauer wurde als die anderen Affen und aufgrund seiner höheren Intelligenz zu sprechen begann. Aus Affenlauten wurden nach und nach Wörter und aus diesen irgendwann religiöse Mythen, militärische Befehle und Werbeslogans. Die Entwicklungen könnten auch parallel vonstattengegangen sein oder sich gegenseitig bedingt haben. Entscheidend ist, dass am Ende der *Homo narrans* steht, der sich von allen anderen Lebewesen dadurch unterscheidet, dass er seinen Sprechapparat nutzt, um zu erzählen. Aber eine Vertiefungsfrage lässt uns daran keine Ruhe: Ab wann wurde das Sprechen genutzt, um auch von Sachen zu erzählen, die es gar nicht gibt? Lässt sich nachvollziehen, wann die Menschheit die Fiktion entdeckte?

Zunächst lässt sich feststellen, dass alle menschlichen Sprachen eine besondere grammatikalische Besonderheit erlauben: Rekursivität, also die Möglichkeit, eine Rückbezüglichkeit innerhalb von Sätzen herzustellen, zum Beispiel durch Neben- oder Schachtelsätze. Der britische Autor Will Storr hat beschrieben, wie Sätze im Grunde neuronale Filme in den Köpfen der Leser erzeugen. Er behauptet, »dass wir die Geschichten, die wir lesen, erleben, indem wir halluzinierte Modelle von ihnen in unserem Kopf aufbauen«.[10] Grammatik, die wir lernen, helfe uns demnach dabei, die Simulationen der Welten, die wir beim Lesen und Hören von Geschichten mental erschaffen, überhaupt erst zu strukturieren. Storr bezieht sich hier auf den Neurowissenschaftler Benjamin Bergen, für den Grammatik wie ein Filmregisseur ist, der dem Gehirn sagt, was es wann modellieren soll. Bergen zufolge moduliert unsere Grammatik, »auf welchen Teil einer evozierten Simulation sich jemand konzentrieren soll, mit welcher Detailgenauigkeit die Simulation durchgeführt wird oder aus welcher Perspektive die Simulation durchgeführt werden soll.«[11]

Mit seiner Vorstellung von einer Universalgrammatik prägte der Linguist Noam Chomsky ein großes Paradigma der Sprachforschung. Seiner Ansicht nach lassen der Umstand, dass Menschen die Fähigkeit zum Spracherwerb haben, und die Tatsache, dass alle Sprachen eine Form von Grammatik benutzen, darauf schließen, dass Satzstrukturen und auch syntaktische Eigenheiten wie die Rekursivität universell in unserem Gehirn verankert sind. Tatsächlich weisen Sprachen weltweit, unabhängig von der jeweiligen Kultur, eine gemeinsame Grundstruktur auf. Unsere Sprache wird dank der Syntax zum Ausdruck unseres linearen Zeitempfindens – also unserer Fähigkeit, chronologisch und in Kausalzusammenhängen zu denken. Im Gegensatz zu anderen Tieren haben wir nicht nur eine Vorstellung davon, wie ein Zeitstrahl verläuft, sondern auch ein Konzept für zeitliche Koordination, für die »Wanns« auf diesem Zeitstrahl, sowie ein Gefühl für ein Davor und Danach. Unsere Kommunikation besteht in großen Teilen aus Aussagen darüber, wann Dinge passiert sind oder passieren werden. Deshalb sind wir in der Lage, Dinge zu planen und zu koordinieren, uns zu verabreden und zu kooperieren – ein großer Überlebensvorteil.

Auch Tiere verfügen über Kommunikation. Präriehunde kennen zum Beispiel verschiedene Warnlaute für fliegende oder laufende Raubtiere, und nahezu jedes Tier hat eine Form von verbalem oder nonverbalem Austausch. Doch nur die Sprache des Menschen bekam als Upgrade die Syntax. Die Ausbildung der syntaktischen Sprache ermöglichte es ihm zu antizipieren, Überlegungen anzustellen und verbal auf Erfahrenes zurückzugreifen. Sie erlaubt nicht nur, das auszudrücken, was *ist,* sondern auch über das zu sprechen, was vor langer Zeit mal *war;* als vielleicht etwas Schlimmes passierte oder man sich in einer bestimmten Situation falsch entschied. Dank der Vergangenheitsform unserer Sprache können wir von früheren Geschehnissen erzählen, uns gemeinsam an diese erinnern und die Lehren, die wir aus Erfahrungen gezogen haben, weitergeben. Mithilfe von Grammatik und Tempora können wir aber auch über die Zukunft spekulieren und darüber sprechen, was sein *könnte.* Unsere Syntax erlaubt Imagination und die Konstruktion möglicher oder behaupteter Wirklichkeiten. Und irgendwann sprachen die Menschen dann auch über Dinge, die gar nicht da waren, oder besser: die nur in ihnen selbst existierten.[12] In seinem Essay *Der Held. Wie Helden die Welt verändern und warum wir sie heute mehr als je zuvor brauchen* deduziert der amerikanische Autor Lee Child, wie die Sprache zum Erzählen wahrer Begebenheiten genutzt wurde. Seiner Überlegung nach wurde das Sprechen anfangs effizient und zweckorientiert angewandt, um das Überleben zu koordinieren, Vorräte zu organisieren, Jagden zu planen. Damit es effektiv sein konnte, musste das Erzählte anfangs wahr sein. Im täglichen Überlebenskampf wäre eine Aussage wie »Achtung! Da draußen ist ein Säbelzahntiger!« wenig hilfreich gewesen, wenn sich dort in Wirklichkeit keiner befand und alle Stammesmitglieder in der Höhle in Sicherheit waren. Flunkern war nutzlos bis kontraproduktiv – warum sollte man grundlos alle aufscheuchen und Angst verbreiten? Nicht umsonst kriegen wir heute noch ganz rote Ohren und sterben einen sozialen Tod, wenn wir vor einer Gruppe beim Lügen erwischt werden – ein Erbe aus der Zeit, da eine falsche Aussage den ganzen Stamm gefährden konnte und deshalb heftig sanktioniert wurde. Evolutionär betrachtet gab es also erst einmal keinen Grund für die Sprechenden, ihre Kommunikation kreativ zu gestalten. Sprache diente der reinen Informationsvermittlung.

Doch genau das änderte sich irgendwann, auch ganz pragmatisch. Child erklärt dies anhand einer plötzlich einbrechenden Kälteperiode, die einen Teil unserer Vorfahren das Leben kostete:

> Nur die Allerstärksten überlebten diesen grausamen Bevölkerungsrückgang, nur diejenigen, die sich am besten darauf verstanden zu spekulieren, Strategien zu entwickeln, zu koordinieren, zu diskutieren, vorherzusagen und rechtzeitig einen Plan B zu entwerfen. Je nach den Umständen vielleicht auch einen Plan C oder D. Wahrheitsgemäße Sachlichkeit siegte. Aber sie wurde zunehmend mit etwas vermengt, das neu und fremdartig war. Irgendwann begannen [sie], über Dinge zu reden, die Menschen, die nicht existierten, zugestoßen sein sollten. Dies waren keine Lügen in einem Sinn, der den evolutionären Wert der Sprache gefährdete. Dies war ein nie zuvor versuchter radikaler mentaler Sprung in eine ganz andere Richtung. Hier ging es darum, sich ein paralleles oder theoretisches Universum vorzustellen, in dem Dinge passieren konnten, die auf Erfahrungen basierten, aber nicht durch Fakten eingeengt wurden.[13]

Aus einem »Sagen, was ist« wurde auf einmal ein »Sagen, was war« und ein »Sagen, was sein könnte«. Und irgendwann berichtete man von Dingen, die nicht in oder vor der Höhle existierten und passierten, sondern weit entfernt. Man sprach tatsächlich ungestraft von Säbelzahntigern, die gar nicht da waren, vermutlich um sich schon einmal mental zu wappnen, bevor man ihnen eines Tages wirklich begegnete.

Fing genau hier die Fiktion an? War das Mammut in den Nacherzählungen der Jäger plötzlich nicht mehr nur groß, sondern riesig wie ein Berg? Und bekamen irgendwann die Menschen, die besonders eindrücklich erzählen konnten, eine ganz neue Rolle im Stamm?

Aus heutiger Sicht erscheint es einleuchtend, dass eine Geschichte, in der das Mammut furchteinflößend groß war, eher weitererzählt wurde als eine unspektakuläre Hasenjagd. In der Evolution der Narrative setzten sich vermutlich die aufregenderen, weil einprägsameren Storys durch, die sich aufgrund ihrer Dramatik besser vermitteln und nacherzählen ließen als die sachlichen Informationen. Irgendwann in der Geschichte der Menschheit wurde das Erzählen ausgeschmückter oder ganz erfundener Geschichten zu einem Überlebensfaktor, der zu einer evolutionären Überlegenheit führte. *Survival by fiction* sozusagen. Und bald wurde es von der Art, wie wir uns warnten oder trösteten und wie wir uns die Welt erklärten, zu der Art, wie jeder Mensch sich von sich selbst erzählte.

Der Writer's Room im Kopf

Es waren sehr spezielle Probanden, die Michael Gazzaniga in die Geheimnisse unseres Geistes einweihten. In den 60er-Jahren arbeitete der amerikanische Neurowissenschaftler mit Epilepsiepatienten, deren Hirnhälften operativ getrennt worden waren, um zu verhindern, dass sich epileptische Anfälle über das gesamte Gehirn ausbreiteten. Tatsächlich nahmen die Anfälle danach stark ab, doch Gazzaniga fand noch etwas anderes heraus: Unsere beiden Hirnhälften verarbeiten Informationen völlig unterschiedlich. Trennt man ihre Verbindung, ein Band aus Nervenfasern namens »corpus callosum«, gewinnt man einen Blick auf ihre jeweiligen Aufgaben. Die Forscher um Gazzaniga nutzten zudem die Tatsache, dass die Augen jeweils nur über das rechte oder das linke Gesichtsfeld mit den beiden Gehirnhälften kommunizieren. Sie zeigten den Patienten also Gegenstände, die nur eine Seite ihres Gehirns sehen konnte. Zum Beispiel forderten sie einen Probanden per Schrifttafel auf, aufzustehen und sich ein Glas Wasser zu holen. Dann fragten sie ihn, warum er das getan hatte. Da die beiden Gehirnhälften die Informationen von der Schrifttafel und der Frage nicht miteinander teilen konnten, um sie ganzheitlich zu deuten und eine Erklärung zu liefern, passierte etwas Erstaunliches: Die linke Hälfte, die für das Sprachzentrum zuständig ist, *erfand* eine Erklärung. »Ich hatte eben Durst«, sagte der Proband. Irgendein Grund, zur Not ausgedacht, war offenbar besser, als zuzugeben, dass er keine Ahnung hatte, warum er aufgestanden war und Wasser getrunken hatte. Erst als die Forscher nachfragten, ob er sich sicher sei, kam er in die Verlegenheit, den Durst als das zu akzeptieren, was er war: eine Ausrede.

Die Forscher wiederholten den Versuch mit allerlei verschiedenen Anweisungen und Stimuli. Das Ergebnis war immer das Gleiche: Neben der Sinneswahrnehmung und -verarbeitung, den Steuerungseinheiten für den Körper und dem Gedächtnis gibt es in unserem Gehirn offensichtlich so etwas wie einen inneren Erzähler, der uns und anderen pausenlos unser Leben erzählt. »Wir konfabulieren«, nennt es Will Storr. »Wir bewegen uns in der Welt, tun Dinge und empfinden Dinge und sagen Dinge, aus zahllosen unbewussten Gründen, während ein spezifischer Teil unseres Gehirns ständig bestrebt ist, ein sinnvolles Narrativ aus dem zu machen, was wir anstellen und warum.«[14] Daniel Kahneman hat diese beiden Arten zu denken in seinem Buch *Schnelles Denken, langsames Denken* als »Reptiliengehirn« und Großhirn bezeichnet. Wir lassen an dieser Stelle weitere interessante Forschung links liegen und geben den beiden »Gehirnen« Namen, die für unsere Zwecke am besten passen: »Darsteller« und »Erzähler«. Der eine nimmt wahr und handelt, der andere interpretiert und ordnet. Der eine agiert oder reagiert, der andere rationalisiert und kausalisiert.

Wie sehr wir dazu verleitet werden, in Geschichten zu denken, bewiesen die Kognitionspsychologinnen Fritz Heider und Marianne Simmel schon vor Gazzanigas getrennten Gehirnhälften. Sie konzipierten 1944 einen Animationsfilm, der zeigte, wie zwei Dreiecke, ein Rechteck und ein Kreis sich wild über einen Bildschirm bewegen. Mal in kreisenden Bewegungen, mal in sprunghaften Richtungsänderungen. Anschließend zeigten Heider und Simmel den Film unterschiedlichen Versuchspersonen und fragten diese hinterher, was sie gerade gesehen hätten. Von den 120 Personen antworteten drei sinngemäß »Geometrie, die sich bewegt«. Die anderen Teilnehmer interpretierten eine Dreiecksbeziehung zwischen den Dreiecken und dem Kreis. Manche fanden das eine Dreieck sehr dominant und bevormundend, den Kreis hingegen ängstlich und verstört, und sie beschrieben diese Relation mit narrativ aufgeladenen Begriffen wie Mobbing oder Familienfehde.

Diese Studie verdeutlichte, wie sehr unsere Wahrnehmung alles in eine erzählerische Beziehung bringt. Der amerikanische Literaturwissenschaftler Jonathan Gottschall beschreibt, wie sogar im Schlaf die narrativen Strukturen aktiv sind, obwohl alle anderen faktenprüfenden Sinne offline sind: »Genau wie die Geschichten, die wir uns zur Unterhaltung erzählen, drehen sich die Traumerzählungen oft um dramatische, unerwartete Veränderungen. Forscher fanden heraus, dass die Mehrheit der Träume mindestens ein Ereignis mit bedrohlichen und unerwarteten Veränderungen enthält, wobei die meisten von uns jede Nacht bis zu fünf solcher Ereignisse erleben. [...] Das häufigste ist, gejagt oder angegriffen zu werden.«[15] Andere universelle Themen seien der Sturz aus großer Höhe, Ertrinken, Verloren- oder Eingeschlossensein, Nacktsein in der Öffentlichkeit, Verletztwerden, Krankwerden oder Sterben und Gefangensein in einer Katastrophe. Die kulturell unabhängigen, wiederkehrenden Muster in der Art, wie wir bis heute erzählen und wie sie Joseph Campbell in seiner Erforschung des Monomythos ausgemacht hat, zeugen genau von der Universalität unserer erzählerischen, inneren Grundstrukturen.

Zugleich können wir unserer narrativen Selektion nicht bei der Arbeit zuschauen, denn unser Gehirn ist nicht für solch eine Metaselbstreflexion geschaffen. »In dieser Hinsicht ist die Geschichte wie die Schwerkraft«, erklärt der Geschichtenforscher Kendall Haven. »Sie wissen, dass die Schwerkraft da ist. Sie wissen, dass sie Sie nach unten auf die Erde drückt. Aber Sie sind sich dieser Kraft oder dieses Drucks nicht physisch und nicht bewusst bewusst, so wie Sie das Wetter wahrnehmen. Sie können die Schwerkraft nicht spüren. Warum? Weil Sie als gewöhnlicher Mensch höchstwahrscheinlich noch nie ›Nicht-Schwerkraft‹ (Schwerelosigkeit) erfahren haben. Fische können Wasser nicht beschreiben, weil sie »›Nicht-Wasser‹ noch nie erlebt haben.«[16] Der amerikanische Schriftsteller David Foster Wallace nutzte diese Metapher in seiner Rede *This is water* für einen berührenden Aufruf, die reflexartige Erzählung der anderen, also das Vorverurteilen von Menschen und ihren Beweggründen, immer wieder zu reflektieren. Wie Fische, die sich Wasser vergegenwärtigen, sollten wir uns dieses ständige Netz an Narrativen vergegenwärtigen, das wir über die Welt und ihre Bewohnerinnen legen – und damit unsere Freiheit, anders urteilen zu können.

Fassen wir zusammen: Jedes Wahrnehmen ist ein Versuch, Ordnung in ein chaotisches Universum zu bringen. Geschichten sind eine Manifestation dieses Prozesses. Wenn wir Informationen erhalten, baut unser Gehirn automatisch Geschichten, um den empfangenen Inhalten einen Sinn zu geben. Dass und wie wir sie erzählen, ist selten einer individuell bewussten Wahl und auch nicht einer kollektiven kreativen Erfindungsgabe geschuldet. Wir reproduzieren in ihnen nur eine grundsätzlich durch neuronale Strukturen ermöglichte Weltsicht. Wir entdecken überall Geschichten, weil wir überall welche finden *wollen* beziehungsweise finden *müssen,* selbst wenn es sich um abstrakte Formen handelt. Unser Gehirn sucht nicht nur nach Geschichten – es ist regelrecht süchtig nach ihnen.

Eine völlig natürliche Superdroge

Zurück nach Persien und zu Scheherazade: »Aber das innere Gemüt des Königs Schahriyar verlangte nach der Fortsetzung der Geschichte«[17], steht in der ersten Erzählung der 1001

Nächte, nachdem Scheherazade bei Morgenanbruch ihre Erzählung im dramatischsten Moment beendet hat. »Wie schön und wie spannend ist deine Geschichte!«, ruft Scheherazades Schwester, beseelt von ihrer einnehmenden Erzählkunst, aber auch, damit Scheherazade vor dem König Folgendes erwidern kann: »Was ist das schon gegen das, was ich dir morgen Nacht erzählen werde, wenn ich dann noch lebe und mich dieser König verschont. Das wird noch viel schöner und viel spannender sein als das, was ich heute erzählt habe.«

Der schwesterliche Teaser funktioniert, der angefixte König will mehr. Auch in den nächsten Nächten verschont er sie, und sie erzählt immer weiter. Weil sie eine meisterhafte Geschichtenerzählerin ist und da sie überleben will, ist die Geschichte immer wie zufällig bei Morgengrauen an der spannendsten Stelle angekommen. Zudem endet Scheherazade immer mit einer kurzen Preview: Die nächste Geschichte werde »noch schöner als die heutige Geschichte und noch viel spannender und köstlicher, komischer, leckerer und süßer – wenn mich der König am Leben lässt und mich bis dahin nicht tötet!« Der König aber spricht zu sich selbst: »Bei Gott, ich werde sie nicht eher töten, als bis ich die Geschichte zu Ende gehört habe und weiß, was dem Kaufmann mit dem Dschinn widerfahren ist.« Scheherazades Cliffhanger und ihr serielles Erzählen retten ihr letztlich das Leben. Wie ein Opiat, welches sie dem König täglich einflößt, macht sie sein Gehirn süchtig nach mehr. Die Geschichte wird zu seinem Fix, die Heroen zu seinem Heroin.

Doch woher genau kommt die wohlige, süchtig machende Anspannung beim Lauschen oder Lesen? Wenn wir großäugig vor Büchern, Bildschirmen, Bühnen und Berichtenden sitzen und immer wieder wissen wollen, wie es weitergeht? Was geht derweil im Gehirn vor?

Die meiste Zeit ist unser Gehirn damit beschäftigt, unser Überleben zu sichern. Dementsprechend bewertet es unsere Umwelt ständig nach den Kriterien »bedrohlich« oder »hilfreich«. Für die Verarbeitung von Geschichten hat es ebenso nur zwei Modi, etwas indirekter: Ist sie hilfreich oder nicht? Macht das, was ich da erzählt bekomme, mein Leben besser? Oder hilft es mir sogar beim Überleben?

Diese existenzielle Wachheit ist die Wirkung der biochemischen Cocktails, die in unseren Köpfen gemixt werden. Das, was wir fühlen, wenn wir eine Geschichte spannend finden oder furchteinflößend, unterhaltsam oder berührend, wenn wir uns also auf Leben und Tod mit den Figuren identifizieren, ist das Ergebnis von Botenstoffen. Dabei handelt es sich um physiologische Prozesse, die unweigerlich beim Zuhören von Geschichten in Gang gesetzt werden. Wenn Sie eine gute Geschichte hören, setzt Ihr Gehirn vor allem vier Botenstoffe frei, um die Aufnahme der vielleicht lebenswichtigen Informationen zu erleichtern.

Der erste Botenstoff namens *Cortisol* sorgt für die Gebanntheit, die wir spüren, wenn beispielsweise der Bombenentschärfer William James in *Tödliches Kommando – The Hurt Locker* (2009) zwei Sekunden vor Ablauf des Countdowns zwischen dem roten oder grünen Kabel entscheiden muss; er führt dazu, dass wir die Faust ballen, kurz bevor Neville Longbottom in letzter Sekunde den Kopf von Lord Voldemorts Schlange Nagini abschlägt, und dass uns das Herz beinahe stehen bleibt, wenn wir sehen, wie SS-Offizier Hans Landa in *Inglourious Bastards* (2009) mit einem Landwirt ein Glas Milch trinkt und auf Französisch parliert, während genau unter ihnen, unter den Dielen des Bauernhauses, eine dort versteckte jüdische Familie keinen Mucks machen darf, um nicht entdeckt zu werden. In all diesen Momenten wird Cortisol ausgeschüttet, als Reaktion auf einen alarmierenden Reiz.[18] Dieses Stresshormon soll uns auf Kampf oder Flucht vorbereiten. Schon beim Hören einer Erzählung reagieren wir auf die potenzielle Bedrohung, mit der die Charaktere konfrontiert sind. Cortisol versetzt uns gerade so sehr in Unruhe, dass wir gezwungen sind, an der Situation etwas zu ändern – oder dass wir geradezu flehen, die Protagonistinnen mögen etwas an der Situation ändern.

Zweiter Stoff: »Das hat bei mir noch keine gemacht«, insistiert Harry im berühmtesten Sandwich-Restaurant New Yorks, im »Katz's Delikatessen«, als es darum geht, ob eine Frau ihm schon mal einen Orgasmus vorgetäuscht hat. »Glaubst du, ich würde den Unterschied nicht merken?«, fragt er Sally, woraufhin diese ihm unter lautem Stöhnen und den pikierten Blicken der anderen Gäste den wahrscheinlich berühmtesten Orgasmus der Hollywoodgeschichte aufführt. Wenn wir herausragende Sandwiches essen oder fantastischen Sex haben, oder aber wenn wir einer unterhaltsamen Geschichte lauschen, bei der wir etwas Neues erfahren (so wie Harry in *Harry und Sally*), wird ein Botenstoff ausgeschüttet, der uns signalisiert: Was auch immer du da gerade tust, mach weiter, es ist großartig. Das ist der Effekt von *Dopamin,* unserem Antriebs- und Motivationsbotenstoff. Ihn »Glückshormon« zu nennen wäre zu kurz gegriffen.[19] Der Neuroendokrinologe Robert Sapolsky fasst den Mechanismus treffender zusammen: »Bei Dopamin geht es nicht um Vergnügen; es geht um die Erwartung von Vergnügen. Es geht um das Streben nach Glück und nicht um das Glück selbst.«[20]

Dopamin fördert Lernprozesse und das Speichern von Informationen. Wenn Sie sich für etwas interessieren, steigt Ihr Dopaminspiegel. Sie werden sich dann eher daran erinnern, weil das Dopamin ihr Gehirn quasi wie Wachs ein wenig anwärmt, damit sich die neuen Eindrücke besser einprägen. In diesem Zustand sind wir zwar gebannt und aufmerksam, aber nicht gestresst. Ein besonderer Aspekt dabei ist die vom Körper ersehnte Hoffnung auf ein Happy End: Wenn in einer Erzählung unsere eigenen Emotionen mit denen der Figuren verbunden sind, suchen wir natürlich nach einer wünschenswerten Auflösung, die uns ein gutes Gefühl vermittelt. Dieses Wohlgefühl und unser Wunsch danach sind das Ergebnis von Dopamin. Wenn wir uns mit Charakteren identifizieren, die in der Geschichte ein Happy End erfahren, hinterlässt dies in uns ein Gefühl der Zufriedenheit und der Belohnung, als hätten wir das positive Ergebnis selbst erfahren. Schon die Verheißung auf eine mögliche Dopaminausschüttung macht eine Geschichte für uns spannend.

Nun haben nicht alle Geschichten ein Happy End – das wäre auch furchtbar langweilig. Die frustrierenden Varianten erteilen uns in der Regel eine Lektion darüber, welche Art Ende wir vermeiden wollen. Sie dienen uns als Negativbeispiele dafür, was passieren könnte, wenn jemand sich einer Situation nicht anpasst, sich nicht verändern kann oder sich auf eine Art verhält, die ein Happy End verhindert. Wenn wir etwas als spannend empfinden, ist das gewissermaßen ein Echo der Erzählungen unserer Vorfahren, das uns heute noch ahnen lässt: Diese Geschichte könnte vielleicht dein Leben (oder wenigstens dein Sexleben) retten. Höre also besser gebannt zu!

Andere Szene, anderer Transmitter: Ein Mann sitzt während eines Fluges von Washington nach Kalifornien vollkommen aufgelöst an seinem Platz, weinend, verzweifelt, um Fassung ringend. Was ist geschehen? Der amerikanische Verhaltensökonom und Vertrauensforscher Paul J. Zak hatte sich an Bord das Boxdrama *Million Dollar Baby* angesehen:

»Ich weinte. Naja, ich habe nicht wirklich geweint, eher große, unkontrollierte Tränen aus meinen Augen, Schnodder aus meiner Nase und Schluchzer aus meinem Mund gepresst. Jeder um mich herum konnte mich hören, aber ich konnte meine Traurigkeit nicht unterdrücken.«[21]

Als Neurowissenschaftler fragte Zak sich hinterher: Woher kam dieser plötzliche Kummer, diese so intensive Reaktion, als sei er selbst Protagonist des Films gewesen? Erzählt wird die tragische Heldinnenreise einer Ausnahmeboxerin, mit einem väterlichen Trainer als Mentor und etlichen Schicksalsschlägen – aber Zaks Gehirn wusste doch, dass es nur eine Geschichte war, mit ausgedachten Figuren? Er fand heraus: Es war das sogenannte »Kuschelhormon« *Oxytocin,* welches ihm das Herz gebrochen hatte. Oxytocin sorgt für Mitgefühl und wird ausgeschüttet, wenn wir uns mit jemandem oder eben einer fiktiven Figur identifizieren. Je verbundener man sich einem Protagonisten fühlt, je mehr man mit der Figur mitfiebert, desto mehr Oxytocin wird ausgeschüttet. Aufgrund dieses Botenstoffs scheren wir uns darum, was mit anderen Menschen passiert.[22] Wir erhoffen uns für sie den besten Ausgang, wenn wir uns in ihnen wiederfinden und durch sie unsere eigenen Hoffnungen, Wünsche und Träume wahrnehmen. Hinter allen menschlichen Beziehungen steckt Oxytocin.

Dieses Hormon hat aber noch eine weitere wichtige Wirkung: Dank ihm hält man den, der erzählt, für vertrauenswürdig. In einem Experiment versuchte Zak, den Oxytocin-Haushalt dadurch zu beeinflussen, dass er Geschichten veränderte.[23] Mit seinem Kollegen Jorge A. Barraza bearbeitete er dafür eine Reihe von Videos, die sie mit Genehmigung des St. Jude Children's Research Hospital erhalten hatten. Eines zeigte zum Beispiel einen Vater, der in die

Kamera spricht, während im Hintergrund sein zweijähriger Sohn Ben spielt, der an Hirnkrebs im Endstadium leidet. Die für das Experiment konstruierte Geschichte folgte einem inneren Konflikt und damit auch einem dramaturgischen Bogen: Der Vater kämpft in seiner Erzählung darum, eine Verbindung zu seinem Sohn aufzubauen und die letzten gemeinsamen Monate so schön wie möglich zu gestalten. Gleichzeitig ist er sich darüber im Klaren, dass er nur noch kurze Zeit mit Ben haben wird, weshalb er so große Angst vor dem Verlustschmerz hat, dass er befürchtet, sich zu verschließen. Das Video endet damit, dass er in sich die Kraft findet, die Verbindung zu seinem Sohn aufrechtzuerhalten und ihm nahe bleiben zu können, bis der Junge, wie der Vater sagt, »seinen letzten Atemzug tut«. Mit dem Tod seines Sohnes endet in diesem Video für den Vater auch seine eigene Heldenreise.

Für eine Kontrollgruppe stellten Zak und Barraza ein Video zusammen, in dem Vater und Sohn einen Tag im Zoo verbringen. Ben hat eine Glatze von der Chemotherapie, der Krebs und das Sterben werden also visuell erzählt, aber nicht explizit adressiert. Hier wird allerdings keine Geschichte gesponnen, es gibt keine Entwicklung des Vaters, keinen inneren Konflikt, keine Spannung, keine Heldenreise. Dieses Video diente zum Vergleich, um zu messen, was neurologisch passiert, wenn die Probanden einen nichtnarrativen Clip gezeigt bekommen.

Vor und nach der Sichtung der Videos wurde beiden Gruppen Blut abgenommen. Nur im Falle des Videos mit dem Erzählbogen rund um den Vater war bei allen Teilnehmerinnen ein Anstieg von Cortisol und Oxytocin zu verzeichnen, der mit einer Zunahme an Empathie für Ben und seinen Vater einherging. Dieses erhöhte Mitgefühl motivierte die Probanden darüber hinaus, einem Fremden, der ebenfalls Teil des Experiments war, Geld anzubieten. Die Forscher wollten nämlich erheben, ob sich die Oxytocin-Ausschüttung auch in konkrete Handlungen übersetzt. Und tatsächlich wurden die Teilnehmerinnen sozialer. Heldenreisen scheinen also wie eine Superdroge auf unsere Gehirne zu wirken. Sie versetzen uns in Spannung und emotionale Aktivität, machen uns empathischer und kooperativer.

Fehlt nur noch das befreiende Gefühl, das man empfindet, wenn man beispielsweise beim Schauen einer Komödie herzhaft und ehrlich loslacht. Was genau dabei der Auslöser sein kann, ist natürlich von Mensch zu Mensch unterschiedlich. Wie bei so vielen Dingen scheiden sich auch beim Humor die Geister: Manch einer schmeißt sich weg, wenn er Sacha Baron Cohen als Borat in der gleichnamigen Filmreihe fast nackt im neonfarbenen Monokini durch eine Hotellobby rennen sieht; andere amüsieren sich eher, wenn in *Das Leben des Brian* (1979) am Ende der Song »Always Look on the Bright Side of Life« von einem an Kreuze gebundenen Männerchor gepfiffen wird oder wenn Lieutenant Frank Drebin in *Die Nackte Kanone* (1988) Michael Gorbatschow das Muttermal von der Glatze scheuern will. Es ist dieser Tsunami an *Endorphinen,* der idealerweise aufbraust, wenn etwas unseren Lachnerv trifft.

Geschichten erfordern stets eine gewisse emotionale Arbeit. Das gilt zwar selbst für die lustigen, aber dafür sind diese angenehm, unterhaltsam und erlauben uns eine ausgelassene, sorgenfreie Realitätsflucht. Durch das Lachen werden Endorphine ausgeschüttet, wie immer bei positiven Ereignissen. Dafür ist nicht unbedingt ekstatisches Brüllen nötig – es genügt schon, wenn man etwas einfach als wirklich beglückend empfindet.[24]

Die beschriebenen biochemischen Prozesse funktionieren nicht nur bei Filmen, sondern finden auch beim Lesen und Hören statt. Dort kommt noch eine Besonderheit hinzu: Unser Gehirn übernimmt anhand der empfangenen Worte die Regie. Das Lesen eines guten Romans (oder das Hören eines Hörbuchs) beflügelt unsere Fantasie auf eine bemerkenswerte Art. Der intensive Eskapismus versetzt uns in einen Zustand kontrollierten Halluzinierens.[25] Während Sie gerade diese Buchstaben hier registrieren, verwandelt Ihr Gehirn sie in elektrische Impulse und modelliert daraus bestimmte Vorstellungsbilder, die sicher nicht bei jedem Menschen identisch sind, jedoch mehr oder weniger das, was Sie gerade erfasst haben, für Ihren Kopf übersetzen. Steht hier »Haus«, denken Sie an ein Haus – vielleicht Ihr Geburts- oder Wohnhaus, vielleicht eher ein inneres Symbolbild eines Hauses. Ihr Gehirn ist eine Art mentaler 3-D-Drucker, der die empfangenen Impulse, das Gelesene, in eine innere Wirklichkeit verwandelt, die idealerweise etwas mit der von den Autoren intendierten Vorstellung zu tun hat. Bei aller Eigendynamik und Offenheit, die man jeder medialen Vermittlung zwischen Sendern und Empfängern zugestehen muss, geht es beim Schreiben und Lesen um nicht weniger als Gedankenübertragung; koordinierte Fantasie, ein Rendezvous zweier psychischer Systeme an einem Ort jenseits von Ort und Zeit. Wenn wir von einem orangefarbenen Affen schreiben, der sich durch einen Dschungel von Baum zu Baum schwingt und dabei Hemingway rezitiert, haben wir mit diesen wenigen Zeichen gerade visuelle und akustische Telepathie betrieben. Genau darin besteht die Magie von Literatur: Nur durch ein bisschen

Druckerschwärze auf Papier kann ein einzelner Geist unzähligen anderen komplexe innere Filme anbieten, die jene wiederum für sich mental in Szene setzen und ausschmücken.

Ein messbares Indiz dafür, wie diese Modellierung vor unserem geistigen Auge stattfindet, sind die sichtbaren Augenbewegungen. Der Kognitionswissenschaftler Michael J. Spivey konnte belegen, dass unsere Augen in dem Moment, wo wir beispielsweise von Landschaften lesen oder hören, dieselben Mikrobewegungen leisten, als würden wir tatsächlich eine Landschaft sehen. Spivey ließ Probanden unbemerkt mittels Eyetracking beobachten, während sie eine der folgenden Geschichten hörten:

> Stellen Sie sich vor, Sie stehen vor einem vierzigstöckigen Wohnhaus. Unten gibt es einen Pförtner in Blau. Im zehnten Stock hängt eine Frau ihre Wäsche aus dem Fenster. In der neunundzwanzigsten Etage sitzen zwei Kinder auf der Feuerleiter und rauchen Zigaretten. In der obersten Etage schreien zwei Menschen.[26]

Und hier die zweite kurze Erzählung:

> Stellen Sie sich vor, Sie stehen am Rande eines Canyons. An der gegenüberliegenden Canyonwand bereiten sich mehrere Personen darauf vor, sich abzuseilen. Die erste Person seilt sich zehn Fuß ab, bevor sie an der Wand zum Halten kommt. Sie springt erneut und fällt zwölf Fuß tief. Sie springt weitere fünfzehn Fuß. Und der letzte Sprung, von acht Fuß, bringt sie auf den Boden des Canyons.

Die Aufzeichnungen der Augenbewegungen ergaben, dass die Zuhörenden, wenn die Geschichte etwas nach oben Gerichtetes beschreibt, ihre Augen nach oben wandern ließen, während die Probanden, welche die nach unten führende Geschichte hörten, nach unten schauten. Das lässt darauf schließen, dass die Teilnehmer diese Geschichten so plastisch vor ihrem geistigen Auge imaginierten, dass ihre Augen den beschriebenen Abgründen und Höhen folgten.

Die Forscher erklären, dass Menschen, die sich ein komplexes Ereignis *vorstellen,* einige der gleichen kognitiv-motorischen Mechanismen aktivieren würden, die auch beim *Ansehen* eines solchen Ereignisses zum Einsatz kommen. Dies lege nahe, dass das okulomotorische Verhalten auf wahrnehmungsbasierte räumliche mentale Modelle reagiere, die während des Zuhörens und der mentalen Repräsentation generiert werden.[27] Geschichten erlauben uns also, Dinge zu sehen, ohne sie vor Augen zu haben – wenn das nicht schon magisch ist, kommt hier aber der nächste Trick: Geschichten setzen unser Gehirn neu zusammen. Beim Lesen eines Romans, so fand die Forschungsgruppe um Gregory Berns an der Emory University heraus, werden messbare Veränderungen der Konnektivität des Gehirns im Ruhezustand verursacht, also der Fähigkeit, zwischen unterschiedlichen Gehirnarealen Verknüpfungen herzustellen. Um das zu untersuchen, wurden die Gehirne von Probanden an 19 aufeinanderfolgenden Tagen per Magnetresonanztomographie im Ruhezustand gescannt. Erst an fünf Tagen ohne Lektüreeinheiten, dann neun Tagen, an denen die Probanden jeden Abend ein Neuntel des Thrillers *Pompeii* von Robert Harris lasen und am Morgen im Ruhezustand gescannt wurden. Schließlich wurden sie die fünf darauffolgenden Tage nach Beendigung des Romans gescannt. In dieser Periode wurde eine Erhöhung der Konnektivität in den Gehirnregionen verzeichnet, die für das Verständnis der Geschichte, Sprache und die Perspektivenübernahme zuständig sind. Diese Gehirnaktivität war erhöht, auch wenn die Personen zum Zeitpunkt des Scans nicht lasen. Als hätte das Gehirn Phantomimagination oder einen Muskelkater vom Vorstellen. Hinzu kam eine erhöhte Konnektivität in der sensorisch-motorischen Region des Gehirns. Die Neuronen dieser Region werden mit der Repräsentation von Körperempfindungen in Verbindung gebracht.[28] »Die erhöhte Konnektivität in diesem Bereich war ein überraschender Befund, der jedoch darauf hindeutet, dass sich der Leser beim Lesen vielleicht in den Körper des Protagonisten versetzt«, erklärt Gregory Berns, der Leiter der Forschungsgruppe. Er kommt zu dem Schluss, »dass das Lesen von Geschichten – vor allem von solchen mit starken Erzählbögen – die Gehirnnetzwerke für mindestens ein paar Tage neu konfiguriert. Das zeigt, wie Geschichten bei uns bleiben können. Dies könnte tiefgreifende Auswirkungen auf Kinder und die Rolle des Lesens bei der Formung ihrer Gehirne haben.«[29]

Es ist sicherlich kein Zufall, dass wir Kindern vor allem durch Geschichten das Sprechen beibringen – und zwar durch ganz besondere. Wir lesen ihnen keine mathematischen Formeln vor, keine naturwissenschaftlichen Studien oder rational argumentierende Justizfälle, sondern erzählen ihnen von anderen Kindern, die in den Wald gehen, um der Großmutter einen Korb voller Essen zu bringen, und sich einem Wolf stellen müssen; oder davon, wie Kinder Hexen in Lebkuchenhäusern bezwingen. Kleinen Menschen, die jeden Tag eine Unmenge neuer Informationen zu bewältigen haben, diese vor allem in Form von Mini-Geschichten (man könnte sie auch Märchen oder schlicht »Lügen für Kinder«

nennen) über Ursache, Wirkung und Normen zu servieren (»Wenn du den Teller nicht aufisst, regnet es morgen«, oder zeitgemäßer und ehrlicher: »Wenn du die Zähne nicht putzt, fallen sie aus«) – eine schlaue Anwendung unseres narrativen Instrumentariums. Ebenso, dass wir für sie gerne in den fantastischen Modus der Fabelwelten schalten, wo jede Figur und jeder Plot eine Moral hat, Gut und Böse klar verteilt sind und am Ende immer das Edle gewinnt, wenn es nur stur genug edel bleibt. Am allerwichtigsten aber: Die meisten Märchenszenarien sind enorm spannend, geradezu gruselig. Wir wollen die Aufmerksamkeit der Kinder, und sie wollen mehr von den Botenstoffcocktails, die Aschenputtel und Rumpelstilzchen in ihnen auslösen. In Märchen werden zwar üblicherweise keine vollständigen Heldenreisen erzählt. Aber auch ihre rudimentären Zyklen der Transformation können als Zwischenschritte gesehen werden: vom kindlichen zum erwachsenen Wesen. Geschichten wie die von Hänsel und Gretel sind vielleicht zu klein, um den Kindern zu vermitteln, welche Herausforderungen und vor allem welche notwendigen Verwandlungen diese Welt einem Menschen abverlangt. Aber sie sind groß genug, um die wichtigsten Lektionen zu transportieren, und vor allem, um das lustvolle Lernen durch Geschichten zu üben. Unsere Identifikation mit den Heldinnen darin kultiviert unsere Empathie, und die Empathie verstärkt wiederum unsere Identifikation. Dieses Wechselspiel erhöht unsere Aufmerksamkeit, die dafür sorgt, dass wir die überlebenswichtigen Botschaften der Geschichten wirklich verinnerlichen. Deshalb erklärte der Philosoph Walter Benjamin das Märchen zum »ersten Ratgeber der Menschheit«[30].

Der Wissenschaftspublizist Jeremy Adam Smith hat für die kulturell getriggerte Wirkung der Botenstoffe sogar einen eigenen Begriff geprägt: »Wenn sich das Cortisol, das die Aufmerksamkeit nährt, mit dem Oxytocin der Fürsorge vermischt, erleben wir ein Phänomen, das »Transportation« genannt wird. Der Transport findet statt, wenn sich Aufmerksamkeit und Angst mit unserer Empathie verbinden. Mit anderen Worten: Wir sind gefesselt. Für die Dauer der Geschichte verflechten sich unsere Schicksale mit denen der imaginären Personen.«[31] Bei der Transportation wird unser Gehirn also durch einen Hormoncocktail in eine Art neurologische Virtual Reality versetzt, in der wir mitfühlen, was eine Figur fühlt. Das ist die mächtige Glückspille, die unser Gehirn beim Geschichtenhören produziert und die auch dafür sorgt, dass wir Inhalte reproduzieren können. In seiner Schrift *Der Erzähler. Betrachtungen zum Werk Michail Lesskows* beschrieb Benjamin letztlich genau diese narrative Transportation, ohne diese Bezeichnung zu verwenden: »Je selbstvergessener der Lauschende, desto tiefer prägt sich ihm das Gehörte ein. Wo ihn der Rhythmus der Arbeit ergriffen hat, da lauscht er den Geschichten auf solche Weise, daß ihm die Gabe, sie zu erzählen, von selber zufällt. So also ist das Netz beschaffen, in das die Gabe zu erzählen gebettet ist.«[32]

Das berühmteste Holzpferd der Geschichte

Lange Jahre dauerte die auszehrende Belagerung der feindlichen Stadt Troja schon, bis ein griechischer Held namens Odysseus endlich die entscheidende Idee hatte: Man solle ein riesiges Holzpferd bauen und es den Trojanern als Weihgeschenk für die Göttin Athene vor die Stadtmauern stellen. Nachdem die Griechen abgezogen waren, holten die Trojaner das Geschenk in ihre Festung. In der folgenden Nacht konnte die Handvoll Griechen um Odysseus, die sich darin versteckt hatte, herausklettern und von innen die Tore für ihre Armee öffnen. Das Ergebnis war eines der größten überlieferten Gemetzel überhaupt (aber das wird gerne verschwiegen).

Erzählungen funktionieren wie das Trojanische Pferd. Unser Gehirn ist Troja. Die Informationen, die in einer Geschichte verborgen liegen, sind die Griechen. Je beeindruckender oder schöner das Pferd, desto bereitwilliger lassen wir es in unsere Stadt, desto mehr erlauben wir einer Geschichte, Teil von uns zu werden, und uns selbst, Teil der Geschichte zu werden. Sobald wir kognitiven Input erhalten, sortiert unser Gehirn die empfangenen Informationen und versucht, diese einzuordnen, zu sortieren, zu verarbeiten und ihnen durch die narrativen Filter des Gehirns einen Sinn zu geben. Doch was passiert da genau in unserem trojanischen Gehirn? Eine Frage, deren Beantwortung so wie einst Odysseus' legendärer Trick auch kriegerischen Zwecken dienen kann.

Vor wenigen Jahren erhielt Kendall Haven, der Master Storyteller, dem wir bereits begegnet sind, von der US-Regierung (genauer gesagt von der DARPA, der *Defense Advanced Research Projects Agency*) die Möglichkeit und die Mittel, Testpersonen beim Geschichtenhören direkt in die Köpfe zu schauen. Die DARPA hoffte nämlich darauf, unser Denken in Geschichten technologisch (und vermutlich auch militärisch) verwertbar machen zu können. Während man den in Gruppen eingeteilten Probanden verschiedene Fassungen einer Grundgeschichte erzählte, registrierte Kendall mittels Elektroenzephalogramm ihre Gehirnaktivität und maß darüber hinaus Veränderungen bei Herzschlag und Hautwiderstand sowie im Hormonhaushalt, vornehmlich bei Oxytocin und Dopamin. Wie der Regisseur in Peter Weirs Film *Die Truman Show* konnte er minimale Veränderungen an den Geschichten vornehmen, ihre Protagonisten unterschiedlich erzählerisch einführen, ihnen verschiedene Motivationen geben oder die zu erreichenden Ziele variieren. Die dabei beobachteten neuronalen, biochemischen und körperlichen Veränderungen sollten wissenschaftliche Aussagen darüber ermöglichen, inwieweit einzelne Elemente der Geschichte und deren Variationen einen Einfluss auf die neurologische Verarbeitung haben, kurz: was eine Geschichte wirksamer macht.

Tatsächlich gelang es Haven, exakt jene Bereiche im Gehirn zu isolieren, die den Input zwischen sensorischer Wahrnehmung und bewusstem Denken narrativ einsortieren. Er bezeichnete diese Gehirnregionen als das »Neural Story Net (NSN)«, als neuronales Storynetz. Dieses Netz ist demnach der Ort in unserem Kopf, an dem Geschichten gedacht werden. Hier lebt der »innere Erzähler«, der uns zum *Homo narrans* macht.

Stellen Sie sich unser Gehirn als ein Hochhausbüro mit vielen Etagen vor, wobei jede einzelne davon für eine bestimmte Funktion der Informationsverarbeitung zuständig ist. Ganz oben sitzen Sie als Herr oder Herrin im eigenen Haus und erhalten die lesefreundlich aufbereiteten Dossiers, die von verschiedenen Bereichen in Ihrem Gehirn für Sie sortiert und strukturiert wurden. Ist dieser Inhalt oben bei Ihnen angekommen, ist das der Moment, in dem Sie einen bewusst gedachten Gedanken fassen. Die Informationen, die Sie kognitiv wahrnehmen, durchlaufen also immer erst mehrere Etagen zwischen der sensorischen Empfangstheke und Ihrem Bewusstsein im Dachgeschoss. Interessant hierbei ist, dass unsere Frontallappen, in denen Entscheidungsfindung und bewusstes Denken neurologisch verortet sind, nicht direkt mit jenen Bereichen unseres Gehirns verbunden sind, die unsere sensorischen Informationen verarbeiten. Es gibt also keine direkte Leitung zwischen der Rezeption und dem Büro in der Oberstube.

Für den erzählenden Affen sind vor allem die Etagen dazwischen relevant, nämlich die des neuronalen Storynetzes, die wir nicht bewusst wahrnehmen. Sie sind es, welche die Memos, die uns unsere Sinne permanent bezüglich unserer Umwelt zukommen lassen, erst einmal registrieren, überprüfen, drehen und wenden und mit Sinn zu versehen versuchen. Denn der an sich chaotische Input unserer Wahrnehmung muss interpretiert und in einen für uns nachvollziehbaren Zusammenhang gebracht werden. Die Etagen des neuronalen Storynetzes nehmen die Echtzeitinformationen auf und gleichen sie mit vorhandenem Wissen und Erinnerungen ab. Wenn ein solcher Abgleich nicht ganz gelingt, passt unsere Verwaltung im Gehirn das Wahrgenommene bestmöglich an, sodass es in die mentale Röhrenpost eingegliedert werden kann. Das bedeutet auch: Sensorische Inhalte werden von uns unwillentlich manipuliert. Sie werden verändert, komprimiert, mit Filtern belegt, übersetzt und für uns verständlich gemacht. Mithilfe von Mustern, die wir schon immer benutzt haben, um unsere Umwelt zu begreifen, verleihen wir Begebenheiten, die anfangs keinen Sinn ergeben oder vielleicht dem widersprechen, was uns vertraut ist, schließlich doch einen Sinn – und sei es, indem wir ihnen eine Fiktion überstülpen. Es wird dabei antizipiert oder projiziert, Lücken werden auf Basis eigener Bewertungen gefüllt, andere Aspekte werden ignoriert oder so lange verändert, bis sie passen.

Will Storr zitiert in seinem Buch den Neurobiologen Bruce E. Wexler: »Sobald [die internen Strukturen des Gehirns] etabliert sind, drehen sie die Beziehung zwischen dem Inneren und dem Äußeren um. Anstatt dass die inneren Strukturen durch die Umwelt geformt werden, handelt das Individuum nun, um die etablierten Strukturen angesichts der Herausforderungen der Umwelt zu bewahren, und empfindet Veränderungen in der Struktur als schwierig und schmerzhaft.« Dementsprechend »ignorieren oder vergessen wir Informationen, die mit diesen Strukturen unvereinbar sind[33], oder wir versuchen aktiv, sie zu diskreditieren«. Manchmal machen wir das in einem Maße, dass am Ende im bewussten Denken das Gegenteil dessen ankommt, was gerade rezipiert wurde. Wenn uns jemand fragt, warum wir dieses Glas Wasser wollten, sagen wir eben: Weil wir Durst hatten. Allerdings nicht, weil aus dem Mundraum das Signal für Durst kam, sondern weil das Storynetz es anbietet.

Erinnern Sie sich noch an den Blitzeinschlag zu Beginn des Kapitels? Wir nehmen wahr: dunkler Himmel, plötzlich helles Licht, dann wieder Dunkelheit, ein Grollen in der Ferne. Wir versehen diese empfangenen Informationen passenderweise mit ›blitzschnellen‹ Arbeitshypothesen: Wolken, Blitz und Donner treten zusammen auf, hängen also offenbar zusammen. Wir rufen Erfahrungen ab, die bei der Einordnung der Situation helfen könnten, und versuchen daraus eine Erklärung (noch mal Achtung) *blitzabzuleiten*. Verursachen vielleicht die dunklen Wolken den Blitz? Wir spekulieren, vergleichen die wahrgenommenen Informationen mit Dingen, die wir kennen: Ein Blitzeinschlag ist sehr destruktiv, das Grollen klingt aggressiv-bedrohlich, ähnlich einem knurrenden, brüllenden Tier. Wenn tatsächlich ein Wesen den Blitz verursacht haben sollte, muss es sehr wütend sein, aber auch mächtig. Verursacht vielleicht die Wut eines Gottes die dunklen Wolken? Wir projizieren: Ist das Ganze vielleicht eine Strafe? Ist es unsere Schuld? Können wir daran etwas ändern?

Indem wir versuchen, die Inhalte, die wir wahrnehmen, in logische Sinnzusammenhänge zu bringen, also eine Geschichte daraus stricken, machen wir uns die Wirklichkeit überhaupt erst zugänglich. Wir narrativieren – genauer gesagt: Die mittleren Etagen unseres zerebralen Hochhauses, die das Storynetz bilden, narrativieren. Doch sobald die neuen Eindrücke mit einem »So ergibt das Sinn«-Stempel versehen und abgeheftet sind, sorgt eine Art innere Verordnung dafür, dass wir aufhören, immer weiter zu spekulieren; eine geistige Regel, die der Moralpsychologe Jonathan Haidt *the makes sense stopping rule* – also gewissermaßen die »Ergibt-Sinn-Grübeln-Einstellen-Regel« nennt. In dem Moment, wo wir eine passende Schablone, eine Erklärung für einen Input gefunden haben, die uns plausibel genug erscheint, und eine Situation für uns damit ausreichend Sinn ergibt, stellen wir das Nachdenken darüber ein. Wir sparen unsere geistigen Ressourcen. Das Austauschen dieser Schablone ist so anstrengend, dass unser Kopf es unter allen Umständen versucht zu vermeiden.

Kendall Haven fasst das Phänomen so zusammen: »Das Gehirn wandelt rohe Erfahrungen in Form von Geschichten um und denkt, grübelt, erinnert und handelt dann auf der Grundlage der selbst erschaffenen Geschichte, nicht auf der Grundlage der eigentlichen Eingangserfahrung!« Das bedeutet: Informationen werden zu Geschichten gemacht, bevor sie unser Bewusstsein erreichen. Anders ausgedrückt: *Alles,* was wir denken, ist eine *narrativierte Interpretation* von Informationen. Alles, was wir bewusst wahrnehmen, ist ein von unserem eigenen Gehirn gebautes geistiges Trojanisches Pferd. »Die Forschung zeigt«, so erklärt Haven, »dass wir Menschen sowieso nicht wirklich die genauen Worte hören [...]. Wir hören die Quintessenz. Dann formen wir diesen Kern in unserem eigenen Gehirn in Worte um, indem wir unser eigenes Vokabular verwenden. Dann schreiben wir unsere selbst erstellte, personalisierte Version der Quelle zurück und denken, dass unsere eigene Version tatsächlich Wort für Wort das ist, was der Sprecher gesagt hat.«[34]

Wenn wir selbst Geschichten erzählen, um Inhalte zu transportieren, imitieren wir also im Grunde die Arbeit, die unser Gehirn täglich für uns macht. Je erfolgreicher wir diese Imitation hinkriegen, desto überzeugender sind die Geschichten, desto intensiver die Transportation, desto trojanischer die List. »Die Verwandlung, welche die narrative Transportation ermöglichen kann, ist das Überzeugen des Geschichten-Empfängers« – so lautet der entscheidende Satz aus einer Meta-Analyse, welche die Forschung zur narrativen Transportation auf Grundlage von 132 Studien sammelte.[35] Will Storr fasst diese Wirkmacht der Geschichte dementsprechend wie folgt zusammen: »Transportation verändert Menschen, und dann verändert sie die Welt.«[36] Laut der Historikern Lynn Hunt trug der Roman damit sogar zur Erfindung der Menschenrechte bei. Die Professorin der Stanford University stellt in ihrem Buch *Inventing Human Rights: A History* einen Zusammenhang zwischen der französischen Literatur des 18. Jahrhunderts und dem Folterverbot in Frankreich, der Unabhängigkeitserklärung der Vereinigten Staaten von 1776 sowie die Erklärung der Menschenrechte in Frankreich 1789 her. Die Kunst und Literatur nahm in ihren Augen Einfluss auf die politischen Debatten und Denkweisen; insbesondere Romane hätten die Empathie der Lesenden gefördert mit jenen, die nicht Teil des eigenen sozialen Milieus waren. Hunt erklärt: »Die Menschenrechte konnten nur gedeihen, wenn die Menschen lernten, andere als gleichwertig zu betrachten, als Menschen, die ihnen in gewisser Weise ähnlich sind. Sie lernten diese Gleichheit, zumindest teilweise, indem sie sich mit gewöhnlichen Figuren identifizierten, die ihnen auf dramatische Weise gegenwärtig und vertraut erschienen, auch wenn sie letztlich fiktiv waren.« Und weiter konstatiert sie: Das Lesen »öffnet den Leser für Gefühle, die den Zusammenhalt der Gesellschaft stärken. Der Einzelne wird aus seinen privaten Interessen herausgelöst und zu ›Taten der Großzügigkeit und des Wohlwollens‹ motiviert.«[37] So gilt der Roman als neue Stufe an narrativer Identifikation und Empathie, bis hin zur erzählerischen Entdeckung des »inneren Menschen mit seiner »Psyche« beziehungsweise einem von außen nicht einsehbaren »Innenleben«, wie Fritz Breithaupt schreibt. »Die Erfindung des Unbewussten um 1800 und seine erneute Popularisierung um und nach 1900 hat eine Vielzahl an literarischen Strömungen beeinflusst.«[38] Und doch ist der Mechanismus älter als jede Kunstform*, gäbe es grundsätzlich vermutlich keinerlei Erzählungen, wüsste der Mensch nicht von sich, dass es sich lohnte, sich in andere hineinzuversetzen. »Das Ich des Handelnden als Black Box«, schreibt Breithaupt weiter, sei das Gegenstück zur »Vielversionalität« des Narrativen, und in diese Black Box zu schauen ist uns eine große Lust. Um diese Transportation zu fühlen, um vollends in einer Geschichte auf eine Art aufzugehen, dass wir ihr und uns erlauben, uns von ihr verändern zu lassen, braucht es vor allem

* Wir gehen in Kapitel 6 mithilfe von Joseph Vogl auf die Bedeutung des Romans für die Selbstfindung des Menschen ein.

anderen jedoch die Fähigkeit, uns mit den Heldinnen der Geschichten emotional gemein zu machen: Es braucht Identifikation.

Superman tarnt sich tagsüber als sein linkisches Alter Ego namens Clark Kent, der seine preisgekrönte Kollegin Lois Lane heimlich anhimmelt und sich von seinem Chef anbrüllen lässt. Seine Verkleidung verkörpert, wer wir sind, seine Heldenversion dagegen, wer wir gerne sein wollen. Die Kraft der Fiktion entfaltet sich erst durch diese magische Identifikation, denn sie erlaubt, dass wir die bessere Version unserer selbst imaginieren. Die Geschichte wird sozusagen zur Kristallkugel, die gefahrlos zeigt, wer wir sein könnten, wenn wir uns anstrengen, unsere Ängste überwinden und uns unseren Herausforderungen stellen. Damit das funktioniert, müssen Helden wie Superman den Spagat zwischen Identifikationsträger und Idol hinbekommen, emotionale Heimat und Sehnsuchtsort in Personalunion sein.

Erst in dem Moment, wo wir uns identifizieren, geht es nicht mehr nur um eine Geschichte, sondern es geht um einen Teil von uns in dieser Geschichte. Es ist ein bisschen wie beim Fußballschauen: Solange man sich nicht für eine Mannschaft entscheidet, gibt es nichts zu verlieren. Man muss für eine Seite sein, weil uns erst dann ihr mögliches Scheitern ängstigen oder ihr Sieg erheben kann. Sobald wir uns identifizieren, sind *wir* es, die scheitern würden, falls »unsere« Mannschaft verliert. Und wir sind es, die gewinnen, wenn der Held, in dessen Glanz wir uns spiegeln wollen, Erfolg hat. Wenn die Figuren für uns Hindernisse überwinden, Probleme lösen, Triumphe und Niederlagen erleben, tun sie dies so gesehen an unserer Stelle. »Entweder der Leser muss warm werden wie der Held, oder der Held wie der Leser erkalten«[39], schrieb schon Friedrich Schiller.

Neben der Identifikation braucht Transportation eine gewisse Sinnhaftigkeit. Um zu verdeutlichen, wie sehr Kontexte und Rückbezüge auf unser eigenes Wissen die Empfänglichkeit für Informationen prägen, hat Haven einen aufschlussreichen Test angefertigt, den wir hier mit Ihnen durchführen wollen.[40] Dazu folgen gleich 22 Buchstaben, und Sie haben zehn Sekunden Zeit, sich diese zu merken.

C DUZ DFD DRG M XAD ACI C ER AF

Das ist nicht unmöglich, aber schon eine Herausforderung, oder? Höchstwahrscheinlich sind diese kontextlosen Buchstaben in dieser Aneinanderreihung für Sie so bedeutungslos, dass sie sich nicht in Ihrem neuronalen Storynetz verfangen; sie ergeben einfach keinen Sinn, und ohne Sinn interessiert sich Ihr Gehirn nicht wirklich für sie. Sobald wir jedoch die Abstände zwischen diesen Buchstaben verändern, dürfte es Ihnen deutlich leichter fallen, sie sich zu merken. Also aufgepasst, es folgen genau dieselben Buchstaben:

CDU ZDF DDR GMX ADAC ICE RAF

Einfacher, oder?

Wenn Akronyme Ihnen »etwas sagen«, können Sie sich diese Buchstabenhaufen gut merken. Die zugehörigen Assoziationen und Mini-Narrative helfen Ihrem Storynetz, die Informationen Ihrem Kurzzeitgedächtnis schmackhaft zu machen. Die Bedeutung von Geschichten geht jedoch noch darüber hinaus, bis an den Kern unserer Identitäten.

Der Affe im Spiegel

In einer der berührendsten Szenen von Homers *Ilias* gastiert Odysseus inkognito am Hof der Phaiaken und lauscht dem Lied eines blinden Sängers über den Trojanischen Krieg. Als er zum ersten Mal hört, wie sein eigenes, tragisches Leben von einem anderen Menschen erzählt wird, bricht der Held in Tränen aus. Hannah Arendt nennt diesen Moment den »poetischen Beginn« der Odyssee. »Er hat nie zuvor geweint«, schreibt sie. »Erst, als er seine Geschichte hört, wird ihm ihre volle Bedeutung bewusst.«[41] Die italienische Philosophin Adriana Cavarero wiederum stellt fest: »[V]on einem ›anderen erzählt‹, offenbarte die Geschichte schließlich seine eigene Identität.« Und darüber hinaus das urmenschliche Bedürfnis, erzählt zu werden, welches jede und jeder von uns nachvollziehen kann, selbst wenn wir nicht so weit gereist sind und so hart geprüft wurden wie der griechische König. »Zwischen Identität und Erzählung«, schreibt Cavarero, »besteht ein enges Verhältnis des Begehrens.«[42]

In der griechischen Philosophie, vor allem bei Aristoteles, ist immer wieder von einem »Daimon« die Rede, einem Geisteswesen, das gewissermaßen die Schicksalsbestimmung eines Menschen personifiziert – ein Lebensverhängnis, dem er nacheifern soll. Daimonen selbst waren ambivalente Wesen, eher gut als böse; sie wurden erst im mittelalterlichen Christentum als teuflische »Dämonen« beschuldigt, an allem Bösen im Menschen schuld zu sein. Cavarero fand in Achilles einen griechischen Helden, der Kontrolle über seine Geschichte gewinnt. Er stirbt zwar jung, erlangt durch seine Taten jedoch unsterblichen Ruhm. Sein Daimon, konserviert in den homerischen Sagen seiner Lebensgeschichte, wird zu seinem »Eudaimon«, seinem guten Daimon.

Hannah Arendt mahnte in ihrem Hauptwerk *Vita Activa oder Vom tätigen Leben* die Genauigkeit der Übersetzung von Eudaimonie an: nicht als Glück oder Glückseligkeit, sondern als eine Vollkommenheit, die erst nach dem Tod und durch eine Erzählung erreicht werden kann. Erst wenn der eigene Daimon (in der römischen Philosophie auch *genius* genannt), der nach Arendt »jeden Menschen durch sein Leben begleitet, der seine unverwechselbare Identität ist, aber nur anderen erscheint und sichtbar wird«, sich in einem Leben und in der Wahrnehmung durch andere erfüllt, wird die wahre Identität eines Menschen sichtbar und mitteilbar. Man könnte auch sagen: Erst dann wird dieser Mensch wahrhaftig erzählt. »In anderen Worten: Die Essenz eines Menschen«, so Arendt, »[...] lässt nichts zurück als eine Geschichte.«[43] Der Daimon jedes Menschen ist demnach sein Narrativ, das auf seine Erzählung wartete und schließlich in Geschichten über den Menschen zu etwas Unsterblichem gerinnt. Als Odysseus seine Geschichte hört, erkennt er nicht nur seinen Daimon, sondern auch die Unmöglichkeit einer Eudaimonie. Die ewige Irrfahrt ist der Preis seiner Ruhmsucht.

Was also will uns die Episode von Odysseus am Hof der Phaiaken sagen? Ganz einfach: Wir konstruieren unser Selbst nie autark, sondern immer sozial. Erst in unserer Erzählbarkeit sind wir einzigartige Menschen. Ein Held wie Odysseus ist die hyperbolische Ausdrucksform des Verlangens aller Menschen, von anderen erkannt und erzählt zu werden.

Dieser Wunsch nach narrativer Resonanz steckt viel tiefer in uns, als wir glauben. Der Kognitionswissenschaftler Wolfgang Prinz hat in seinem Buch *Selbst im Spiegel* bahnbrechend beschrieben, wie Menschen erst durch soziale und innere Spiegel zur Erkenntnis ihrer Selbst kommen. Schon

Babys ahmen die Gesichtsausdrücke ihrer Bezugspersonen nach, üben also das Spiegeln von Mimik und damit assoziierten Emotionen. Sie erfahren dabei Resonanz durch Väter und Mütter, die jedes ihrer Experimente zurückspielen. Durch Spracherwerb gelangen Menschen in den Besitz eines Systems der semantischen Spiegelung von anderen. Wir können Handlungen und ihre Interpretation, zugrunde liegende Affekte und Ursachen innerlich abbilden und extern diskutieren.

Sogenannte »Spiegelspiele« sind tief in unserem Verhalten verwurzelt. Wenngleich sie im Laufe des Erwachsenwerdens abnehmen (es wäre ja auch seltsam, jemand würde ständig Handlungen und Mimiken kopieren), können wir sie doch nicht ganz ablegen. Wir lächeln mit fröhlichen Menschen, wir seufzen mit traurigen, wir sitzen mit zuckenden Beinen vor Fußballübertragungen. Die Entdeckung der »Spiegelneuronen« Anfang der 90er-Jahre durch italienische Neurowissenschaftler lieferte die anatomische Verortung dieser Superfähigkeit: Die Hirnareale zur Produktion einer gewissen Handlung oder eines Gefühls sind identisch mit denen, die wir benutzen, wenn wir die Handlung oder das Gefühl bei einem anderen wahrnehmen.

Diese Spiegel sind jedoch keine Einbahnstraße, und hier wird es magisch: Zuerst verstehe ich als Kleinkind, dass es andere Wesen gibt, die einen Geist haben, der mich spiegelt und mit mir über diese Spiegelungen kommunizieren kann. Dann lerne ich, dass auch ich andere spiegeln und mit ihnen darüber kommunizieren kann. Also muss auch ich einen Geist, ein Bewusstsein haben. Somit sehe ich in der Spiegelung im anderen überhaupt zum ersten Mal, dass ich *bin*. »Die anderen kommen zuerst, das Selbst kommt danach«[44], so Wolfgang Prinz. Diese Quelle an Informationen über uns selbst ist deshalb so unschätzbar, weil sie unsere einzige ist, wenn wir wissen wollen, wer wir eigentlich sind. Die Antwort des erzählenden Affens lautet: Wir sind jene Person, von der wir meinen, dass wir sie auf der Bühne des Bewusstseins der anderen darstellen. Wir sind, was wir glauben, was andere sich von uns erzählen. Auch deshalb weinte Odysseus.

Der kanadische Soziologe Erving Goffman hat schon 1956 genau diese Metapher zum Titel seiner Studie *Wir alle spielen Theater. Die Selbstdarstellung im Alltag* gemacht. Auch er geht davon aus, dass »dieses zugeschriebene Selbst [...] ein Produkt einer erfolgreichen Szene und nicht ihre Ursache«[45] ist. Oder wie die Autorin Jia Tolentino Goffman paraphrasiert: »Das Selbst ist kein festes, organisches Ding, sondern eine dramatische Wirkung, die aus einer Performance hervorgeht.«[46] Nach Goffman kennen und erkennen Menschen gewisse Rollen (man könnte auch sagen: Narrative), in die sie sich fügen und die sie auszufüllen versuchen. Wir kennen alle die Dinge, die wir über uns erzählen, wenn wir jemanden auf einer Party neu kennenlernen, bei einem Bewerbungsgespräch oder bei einem Date. Wir haben ein Set an Geschichten, die wir über uns erzählen, als Beschreibungen dessen, wer wir zu sein glauben. Wo wir herkommen, was wir erreicht und erlebt haben, was wir noch vorhaben – diese kleinen und großen Storys wiederholen wir, manchmal sogar wörtlich, im Laufe unseres Lebens unendlich oft, vor uns selbst und anderen. Eine Kongruenz zwischen dieser Selbsterzählung und dem, wie andere uns beschreiben würden, ist uns so wichtig wie kaum ein anderer sozialer Zusammenhang.

Doch wozu das alles? Wozu haben wir diese Spiegelsysteme und die daraus resultierende Idee unseres Selbst? Wolfgang Prinz bietet eine atemberaubende Erklärung an: Menschen sind soziale Wesen, wir leben zwingend zusammen. Damit es in dieser Gemeinschaft nicht drunter und drüber geht, begründen wir »kollektive normative Systeme zur Regulation des Individualverhaltens«[47] – also Gesellschaften. Dabei müssen private Handlungen möglichst effizient und ohne ständige explizite Verhandlung an öffentliche Normen angepasst werden. Eine Spezies von eigensinnigen Egoisten wird kaum überleben. Eine Spezies, deren einzelne Mitglieder jeweils ein Selbstkonzept besitzen, das nur über das Kollektiv und dessen Wahrnehmung funktioniert, schon eher. Der innere Erzähler ist also ein immenser evolutionärer Vorteil. Und hier bringt Prinz ausgerechnet den freien Willen ins Spiel: Schon früh wird uns erst durch mimische Spiegelspiele, dann durch verbale Diskurse beigebracht, dass wir einen Willen haben, dass unsere Handlungen steuerbar sind und sie Wirkungen haben, für die wir verantwortlich sind. Und wie genau wird uns das beigebracht, spätestens wenn wir sprechen können? »Solche Diskurse«, schreibt Prinz, »sind oft in narrative Diskurse verschiedener Art eingebettet. Fiktionale Geschichten in Büchern und Filmen strotzen vor Bemerkungen über Wollen und Handeln. Wir erzählen unseren Kindern Geschichten, um ihnen zu erklären, was es genau bedeutet, eine Person zu sein.«[48]

Narrative sind also die effektivste Art von kommunikativen Spiegelsystemen. In ihnen reflektieren sich die Erzählerinnen und die Zuhörerinnen. Doch sie bieten noch ein unschlagbares Feature: Sie können *fiktive* Spiegel sein. Wir können in ihnen Identitäten, Handlungen und Willensbildungen entwerfen, ausprobieren, trainieren und wieder verwerfen. Wir können all die Rollen, die wir in Goffmans Theater des Lebens spielen oder nicht spielen, über dem Netz und dem doppelten Boden der Fiktion testen – und sie in der sozialen Spiegelung kritisieren lassen sowie bei anderen kritisieren. Zwei Werkzeuge, schreibt Prinz weiter, geben wir Kindern damit an die Hand. »Das eine ist die explizite Semantik der Kultur, in der sie leben – ihre Gebräuche und Praktiken, Werte und Maßstäbe, Mythen und Legenden. Das andere ist die implizite Syntax ihrer Alltagspsychologie, die angibt, wie menschliche Akteure funktionieren, was sie denken und tun, in welcher Beziehung ihr Denken zu ihren Handlungen steht und wie sie für ihre Handlungen belohnt und bestraft werden – sei es im Himmel oder auf der Erde.«[49]

Das Selbst ist also nur eine Geschichte, die ich mir über mich selbst erzähle, weil ich sie durch andere erfahren habe. Ich kann verschiedene Variationen davon durchspielen, kann viele sein, wir alle können viele sein, bis wir gemeinsam funktionale Identitäten und Beziehungen erzählerisch ausgeformt haben. Man könnte auch sagen: Wir sind eine Horde Affen, die innerlich Theater spielt.

Das narrative Selbst

Die Suche nach dem, was man das narrative Selbst nennen könnte, beginnt wie viele gute Heldenreisen mit einem Schiff: dem legendären Schiff von Theseus. Der altgriechische Schriftsteller Plutarch formulierte einst folgendes berühmtes Paradoxon: »Das Schiff, auf dem Theseus mit den Jünglingen losgesegelt und auch sicher zurückgekehrt ist, eine Galeere mit 30 Rudern, wurde von den Athenern bis zur Zeit des Demetrios Phaleros aufbewahrt. Von Zeit zu Zeit entfernten sie daraus alte Planken und ersetzten sie durch neue intakte. Das Schiff wurde daher für die Philosophen zu einer ständigen Veranschaulichung zur Streitfrage der Weiterentwicklung; denn die einen behaupteten, das Boot sei nach wie vor dasselbe geblieben, die anderen hingegen, es sei nicht mehr dasselbe.«[50]

Plutarch veranschaulicht damit das philosophische Problem, das sich auftut, wenn wir über Kontinuität und Identität eines Gegenstands sprechen wollen. Würde man an dem Schiff nach und nach die Planken austauschen – ab wann würde es aufhören, das Schiff des Theseus zu sein? Wenn die Hälfte der Planken ausgetauscht wurde? Bereits dann, wenn nur eine Planke gewechselt wurde? Oder erst, wenn keine Planke des alten Schiffes im neuen mehr zu finden ist? In der Identitätsforschung steht dieses Paradox als Sinnbild dafür, wie schwer sich die Identität eines Menschen benennen lässt, der sich doch jede Sekunde ein wenig verändert, und dennoch der gleiche bleibt. Wie kommen innere Kohärenz und die wechselnden Holzplanken zusammen? Eine mögliche Antwort: in der narrativen Identität. Der Philosoph Paul Ricœur analysiert in vielen seiner Texte den großen Umweg, den das Subjekt gehen muss, um zu sich selbst zurückzukehren. Wer ist derjenige, der sich im Verstehen und Interpretieren selbst findet? Wer bin *ich*? Auf diese Frage antworten wir üblicherweise mit unseren Charaktereigenschaften oder aber mit Gruppenzugehörigkeiten, also mit Aspekten unserer Identität, die wir für so konstitutiv halten, dass sie uns, trotz permanenter Veränderung, als eine mehr oder weniger konstante Existenz ausweisen:

Ich bin Mutter von zwei Kindern und eine treue Seele.
Ich bin gebürtiger Rheinländer und Dortmund-Fan.
Ich arbeite als Anwältin und bin eine untypische Waage.

Doch wenn wir nur mit diesen feststehenden Identitätsparametern unseres Seins antworten, beantworten wir genau genommen nicht die Frage, *wer* wir sind, sondern die Frage, *was* wir sind. Wir antworten, *dass* wir Theseus' Schiff sind, aber nicht, *inwiefern* wir Theseus' Schiff sind.

Um dieses Ich zu erfassen, unterscheidet Ricœur daher zwischen zwei Arten einer Identität: dem Konzept, »derselbe« *(idem)* zu sein, und dem, »man selbst« *(ipse)* zu sein. Gleichheit oder relative Gleichbleibung, das *idem* also, lässt sich zum Beispiel bei Gegenständen gut definieren (wobei es dennoch kompliziert werden kann, wie wir beim Schiff von Theseus gesehen haben). Bei einem Individuum kommt jedoch noch die Selbstreflexion über diese eigene angestrebte Kohärenz hinzu, die dazu führt, dass wir dazulernen, was wiederum dazu führt, dass wir uns eben doch verändern. Über unsere eigene Kohärenz nachdenken zu wollen löst eben genau diese auf.

Für Ricœur drückt sich das darin aus, dass wir als Menschen versuchen, anderen eine Kohärenz unserer selbst anzubieten. Das, was die dialektische Beziehung der beiden Pole *idem* und *ipse* aufrechterhält, ist das narrative Selbst. Diese Vorstellung basiert auf der Idee, dass sich jedes Individuum erst konstituiert, indem es immer wieder neu von sich erzählt. Es ist keine objektive Geschichte, sondern eine, die ich als Autor und Leser meines eigenen Lebens über mich selbst erzähle. Die persönliche Identität konstituiert sich also im Zuge der von ihr produzierten, immer wieder integrierten Narrative. Dabei ist das Selbst weit davon entfernt, sich in einem harten Kern zu fixieren. Vielmehr wird es durch seine eigenen Erzählungen, aber auch durch die von der Tradition oder der Literatur überlieferten und ihm übergestülpten Narrative transformiert – und strukturiert dabei ständig die gesamte persönliche Geschichte um. »Indem er [der Mensch] das Ziel des realen Lebens narrativiert, gibt er ihm die erkennbaren Züge von geliebten oder geachteten Figuren«, schreibt Ricœur in seinem Buch *Das Selbst als ein Anderer.*[51]

Die narrative Identität hält diese beiden Seiten des inneren Spiegels zusammen: die Beständigkeit des Charakters über die Zeit und die permanente Selbstverwirklichung, die einen zu dem werden lässt, der man ist. Und weil sie mehrere Erzählungen und deren immer fortlaufende Interpretation und Korrektur zulässt, ist sie nie endgültig oder abgeschlossen. So ermöglicht sie das (Selbst-)Verständnis einer Person, die mithilfe der Selbsterzählung die Willkür oder Wahllosigkeit der eigenen gelebten Erfahrungen verhindert und als Figur im eigenen Leben eine innere Konsistenz erlangt. Nach Ricœur ist das *ipse,* das »man selbst«, untrennbar mit dem Erzählen verbunden.

Wir erkennen, wer wir sind, dank unserer Fähigkeit, die Zeitlichkeit unserer Existenz zu reflektieren, Misserfolge und Triumphe zu erfassen und daraus eine Erzählung mit einem Anfang, einem Ziel und chronologisch wie kausal nachvollziehbaren Episoden der Hindernisüberwindung zu formen.[52] Ich bin Konstante und Entwicklung, denn ich bin meine Geschichte und gleichzeitig der Held darin. Wenn man mich fragt, wer ich bin, könnte die Antwort also lauten: Ich bin der Schatz, die Schatzkarte und die Reise dorthin. In dieser Perspektive wird das Was, das Wer und das Wie meiner Identität durch die Geschichte etabliert, die ich über mich selbst erzähle.

Wie sehr unser narrativer Selbstschutz versucht, diese Geschichte vor Dissonanzen und identitätsbedrohenden Herausforderungen zu schützen und *idem* und *ipse* in Kohärenz zu bringen, kann man anhand einer Studie von Jonas Kaplan aus dem Jahr 2016 sehen. Der Neurologe am Brain and Creativity Institute in Kalifornien steckte Menschen in einen Kernspintomographen und konfrontierte sie mit Informationen, die ihrer eigenen politischen Haltung widersprachen – zum Beispiel zu Waffengesetzen oder zu den Militärausgaben der USA. Auf den Bildern des Kernspintomographen war zu sehen, dass im Gehirn vor allem die Amygdala arbeitete. Dieses mandelförmige Areal kontrolliert unsere Ängste und wird aktiv, wenn wir uns ernsthaft bedroht fühlen. Das heißt: Informationen, die meiner selbst gestrickten Geschichte widersprechen, fühlen sich heute in meinem Gehirn offenbar genauso riskant an, wie sich früher für unsere Vorfahren ein Säbelzahntiger angefühlt haben muss, der auf sie losging.

Jedoch nicht nur die Amygdala wurde aktiv, sondern auch das »Default Mode Network«. Diese Hirnregion ist für Kontemplation und Tagträume zuständig und kommt zum Einsatz, wenn wir über uns selbst nachdenken und darüber, wer oder was wir überhaupt sind. Wenn die Weltsicht eines Probanden hinterfragt und herausgefordert wurde, dann leuchtete diese Region besonders auf. Kaplan erklärte das folgendermaßen: »Um eine alternative Sichtweise in Betracht zu ziehen, müsste man eine alternative Version von sich selbst in Betracht ziehen.«[53] Mich mit einer anderen Meinung auseinanderzusetzen, die meiner eigenen widerspricht, bedeutet also auch immer eine punktuelle existenzielle Krise, weil ich gezwungen bin, eine andere Version von mir zu imaginieren und folglich infrage zu stellen, wer ich selbst eigentlich gerade bin.

Als erzählende Affen wissen wir, wie mächtig eine gute Geschichte sein kann. Unser narrativer Instinkt versucht unser Leben in Zusammenhängen zu schreiben. Wenn man mich fragt, wer ich bin, bin ich als *Homo narrans* dazu verleitet, aus allen Aspekten meiner Existenz erzählerisch eine in sich kohärente, organische Einheit zu machen, die mit Sinn aufgeladen ist. Wir suchen uns auch aus, woran wir uns erinnern wollen, nämlich nach Gesichtspunkten narrativer Nachvollziehbarkeit. »Was als persönliche Erinnerung ausgewählt wird«, schreibt Giuliana Mazzoni, Professorin für Psychologie und Neurowissenschaften, »muss zu der aktuellen Vorstellung passen, die wir von uns selbst haben.«[54] Im Ergebnis wird unser Ich zu einer kuratierten Präsentation unseres Selbst. Das würde jedoch bedeuten, dass unser narratives Ich nicht unser Ich, sondern eine fiktionalisierte Version davon ist. Die Experimentalpsychologie weiß längst, dass wir besonders da, wo wir von uns selbst oder gar unserer Vergangenheit erzählen, keine glaubwürdigen Quellen sind. Wir richten die Geschehnisse und Fakten zugunsten einer kohärenten Erzählung aus, nicht andersherum. Besonders unser *moral bias,* wie Will Storr ein Programm des inneren Erzählers nennt, biegt unsere wahren Intentionen im Sinne von breit akzeptierten ethischen Normen zurecht. Und auch der Fundus für unsere Geschichten, den wir Erinnerung oder Gedächtnis nennen, ist von der psychologischen Forschung in seiner Eignung als verlässliches Archiv stark angezweifelt, wenn nicht sogar grundsätzlich empirisch widerlegt worden. So konnte die amerikanische Experimentalpsychologin Elizabeth Loftus unter anderem zeigen, wie schon einzelne Wörter unsere Erinnerungen beeinflussen. Sie studierte Polizeiakten zu Autounfällen und befragte die Verursacherinnen, wie schnell sie nach eigener Erinnerung gefahren waren. Sie wies nach, dass die Befragten sich im Tempo eher nach oben verschätzten, wenn Loftus in der Befragung den Begriff »smash« für den Unfall verwendete, und eher zu niedrig lagen, wenn sie von »hit« sprach.

Hinzu kommen soziale und kulturelle Faktoren, die den Prozess des Erinnerns beeinflussen. So konnte nachgewiesen werden, dass weiße Zeugen Schwarze Angeklagte besonders oft verwechseln, jedenfalls öfters als andersherum. In der Traumaforschung tobt ein offener Streit über die Verlässlichkeit von Aussagen möglicher Missbrauchsopfer, nachdem in mehreren aufsehenerregenden Experimenten und Prozessen nachgewiesen wurde, dass gewisse therapeutische Interventionen dazu führen können, dass Menschen Erinnerungen an sexuelle Übergriffe im Nachhinein erfinden. Elizabeth Loftus brachte zum Beispiel Probanden dazu, sich lebhaft und überzeugt daran zu erinnern, als Kind allein in einem Einkaufszentrum zurückgelassen worden zu sein – was jedoch vor dem Experiment keine der Probandinnen hatte angeben können. Gegen die weitreichenden, vor allem auch juristischen Implikationen dieser Theorie steht das Bemühen, welches unter anderem im Zuge der #MeToo-Bewegung explizit wurde: den Opfern grundsätzlich zu glauben. Vor allem, um das Machtungleichgewicht in einer immer noch patriarchalisch geprägten Gesellschaft und einem ebenso strukturierten Rechtssystem auszugleichen.

Wessen Geschichten – die der Opfer oder die der Täter – wann glaubwürdiger sind, ist nicht Thema dieses Buches. Aber man kann feststellen, dass der erzählende Affe manchmal ein täuschender Affe ist, ohne es selbst zu merken. Das liegt daran, dass wir so sehr zu narrativen Mustern neigen, dass wir selbst aus zufälligen Ereignissen eine kausal verquickte Geschichte stricken. Die irische Autorin und Philosophin Iris Murdoch nennt diesen Versuch eine »kohärente Textur des Seins«[55]. Wir gießen also alle Aspekte, die uns auszeichnen, in eine Identität, um einen Charakter zu haben oder vielleicht treffender: eine Protagonistin zu sein. Vielleicht sogar eine Heldin. Doch was das genau bedeutet, hat sich im Laufe der Menschheitsgeschichte mehrmals gewandelt.

Der Mensch ist ein hochsoziales Wesen. Und so sind auch seine Geschichten vor allem Instrumente, sich und seine Identität in eine möglichst funktionale Beziehung zu seiner Gruppe, Gesellschaft oder Kultur zu setzen. Dabei sind altruistisch-kollektivistische Ziele immer mit egoistisch-individualistischen verschränkt. Einerseits akzeptiert zu werden, andererseits aber auch in der Hierarchie aufzusteigen – beide Bedürfnisse wechseln sich ab. Will Storr bringt dies auf eine einfache Formel: *to get along and get ahead* – miteinander *zurecht*kommen, aber auch an den anderen *vorbei*kommen. In vorschriftlichen Kulturen – mit ihrem ausschließlich erzählerisch vererbten Wissen, ihren pantheistisch-animistischen Weltmodellen und ihren stark auf Kooperation und Koordination angewiesenen Gesellschaftsstrukturen in Gruppen von bis zu 150 Individuen* – dienten Geschichten eben genau dazu: miteinander zurechtzukommen durch Selbstlosigkeit und Fairness, aneinander vorbeizukommen durch optimale Problemlösung, mit der Welt zurechtzukommen durch grundlegende Schöpfungs- und Kausalitätsmythen. Aus Letzteren entwickelten sich in den frühen Schriftkulturen des heutigen Nahen Ostens erste Religionen mit erstaunlich ähnlichen narrativen Strukturen und Regelwerken. Doch dann passierte ca. 500 v. Chr. im heutigen

* So lautet zumindest die Dunbar-Zahl, benannt nach dem britischen Psychologen Robin Dunbar. Durchschnittlich so viele Personen und ihre Beziehungen untereinander kann ein Mensch in seinem Netzwerk gut unterscheiden und Beziehungen zu ihnen aufrechterhalten. Die Zahl liefert einen wichtigen Hinweis auf die maximale Gruppengröße der Horde in der Steinzeit, als sich unsere sozialen Systeme unter anderem im Neocortex entwickelten.

Griechenland, vor allem in Athen und den umliegenden Stadtstaaten der Ägäis, etwas Seltsames: die Entdeckung des Individuums.

Storr führt das unter anderem auf die Topografie Griechenlands zurück: von schroffen Küsten zerklüftet und damit für die individualbasierte Arbeit (Fischen, Olivenölproduktion, Handel) besser geeignet als für gruppenbasierte wie die Landwirtschaft auf großen Feldern. »Der beste Weg, diese Welt zu kontrollieren«, so Storr, »war im antiken Griechenland die Selbstständigkeit. Da individuelle Selbstständigkeit der Schlüssel zum Erfolg war, wurde das allmächtige Individuum zum kulturellen Ideal.«[56] Als eine der ersten Kulturen strebten die antiken Griechen nach so modernen Werten wie Ruhm, Perfektion und Ansehen. Storr: »Sie schufen den legendären Wettkampf des Selbst gegen das Selbst, die Olympischen Spiele, praktizierten fünfzig Jahre lang die Demokratie und waren so sehr auf sich selbst fokussiert, dass sie sich gezwungen sahen, in der Geschichte von Narziss vor den Gefahren einer ausufernden Selbstliebe zu warnen. Diese Konzeption des Individuums als Ort der eigenen Macht, frei, das Leben zu wählen, das es wollte, anstatt Sklave der Launen von Tyrannen, Schicksalen und Göttern zu sein, war revolutionär.«[57]

Viele unserer heutigen Vorstellungen von Verdienst, Leistung und Erfolg des Einzelnen gehen auf diese griechischen Ideen zurück. Die persönliche, individuelle Freiheit als zu verteidigendes Ideal, das Recht des Einzelnen auf »Selbst-Verwirklichung«, das Kollektiv nicht als Ziel-, sondern als Ausgangspunkt eines gelungenen Lebens – all das war damals schon gültig. Die Griechen glaubten zwar, wie schon beschrieben, an eine persönliche Vorhersehung, die Daimonia, und an deren Erfüllung, die Eudämonie. Aber ebenso an den freien Willen und damit an die Option, sich gegen die Schicksalswege entscheiden zu können. Deshalb setzten die Athener als weltweit Erste auf Institutionen, die den Bürgern ermöglichen sollten, genau diese Geschichten ihrer selbst zu erzählen. »Denn wie der Mensch, wenn er zur Vollkommenheit gelangt, das edelste Geschöpf ist«, schrieb Aristoteles, »so ist er ohne Gesetz und Recht auch das schlimmste von allen.«[58] Die Lösung: eine Staatsform namens Demokratie – ein kollektiver Ansatz mit maximaler eingebauter Freiheit des Einzelnen (ausgenommen die zahlreichen Leibeigenen, versteht sich). Diese frühindividualistischen Ideen waren so mächtig, dass wir ihre Kraft heute noch spüren und ihre Denker heute noch zitieren. Und die narrative Hegemonie der Athener hielt an, bis die Christen in den Jahrhunderten nach Christus mit einer völlig anderen Erzählung die Welt eroberten.

Wie genau ihnen das gelang, ist auf den ersten Blick ein Rätsel. Denn nach der vielfältigen, hedonistischen, freien griechischen Narrativik begann nun ein wahrhaft dunkles Mittelalter der Selbsterzählung: »Asche zu Asche, Staub zu Staub« – als Sünder werden wir geboren, und nur ein Leben in Glauben und Gehorsam kann uns eventuell retten. Das Leben als Wettbewerb gegen mich selbst, den ich kaum gewinnen kann, weil schon mein Fleisch, meine Gedanken, jede meiner Regungen im Grunde unrein und folglich des Teufels sind. Ich kann also nur versuchen, möglichst wenig falsch zu machen. Die einzig denkbare Perfektion ist Gott. Der von ihm (paradoxerweise so fehlerhaft) erschaffene Mensch ist seit dieser seltsamen Geschichte mit der Schlange und dem Apfel (dazu mehr in Kapitel 10) in konstantem Krieg mit sich selbst. Wo vorher schlaue und starke, schöne und gerissene Helden Abenteuer auf sich nahmen, um es den Göttern gleichzutun und Unsterblichkeit oder wenigstens unsterblichen Ruhm zu erlangen, blieb nun als einziger Ausweg das Märtyrertum, die totale Aufopferung für den Glauben, meist nur erreicht durch extrem grausame Todesarten. Stephanus, der erste christliche Märtyrer nach Jesus, wurde im Jahr 35 in Jerusalem gesteinigt. Es war der Auftakt für die brutale Christenverfolgung, besonders im Römischen Reich, als man die aufkommende Religion wegen ihres revolutionären Potenzials und ihrer eifrigen Missionierung fürchtete und versuchte, sie mit einer Abschreckungstaktik auszumerzen. Der römische Gelehrte Tacitus berichtet über die armen Frühchristen, sie seien in Felle wilder Tiere gesteckt und dann von Hunden zerrissen worden; andere wurden angeblich ans Kreuz geschlagen, um nach Eintritt der Dunkelheit angezündet zu werden und als Fackeln zu dienen.*

Im Jahr 313 erhob Kaiser Konstantin das Christentum trotz allem zu einer erlaubten Religion, nicht obwohl, sondern vielleicht gerade weil die Christen einen im Vergleich zu den heidnischen römischen Religionen und dem Judentum starren Kodex an Selbstverneinung lebten. Erst während der Kreuzzüge der folgenden Jahrhunderte konnte man immerhin Märtyrer werden, indem man möglichst viele Ungläubige in ihren Heimatländern überfiel und tötete, bevor man selbst getötet wurde. Später, im 16. Jahrhundert, dem Jahrhundert der beginnenden Reformation, wurden dann evangelische Christen von katholischen Christen verbrannt

* Man könnte hier eine Brücke zum Subgenre des Splatter-Movies schlagen, Kettensägenmassaker und so weiter. Aber dies ist ein jugendfreies Buch. Für mehr sinnlose Gewalt lesen Sie bitte das Alte Testament.

und, je nachdem, welcher Seite man glaubte, als Märtyrer in den Himmel oder die Hölle befördert.

Doch wozu diese narrative Selbstkasteiung? *To get along and get ahead.* So konnte man sich noch am ehesten einen Reim auf brutal ungerechte Verhältnisse machen. In der feudalen Ständegesellschaft des Mittelalters, in der die allermeisten Menschen einer kleinen Elite aus Adel und Klerus unterworfen waren; man jederzeit von Krankheiten dahingerafft, verhungern oder von mächtigeren Menschen getötet werden konnte; ein kurzes Leben voller Mühsal und Beten schon ein Privileg war – in einer solchen Zeit brauchte man eine mit den Ungerechtigkeiten kompatible Erzählung. Das Christentum in seiner ursprünglichen Ausprägung war die perfekte Story für diese Sklaverei. Opfer im Diesseits, Belohnung im Jenseits: genialer Einfall.* Wenn man den Menschen erzählt, nur durch Leid könnten sie besser werden, werden sie überraschenderweise deutlich leidensfähiger. Und genau das war die Schlüsselfähigkeit, um miteinander zurechtzukommen, vielleicht sogar voranzukommen: Gehorsam selbst im größten Schmerz.

Eine ganz andere Herangehensweise an die Plackerei seiner Zeit entwickelte ungefähr zur selben Zeit wie die alten Griechen ein Gelehrter am anderen Ende der Welt, das auch ganz anders aussah als das antike Griechenland: sanfte Hügel und weite, fruchtbare Ebenen, in denen man, funktionierende Kooperationen ganzer Dörfer und Landstriche zur Bewässerung und Ernte vorausgesetzt, wunderbar Reis und Weizen anbauen konnte. Wie Will Storr es zusammenfasst: »Der beste Weg, diese Welt zu kontrollieren, bestand darin,

---

* Wenn wir nach Indien und zum dortigen religiös motivierten Kastensystem schauen, verstehen wir, wozu beide Ansätze dienen.

sicherzustellen, dass die Gruppe und nicht der Einzelne erfolgreich war. Das bedeutete, den Kopf unten zu halten und ein Teamplayer zu sein. Diese kollektive Theorie der Kontrolle führte zu einem kollektiven Ideal des Selbst.«[59] In den *Analekten des Konfuzius* beschreibt der chinesische Philosoph den »überlegenen Menschen« als jemanden, der »nicht mit sich selbst prahlt«, sondern stattdessen die »Verborgenheit seiner Tugend« bevorzugt. Er »kultiviert eine freundliche Harmonie« und »lässt die Zustände des Gleichgewichts und der Harmonie in Vollkommenheit bestehen«.[60] Dieser achtsame Charakter könnte kaum unterschiedlicher sein als der aufdringliche Westler, der siebentausend Kilometer entfernt in Athen aufgetaucht war. Für die Griechen war das primäre Mittel der Kontrolle das Individuum, für die Chinesen war es die Gruppe. Für die Griechen bestand die Realität aus einzelnen Stücken und Teilen, für die Chinesen war sie ein Feld miteinander verbundener Kräfte.

Aus diesen Unterschieden in der Erfahrung der Realität ergaben sich unterschiedliche Erzählformen. Griechische Mythen haben in der Regel drei Akte: Aristoteles' Anfang, Mitte und Ende – Krise, Kampf, Lösung. Oft spielen einzelne Helden die Hauptrolle, die gegen schreckliche Gegner kämpfen und sie mit List oder Kraft überwinden, um ihr Ziel zu erreichen. Nichts als individualistische Propaganda, die die Vorstellung vermittelte, eine mutige Person könne wirklich alles verändern. Die Heldinnen in chinesischen Märchen und Legenden hingegen verdienten sich ihren Status durch ihren Dienst an der Gemeinschaft. Und sie kennen viel seltener tragische oder glückliche Enden. Der koreanische Psychologieprofessor Uichol Kim sieht im offenen Ende das wichtigste Merkmal chinesischer Erzählungen: »Man bekommt nie eine Antwort. Es gibt keinen Abschluss. Es gibt kein glückliches Ende. Man wird mit einer Frage zurückgelassen, die man für sich selbst entscheiden muss. Das ist das Vergnügen der Geschichte. In östlichen Geschichten, die sich auf ein Individuum konzentrierten, wurde der Status des Helden in der Regel auf eine gruppenbezogene Art und Weise verdient.« In Asien wird eine Person, die sich aufopfert, zum Helden; sie kümmert sich um die Familie, die Gemeinschaft und das Land.

Das alte China war narrativ ein so egobefreites Reich, dass es zweitausend Jahre lang praktisch keine Autobiografien gab. Wenn sie doch auftauchten, wurden die Lebensgeschichten typischerweise ohne die Stimme und die Meinung des Erzählers dargeboten, der nicht im Zentrum seines eigenen Lebens stand, sondern als Beobachter fungierte. Statt einem geradlinigen Muster von Ursache und Wirkung zu folgen, nahm die östliche Fiktion oft die Form von Akira Kurosawas Film *Rashomon – Das Lustwäldchen* (1950) an –, der auf den beiden Kurzgeschichten *Rashomon* und *Im Dickicht* von Ryunosuke Akutagawa basiert. Er erzählt die Ereignisse rund um einen Mord aus der Perspektive mehrerer Zeugen: eines Holzfällers, eines Priesters, eines Polizisten, einer älteren Frau, des beschuldigten Mörders, der Frau des Opfers und schließlich eines Geistmediums, welches das Opfer selbst zu Wort kommen lässt. All diese Berichte widersprechen sich irgendwie, und die Zuschauerin erkennt bestenfalls, dass eine Begebenheit von unterschiedlichen Personen unterschiedlich wahrgenommen beziehungsweise unterschiedlich erzählt werden kann. Was letztlich wirklich vorgefallen sein könnte, was die »Wahrheit« ist, bleibt offen.

Diese unterschiedliche Narrativik schlägt sich messbar in der Weltwahrnehmung heutiger Individuen nieder. So tendieren amerikanische Journalisten dazu, bei einem Massenmord die charakterlichen Schwächen des Mörders verantwortlich zu machen. Chinesische Reporter hingegen betonen eher die Probleme in seinem Lebenskontext, wie beispielsweise seine Isolation von der Gemeinschaft. Ein anderes Beispiel: Lässt man Menschen verschiedener Kulturen ein großes Aquarium betrachten, machen Chinesen eher die Umwelt für das Verhalten der Fische verantwortlich, Amerikaner den Charakter und den Willen der Fische. Japanische Studenten beginnen ihre Berichte über Videos von Fischen mit dem Kontext, amerikanische Studenten sprechen über die besonders auffälligen und sich schnell bewegenden Fische.

Kulturell verschieden geprägte Menschen denken demnach nicht nur verschieden über die Welt, sie sehen geradezu verschiedene Welten. Die einen betrachten vor allem die wichtigsten Objekte eines Bildes, die anderen wechseln hingegen ständig zwischen den Objekten und dem Kontext. Die Komplexität von Umgebungen ist für Asiatinnen leichter zu tolerieren als für westliche Menschen. So haben Studien zufolge Asiatinnen häufiger das Gefühl, wenig Kontrolle über ihre Leben zu haben, als Westler – aber sie vermissen diese auch nicht. Veränderung ist die Aufgabe der Gemeinschaft, nicht des Individuums, Harmonie ist wichtiger als Freiheit. Chinesen akzeptieren eher die Möglichkeit, jemanden ungerechterweise zu bestrafen, damit es der Gruppe besser geht. Für uns westlich geprägte Menschen als Individualistinnen ist das kaum denkbar.

Und so war Konfuzius, dessen Lehre man in unterschiedlichen kulturellen Ausprägungen insbesondere noch im heutigen China, in Japan, Vietnam und Korea findet, auch ein starker Verfechter der Monarchie. Das China der bescheidenen Harmoniemenschen, die nicht nach Würden oder Ämtern streben, sollte von einem einzigen großen Herrscher beherrscht werden, einem Sohn des Himmels. Aber selbst die Han-Dynastie hatte anfangs ihre Probleme mit Konfuzius. Angeblich pinkelte ihr Gründer gerne in die Hüte von Besuchern, wenn ihre typische spitze Kopfbedeckung sie als Konfuzianer auswies.

Jede ist eine Königin

Von solch rohen Sitten jedoch zurück in die etwas weichere Gegenwart. In einer liberalen Gesellschaft und einer digitalisierten Welt, in der jeder zum Sender werden kann, wird unsere individualistische Selbstnarrativierung natürlich gefördert und belohnt wie wohl nie zuvor. Der Soziologe Andreas Reckwitz hat in seinem 2018 erschienenen Buch *Das Ende der Illusionen. Politik, Ökonomie und Kultur in der Spätmoderne* aufgezeigt, wie die als »Selbstverwirklichung« bezeichneten neuen Ideale eines heutigen Selbst funktionieren. Reckwitz versteht diese Selbstverwirklichung als eine »vom kulturellen Code der Moderne tief verankerte Vorstellung des gesellschaftlichen Fortschritts und des Strebens nach Glück als individuelles Projekt«.[61] Eine »besonders munitionierte Version dieses *pursuit of happiness«,* in dem das Subjekt den gleichen Fortschritt erfahren soll wie die Gesellschaft. Dazu muss man jedoch an sich arbeiten, wie man heute sagt, vor allem an der eigenen Persönlichkeit. »Die Spätmoderne«, stellt Reckwitz fest, »ist in nie dagewesenem Ausmaß eine durchpsychologisierte Kultur, welche die Individuen unentwegt zur Selbstreflexion und Selbsttransformation animiert.«[62]

Sie steht damit im Gegensatz zur Subjektkultur der industriellen Moderne, die bis in die 70er- und 80er-Jahre hinein dominant blieb und die uns laut Reckwitz »das Leitbild sozialer Anpassung, die ›Sachlichkeit‹ beziehungsweise Emotionsskepsis und das Ideal der Selbstdisziplin und Pflichterfüllung«[63] auferlegte. Das Subjekt dieser Zeit fand die Kriterien seines Handelns nicht wie zuvor in der bürgerlichen Moderne in einem verinnerlichten Wertekompass, sondern in einer sozialen »Normalität«. Der Lebenssinn bestand primär in Pflichterfüllung und Reproduktion.

Erste Ansätze einer neuen Kultur des Selbst fließen von Gegen- und Subkulturen (etwa den Hippies und den 68ern) in den Mainstream, bis sich diese Anfang des 21. Jahrhunderts, das Reckwitz als Beginn der »Spätmoderne« definiert, vor allem in unseren westlichen Mittelklassegesellschaften etabliert. Zwei zunächst gegensätzliche kulturelle Muster werden hier vereint: »das Modell eines Selbst, dessen primäres Ziel es ist, sich in seinen Wünschen und Möglichkeiten zu entfalten, *und* das Modell eines Selbst, das auf hohen sozialen Status und so auch auf eine entsprechende gelungene Selbstdarstellung vor anderen ausgerichtet ist«.* Die Ursachen hierfür sind vielfältig und vor allem auch ökonomischer Natur. Folglich akkumulieren wir in unserem Konsumentenkapitalismus alles Mögliche, um uns bestenfalls erfolgreich selbst zu verwirklichen: »Geld, Bildung, Kompetenzen, Netzwerke, Gesundheit, psychische Balance.«[64] Analog dazu wächst die Sehnsucht nach dem übergeordneten Wert einer

* Es lohnt sich, bei manchen metaphorischen Begrifflichkeiten einmal genauer hinzuschauen: »Entfalten« deutet an, dass alles schon in uns ist und wir es nur finden, ausbreiten und zeigen müssen. Das hätte Joseph Campbell gefallen. Mehr zu unserer Erschöpfung angesichts all dieser Ansprüche an das Selbst in Kapitel 11.

vermeintlichen »Authentizität« als möglichst vollkommener Übereinstimmung von kommunizierten Werten und eigener Biografie. Zu diesem Zweck üben wir uns in ambitionierter Introspektion und transparenten Architekturen der Wahl (Berufswahl, Partnerwahl, Sachbuchwahl usw.), diskutieren also Kriterien und Hierarchien für Entschlüsse wie zum Beispiel das optimale »Sich-Binden« an einen idealen Partner oder eine Partnerin.*

In den omnipräsenten digitalen »Vergleichstechnologien« der sozialen Netzwerke kann sich das Subjekt seiner erfolgreichen Selbstverwirklichung widmen, sie vor anderen aufführen und zur »performativen Selbstverwirklichung«[65] veredeln, wie Reckwitz es nennt.** Das Subjekt erlebt mutmaßlich Authentisches, wird davon verwandelt, macht diese Verwandlungen sichtbar, verwandelt dadurch auch die Welt um sich und konstruiert aus den Transformationsschritten eine konsistente Erzählung seiner selbst. Kommt uns das nicht alles sehr bekannt vor?

Eine solche Identitätskonstruktion führt das spätmoderne Individuum in die von dem Stadtplaner Georg Franck beschriebene »Ökonomie der Aufmerksamkeit« (so auch der Titel seines Buches), also in die Kapitalisierung unserer kognitiven Ressourcen. Die trivialste Erscheinung dessen ist die Werbung, die heute mit allerlei Narrativen um unsere knappe Aufmerksamkeit buhlt und diese in verschiedenen Geschäftsmodellen monetarisiert, vom Privatfernsehen bis zu Facebook. Der Soziologe Ulrich Bröckling erkennt hier eine

---

* Die Soziologin Eva Illouz hat diese Mechanismen empirisch für unsere romantischen Programme nachgewiesen, u.a. in *Warum Liebe weh tut. Eine soziologische Erklärung*. Siehe dazu Kapitel 9.

** Mehr zum digitalen Selbst in Kapitel 5.

»Adelung« des Banalen durch Heroisierung. In der Sprache des Marketings werden die Waren oder gar die Konsumentinnen selbst zu Helden: Die Dessous-Marke Hunkemöller feiert ihre Kundinnen als *Sheroes,* und bei ALDI-Süd geriet eine Kuchenglasur zum »Helden des Alltags«. Mit ihrer extremen Verdichtung und inhärenten Verschleierungsabsicht des eigenen Sprechaktes, während sie einer doch eher simplen Kausalität folgen, sind Werbespots ein gutes Beispiel für im Alltag fest eingesickerte Mini-Heldenreisen.

Dabei existiert jedoch ein entscheidendes Problem: »Heroentum muss ein Minderheitenprogramm bleiben«, schreibt Bröckling. »Es unterliegt einer symbolischen Ökonomie der Verknappung, Inflation führt zu Wertverlust.« Auch heute, da unsere Vorstellung von Heldentum kein rotes Blut auf heißem Sand beinhalten muss und es andere Formen der Heroisierung gibt als den Zweikampf bis zum Tod, würde »ein Volk von Helden unweigerlich dessen Untergang herbeiführen«[66], wie Jean-Jacques Rousseau schrieb. Im zivilen Heldentum, das von der Steuererklärung bis zur Seenotrettung reicht, gilt die alte Bundesjugendspiele-Regel, dass zu gute Performance von zu vielen Akteurinnen nicht ins Paradies, sondern zur Heraufsetzung der Maßstäbe führt.* Galt

---

* Ein gutes Beispiel hierfür ist Mode als Medium einer performativen Kommunikation von Exklusivität oder, im Gegenteil, von Inklusivität zu einer (Sub-)Kultur oder einem Milieu. So lässt sich beobachten, dass in einer Stadt wie Berlin, die von vielen sich selbst als Avantgarde erzählenden Individuen bewohnt wird (diese Wohnortwahl ist wiederum ebenso Teil dieser paradoxen Selbsterzählung, quasi eine selbstzerstörende Prophezeiung der kollektiven Vereinzelung), niemand mehr durch modischen Exzeptionalismus auffallen kann und sich daher in manchen Szenen ein von der Nichtfarbe Schwarz dominierter, sogenannter »Normcore« durchgesetzt hat, also das ostentative

es früher als aufmerksamkeitsökonomisch erfolgreich, wenn einem überhaupt jemand zuhörte, und sei es nur am Stammtisch nach dem fünften Bier, gilt heute alles unter 10 000 Followern als vernachlässigbar. Das liegt an dem, was Bröckling das »asymmetrische Blickregime« nennt: Heldinnen brauchen immer ein Publikum, das zu ihnen heraufschaut. »*Hero Shot* heißt in der Sprache des Films die Kameraeinstellung, die den Protagonisten in Nahaufnahme und Untersicht zeigt«[67], merkt Bröckling an. Dieses Dilemma versuchen die postmodernen Erzählungen zu lösen, indem sie die Liberalisierung des 19. Jahrhunderts und seine Erhebung des Bürgers in den Rang eines handelnden Subjekts in Geschichten übersetzen, in denen man »ganz normale Menschen« als Heldinnen präsentiert und auf Abenteuer schickt, die eigentlich halbgottartige Kräfte und übermenschlichen Mut erfordern. Ein zeitgenössischer Regisseur wie Guy Ritchie deutet selbst einen uralten Mythos wie den von König Arthur als Botschaft, dass wir alle unser Excalibur finden können: »Wovon handelt die Geschichte eigentlich? Jeder Mensch ist in sich selbst adelig. Jeder ist sein eigener König.«[68] Für ihn dreht sich letztlich jede Geschichte nur darum, dass ein Mensch, dass jeder Mensch seine Freiheit findet, sein Schicksal in die Hand nimmt.

Über die Probleme in Gesellschaften, die ihrem Individuum per Selbsterzählung vorgaukeln, jeder und jede könne Heldin des eigenen Lebens sein und bekäme dementsprechend, was sie verdiene, denken wir in Kapitel 6 nach. Vorher wollen wir uns weiter den Instrumenten dieser Heldenreisen widmen. Denn alle Heldinnen brauchen eine Waffe, um sich

---

Nichtherausstechenwollen als ultimativ individualistisch-ironisches Zeichen des Abschieds von allen Maßstäben der Individualität.

gegen die Widrigkeiten ihrer Reise wappnen und die eigene Geschichte erfolgreich erzählen zu können. Ein Werkzeug, ein Instrument, eine Fähigkeit, ein besonderes Wissen – oder aber doch einfach nur ein scharfes Schwert. Tatsächlich besitzt jeder Mensch und potenzielle Held etwas, das viel kostbarer ist als all diese Dinge; etwas, das ihn nichts kostet und darüber hinaus reichlich vorhanden ist.

4
Begegnung mit dem Mentor
Wörter, Sätze, Bilder als Instrumente der Erzählung

Biete Waffe, suche Freunde

»*Essen, laufen* … erklären Sie mir das!« Der Colonel wirkt frustriert, als er die Liste sieht. Er steht unter enormem Druck. Die ganze Welt möchte gerade erfahren, was die eben gelandeten Aliens auf der Erde verloren haben. Die wichtigste Frage lautet natürlich: Frieden oder Krieg? Die Kommunikation mit den Fremden scheint überlebensnotwendig für die gesamte Menschheit. Warum sollte man sich da mit banalen Begriffen wie *essen* aufhalten?

»Okay«, sagt die Linguistin und geht zum Whiteboard. Mit einem schwarzen Marker schreibt sie: *WAS IST EURE ABSICHT AUF DER ERDE?*

»Darauf wollen Sie hinaus, nicht wahr?«, fragt sie den Mann vom Militär.

»Das ist die Frage«, bestätigt der Colonel.

»Zuerst müssen wir sicherstellen, dass sie verstehen, was eine Frage ist.«

Sie kreist das Fragezeichen ein und zeichnet einen Pfeil von diesem zu dem Wort *WAS*.

»Dass das hier eine Bitte um Informationen ist und eine Antwort erfordert«, erklärt sie.

Sie hebt nun das Wort *EURE* hervor.

»Dann müssen wir den Unterschied zwischen einem spezifischen *EURE* und einem kollektiven *EURE* klären. Wir wollen ja nicht wissen, warum speziell diese beiden Aliens hier sind, wir wollen wissen, wieso sie alle hier sind. Und ABSICHT setzt voraus, dass sie zielgerichtet denken. Wir müssen herausfinden, ob sie bewusste Entscheidungen treffen oder ob ihre Motivation so instinktiv ist, dass sie eine Warum-Frage gar nicht verstehen. Und vor allem benötigen wir ein so großes gemeinsames Vokabular mit ihnen, dass wir ihre Antwort verstehen.«

Der Colonel nickt. Er versteht: Es gibt keine Abkürzung in den Kopf eines anderen Wesens. »In Ordnung«, erklärt er, »halten Sie sich an Ihre Liste.«

In dem Science-Fiction-Film *Arrival* (2016), in dem die Aliens und ihre Sprachlehrerin aufeinandertreffen, vergehen in wenigen Bildern einige Monate der Annäherung an die beiden Besucher, in denen die Linguistin (gespielt von Amy Adams) sie für ihren gemeinsamen Sprachkurs regelmäßig in ihrem gigantischen Raumschiff besucht. Nach und nach werden Zeichen entschlüsselt und somit eine Verständigung ermöglicht. Aber die Ungeduld der Regierungen wächst. Schließlich soll die Linguistin endlich die entscheidende Frage stellen: »Was ist eure Absicht auf der Erde?«

Die Außerirdischen antworten mit einem ihrer tintenartig verlaufenden, kreisrunden Zeichen. Die Sprachwissenschaftlerin übersetzt: »Waffe anbieten«.

Für die Regierungen ist das eine Kriegserklärung. Die Linguistin ist verzweifelt. Es könnte sich um ein Missverständnis handeln: Waffe könnte Werkzeug meinen, denn kann ein Hammer nicht auch eine Waffe sein? Es gelingt ihr, ein letztes Mal mit der extraterrestrischen Lebensform in Kontakt zu treten. »Waffe anbieten«, wiederholen sie und ergänzen: »Linguistin besitzt Waffe«. Dann versteht sie. Die Waffe, das ist die Sprache der Aliens, welche die Linguistin inzwischen nutzen kann.

Die erste Regel: Es gibt keine Regeln

Spätestens jetzt sind wir Ihnen schuldig, einige in diesem Buch verwendete Begriffe einmal halbwegs sauber zu definieren. Wie genau verhalten sich eigentlich »Narrativ«, »Erzählung« und »Geschichte« zueinander? Für uns bauen die drei Begriffe und das, was sie meinen, aufeinander auf. Das Fundament bilden die Narrative. Darauf schichten sich die Erzählungen als kulturelle Manifestationen von Narrativen und darauf wiederum die konkreten Geschichten, die viele verschiedene Formen annehmen können.

Ein kurzes Experiment soll Ihnen diese Überlagerungen veranschaulichen. Die folgende Geschichte werden Sie vermutlich gleich wiedererkennen. Versuchen Sie bitte, die Zusammenfassung Wort für Wort zu lesen und mit jeder neuen Information zu erraten, welches berühmte Werk wir meinen.

> *Ein von Schlaflosigkeit geplagter Amerikaner findet neuen Lebensmut …*

Klingelt es schon?

> *… nachdem er sich mit einem charismatischen neuen Freund und anderen Männern heimlich zum Prügeln trifft – und damit eine landesweite Bewegung auslöst.*

Immer noch nicht?

Gemeinsam machen die Männer den Kapitalismus als Ursache für ihre Entfremdung aus und planen, ihn mit einem terroristischen Akt zu zerstören.

Jetzt aber, oder? Ein Satz noch (Achtung: Spoiler!):

Am Ende erkennt der Mann, dass er und sein gewalttätiger Freund ein und dieselbe Person sind, er also unter Schizophrenie leidet, die seine Aggressionen und Triebe in eine zweite Persönlichkeit verdrängt hat.

Die Geschichte von *Fight Club,* dem Roman von Chuck Palahniuk, verfilmt von David Fincher, ist die eines Mannes, der einen Weg aus seinem Unglück findet. Einen Weg, der nicht nur ihn selbst, sondern die ganze Welt verändern wird. Kommt Ihnen dieses Schema bekannt vor? *Fight Club* erzählt eine klassische Heldenreise – mit dem postmodernen Twist der multiplen Persönlichkeit, der jedoch für die darunter liegenden Botschaften und den größeren erzählerischen Zusammenhang keine Rolle spielt.

Lesen Sie noch einmal die Zusammenfassung der Geschichte, die schon nach wenigen Worten unverwechselbar ist: *Ein von Schlaflosigkeit geplagter Amerikaner findet neuen Lebensmut, nachdem er sich mit einem charismatischen neuen Freund und anderen Männern heimlich zum Prügeln trifft – und damit eine landesweite Bewegung auslöst.* Ihr Genre, also die Kategorisierung nach Stilmitteln, ist das eines actiongeladenen Psychothrillers. Ihre Erzählung, die Kategorisierung nach Motiven und Ideen, ist die einer Männerfreundschaft. Auf ihrer Ebene liegt auch der Masterplot: die Rivalität zwischen dem Protagonisten und Tyler Durden um eine Frau zum Beispiel. Doch über ihr Narrativ, das implizit zwischen den Worten eingebettet liegt, kann man deutlich länger sinnieren. *Was* – so könnte man wie im Deutschunterricht fragen – *will uns der Autor damit sagen?* Was ist die Kernbotschaft? Dass man die Fesseln des Konsums abstreifen muss, um frei zu sein? Dass eine zivilisierte, unterdrückte, verdrängte Männlichkeit sich durch Gewalt befreien muss? Dass nur ein psychisch Kranker unser krankes System durchschauen und stürzen kann?

Wahrscheinlich das auch und alles zusammen – aber vor allem, oder besser gesagt: *unter allem* wirkt hier das Narrativ einer Überwindung von System und Selbst. Der namenlose Protagonist muss erst sein Dasein als Angestellter, dann seine Depressionen und Ängste, den ihn geißelnden Kapitalismus und schließlich sein antagonistisches Alter Ego überwinden. Dazu muss er seine Körperlichkeit durch Gewalt wiederentdecken und seine politische Selbstwirksamkeit durch antikapitalistischen Terrorismus. Nur so kann er sich der Wahrheit nähern und sich neu erschaffen – und zugleich eine neue Welt.

Geschichte bezeichnet also, *was* erzählt wird. *Erzählung* steht dafür, *wie* und mit welchen Mitteln und Motiven dies geschieht, und das *Narrativ* bestimmt, *warum* und *wozu* überhaupt erzählt wird. Handelt eine Geschichte zum Beispiel von einem Mann und einer Frau, die aus einem Garten geworfen werden, weil die Frau Obst von einem Baum geklaut hat, dann ist die Erzählung eine von Verführung, Schuld und Vertreibung, das vorherrschende Narrativ dieser Erzählung aber lautet: Frauen sind gefährlich.*

Man kann auf diese Weise noch einige weitere Geschichten durchspielen. Ein bekanntes Märchen zum Mitraten?

---

* Wie tief dieses Narrativ in unsere Kultur eingewoben ist, wie misogyn also ein Großteil unserer Erzählungen sind, untersuchen wir in Kapitel 9.

Sein Narrativ: Der Wald ist gefährlich, aber (Geschwister-) Liebe und List können uns retten. Die Erzählung: Das brutal harte Leben von Kindern aus ärmlichen Verhältnissen, die der mangelnden Fürsorge ihrer Eltern und den Gefahren der Welt schutzlos ausgeliefert sind. Die Geschichte: *Hänsel und Gretel.*

Oder nehmen wir das Neue Testament: die Geschichte eines Tischlersohns, der zum Anführer einer religiösen Sekte wird, sich gegen das Establishment der Juden und die herrschende Besatzungsmacht der Römer stellt und schließlich dafür (und für unsere Sünden) gekreuzigt wird. Die Erzählung ist die typisch messianische einer Religionsstiftung. Das Narrativ ist eines der Transzendenz durch Selbstlosigkeit, Barmherzigkeit und Weisheit.

Zugegeben, diese Definitionen sind diskutabel. Sie wurden von anderen Autoren etwas anders beschrieben*, aber für die Zwecke dieses Buches möchten wir mit dieser Auslegung

---

* Die beiden russischen Formalisten Wladimir Propp und Viktor Schklowski beispielsweise schrieben von »Fabel« *(fabula)* und »Sujet« *(Syuzhet)* als den beiden unabhängigen, aber untrennbaren Merkmalen jeder Geschichte. Was tatsächlich passiert, wird Fabel genannt, was erzählt wird, Sujet. Man kann diese Ebenen auch emotional relativ genau unterscheiden:
Zwei junge Liebende aus verfeindeten Familien versuchen gegen alle Widerstände, einander nahe zu sein. Doch ihr Plan scheitert – am Ende sterben sie beide. Eine bewegende Geschichte, selbst in dieser kargen Fassung. Eine gute *fabula* kann uns schon mit wenigen Worten rühren. Doch die Zusammenfassung der Erzählung löst weniger Gefühle aus: *»Romeo und Julia« ist die Geschichte zweier unglücklicher Liebender in Zeiten der Ständegesellschaft des Italiens der Renaissance, die am Ende sterben.* Und das Narrativ? *Liebe ist (beinahe) stärker als der Tod,* könnte es lauten. Wir merken: Ein Narrativ ist für sich genommen nur selten tragisch oder dramatisch, eine Geschichte oder Erzählung hingegen

arbeiten. Was lässt sich noch zu den drei Ebenen Geschichte, Erzählung und Narrativ sagen? Erzählungen haben gemeinhin eine Chronologie der Ereignisse, die Geschichte kann jedoch die Ereignisse in ganz anderer Reihenfolge wiedergeben. Es würde daraus eine andere Geschichte werden, es wäre aber keine andere Erzählung. Narrative sind hingegen völlig zeitlose Kapseln von Bedeutung, die quer durch Epochen reisen können. Erzählungen und Geschichten werden erstaunlich oft in verschiedenen Variationen in unterschiedlichen Kulturkreisen erzählt und bieten verschiedenen Gemeinschaften und Gruppen ein identitätsstiftendes Potenzial. Doch der soziale Kitt ist eben nicht die erzählerische Ebene, sondern das kompatible Narrativ. Sobald ein Narrativ von mehr als einer Person verstanden und geglaubt wird, kann es auch für ihre übergeordnete Gruppe Sinn erzeugen, zum Beispiel für eine politische Bewegung, eine Gesellschaft oder eine Nation.* Diese erzählte und damit idealisierte Na-

---

schon. Aber ein Narrativ kann, wirkungsvoll eingesetzt, in vielen hochemotionalen Formen auftauchen.

* Mit Narrativen haben wir es auch im Falle der sogenannten »Meta-Erzählungen« zu tun, die der französische Philosoph Jean-François Lyotard im Rahmen seiner Studie *Das postmoderne Wissen. Ein Bericht* (1979) radikal infrage gestellt hat. Lyotard unterschied zwischen einem szientifischen Wissen (das der Wissenschaften) sowie einem narrativen Wissen (das durch Erzählungen und Geschichten vermittelt wird). Diese Meta-Erzählungen, als die »großen Erzählungen« der Moderne, betrachtete er zugleich als Legitimationserzählungen: als politisch-staatliche Legitimation im Sinne einer Emanzipation und Selbstbestimmung des Subjekts (wie sie durch die Aufklärung und die Philosophie Immanuel Kants begründet wurden), und als philosophisch-spekulative Legitimation, die auf die großen systemischen Entwürfe des deutschen Idealismus und vor allem auf die historische Teleologie Georg Wilhelm Friedrich Hegels zurückgeht. Zudem sind

tion kann beispielsweise besonders »unbeugsam« sein oder »freiheitsliebend«.

Norweger etwa sind trotz langer Fremdherrschaft durch Dänemark sehr stolz auf ihre Geschichte als freiheitsliebendes Volk. Über dieses Narrativ lassen sich schematische Erzählungen von gewonnenen Abwehrkämpfen und rebellischen Nationalhelden entwickeln, die immer gleich ablaufen: Bedrohung – Gegenwehr – Sieg. Und mittels dieser Schablonen kann man viele dazu passende Geschichten von den mannigfaltigen Abenteuern der Protagonisten erzählen. Solche in sich stringenten narrativen Konstrukte bieten zahllose Orientierungsangebote und damit starke Identifikationsmöglichkeiten. Und je mehr Menschen sich auf bestimmte Erzählungen einigen, desto mehr verfestigen sich auch die darin eingebetteten Narrative.

Erzählungen sind überall. Als »kulturelle Universalie« durchqueren sie dem Literaturwissenschaftler Albrecht Koschorke zufolge »alle historischen Epochen, Völker, Gesellschaftsschichten, Niveaus und Medien«[1]. Sie stecken in Bildern und Worten, begegnen uns in Kino und Theater, in Politik und sozialen Medien. Wir bilden unsere vielschichtigen Identitäten nach ihrem Vorbild und mit ihrer Hilfe. Wir könnten unser Leben kaum bewältigen, wenn wir nicht beständig die Komplexität dieser Welt und unserer Wirklichkeit durch Erzählungen reduzieren und sublimieren

---

sie im Glauben an eine Versöhnung in einer konsensorientierten Demokratie zu finden, aber auch in der Beherrschung der Technik und in der Hoffnung auf den ökonomischen Fortschritt. Diese Meta-Erzählungen verschwinden Lyotard zufolge in der Postmoderne und werden von Sprachspielen ersetzt, in denen heterogene Ausdrucksformen zusammentreffen. Mehr zu den nationalen Narrativen, speziell der USA und Deutschlands, lesen Sie in Kapitel 8.

würden. Die darunterliegenden Narrative sind als kulturelle Kerne zu festen Institutionen unseres Zusammenlebens geworden. Zugleich reichen sie viel tiefer, als wir denken. Sie beginnen nicht erst, wenn wir den Fernseher anschalten oder ein Buch aufklappen. Sie sind längst und immer schon da, bevor sie uns das erste Mal bewusst werden.

Die Ein-Wort-Geschichte

Was fällt Ihnen spontan beim Wort *Wiedervereinigung* ein? Welche Assoziationen kommen Ihnen? Sehen Sie die Menschenmenge am Brandenburger Tor, an den Grenzübergängen, in Leipzig? Die erschöpften, aber glücklichen Politiker? Die deutsche Fahne?

In diesem einen Wort steckt alles, was eine gute Geschichte braucht: ein Auslöser, der alles ins Rollen bringt (die deutsche Teilung), viele Herausforderungen (der Kalte Krieg), ein glückliches Ende (die friedliche Revolution von 1989). Antagonisten, Protagonisten und Mentoren begleiten die Reise zweier einst verbundener, dann aber getrennter Gesellschaften zurück zueinander. Unser Bewusstsein wird förmlich geflutet mit Geschichte – in jedem Sinne des Wortes.

Weil in einzelnen Wörtern ganze Narrative stecken, genügt ein Wort wie »Wiedervereinigung«, und unser narrativer Instinkt springt an. Solche Begriffe bergen laut Albrecht Koschorke »Mikroplots«, also »eine motivierte Sequenz zwischen zwei Zuständen«, wie er anhand epochaler Beispiele wie *Aufklärung, Individualisierung* oder *Globalisierung* feststellt. Sie lassen sich wie archäologische Stätten lesen, in denen sich Sedimente an Bedeutungen übereinandergelegt haben. Sie enthalten ein bestimmtes Narrativ, das darauf wartet, aus dem Begriff extrahiert zu werden, oder sind, andersherum, zu Begriffen gepackte Narrative.

Wir müssen im Grunde also bereits bei einzelnen Wörtern anfangen, wenn wir uns die Beschaffenheit von Geschichten anschauen wollen. Sie beeinflussen unsere Weltsicht, unsere Sicht auf die Dinge noch subtiler und tiefgreifender als auserzählte Kulturprodukte wie Filme oder Bücher. Oder wie der Literaturwissenschaftler Victor Klemperer in *LTI** – *Notizbuch eines Philologen*, einem grundlegenden Werk der Sprach- und Wortkritik, schreibt: »Worte können sein wie winzige Arsendosen: sie werden unbemerkt verschluckt, sie scheinen keine Wirkung zu tun, und nach einiger Zeit ist die Giftwirkung doch da.«[2]

Dass Sprache unser Denken gestaltet, und wie genau sie das tut, beschäftigt die belarussisch-amerikanische Kognitionswissenschaftlerin Lera Boroditsky. Im Deutschen haben wir zum Beispiel drei grammatische Genera. Jedes Nomen ist einem Genus zugewiesen: weiblich, männlich oder sächlich. Die grammatischen Geschlechter von Substantiven sind allerdings von Sprache zu Sprache unterschiedlich. Im Deutschen ist die Sonne feminin; im Französischen heißt es *le soleil,* im Spanischen *el sol* – das Genus ist in beiden Fällen maskulin. *La lune* sagen Franzosen, für die Deutschen hängt hingegen *der* Mond am Nachthimmel.

Beeinflusst nun das Genus die Art und Weise, wie Menschen über das Bezeichnete denken? Laut Boroditsky ist das tatsächlich der Fall: Bittet man Deutsche und Spanier, eine Brücke zu beschreiben, beeinflusst das Genus die Wahl der

---

* LTI steht für *Lingua Tertii Imperii* und bedeutet »Sprache des dritten Reichs«. Mehr dazu und den generellen Narrativen des Faschismus in Kapitel 7.

Adjektive. Im Spanischen ist die Brücke männlich, im Deutschen weiblich. So benutzen deutschsprachige Menschen zur Beschreibung der Brücke stereotypisch feminine Zuschreibungen: Die Brücke ist »schön« oder »elegant«. Eine spanischsprachige Person charakterisiert die Brücke eher mit stereotypisch maskulin konnotierten Wörtern: Die Brücke ist hier »stark« oder »lang«.[3]

Ein anderes Beispiel sind die Benennung und damit einhergehend die Unterscheidbarkeit von Farben. Auf Deutsch gibt es nur ein Wort für Blau, auf Russisch unterscheidet man dagegen zwischen Hellblau, *goluboy,* und Dunkelblau, *siniy.* Russen haben also lebenslange Erfahrung damit, diese zwei Farben sprachlich zu trennen.[4] Boroditsky erklärt: »Testen wir, wie gut Menschen diese Farben unterscheiden können, sehen wir, dass Russen diese sprachliche Grenze rascher überschreiten. Sie können schneller zwischen Hell- und Dunkelblau unterscheiden. Schauen wir uns das Gehirn an, wenn es Farben wahrnimmt – etwa wenn Hellblau langsam in Dunkelblau übergeht: Wer zwei Wörter für Hellblau und Dunkelblau hat, reagiert überrascht, wenn die Farben von hell nach dunkel wechseln, nach dem Motto: ›Oh, hier hat sich etwas grundlegend geändert‹, wogegen das Gehirn von Englischsprechenden, das hier keine klare Trennung macht, nicht überrascht ist, denn es ändert sich ja nichts Grundlegendes.«[5]

Die Wirkmacht der Sprache auf unsere Wirklichkeit geht noch weiter. Boroditsky verdeutlicht das am Beispiel einer zerbrochenen Vase. Auf Englisch kann man sagen: »He broke the vase«, er hat die Vase zerbrochen. »The vase broke« oder »The vase has been broken« wäre eher unüblich, so wie wir im Deutschen auch nicht sagen würden »Ich habe den Arm gebrochen« sondern »Ich habe mir den Arm gebrochen« (auch wenn es eigentlich meist der Boden und die Schwerkraft waren). Im Spanischen hingegen sagt man üblicherweise »El florero está roto« – die Vase ist zerbrochen. Sie ging kaputt, ohne dass geklärt werden müsste, wer sie zerstörte.

Boroditsky zufolge beeinflussen diese sprachlichen Unterschiede auch, wie wir uns Dinge merken. Beispielsweise würde im Falle eines Unfalls ein englischsprachiger Zeuge dazu tendieren, sich an den Verursacher zu erinnern, während der spanischsprachige vielmehr die Tatsache erfasst, dass es sich um ein unbeabsichtigtes Ereignis, eben um einen Unfall handelte. Somit nehmen verschiedene Beobachter ein und dasselbe Ereignis schon aufgrund ihrer sprachlichen Prägung anders wahr, und sie behalten deshalb andere Details im Gedächtnis, was durchaus relevant ist, wenn es etwa um Zeugenaussagen und rechtliche Konsequenzen geht.[6] Boroditsky konstatiert: »Sprache steuert, wie wir Ereignisse beurteilen.«[7]

Genauso wie ein Wort eine Geschichte über die Gesellschaft erzählen kann, in der das Wort angewandt wird, beeinflusst die Wahl der Worte als Geschichtenträger auch die Art, wie wir die Wirklichkeit wahrnehmen. In einer von Boroditsky geleiteten Studie der Stanford University wurde Probanden ein Text über die beschauliche, aber hypothetische Stadt »Addison« präsentiert.[8] Ein Teil der Befragten bekam eine Passage zu lesen, in der die Kriminalität in der Stadt als »Bestie« umschrieben wurde. Die anderen konnten in dem Text lesen, die Kriminalität sei ein »Virus«. Bereits diese kleine Veränderung beeinflusste die Einstellungen der Teilnehmenden zum Umgang mit Kriminalität messbar stärker als die bestehenden, ebenfalls erhobenen Einstellungsunterschiede zwischen Republikanern und Demokraten unter den Teilnehmern. Lasen die Probanden das Wort »Bestie«, waren sie eher der Ansicht, man müsse Kriminalität mit Disziplinarmaßnahmen begegnen. Die Personen aber, die das Wort »Virus« im Text sahen, unterstützten eher Maßnahmen zur Prävention von Kriminalität. In sich erscheint das logisch: Eine Bestie muss man eben bekämpfen, ein Virus eher an seiner Ausbreitung hindern.* Interessanterweise waren sich die Befragten der Wirkung des jeweiligen Begriffs auf ihre Einstellung kein bisschen bewusst. Befragt, was sie bewogen habe, sich für die eine oder die andere Maßnahme auszusprechen, berief sich die Mehrheit auf die im Text genannten Kriminalstatistiken – die jedoch waren für beide Gruppen identisch.

Was in der Praxis passieren kann, wenn eine Metapher und das von ihr evozierte Narrativ schlecht gewählt werden, lässt sich gut an folgender Analogie des ehemaligen New Yorker Bürgermeisters Rudolph Giuliani veranschaulichen. Während der Präsidentschaftswahlen 2008 verglich er die Gesundheitsversorgung mit einem Flachbildfernseher, also letztlich mit einem Luxusprodukt. Sie war demnach kein Grundrecht, sondern eine Investition, die man sich wie ein Auto, ein Haus oder einen Fernseher leisten können muss, aber durch harte Arbeit eben auch verdienen kann. Giuliani knüpfte hier offensichtlich an das grundlegende amerikanische Narrativ an, wonach jeder seines Glückes und damit auch seiner Gesundheit Schmied sein kann, wenn er nur wirklich will.

Im Jahr 2009 nannte der demokratische Präsident Barack

* Was das wiederum für den Klima-Diskurs und die in ihr gebräuchlichsten (Ein-Wort-)Narrative bedeutete, betrachten wir in Kapitel 10 näher.

Obama sein neues Bundesgesetz, mit dem er allen Bürgerinnen und Bürgern den Zugang zu einer Krankenversicherung ermöglichen wollte, *Patient Protection and Affordable Care Act*. Ein Gesetz, das für eine erschwingliche Gesundheitsversorgung sorgen soll. Das fatale Schlüsselwort hierbei ist *affordable*. Damit tappte Obama in die zuvor gestellte Sprachbild-Falle der Republikaner und bestätigte die Vorstellung von Gesundheit als Konsumware, deren Genuss man sich leisten können müsse. Die Aussage »Ich sorge dafür, dass ihr euch Gesundheit leisten könnt« bestätigt das alte Narrativ und ist das Gegenteil von »Ich sorge dafür, dass Gesundheit ein Menschenrecht ist« – obwohl das politische Ergebnis dasselbe ist: Gesundheitsversorgung für alle.

Obama hätte das Projekt zum Beispiel statt dessen *Medical Care for All Act* nennen können, um mithilfe dieses Deutungsrahmens seinen universalistischen Ansatz der Gesundheitsfürsorge als Grundrecht zu betonen. So aber konnte die Gegenseite das konservative Narrativ eines in die Freiheit des Einzelnen eingreifenden Staates heraufbeschwören, und zwar ausgerechnet mithilfe eines anderen noch älteren Narrativs: David gegen Goliath. Der Goliath des Regierungsapparats will seine Bevölkerung voller Davids zum Kauf ungewollter metaphorischer Luxusfernseher zwingen?

Diese Deutung machten sich die Richter des Obersten Gerichtshofs zu eigen und erklärten das Gesetz für verfassungswidrig, mit der Begründung, die Regierung könne ansonsten in Zukunft ihre Bürger auch dazu zwingen, andere Produkte zu kaufen. Obama wurde dadurch zum Antagonisten dessen, was dem amerikanischen Citoyen am heiligsten ist: *Life, Liberty and the Pursuit of Happiness*. Als man daraufhin den *Affordable Care Act* auch noch in *Obamacare* umbenannte, kam das einem diskursiven Todesurteil für ein sinnvolles

Gesetz gleich. Die Republikaner hatten es erfolgreich zu einem Angriff auf die Freiheit umgedeutet, und nun trug es auch noch den Namen des von ihnen aufgebauten Antagonisten der Freiheit. Alles, was danach im Gesundheitswesen nicht funktionierte, wurde *Obamacare* zugeschrieben.[9]

George Lakoff, Linguist und ehemaliger Professor für kognitive Wissenschaft und Linguistik in Berkeley, der dieses emblematische Beispiel politischen Framings wie oben beschrieben zusammen mit der Sprachwissenschaftlerin Elisabeth Wehling aufgearbeitet hat[10], erforscht seit den 1970er-Jahren das Feld der bildhaften Sprache und die Bedeutung von Metaphern und Deutungskonstrukten in der politischen Kommunikation. Dabei fand er unter anderem heraus, warum wir beispielsweise sagen, dass Preise »steigen«, statt etwa, dass sie »größer« oder »schwerer« werden; oder warum wir freundliche Menschen als »warmherzig« bezeichnen, obwohl ihre Herzen, würde man ihre Temperatur messen, vermutlich nicht wärmer oder kälter wären als das von, sagen wir, Ebenezer Scrooge, dem alten Geizhals aus Charles Dickens' berühmter Weihnachtsgeschichte. Lakoff stellte fest, dass unsere Begriffsbildung bei abstrakten Dingen auf neurologischer Ebene bildsprachlich erfolgt, wir also beim Denken Metaphern nutzen, um uns einen Begriff von etwas zu machen, das wir physisch nicht greifen können. Wenn wir etwas nicht verstehen, versuchen wir es mit etwas zu vergleichen, das wir verstehen – das haben wir in Kapitel 3 gesehen. Wir suchen nach Mustern und schaffen Analogien. So empfinden wir Preise, die ein rein abstraktes, mathematisches Konstrukt sind, kognitiv als etwas, das von unten nach oben steigen kann. Die Zahlen werden in unserer Gedankenwelt zu etwas, das wir aus der räumlichen Welt kennen, wie zum Beispiel ein Wasserpegel, der steigt, wenn mehr Wasser hinzukommt. Das Sprachbild des steigenden Preises findet sich kulturunabhängig an vielen Orten der Welt.

Genauso verhält es sich mit Lakoffs zweitem Beispiel, warum wir eine Person als warm- oder kaltherzig bezeichnen, je nachdem, ob sie liebevoll und empathisch ist oder nicht. Schon als kleine Kinder verbinden wir die körperliche Wärme der Eltern universell mit Liebe, Zuneigung und Nähe. In einer Art synästhetischer Wirklichkeitserfahrung verbindet das Gehirn automatisch die physische Wärme mit Geborgenheit und Fürsorge. Beide Sinneswahrnehmungen werden neurologisch an zwei Orten im Gehirn verarbeitet und, da sie gleichzeitig erfahren werden, synaptisch miteinander verbunden. Je häufiger diese simultane Erfahrung, desto intensiver wird die Querverbindung, bis wir ein neues metaphorisches Konstrukt gebildet haben: Warmherzigkeit.[11]

Metaphern wie diese formen unser Verständnis der Wirklichkeit und beeinflussen grundlegend, wie wir denken und argumentieren. Und das führt zu Problemen: An welche Farbe denken Sie bei dem Wort »Hautfarben«? Gemeinhin ein Art Beige, oder? Der Umstand, dass wir helle Hautfarbe als Standard wahrnehmen, obwohl tatsächlich jeden Tag Menschen anderer Hautfarben geboren werden, sagt viel aus. Nähme man den Durchschnitt der gesamten Weltbevölkerung, wäre der durchschnittliche Hautton dunkler. Die weiße Mehrheitsgesellschaft bemerkt nicht, wie seltsam und surreal es ist, einer Schwarzen Person »hautfarbene« Kleidung, »hautfarbene« Pflaster oder »hautfarbenes« Make-up zu verkaufen. Der afroamerikanische Royal-Ballet-Solist Eric Underwood bat auf seinem Instagram-Account die größten Hersteller von Ballettschuhen um mehr als »nur eine Hautfarbe«. Für seine Auftritte musste er seine »hautfarbenen« Schuhe immer mit seinem privaten, seinem Hauttyp entsprechenden Make-up abpudern, um die im Ballett erwünschte Wirkung durch Farbangleichung zu erreichen: die optische Verlängerung seiner Beine.

Das Wort »hautfarben« mit einem hellen Beige gleichzusetzen, schafft eine Selbstverständlichkeit für eine Beschreibung der Wirklichkeit, die schlicht falsch ist. Das Wort selbst ist hierbei Ausdruck einer gesellschaftlichen Selbsterzählung, in welcher alles außer Weiß als Abweichung gilt. Es veranschaulicht unsere Wahrnehmungslücke wie von Lakoff und Boroditsky erforscht. Seine Nutzung reproduziert und verstärkt diese Wahrnehmungslücke wiederum, schließt Menschen aus und wertet sie ab, indem sie durch das Wort schlicht als nicht existent oder nicht zu berücksichtigen etabliert werden. All diese Narrative stecken in diesem unscheinbaren, mit Kompressionsstrümpfen assoziierten Wort: »hautfarben«. Auf diese Weise kann Sprache nicht nur ausgrenzen, sondern sogar destruktiv sein. Sie hat jedoch auch eine schöpferische Kraft, durch die neue Wirklichkeiten erschaffen werden können.

Gotthafter Wortzauber

Wie Ludwig Wittgenstein erkannte: Auch Worte sind Taten. Ein verheiratetes Paar gibt sich das »Ja«-Wort und überschreitet damit eine der wichtigsten Schwellen des Lebens, verändert sich gemeinsam entscheidend. Das Paar erzählt nur dadurch, dass es sich nach der Hochzeit »Ehepaar« nennen darf, eine existenzielle Geschichte über angestrebte Unverbrüchlichkeit, Loyalität und (wenigstens behauptete) Monogamie. Und ebenso wie das Wort »Hautfarben« erzählt das Wort »Ehe« ganze Bände über die Gesellschaft, in welcher das Wort verwendet wird.

Der Philosoph John Searle setzte sich mit verschiedenen Formen von Sprechakten auseinander, also damit, wie mit Sprache nicht nur etwas zum Ausdruck gebracht, sondern gehandelt wird. Searle war seinerseits Schüler des britischen Philosophen John Langshaw Austin, dessen Vorlesungsreihe mit dem aussagekräftigen Titel *How to do things with words* dafür sorgte, dass die Idee von Sprache als Handlung größere Verbreitung fand.

Searle unterschied fünf Arten des Sprachhandelns, je nachdem, welchen Zweck das Gesprochene verfolgt, welchen Zustand des Sprechers es zum Ausdruck bringt und welches Verhältnis die Worte zur realen Welt einnehmen: Bei den sogenannten *Representativa* handelt es sich beispielsweise um Behauptungen und Auffassungen, durch die ein Sprecher einen Sachverhalt darstellt.

Durch *Direktiva* möchte der Sprecher jemanden zum Handeln bringen, beispielsweise mit Aufforderungen oder Befehlen. Mittels *Kommissiva* erklärt man eine Absicht, etwas zu tun – man verpflichtet sich zu einem zukünftigen Handeln, gibt ein Versprechen ab oder droht jemandem. *Expressiva* vermitteln das Innenleben des Sprechers und drücken seine Einstellung zu einer Gegebenheit aus, wie zum Beispiel Dankbarkeit oder Verachtung. Und bei *Deklarativa* handelt es sich im Grunde um reine Magie.

Erinnern Sie sich noch an die Entdeckung der Fiktion durch die Sprache im vorherigen Kapitel? Es war ein revolutionärer Akt: Rekursivität, Syntax, Verbformen und Vokabular machten es möglich, dass wir ohne Lehm oder Steine ganze Welten schufen, Götter und Ungeheuer zum Leben erweckten. Genauso verfeinerten sich auch die Absichten unserer Sprachhandlungen. Wir beschrieben, konstatierten und informierten, gaben Anweisungen und Versprechen und entwickelten ein Vokabular für unsere Introspektion, um unsere Gedanken für andere verständlich zu machen.

Aber irgendwann vollzogen wir mithilfe von Sprache noch eine ganz neue Handlung, die über das rein Deskriptive oder Anweisende hinausging: die Deklaration. Searle hat Deklarativa als »gotthafte Form des Wortzaubers« bezeichnet. Sie ermöglichen, dass im Moment des Aussprechens eine Situation verändert oder sogar eine spezifische Wahrnehmung der Wirklichkeit hervorgebracht werden kann. Deklarationen beschreiben nicht nur Zustände – sie erschaffen sie.

Auch wenn sie sich nicht ausschließlich auf bestimmte Bereiche beschränken, so lassen sich Deklarationen insbesondere im politischen und legalistischen Sprechen beobachten. Ihr Zauber liegt in der realen Wirkmacht der Wörter, wie Searle meint: »Wir können zwar so keine Eier braten, aber Sitzungen vertagen, zurücktreten, Brautleute zu Mann und Frau machen und Krieg erklären.«[12] Man kann nicht durch Behauptung den Zustand eines Eis von roh zu gekocht verändern, indem man über das rohe Ei sagt: »Ich erkläre dich hiermit zum Spiegelei.« Bei Menschen wirkt die Kraft der existenziellen Zustandsveränderung hingegen schon mit wenigen Worten: Du bist unschuldig. Du bist jetzt frei. Ihr seid verheiratet.

Die konstruktive Kraft des Wortes geht aber noch einen Schritt weiter, und zwar in der Fiktion. Sprechakte bringen Fiktives wie Wahrhaftiges hervor, gebaut aus auktorialer Vortäuschung und Imitation der Wirklichkeit. Um der Sprechabsicht beim Fiktiven auf den Grund zu gehen, vergleicht Searle einen Zeitungsbericht aus der *New York Times* mit einem Auszug aus Iris Murdochs Roman *The Red and the Green:* Beide gleichen sich, dennoch wissen wir von dem

Zeitungsbericht, dass er behauptet, Wirklichkeit abzubilden. Der Roman hingegen behauptet nicht, der Wahrheit zu entsprechen. Er ist klar erkennbar als Äußerung, die nicht zutrifft. Ein Täuschungsversuch oder eine Lüge ist die Fiktion daher nicht. Die Sprache erschafft durch die Behauptung eine mögliche Welt, von der wir als Zuhörer oder Zuschauer wissen, dass sie nicht existiert; aber im Moment ihrer Schöpfung und durch den Akt der Schöpfung an sich – sprich: des Erzählens – wird behauptet, dass es sie innerhalb der Erzählung gibt. Selbst wenn es explizite Fiktion ist, muss sie dennoch zuerst einen Sachverhalt beschreiben, ein Ereignis schildern.[13]

Das bedeutet: Jemand, der erzählt, behauptet erst einmal. Wohl wissend, dass sein Publikum im Rahmen des Sprachspiels weiß, dass die Behauptung nicht zutreffen muss. Für begrenzte Zeit tut man gemeinsam »so, als ob«. Und imitiert hierfür die Art, wie wir über Wirklichkeit sprechen und schreiben. In der angelsächsischen Fiktionstheorie spricht man von *make believe*[14] – Glauben machen.

Fiktionale Wahrheiten werden demnach auch gemeinsam mit dem Zuhörenden oder Zuschauenden erschaffen. Man einigt sich unausgesprochen darauf, was für den Moment als wahr gilt. Zuschauer im Kino gehen mit dem Kauf des Tickets den Vertrag ein, dass Elijah Wood ein Hobbit ist, alte weißhaarige Männer zaubern können und der Ring unsichtbar macht, aber auch das Böse anzieht. Es geht nicht darum, eine mögliche Behauptung zu glauben, sondern um die Bereitschaft, die eigene Vorstellungskraft im Umgang mit einem zur Verfügung gestellten Inhalt einzusetzen. Man behauptet, ohne zu behaupten. Wie die Germanistin Benita Herder in ihrem Buch *Bild und Fiktion* beispielhaft anhand des Wortes »Schwert« in einem geschriebenen Text nachzeichnet, ist das größte Set an Regeln, welches ein kollektives »Glauben-Machen« ermöglicht, unsere Sprache.[15] Wir haben eine ansozialisierte, unausgesprochene Abmachung darüber, dass eine bestimmte Kombination von Buchstaben erfolgreich so tun darf, als sei sie etwas, das sie gar nicht ist. Mit den Buchstaben W, a, f, f, e werden Sie sich nicht gegen einen Säbelzahntiger oder einen Angreifer verteidigen können. Aber mit der Aussage »Waffe anbieten« kann ein echter Krieg beginnen oder enden. Und erst recht mit Bildern, die Geschichten erzählen.

Ein Bild erzählt mehr als 1000 Helden

»Am Abgrund der deutschen Geschichte und unter der Last der Millionen Ermordeten tat ich, was Menschen tun, wenn die Sprache versagt«[16], schrieb Willy Brandt 1989 in seinen *Erinnerungen*. Es geht um eine der berühmtesten Gesten, die jemals fotografisch festgehalten wurden: Brandts Kniefall am 7. Dezember 1970 in Warschau. Zum ersten Mal seit dem Zweiten Weltkrieg besuchte ein westdeutscher Politiker Polen. Das Bild dokumentiert, was Worte nicht zum Ausdruck hätten bringen können. Es erzählt eine ganze Geschichte über Verbrechen und die Bitte um Vergebung.

Was sind ihre narrativen Bestandteile? Protagonist ist Bundeskanzler Brandt, stellvertretend für ein Deutschland, das endlich auch öffentlich zu bereuen beginnt. Seine Antagonisten: die Sprachlosigkeit, die Scham und die kollektive Verdrängung der Nachkriegszeit. Sie zu überwinden ist die Herausforderung, die inständige Bitte um Vergebung der einzige Weg. Brandt löst seine Aufgabe dank der einen Eigenschaft, die sich in diesem Kontext ziemt und die jeder

Held (wie auch jeder Politiker) in sich finden muss: Demut. Durch seine Verwandlung vom Staatsgast zu einem demütigen, um Vergebung bittenden Menschen verändert er sich und die Welt. Mit einer simplen, aber eindeutigen Geste führt er zwei Nationen, aber auch Opfer und Täter aufeinander zu. All das erzählt dieses historische Bild:

Genau wie einzelne Wörter ganze Narrative transportieren können, berichten manchmal auch einzelne Bilder von größeren Transformationsprozessen und Heldenreisen. Bilder können buchstäblich zu Ikonen werden, Narrative setzen und verbreiten, sogar solche, die universell verstanden werden.

Zwischen Wörtern und Bildern gibt es natürlich vielerlei Unterschiede. So existieren, sehr vereinfacht gesagt, für Bilder weder ein Alphabet noch eine feststehende Grammatik wie im Falle der Schrift. Ob Fotografien oder Filme auch eine eigene Sprache hervorgebracht haben oder zumindest sprachähnlichen Regeln folgen, die tatsächlich mit der lexikalischen Sprache verglichen werden können, ist eine Frage, die hier zu weit führt. Aber zumindest lässt sich feststellen, dass sich Bilder wie Wörter aus einer semiotischen, also zeichentheoretischen Perspektive beschreiben lassen.

Ein spezielles Genre hat das Erzählen durch Bilder zu seinem Merkmal gemacht: die Comics. Der Comic-Theoretiker Scott McCloud hat die erzählerische Leistung, die sequenzielle Bilder vollbringen, erforscht und sie historisch in eine Tradition der visuellen Erzählungen gesetzt: von präkolumbisch-amerikanischen Bildmanuskripten der Mixteken, dem »Teppich von Bayeux« (der die Eroberung Englands durch die Normannen im Jahr 1066 erzählt) bis hin zu Max Ernsts sogenanntem Collage-Roman *Une Semaine de Bonté*. McCloud knüpft dabei an die Überlegungen des berühmten Zeichners Will Eisner an, der in seinem Werk *Mit Bildern erzählen. Comics & Sequential Art* versuchte, die Bildsprache und Grammatik von Comics systematisch zu beschreiben. McCloud wiederum präsentiert uns seine gesamte Forschung natürlich in einem Comic. Und eine simple, wenn auch wichtige theoretische Beobachtung ist, dass man für das Verständnis von Bildern – anders als im Falle der Schrift – keine spezifische Ausbildung benötigt. Natürlich könnte man behaupten, dass man auch erst einmal verstehen muss, wie man bestimmte Bilder *liest,* aber zunächst lässt sich ein einzelnes Bild betrachten und die abgebildeten Dinge können meist wahrgenommen werden, ohne dass man zuvor eine Sprache erlernen musste. Die *vollständige* Geschichte, eine Erzählung oder ein Narrativ eines Bildes können dagegen oft erst mit dem Wissen um einen Kontext erschlossen werden – wenn man also beispielsweise weiß, wer die Abgebildeten sind oder wo und warum ein Foto aufgenommen wurde. Um etwa zu verstehen, warum ein nacktes, verletztes Mädchen mit ausgebreiteten Armen gerade vor einer dunklen, furchteinflößenden Wolke in der Ferne flieht, müssen wir nichts Genaueres über den Vietnamkrieg wissen oder erklären können, wie Napalm wirkt. Wir sehen eine Protagonistin, die junge Phan Thi Kim Phúc, und einen bedrohlichen Antagonisten, den schwarzen Rauch. Problem: Tödliche Bedrohung. Lösung: Flucht. Das Narrativ: Krieg ist grausam.

Es gibt unzählige wissenschaftliche und philosophische Ansätze, die davon ausgehen, dass Bilder nicht nur Geschichten transportieren, sondern ihrerseits spezifische, eigenständige Narrative, Erzählungen und Geschichten hervorbringen; und dass sie auf ihre Betrachter eine andere Wirkung haben als gesprochene oder geschriebene Worte.

Scott McCloud geht sogar so weit zu sagen, dass[17]

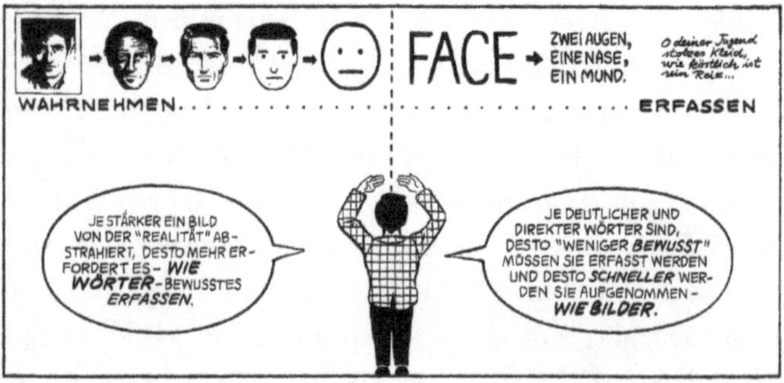

Denken wir an McClouds Aussage, dass Bilder Informationen seien, die sinnlich wahrgenommen werden. Deshalb sind sie besonders effektiv darin, visuelle Narrative zu schaffen, die Menschen oder Gruppen zu Antagonisten und zu »anderen« machen, also Feind*bilder* auf allen Ebenen des Wortes erschaffen. Mit denselben Hebeln ästhetischer Überzeugung und visueller Wirkmacht kann ein Bild aber eben auch Superheldinnen erschaffen.

Auf den Straßen von Baton Rouge im Jahr 2016. Eine junge, Schwarze Frau in einem wehenden Sommerkleid steht stoisch vor zwei auf sie zustürmenden Polizisten, die im Begriff sind, die Demonstrantin, von der augenscheinlich keine Gefahr ausgeht, festzunehmen. Die Polizisten sehen aus wie schwarze Stormtrooper, wie behelmte, übermilitarisierte Robocops. Die Demonstrantin hingegen erscheint zugleich wie eine unscheinbare junge Frau und eine griechische Göttin, wie ein verletzliches Opfer in dünnem Kleid und eine unverwundbare Superheldin. Dieses Bild ging um die Welt. Die Geschichte, die es erzählt, ist zu eindeutig, zu groß, um nicht geteilt zu werden. In seinem Essay *The Superhero Photographs of the Black Lives Matter Movement* betont Publizist Teju Cole:

Natürlich ist das Leben nicht wie in Comics. Menschen werden verprügelt, angeklagt, verhaftet, eingesperrt. Niemand ist wirklich ein Superheld; niemand kann fliegen oder Kugeln fangen. Iron Man, Wonder Woman, Captain America: Sie sind nicht realer als Achilles oder Arjuna. Wir wissen das. Aber die Rolle fantastischer Kampfgeschichten hat sich in den Jahrtausenden, in denen wir sie erzählen, nicht verändert. Bilder von übernatürlichem Heldentum täuschen uns nicht darüber hinweg, was der menschliche Körper leisten oder ertragen kann. Was diese Bilder tun, ist, ausgeklügelte innere Zustände wie Geduld, Furchtlosigkeit, Wut und Würde vorübergehend sichtbar zu machen. Edward Crawford wirft Feuer in Ferguson (…) und Ieshia Evans erzeugt in Baton Rouge ein Kraftfeld. Wir lesen in diesen Bildern die Notwendigkeit von Gerechtigkeit. Für den kurzen Moment, der durch ein Foto verewigt wird, geschieht das Unmögliche, und wir werden ermutigt.[18]

Ab wann erfüllt ein Bild diesen narrativen Anspruch? Ab wann kann man von visuellem Erzählen sprechen? Der niederländische Linguist Theo van Leeuwen und der australische Semiotiker Gunther Kress unterteilen in ihrem Werk *Reading Images: The Grammar of Visual Design* Bilder in die Kategorien »narrativ« und »konzeptuell«. Narrative Bilder zeichnen sich demnach durch Handlung aus, während konzeptuelle Bilder durch Statik oder Zeitlosigkeit definiert werden können. Für die Zuordnung zu diesen Kategorien ist relevant, ob auf dem Bild das stattfindet, was die Autoren »Transaktion« nennen – eine Veränderung, eine Transformation oder »sich entfaltende Handlungen und Ereignisse, Veränderungsprozesse, Bewegung durch den Raum«[19] zwischen einem oder mehreren »Subjekten«, die nicht unbedingt menschlich sein müssen. Diese werden auf Bildern durch »Vektoren« *(vector)* verbunden, die vermitteln, dass die Beteiligten »etwas füreinander oder miteinander« tun. Während das dominante Subjekt, auf dem der Fokus liegt, »Akteur« *(actor)* genannt wird, werden die anderen Personen oder Objekte, auf die sich die Handlung des Akteurs bezieht, als »Ziel« *(goal)* bezeichnet: »Das Ziel ist der Teilnehmer, auf den der Vektor gerichtet ist, also auch der Teilnehmer, für den die Handlung durchgeführt wird oder auf den die Handlung ausgerichtet ist.«[20]

Kress und Van Leeuwen verwenden natürlich ein anderes Vokabular als wir mit unserer Heldenreise, aber im Grunde sind das die rudimentären Elemente einer Heldenerzählung: Es gibt auf dem Bild den Akteur, also die Protagonistin, die etwas auf einem bestimmten Pfad zu tun gedenkt, daher die Vektoren; gelegentlich sind da noch andere Akteure, die sie als Antagonistinnen daran hindern oder ihr dabei helfen wollen, eine Veränderung und ein »Ziel«, im Bild also eine andere Person oder ein Objekt, zu erreichen. Es lohnt sich, dieses Wahrnehmungsraster einmal selbst auf alltägliche Bilder anzuwenden, beispielsweise auf die der Nachrichten, um zu überprüfen, inwieweit sich dort solche Protagonisten und Antagonisten, aber auch Vektoren und Ziele des Alltags entdecken lassen.

Erinnern Sie sich noch an unsere Behauptung in Kapitel 2, dass Geschichten selbst in nonfiktionalen Formaten, wie zum Beispiel im Journalismus oder in der Politik, zu finden sind? An diesem Punkt stellt sich die Frage, inwieweit diese Behauptung auch auf Bilder zutrifft. Die narrative Kraft von Bebilderungen von Artikeln ist so stark, dass es für Journalisten, die auch daran interessiert sind, Geschichten schnell und effizient zu vermitteln, absurd wäre, sie nicht zu nutzen. Oder nehmen wir Twitter: Obwohl hier vor allem kurze Texte den sozialen Austausch dominieren, kann man sich heutzutage nicht mehr vorstellen, dass dieser auch ganz ohne Bilder funktionieren könnte. Im Gegenteil: Eben weil Twitter ein Multiplikator des Schriftlichen ist, braucht es zusätzlich Bilder, um Textstücken Aufmerksamkeit und Reichweite zu verschaffen. Es ist eine simple Methode, um schnell und effizient Emotionen beim Betrachter auszulösen, um Erwartungen zu wecken und Spannung zu erzeugen. Mit Bildern werden Themen im Strom der Botschaften in Sekundenbruchteilen veranschaulicht. Die kleine visuelle Vorschau ist wie Neonleuchtreklame in einem tristen Korridor aus Buchstaben. Beim zügigen Scrollen durch die tägliche Timeline, den *stream of consciousness* einer medialen Öffentlichkeit, bleibt man an den Bildausschnitten hängen und wird neugierig genug, um durch einen Klick erfahren zu wollen, was sich hinter dem Porträt einer lächelnden Autorin, einer bedrohlichen Wespe oder einer von Polizisten umringten Menschenmenge verbirgt.

Gerade gesellschaftspolitische Themen lassen sich jedoch nicht unmittelbar fotografisch darstellen, sodass Redaktionen ihre Abstraktheit nur durch Symbolbilder einzufangen wissen. Das in der Regel nicht sehr aussagekräftige Bild, das einen Sachverhalt um eine visuelle Erzählung erweitern soll, kann die im Text beschriebene Realität mit Nachrichtenwert allenfalls andeuten. Michael Kappeler, Leiter der dpa-Fotoredaktion, sagte dem Mediendienst »Integration«, Symbolbilder besäßen die Funktion, »abstrakte Themen visuell greifbar zu machen«, und die Kunden wünschten sich, dass die Bilder »illustrativ so reduziert sind, dass man das Thema erkennen kann, ohne den Text zu lesen«.[21]

Wir wollen solche Erzählungen, die durch Symbolbilder aufgerufen werden, anhand von drei Beispielen demonstrieren: Abbildungen von Muslimen, von Juden und von Rechtsextremismus. Beim Thema Migration gibt es mittlerweile einen unangefochtenen Bilddatenbank-Evergreen: Hinterkopf mit religiöser Kopfbedeckung. Wenn es in der Kategorie »Beste Protagonistin in einem Symbolbild« einmal einen Preis geben sollte, dann müsste er dieser gesichtslosen Frau mit Kopftuch vor dem Brandenburger Tor überreicht werden.

Wenn es in Artikeln um Integration, Migration und Zuwanderung im Allgemeinen geht, werden mit dem Bild der Kopftuchträgerin nur Bürger mit muslimischem Hintergrund evoziert, also primär aus dem arabischen Sprachraum und der Türkei. Tatsächlich sind die Hauptherkunftsländer der Zuwanderer nach Deutschland neben der Türkei und Syrien jedoch Polen, Italien und Griechenland. Die Assoziation, die visuell geweckt wird, lautet jedoch: Ausländer sind immer auch zugleich Muslime, und, andersherum, Muslime sind auch automatisch Ausländer.

Dieses Narrativ ist nicht neu und hängt keineswegs mit aktuellen politischen Entwicklungen zusammen. Bereits 2008 kritisierte die Sprach- und Medienwissenschaftlerin Sabine Schiffer in der Zeitschrift *TelevIZIon,* der Publikation des internationalen Zentralinstituts für Jugend- und Bildungsfernsehen, diese eintönige Symbolbildauswahl: »Die Einwanderungsdebatte wird nach wie vor gerne mit Bildern Kopftuch tragender Frauen ›garniert‹. Dies markiert die Trägerinnen als prototypisch fremd. Auch in den Hauptnachrichten auf etlichen Kanälen oder zur Illustration etwa einer statistischen Kurve im Print, die die Entwicklung von Einwandererzahlen zeigt, wird bevorzugt mittels Kopftuch auf die Gruppe der Musliminnen als die prototypisch Fremden verwiesen.«[22]

Laut Bundesamt für Migration und Flüchtlinge leben in Deutschland etwas mehr als fünf Millionen Muslime, das sind knapp über sechs Prozent der Bevölkerung.[23] Die Mehrheit der Bundesbürger schätzt ihre Zahl jedoch drastisch höher ein. Das Markt- und Meinungsforschungsinstituts Ipsos stellt in seiner Studie »Perils of Perception« (2019) fest, dass die Befragten davon ausgehen, 21 Prozent der Deutschen seien Muslime[24] – ein Lehrbuchbeispiel für die sogenannte »Kultivierungsthese«. Dieses kommunikationswissenschaftliche Modell geht davon aus, dass Nachrichtenbilder zu Verzerrungseffekten in der Einschätzung realer Mengen führen. In den 80er-Jahren hatte der Kommunikationswissenschaftler George Gerbner Fernsehnutzern Schätzfragen zu Kriminalstatistiken vorgelegt und festgestellt, dass es eine Korrelation gab zwischen der Anzahl an Minuten Nachrichten, die ein Befragter anschaute, und der Fehleinschätzung darüber, wie viele Kriminelle und Polizisten es in der Bevölkerung gibt. Sehr vereinfacht gesagt: Je mehr Minuten Nachrichten jemand schaute, desto falscher schätzte er die Menge an Kriminellen in seinem Umfeld ein.

Bilder prägen die Einschätzung, die wir uns über Sachverhalte machen, und wenn wir immer wieder mit demselben Bild konfrontiert werden, halten wir es für die Norm. Frauen mit Kopftüchern werden aber nicht nur zur Bebilderung von Zuwanderung und Integrationsdebatten im Allgemeinen genutzt, sondern sind auch Testimonials, wenn es darum geht, über den Islam und die hier lebenden Muslime zu schreiben. Dass 70 Prozent der in Deutschland lebenden muslimischen Frauen kein Kopftuch trägt, verschwindet hinter dem Bild. Und wohin führt eine solche Einseitigkeit? Nach einer Umfrage der Bertelsmann-Stiftung empfindet die Hälfte der Bundesbürger den Islam als bedrohlich.[25] Gerade auch durch eine gewisse bildliche Überpräsenz ist ein Narrativ entstanden, nach dem die kulturelle Homogenität Deutschlands von Kopftuchträgerinnen herausgefordert wird.

Die einseitige Geschlechterrepräsentation bei religiösen Minderheiten gestaltet sich übrigens genau andersherum, wenn es in den Nachrichten um das Judentum oder Antisemitismus geht. Auch hier prangt das Arrangement eines gesichtslosen Menschen, des Hinterkopfes mit religiöser Kopfbedeckung, in den Artikeln, nur ist es archetypischerweise der Mann mit der Kippa. Die Hälfte aller jüdischen Menschen in Deutschland sind überraschenderweise Frauen – und sie sind ebenso Opfer antisemitischer Gewalt wie Männer. Aber weil sie weniger plakativ inszeniert werden können, finden sie in den Artikeln weniger statt.

Während man bei Muslimen und Juden symbolbildlich einen kleinen Teilaspekt ihrer Kultur und Religion generalisiert und diese wiederum mit Migrationsthemen vermengt, haben wir ein drittes Beispiel, das verdeutlicht, dass das Berichten mit Symbolbildern schlichtweg gefährlich sein kann: der Rechtsextremismus. Auch hier wird gerne mit Gesichtslosigkeit gearbeitet und dafür stellvertretend mit Springerstiefeln. Das ist problematisch, da es insinuiert, dass Rechtsextremisten und Neonazis anhand ihrer Kleidung leicht erkannt werden können. Es gibt nun aber in Deutschland eine Partei, die man laut Gerichtsbeschluss rechtsextremistisch nennen darf, und keines ihrer Mitglieder im Bundestag trägt Springerstiefel.

Auf den gegenwärtigen sozialen Plattformen hat sich eine eigene sprachliche wie visuelle Kultur herausgebildet, die sich zwar in einem beständigen, unüberschaubaren Wandel befindet, in der aber zugleich Bildstereotypen entstanden sind, die dank narrativer Wiederholungen so verinnerlicht wurden, dass sie offenbar wie eine neue Form persönlicher wie kollektiver Symbolbilder funktionieren. Vor allem auf Instagram findet man im Grunde keine Fotos, sondern überwiegend Stereotype von Bildern: die Pose vor dem Eiffelturm; das Selbstporträt vor einem Spiegel; das perfekte Essen. Solche Reproduktionen idealtypischer Versionen eines Bildmotivs und damit verbundener Narrative lassen sich jedoch nicht nur auf den großen Plattformen wie Instagram, Twitter, TikTok, Facebook oder YouTube finden, die ihren Nutzern erlauben, auf niedrigschwellige Art und Weise Inhalte zu publizieren. Sie durchziehen vielmehr unsere gesamte visuelle Kommunikation, einschließlich kamerabasierter Interaktion wie Videotelefonie und Videokonferenzen (ganz besonders während der Pandemie). Hinzu kommt ein visuelles Dialog-Protokoll in unserer täglichen Kommunikation, das über Emojis, GIFs oder Memes erlaubt, bestimmte Zusammenhänge und Gedanken nicht mehr auserzählen zu müssen; inzwischen genügt es, sie lediglich anzudeuten. Unsere tägliche Kommunikation ist durchzogen von visueller Erzählung und narrativen Codes, die in unserem gemeinsamen Bilderkosmos dechiffriert werden können. Erinnern wir uns an Searles deklarativen Sprechakt – die Behauptung – und das gemeinsame *make believe*. Als flüchtige Momentaufnahmen sind Selfies Teil eines umfassenden Kommunikationsprozesses, den der Philosoph Wolfgang Ullrich als »mündliche Bildkultur« beschreibt.[26] In unseren Selbstinszenierungen werden unsere Gesichtsausdrücke quasi zu Emojis, mit denen wir uns verständigen können, und somit ähnlich, wie Ullrich erklärt, einer mündlichen Kommunikation: Wir sprechen Selfie. Sogar bei der Verwendung von Emojis stellen wir eine Behauptung ganz im Sinne eines Sprechaktes auf: Wir tun in dem Moment so, als ob dieser lachende Smiley wir selbst wären. Unsere kommunikative Selbsterzählung reduziert sich auf eine Bildidee unserer selbst und wird damit zur *Idee* unseres Ichs. Wenn wir also soziale Medien hauptsächlich nutzen, um Geschichten über unser Selbst zu erzählen, ist das Selfie gewissermaßen unser eigenes, ganz persönliches Symbolbild dazu. So wie im Digitalen sich für den erzählenden Affen zugleich vieles vereinfacht und verkompliziert.

5
Überschreiten der ersten Schwelle
Wie das Internet unser Erzählen verändert

Zuckerbergs Mythos

Alles beginnt mit einem Streit. Ein junges Paar sitzt an einem Tisch in einer Studentenkneipe. Der Mann und die Frau liefern sich einen Schlagabtausch, der nicht gut enden kann.

Denn in dem Mann arbeitet ein Verlangen: Er will besonders sein; nicht nur schlau, nicht nur an der Spitze des SAT, dem *Scholastic Assessment Test,* eine der Prüfungen, die von amerikanischen Studienplatzbewerbern gefordert werden, in dem er mit 1600 Punkten die Höchstpunktzahl erreicht hat, ohne einen einzigen Fehler, eine unglaubliche Leistung. Nein, er will *Primus inter Pares* werden, unter den Hochbegabten der Angesehenste. Sein nächstes Ziel: in einen der exklusiven Studentenclubs gelangen und auch seiner Freundin die Tür in diese ferne Welt der Reichen und Mächtigen öffnen, wo sie Menschen treffen kann, die sie »normalerweise nicht treffen würde«.[1]

Doch statt sich über seine Ambition zu freuen, ist die Freundin tödlich beleidigt. Seiner Herablassung entgegnet sie folgende verhängnisvolle Sätze: »Du wirst vermutlich eine sehr erfolgreiche Computerperson werden. Aber du wirst durchs Leben gehen und denken, dass Mädchen dich nicht mögen, weil du ein Nerd bist. Und ich möchte, dass du weißt, von ganzem Herzen, dass das nicht wahr ist. Sie werden dich nicht mögen, weil du ein Arschloch bist.«[2] Dann steht sie auf und verlässt ihn.

Und so beginnt die Heldenreise des jungen Programmierers mit einem ernüchternden Auslöser: Er bekommt den Laufpass. Sein großes Ziel lautet ab jetzt: das soziale Netzwerk des Mikrokosmos »Universität« zu hacken. Wie sticht man heraus, wenn man nach den bestehenden Regeln der Beste ist – und doch in der Hackordnung nicht vorankommt? Seine Antwort: indem man die Regeln ändert. Um sich selbst an die Spitze dieser kalten Welt zu setzen, muss er sie auf den Kopf stellen. Das tut er, indem er etwas erschafft, was es bis dahin noch nicht gegeben hat: ein digitales soziales Netzwerk.

Nur wenige Monate nach dem letzten Bier mit seiner Exfreundin ist er der mächtigste Mann auf dem Campus, wenige Jahre danach einer der reichsten Männer der Welt. Alles, was er macht, macht er, um ihr zu beweisen, dass er recht hatte. Dass sie ihn niemals hätte verlassen sollen. Denn, so schmettert er es der Welt auf seiner ersten Visitenkarte entgegen: *I'm CEO, bitch.* Sein Name: Mark Zuckerberg.

Der Mythos des vielleicht wichtigsten Unternehmens des digitalen Zeitalters ist also der eines enttäuschten jungen Mannes, der seine Freundin zurückerobern will. So erzählt es zumindest Aaron Sorkins Drehbuch, 2010 von David Fincher als *The Social Network* verfilmt.* Damals ist Face-

---

* Die Eröffnungsszene mit dem fünfminütigen, ungeschnittenen Dialog gilt als einer der besten Anfänge der Filmgeschichte. In diesem vorgezogenen Showdown ist die gesamte Geschichte angelegt: das

book mit weltweit 411 Millionen Nutzerinnen auf einem ersten Höhepunkt des Erfolgs. Der Film erzählt die Anfangszeit eines Konzerns, der heute an die 800 Milliarden Dollar wert ist und über 50 000 Menschen beschäftigt. Sorkin und Fincher aber geben ihrem Protagonisten eine ganz eigene Mission: Er will es der Verflossenen so richtig zeigen. Der Film-Zuckerberg verzehrt sich nach dieser merkwürdigen Mischung aus Genugtuung und Gegenliebe, welche die Rückeroberung eines geliebten Menschen bedeutet. Wir alle kennen das Gefühl, wir alle erkennen diesen Masterplot der Rache aus vielen spannenden Geschichten. Der perfekte Auftakt für einen großen Film also. Allein: Er ist nicht wahr.

Nach allem, was man weiß, gründete Mark Zuckerberg Facebook nicht, um seine Freundin zu beeindrucken. Dazugehören wollte er vermutlich, wie wir alle, aber auch dieser tiefere Antrieb ist kaum belegt. Der Grund, warum er Facebook gründete und die Welt veränderte, ist vermutlich viel profaner. Es ist der Grund, aus dem schon die folgenschwersten Unternehmungen begonnen wurden: weil es einfach ging.

Diesen Unternehmergeist hat er gemeinsam mit anderen Digital-Revolutionären wie Steve Jobs, Bill Gates oder Elon Musk. Genies, glaubt man, echte Visionäre – oder doch nur kleine Nerds, die endlich cool sein wollten? Wie auch immer ihre ganz eigenen Heldenreisen beschaffen waren, sie haben erreicht, dass man sie so schnell nicht vergessen wird. Weil

---

Narrativ des genialen, aber sozial inkompetenten Nerds, der die Gesellschaft verändert, eben weil er immer ein Fremdkörper darin bleiben wird.

sie die Mittel, mit denen wir Geschichten erzählen, grundlegend verändert haben. Und weil sie uns verändert haben.

Der Siegeszug der narrativen Turbotechnologien

In den ersten paar Hunderttausend Jahren der menschlichen Mediengeschichte passierte sehr lange Zeit sehr wenig. Aus narrativer Sicht begann alles mit der Oralität der nomadischen Kulturen, die irgendwann von Höhlenmalereien und ersten Gravierungen unterstützt wurde. Die ersten Schriftkulturen der Antike gingen über auf die Dokumente der klerikalen Monopole im Mittelalter, bis endlich mit der Erfindung des Buchdrucks durch Johannes Gutenberg 1440 in Mainz die exponentielle Phase unserer Medienentwicklung ihren Anfang nahm. In den knapp 600 Jahren seitdem hat sich unsere (Medien-)Welt in einer Weise verändert, wie es in den 60 000 Jahren zuvor nicht annähernd der Fall war. Und in den 30 Jahren seit Erfindung des Internets wiederum hat sich unser Umgang mit Medien um ein Vielfaches stärker verändert als in den hundert Jahren seit dem Siegeszug der Massenmedien. »Wie bitte?«, mögen Sie nun fragen, sofern Sie dieses Buch auf totem Holz lesen, ähnlich wie die Menschen zu Gutenbergs Zeiten es taten: »Wo ist denn diese Veränderung?«

Greifen Sie schnell zu Ihrem Smartphone (wenn Sie es nicht schon in der Hand halten, ist es sicher nicht weit weg) und suchen Sie nach »Gutenberg«. Klicken Sie auf den Link, der zum »Projekt Gutenberg« führt, eine Seite des kostenlosen, von unzähligen Freiwilligen zusammengetragenen Lexikons namens Wikipedia, welches nicht weniger als nahezu das gesammelte Wissen der Menschheit bündelt. Das

Projekt Gutenberg selbst sammelt gemeinfreie Bücher, inzwischen über 60 000 Titel, die von Freiwilligen digitalisiert und Korrektur gelesen wurden.* Neben literarischen Werken findet man dort auch das komplett entschlüsselte menschliche Genom. Falls Sie das langweilt, können Sie auf einem der vielen großen Streaming-Anbieter wie Netflix oder Amazon für den Preis einer Pizza einen schier unendlichen Katalog an jüngeren und älteren Filmen oder Serien samt täglicher Neuerscheinungen konsumieren, daneben gibt es die in Deutschland reich bestückten Mediatheken des öffentlich-rechtlichen Rundfunks und die Angebote der Privatsender. Wir haben lange nach einer Zahl gesucht, die diese Explosion von Geschichten greifbar macht, aber wir mussten kapitulieren. Fest steht: Was per kleiner Daumenbewegung jederzeit für Sie abrufbar ist, ist ein so unfassbarer Überfluss, dass er jedem Menschen aus früheren Zeiten wie ein narratives Schlaraffenland vorkommen müsste, wie pure Magie.[3]

Das Beispiel Wikipedia zeigt neben der quantitativen allerdings noch eine qualitative Veränderung der Medienlandschaft, die vermutlich noch wirkmächtiger ist als die reine Masse und der einfache Zugang: die Möglichkeit zu Interaktivität und Konnektivität. Deshalb wollen wir, bevor wir auf diese Veränderungen näher eingehen, erst ein wenig spielen.

Das Spielen ist vermutlich so alt wie unsere Spezies. Es erlaubt uns, uns zweckfrei und zwanglos auszuprobieren, um auf erfinderische Weise neue Erfahrungen zu machen

* Im Sommer 2021 war die amerikanische Seite des Projekts wegen einer Urheberrechtsklage für deutsche Userinnen leider nicht erreichbar. Eine rein deutsche, hierzulande zugängliche Version des Projekts umfasst immerhin über 10 000 Titel.

und unsere individuellen Grenzen auszutesten. Die Idee des *Homo ludens,* des spielenden Menschen, vertraten nach Friedrich Schiller auch spätere Denker wie der Philosoph Herbert Marcuse oder der Kulturhistoriker Johann Huizinga. Indem wir spielen, können wir Geschichten und Identitäten wie Handschuhe ausprobieren. Und niemals waren Spiele mächtiger als heute, da Videospiele komplexe Parallelwelten erschaffen. Aber was genau macht uns daran so süchtig?

Der amerikanische Philosophieprofessor C. Thi Nguyen spricht von der »Schönheit der Mühe«, die man beim Lösen der unzähligen kleinen Probleme hat, die einem ein gutes Computerspiel in genau richtiger Dosis liefert. Daraus entstand in den letzten Jahrzehnten der Entwicklung immer komplexerer Spielewelten so etwas wie »the art of agency«, wie Nguyen das nennt, also eine Kunstform, die sich nicht über einen passiv-rezipierenden Konsum, sondern über Umfang und Qualität der eigenen Handlungsmacht (die am wenigsten schlechte Übersetzung von *agency*), man könnte auch sagen über die Resonanz der eigenen Rezeption definiert. Jedoch brauchen die meisten Spiele über die kniffligen Herausforderungen hinaus eine Erzählung, die ihnen einen Rahmen gibt und einen narrativen Sinn verleiht. Bis auf wenige Ausnahmen, wie beispielsweise den Klassiker der *casual games* namens *Tetris,* bei dem man die unablässig herabfallenden Blöcke einfach deshalb sortiert, weil man sie sortieren *muss,* geben uns selbst die frühesten und simpelsten Computerspiele wenigstens einen Satz mit auf den Weg in ihr Universum. *Space Invader* trägt seine Erzählung im Namen – man muss die Erde vor außerirdischen Angreifern beschützen. Der hungrige *Pac-Man* wird von Geistern verfolgt. Und *Super Mario* musste seine Freundin im Sinne des Masterplots der Rettung vor dem Gorilla aus *Donkey Kong* retten.

Heute entwerfen Spieledesignerinnen in *Massively Multiplayer Online Role-Playing Games* (MMORPG) unendlich große Welten, in denen Tausende Spielerinnen gleichzeitig herumstreunen können. Die Aufgaben und Narrative sind komplex und wichtig für die strukturelle Organisation des jeweiligen Spiels, doch besteht ein großer Teil des Spaßes auch einfach darin, eine »Rolle« zu spielen. Dabei bilden sich in der Menge der Mitspieler Gruppen mit eigenen Handlungssträngen. Denn unabhängig vom Spiel übernehmen alle Teilnehmerinnen mit ihren virtuellen Figuren nicht nur Charaktere, die von den Wirklichkeiten der Spiele vorgegeben werden, sondern es gehört auch zu den Regeln der spielerischen Fiktion, dass sich alle gemäß ihrer Rolle verhalten, ihr Sprechen und Erzählen dieser Welt anpassen und so gut wie möglich alle Referenzen oder Themen vermeiden, die mit der Wirklichkeit außerhalb des Spiels zu tun haben und die Immersion, also das vollkommene Aufgehen in der Simulation, zerstören würden. Wer sich nicht an dieses Sprachspiel und diesen Verhaltenskodex hält, der kann zeitweise gesperrt oder sogar für immer verbannt werden. Die detaillierten Interaktionen zwischen den zahlreichen Anwesenden sowie die narrativen Bögen, die sich über mehrere Tage und Wochen entfalten können, sind beachtlich.

Diesen Rollenspielen kann man jedoch nicht nur als Spieler, sondern dank sogenannter *Let's Plays* auch passiv als Zuschauer und beispielsweise über eine Plattform wie *Twitch* live oder aufgezeichnet beiwohnen. In mehrstündigen Videos, bei denen man Spieler dabei beobachtet, wie sie zum einen mit Mitspielern interagieren und kommunizieren und wie sie zum anderen dieses Spielen immer wieder für ihre Zuschauerinnen kommentieren, wird die Erzählarbeit und die dadurch entstehende Immersion vielleicht noch bewusster, als wenn man das Spiel nur allein für sich erkundet.

Für einen Einstieg kann man sich beispielsweise YouTube-Videos der Rollenspielversion von *Grand Theft Auto V* anschauen. Anhand der 2019 vom YouTuber Sarazar veröffentlichten Zusammenschnitte seiner *Let's Plays* lässt sich nachvollziehen, welche narrativen Möglichkeiten den Spielern in dieser Räuber-und-Gendarm-Szenerie zur Verfügung stehen. Es werden Polizisten ausgebildet, über Funk Nummernschilder kontrolliert, an virtuellen Computern Dienstpläne erstellt; man kauft Motorräder, verfolgt Kriminelle und verhandelt mit Geiselnehmern, die sich über die sexuelle Übergriffigkeit von Polizisten beschweren. Für Außenstehende ist zunächst schwer ersichtlich, wie sich die Spieler organisieren, ob mittel- und langfristige Erzählungen auch außerhalb des Spiels abgesprochen werden. Vor allem die gekürzten Dokumentationen der mehrstündigen Streams haben etwas Filmisches und erinnern mit all ihren Figuren an ein serielles Erzählen. Aber allein mit den Kategorien Film und Serie würde man dieser multiperspektivischen, kollektiven Erzählung nicht gerecht werden. Was macht das mit den spielenden Erzählerinnen?

Jane McGonigal, die Autorin von *Reality is Broken: Why Games Make Us Better and How They Can Change the World,* glaubt tatsächlich, dass Spiele uns besser machen und die Welt verändern können. Sie hat Spielsimulationen entwickelt, die Spieler weltweit darin trainieren sollen, vernetzt Lösungen für die Klimakrise und die Ölknappheit zu finden. Die spielerisch gefundenen Lösungen sollen sich dann idealerweise auch in der Realität umsetzen lassen. Bemerkenswert ist, was McGonigal zur Grundkonstitution einer spielenden Person sagt: Spieler entwickeln ihrer Meinung nach so etwas wie einen »Dringlichkeitsoptimismus«. Zu Beginn ihrer Reise treibt sie das innere Verlangen und die Entschlossenheit an, die ihnen gestellte Aufgabe zu lösen, jede Hürde zu überwinden. Sie könnten alles Mögliche mit ihrer Zeit anfangen, und doch sind sie begierig darauf aus, die Herausforderung nicht länger hinauszuzögern. Sie sind zu einer bewundernswerten Selbstmotivierung in der Lage, und zwar vor allem deshalb, weil sie tief im Inneren daran glauben, das Ziel des Spiels tatsächlich erreichen zu können. McGonigal nennt diese inneren Einstellungen die »vier Superkräfte, die zu einem einzigen Ergebnis führen. Spieler sind super-mächtige, hoffnungsvolle Individuen. Es sind Menschen, die glauben, dass sie als Einzelne die Welt verändern können.«[4] Das ist klassisches Heldinnentum, und das einzige Problem besteht darin, dass viele Spieler der Ansicht sind, sie könnten zwar virtuelle Welten ändern, nicht aber die reale Welt.[5]

Spiele ermöglichen also performative Selbstwirksamkeit mit einem unmittelbaren Feedback darüber, wie gut man sich als Held gerade schlägt – und das führt uns zu den sozialen Medien. Charlie Brooker, der Erfinder der Science-Fiction-Serie *Black Mirror,* veröffentlichte 2013 eine Dokumentation mit dem klingenden Titel *How Videogames Changed the World.* Darin versucht er, die 25 gesellschaftlich einflussreichsten Spiele aller Zeiten zu finden. Natürlich präsentiert er Klassiker wie *Pong, Tetris, Tomb Raider* oder *The Last of Us.* Am Ende macht sein Film jedoch eine überraschende Wendung. Auf Platz 1 seiner Liste der weltverändernden Spiele landet: *Twitter.* Laut Brooker ist dies ein »Massen-Online-Gemeinschaftsspiel, in dem man einen interessanten Avatar wählt, um eine Persönlichkeit darzustellen, die lose auf der eigenen basiert, und damit versucht, Follower anzuziehen, indem man wiederholt Buchstabentasten drückt und interessante Sätze formt.«[6] Brookers These: Soziale Netzwerke sind selbst schon längst Spiele, im Sinne einer »Gamification«, also der Anwendung von Spielmechaniken auf den Alltag, um zum Beispiel die eigene Produktivität zu steigern. »Indem es einen konstanten Fluss an spaßigen Belohnungen bringt, hat Social Networking nebenbei ganze Bereiche unseres Lebens gamifiziert.«[7] Wir werden von der in Likes und Kommentare gegossenen Aufmerksamkeit der anderen Spielerinnen dazu motiviert, mehr und mehr Zeit mit dem Spiel zu verbringen und seine Regeln und Kausalitäten besser zu begreifen.

Jene »Schönheit der Mühe«, von der C. Thi Nguyen spricht, empfinden auch werdende Influencer und Twitter-Intellektuelle. »Jeden Tag hat man ein Drama«, sagt die Games-Journalistin Aoif Wilson in Brookers Dokumentation, »und jeder versucht, der Nächste zu sein, über den man spricht.« Wir würden noch einen Schritt weitergehen: Soziale Netzwerke sind nicht nur Spiele. Sie können wahre Heldenreisen bieten. In Form von Protagonisten, Verbündeten, Mentoren und Antagonisten sind sie sehr ähnlich strukturiert und weisen gleichzeitig die Mechaniken eines Spiels auf, welches uns gestattet, unser Ich auszuprobieren. Erzählten früher Chroniken von den Heldentaten ihrer Protagonistinnen, machen Social-Media-Nutzer das heute selbst mithilfe ihrer Facebook-Chronik, Instahighlights oder Twittertimeline.

Das Digitale hat jedoch nicht nur die Art, sondern auch die Ziele unserer Heldenreisen verändert. Interessanterweise nähern sich in den idealisierten Selbsterzählungen der

»Digital Natives«, also der in eine digitale Kultur hineingewachsenen Jahrgänge (ab spätestens 1990) die Nutzer und dominierenden Gestalter der digitalen Infrastruktur und die Produzenten derselben einander an. Plötzlich wollen alle Mark Zuckerberg sein, wollen herausstechen unter den Außergewöhnlichen. Dabei sind explizit »der Gründer« und »die Gründerin« die neuen Helden vieler Menschen, die in den von erfolgreichen Gründern geschaffenen virtuellen Welten groß werden. In ihren Narrativen personifiziert sich ein mechanistisches Menschen- und Weltbild, in dem es immer einen »Hack« gibt, einen cleveren Trick, der das »System« umgeht, aushebelt oder auf eine andere Weise so effektiv »outsmartet«, dass er sogar eine Revolution auslösen kann. Analog zur klassischen Heldenreise muss auch der Gründer in sich forschen, was ihn antreibt, gleichzeitig die Nöte und Schmerzpunkte der Welt im Auge behalten, um dann den beschwerlichen Weg zu gehen und ein Business aus dem Nichts hochzuziehen, das ein möglichst spezifisches Problem löst. Oder ein Bedürfnis erst schafft, um es dann zu befriedigen, ohne dass wir es merken.

Dazu braucht es vor allem eine gute »Story«, die nicht umsonst in den Präsentationen der kapitalsuchenden Jungunternehmerinnen neben den reinen Zahlen die wichtigste Rolle spielt: Wieso diese Idee? Wieso sie? Wieso jetzt? Wieso *so*? Diese Geschichte muss glaubwürdig beantworten, warum das Unterfangen also jenseits von Profitinteresse und *user benefit*-Analyse einen höheren Sinn ergibt. Erst wenn diese Erzählung eine schicksalhafte Unausweichlichkeit oder wenigstens eine metaphysische Inspiration beinhaltet, scheinen die Gründerinnen mit der nötigen Legitimation ausgestattet, ihren Eroberungsfeldzug zu starten.

Auf diesem beschwerlichen Weg sind Rückschläge, Pleiten und Neuanfänge keine Hürden, sondern gehören zur Selbsterzählung zwingend dazu. Nur an ihnen kann der Gründer wachsen und seinen unbändigen Willen beweisen, es zu schaffen. Wer als erfolgreicher Gründer keine Abstürze vorzuweisen hat, gilt als verdächtig. Wer immer nur den leichten Weg geht, wird kaum ernst genommen. Woher sollte man auch wissen, ob er oder sie eine Heldin – Pardon! – eine echte Entrepreneurin ist? Irgendwann geht auch diese Heldenreise zu Ende, die erfolgreichen Protagonistinnen sind reicher, sowohl finanziell als auch an Erfahrungen, und manche, wie Mark Zuckerberg, haben dabei tatsächlich die Welt verändert.

Die Gründerinnen haben sich einen festen Platz im Pantheon der spätmodernen Traumberufe erobert, neben Popstars, Profisportlern und interessanten Mischformen wie den Influencern, die Unternehmergeist mit einer nahezu athletischen Selbstdarstellung und medialer Omniperformanz verbinden. Sie alle vereint ein starkes Narrativ des Exzeptionalismus, das durch die Selbstdarstellung als »ganz normale Menschen« mitunter konterkariert wird, zugleich aber auch an Glaubwürdigkeit gewinnen kann: die Influencerin, die trotz Millionen Followerinnen und hochdotierter Werbeverträge vornehmlich aus ihrem betont »gewöhnlichen« Alltag berichtet. Der Sportstar, durch millionenschwere Kontrakte und ein rigides Regime der Leistungsoptimierung längst Lichtjahre von seinen Fans entrückt, der sich in Interviews als demütiger Arbeiter im Weinberg des Teams gibt. Gründerinnen, die sich bis zur Erschöpfung für den Erfolg selbst ausbeuten, aber mit Kapuzenpullis und Sneakers als ewig spielerisch-unreife Peter Pans auftreten, Halbwesen zwischen den Welten, die sich dem kapitalistischen Ernst der Erwachsenenwelt niemals unterwerfen würden. Sie alle sind Produkte der narrativen Turbotechnologien, die heute unsere Leben, unsere körperlichen wie mentalen Zustände durchdrungen haben wie keine Erfindung zuvor.

I, phone

Nehmen Sie bitte wieder Ihr Smartphone in die Hand. Rufen Sie eine Karten-App auf, suchen Sie nach der »Gutenberg Road«, wählen Sie einen beliebigen Punkt darauf, am besten per Streetview – einen Straßenabschnitt, eine Häuserfassade, ganz wie Sie möchten –, und machen Sie einen Screenshot davon. Öffnen Sie nun Ihre liebste Social-Media-App und teilen Sie das Bild ohne weiteren Kommentar. Fühlt sich komisch an? Verständlich. Denn das Bild einer Straße der amerikanischen Kleinstadt Jeffersontown hat vermutlich so überhaupt nichts mit Ihrer Selbsterzählung zu tun. Es sagt Ihnen nichts, es sagt Ihren Kontakten nichts, es hat auf Ihrem Profil keinerlei narrativen Wert – für niemanden.

Kaum ein Gerät in der Geschichte der Menschheit war so mächtig und hat so einen Einfluss auf das Leben vieler Menschen gewonnen wie das Smartphone. Und um seine schier unendlichen Möglichkeiten zu bändigen, um den ständigen Informations- und Aktivitätenüberfluss, der in ihm steckt, halbwegs sinnvoll und praktikabel zu selektieren, nutzen wir erzählenden Affen genau das eine Instrument, das uns am effektivsten mit Sinn versorgt: Geschichten. Wir können gar nicht anders, als Input wie Output sofort in Geschichten zu denken. Und so wird auch unsere Selbstdarstellung zur Selbsterzählung, bis hin zu einzelnen Fotos – in der Regel nicht von öden Straßen fremder Länder,* sondern von dem Gegenstand, von dem wir bewusst oder unbewusst am liebsten erzählen, sofern wir soziale Medien benutzen und welches für uns am verfügbarsten ist: uns selbst.

Als im Jahr 2007 mit dem iPhone das erste Smartphone auf den Markt kam, fehlte ihm ein wichtiges Feature: die Frontkamera. Weil man aber schon bald eine Zunahme der Videotelefonie über immer leistungsfähigere Handynetze erwartete, gab Apple der vierten Generation des iPhones, die 2010 erschien, einen solchen fotografischen Spiegel mit. Doch was der erzählende Affe damit anstellte, hatte man nicht erwartet: Er fotografierte nun vor allem sich selbst und stellte die Fotos massenhaft in den rasant wachsenden sozialen Netzwerken online. Mit dem Selfie**, das bis heute nichts von seiner Popularität in sozialen Medien eingebüßt hat und weiterhin massenhaft in verschiedenen sozialen Netzwerken geteilt wird, betrat ein essenzieller Protagonist unserer digital inszenierten Geschichte die Bühne: das demonstrativ geteilte Gesicht. Der Philosoph und Kunsthistoriker Wolfgang Ullrich schreibt dazu: »Ein Selfie zu machen heißt, ein Bild von

---

* Machen Sie es bitte trotzdem und nutzen Sie dafür den Hashtag #erzählendeaffen. Wir haben es auch gemacht! Und wenn auch nur wir beide und Sie sich trauen, sind wir ein klar abgrenzbares Kollektiv mit einer gemeinsamen Identität: Leserinnen dieses Buches, die sich nicht scheuen, auch mal etwas Sinnloses zu posten. Wir haben eine Geschichte, die wir erzählen können, falls uns jemand fragt, was zum Teufel wir in Jeffersontown wollen. Wir antworten: »Nichts«. Und denken an diese Stelle dieses Buches.

** Der Begriff tauchte mutmaßlich erstmals in Australien auf und erlangte 2002 durch Nathan Hope Bekanntheit, der nach einer durchzechten Nacht ein Bild seiner verletzten Lippe teilte und sich dabei für die Qualität der Aufnahme entschuldigte: »Sorry about the focus, it was a selfie.«

sich zu machen, auf dem man sich selbst zum Bild gemacht hat. Ein Selfie ist also eigentlich ein Bild von einem Bild.«[8] Und weiter erklärt er: »Sich zum Bild zu machen heißt aber nicht nur, am eigenen Gesichtsausdruck zu arbeiten oder ihn an einem Vorbild zu orientieren, sondern auch, die eigene Sichtbarkeit zu vergegenwärtigen und zu steigern. Ausdrücklich sichtbar zu sein ist wiederum gleichbedeutend damit, sich auf ein Gegenüber hin auszurichten: auf diejenigen, die das Selfie sehen werden.«[9]

Natürlich werden nicht bloß Selfies und Gesichter gezeigt, und es gibt auch Kanäle, die gar keine Menschen dokumentieren, sondern beispielsweise ausschließlich Landschaften, Kunst, Tiere oder Essen. Aber ob mit Gesicht oder ohne, in gewisser Weise handelt es sich bei jedem Post um die Mitteilung eines bestimmten Bewusstseinszustands, und damit um erzählerische Fragmente unseres Alltags. Man kann sie also allermeistens als »narrative Bilder« im Sinne der in Kapitel 4 vorgestellten Einteilung lesen, da selbst an sich statische Bilder im sozialmedialen Umfeld immer eine Erzählung, also ein Ziel und einen Vektor beinhalten.

Nehmen wir als denkbar banales Beispiel das Bild von einem leckeren Essen: Auf den ersten Blick sehen wir nur ein Foto eines Gerichtes, auf den zweiten (um ein mitgedachtes digitales Publikum erweiterten) Blick jedoch sehen wir eine Selbsterzählung von Hedonismus, Distinktion und Spiel mit der sozialmedialen Teilöffentlichkeit. Diese visuellen Sprechakte zeigen, wie wir zeigen wollen, wie wir uns zu Situationen verhalten.* Das Smartphone erlaubt uns erzählenden Affen also einen permanent kommentierenden und reagie-

* Sehr interessant ist das Schlafselfie, da man sich dabei selbst mit geschlossenen Augen so fotografiert, als würde man schlafen. Man

renden Selbstausdruck, von der Schrift zum Piktogramm zur Fotografie. In der erwähnten Gegenwartsbezogenheit des Mediums stellt jedes weitere Bild also einen Schritt einer unendlichen Heldenreise dar.

Das Handy ist dabei gewissermaßen der verlängerte Arm unseres Selbst bei dem Versuch, ein Selbstbild zu konstruieren. Der Medientheoretiker Marshall McLuhan (»Das Medium ist die Botschaft«) hätte das vielleicht als »Erweiterung des Menschen« bezeichnet, beziehungsweise als »Erweiterung von uns selbst«. Für ihn waren bereits Medien wie Radio und Fernsehen solche körperlichen Ausweitungen. Mit dem Fernseher, so meint er, habe sich unser Sehvermögen erweitert, mit dem Radio unsere Art zu hören. In diesem Sinne hat das Smartphone die Art, wie wir uns selbst erzählen, hegemonial übernommen und entscheidend erweitert.

Neben der auf die Gegenwart ausgerichteten Funktion eines Kommunikationsmediums ist das Smartphone zudem ein Erinnerungsarchiv (mittlerweile vor allem in der Cloud). Nicht nur in sozialen Netzwerken, sondern auch auf unserem Handy speichern wir etliche Fotos, Nachrichten, Briefe, Notizen, Belege, also nahezu alle digital dokumentierbaren Aspekte unseres Seins – all unsere Geschichten. Es ist aber vor allem das wichtigste Instrument beim Gestalten unseres narrativen Selbst: einerseits durch die Möglichkeit, Fotos von uns und unserem Leben in nahezu unendlicher Zahl zu machen und zu speichern, andererseits durch die Option, visuelle und andere Erzählungen über unser Leben mit anderen in Echtzeit zu teilen. Natürlich geht das auch alles ohne Smartphone, etwa mit einem PC oder Tablet, aber das

---

nimmt also hin, dass sich der Betrachter der Inszeniertheit dieser Szene vollkommen gewahr ist.

Handy ist ganz nah an uns dran: Es ist da, wenn wir aufwachen und den Wecker ausstellen, und es geht mit uns schlafen; es ist bei der Geburt dabei, manchmal bei Beerdigungen, immer bei Hochzeiten.

Damit wird der *Homo narrans* zum Turboerzähler, der so viele Geschichten wie nie zuvor über sich produzieren kann. Umso mehr ist er darum bemüht, dem sich permanent konstruierenden Selbst einen Sinn zu geben und es nach außen hin konsequent zu halten. Durch soziale Netzwerke, durch beständige Selbstbetrachtung, aber auch im Spiegel der Wahrnehmung unzähliger unsichtbarer anderer werden wir beim Versuch, wir selbst zu werden, zu einem fortwährend erzählten Ich, dessen Fiktionen zudem in Konkurrenz zu den Selbsterzählungen der anderen treten.

Diese kompetitive Inszenierung der eigenen oberflächlichen Körperlichkeit, vor allem aber das Gesicht als erzählerisches Mittel der Identitätsbildung widersprechen intuitiv den philosophischen Zugängen zur Ich-Findung. John Locke und David Hume waren beispielsweise der Ansicht, dass unsere Erinnerungen und unsere aggregierten Bewusstseinszustände unser Selbst auszeichnen. Locke etablierte dabei die Idee der Kontinuität eines Bewusstseins, Hume hingegen erklärte solch eine Identität und ein Kontinuum ebendieser gleich zur Fiktion. Auch ein späteres Gedankenexperiment des englischen Philosophen Bernard Williams legt nahe, dass das Selbst vordergründig mit dem Bewusstsein seiner selbst und nicht mit dem eigenen Aussehen verbunden ist.*

* Williams versuchte zu ergründen, wie sehr wir uns mit unserem Körper identifizieren. In seinem Aufsatz *The Self and the Future* (1970) zeichnete er folgende Situation: Stellen Sie sich vor, Sie werden einer Operation unterzogen und alle Informationen, Eigenschaften, Über-

Und dennoch: In der Realität wird unsere Identität auch teilweise durch unser äußeres körperliches Ich mitdefiniert, genauer: durch unser (geteiltes) Gesicht. Anhand des Gesichts belegen wir uns auf Ausweisen selbst, dementsprechend ist es identitätsstiftend. Die ganze Prämisse des Films *Face/Off – Im Körper des Feindes* des Regisseurs John Woo, in dem Nicolas Cage und John Travolta Gesichter tauschen, funktioniert nur auf Grundlage dieser Wahrnehmung. Cages Figur sagt im Körper von Travolta zu Travoltas Figur im Körper von Cage: »Guck ich jetzt in den Spiegel oder doch nicht?«[10]

Einen Gesichtstausch wie in diesem Film kann man selbst auch durch *face swapping*-Apps ausprobieren. Es entsteht jedoch ein existenzielles Unbehagen, wenn man sein Gesicht, also im Grunde sich selbst, am Körper eines anderen betrachtet. Es ist, als würde einem mit dem Gesicht für einen Augen-

---

zeugungen und Erinnerungen, die in Ihrem Gehirn sind, werden auf ein anderes Gehirn in einem anderen Körper übertragen, während die Informationen dieses anderen Gehirns in Ihres eingespeist werden. In Ihrem Körper wohnen nun die Erinnerungen und das Wissen einer anderen Person. Jetzt nehmen wir an, dass einer der beiden Körper 100 000 Euro bekommen soll und der andere gefoltert wird. Wer soll das Geld und wer die Folter bekommen? Wie würden Sie wählen? Ihren Körper mit dem Bewusstsein der anderen Person oder den Körper der anderen Person mit ihrem Bewusstsein? Williams ging die verschiedenen Antwortmöglichkeiten bei diesem Gedankenexperiment durch und zeigte damit, dass nicht physische Kontinuität eine notwendige Bedingung für unser Ich ist, sondern die psychische. Vereinfacht zusammengefasst, freuen wir uns in dem Experiment immer, wenn der Körper, in dem unser Bewusstsein ist, das Geld bekommt. Williams nimmt deshalb an, dass wir uns mit dem Körper identifizieren, der unsere geistigen Eigenschaften beheimatet. Die Bewusstseinskontinuität ist das wichtigste Kriterium unserer Identität.

blick auch die Identität gestohlen. Bemerkenswerterweise nimmt die Mehrheit der angebotenen Filter Gesichtsmodifikationen vor, statt zum Beispiel nur Hintergründe auszutauschen oder Farben zu ändern. In einem Anfall von herbeigesehntem Transhumanismus light tragen wir dann tierische Ohren, modellierte Gesichter, digitales Ornament.

Um unsere visuellen Selbsterzählungen für ein diffuses Publikum anschlussfähig zu halten, verwenden wir narrative Codes, die schnell entschlüsselt und gelesen werden können: der Sprung in die Luft am Strand, der Ausblick aus dem Hotelzimmer, das Porträt in Sportkleidung, die von oben fotografierten Füße in Wanderschuhen, das Essen, die Tiere, das Gesicht … In der Gesamtheit aller Bilder erschaffen wir eine identitätsstiftende Selbsterzählung unseres inszenierten Lebens, die wir anderen mitteilen. Dabei nimmt unter den Selfies das sogenannte Spiegelselfie eine besondere Rolle als Kulturtechnik ein, die Narzissmus sozial genehmigt und standardisiert. In seiner beständigen Selbstausstellung erinnert das Spiegelselfie nicht zuletzt an den von dem französischen Psychoanalytiker Jacques Lacan verwendeten Begriff des »Spiegelstadiums«. Lacan beschrieb damit die Phase in unserer frühen Kindheit, in der man sich irgendwann im Spiegel sieht und plötzlich erkennt, dass man sich selbst betrachtet und nicht etwa ein anderes Kind. Das ist der Moment, in dem wir über unser eigenes Bild ein Bewusstsein über unser Ich erlangen: indem wir unser Spiegelbild als unser Spiegelbild wahrnehmen und unseren Körper als Gesamtheit seiner Einzelteile.

Das Besondere an Spiegelselfies ist die Möglichkeit, sich selbst dabei zusehen zu können, wie man sich im Spiegel betrachtet. Und diese betrachtete Selbstbetrachtung wiederum kann man mit anderen teilen, zumal die sozialen Plattformen darauf ausgelegt sind, dass wir unsere Selbstbespiegelungen verbreiten und durch sie mit den Schöpfern anderer Selbstbespiegelungen kommunizieren. Man könnte mit den Termini der visuellen Grammatik sagen, dass die Zuschauer unseren einsamen Narzissmus durch ihren Blick implizit validieren und damit das »Ziel« dieses narrativen Bildes sind. Der Spiegel wird zum »Vektor«, das ganze Spiegelselfie selbst damit zur »Transaktion«. Um weiter zu verstehen, was wir tun, wenn wir uns online erzählen, lohnt es sich, die in Kapitel 3 erwähnte These von Wolfgang Prinz (das Kind spiegelt sich in den Eltern, ahmt Kommunikation nach, lernt darüber das Kommunizieren und erkennt dadurch, dass es existiert) mit dem psychoanalytischen Ansatz von Lacan (die erstmalige Wahrnehmung des körperlichen Ichs durch ein Spiegelbild) zu verbinden. Man könnte sagen: Im Selfie kommen beide frühkindlichen Spiegelmomente als eine Art kommunikatives, sich selbst reflektierendes *Spiegelselfiestadium* zusammen. Und wenn wir mit dem Philosophen Wolfgang Ullrich davon ausgehen, dass es sich im Falle der Selfies weniger um narzisstische als vielmehr um sprechende Bilder handelt, die auch wenig mit den klassischen Selbstporträts der Kunstgeschichte zu tun haben, dann wird jedes Selbstbild im Netz zur kommunikativen Handlung, zu »›vermündlichter‹ Bildkommunikation«.[11] Die Bilder dokumentieren keine Heldenreisen, sondern die Dokumentation – unsere Heldenchronik – ist vielmehr als permanente, endlose Suche unseres narrativen Selbst Teil genau dieser Heldenreise. Das Selfie ist hier nicht das Ergebnis, sondern das Werkzeug des narrativen Selbst.

Die amerikanische Autorin Jia Tolentino befasst sich intensiv mit dem Zwang, der hinter den neuen Möglichkeiten lauert: »Es ist, als hätte man uns auf einen Aussichtspunkt gestellt, von dem aus die ganze Welt zu sehen ist, und uns ein Fernglas gegeben, mit dem alles wie unser eigenes Spiegelbild aussieht.«[12] Alles wird Teil, Ausdruck, Effekt unserer Selbsterzählung. Das Netz mit seinen Feedback-Loops und selbstverstärkenden Effekten gleicht einem multidimensionalen Kaleidoskop, mit einer mehr oder weniger überschaubaren, definierten Identität im Mittelpunkt und tausendfachen Reflexionen, Brechungen, Verzerrungen davon. Die Verlockung, sich im Angebot der Plattformen zu spiegeln, scheint zu stark für ein Wesen, das ohne Spiegel gar kein Konzept seiner selbst hätte.

Und selbst wenn wir uns komplett allen sozialen Medien verweigern, erzählen wir damit eine bestimmte Geschichte über unser Selbst. Die sozialmediale Abstinenz ist selbst ein eigenes Genre an Selbsterzählung geworden. Das alte Watzlawick'sche Axiom (»man kann nicht nicht kommunizieren«) scheint sich in den sozialen Medien noch einmal zu bestätigen: Man kann nicht *nicht* erzählen. Im digitalen Zeitalter kann man sich nicht *nicht* spiegeln. Der erzählende Affe scheint in ein Spiegelkabinett gefallen zu sein.*

Monkey see, monkey do

Pünktlich zum zehnjährigen Bestehen von Instagram 2020 veröffentlichte der Historiker André Rouillé eine Analyse des neoliberalen Dispositivs digitaler Bilder in sozialen

* Lesen Sie dieses Kapitel zu Ende und schauen Sie danach als Visualisierung der hier besprochenen Thesen unbedingt das sehr filmische Comedy-Special *Inside* von Sänger und Autor Bo Burnham, den wir später noch zitieren. Es ist phänomenal.

Netzwerken. Die Onlinefotografie begünstigt aus seiner Sicht die Entstehung eines neoliberalen Individuums: transparent, durchlässig und ökonomisiert bis zur permanenten Verfügbarkeit. All unsere Bilder, die wir den Plattformen im Tausch für Sichtbarkeit schenken, werden Teil eines Wettbewerbs. Unsere Inhalte, die für die Plattformen wiederum einen ökonomischen Wert haben, treiben uns gegenseitig an, uns verfügbar zu machen und unsere Inhalte so weit wie möglich zu verbreiten. Mit dem Begriff des Dispositivs definierte der französische Philosoph Michel Foucault derartige Kräfte unserer sozialen Interaktion als ein Ensemble aus medialen Ordnungen, Techniken, Praktiken oder auch Diskursen, in welchem Menschen und der buchstäbliche wie metaphorische Gesellschaftskörper auf spezifische Weise diszipliniert oder auch kontrolliert werden. Dadurch entstehen jeweils eigene Machtverhältnisse, die so subtil sind, dass Plattformen, Institutionen oder der Staat vom ökonomischen Nutzen einer Selbstausbeutung profitieren können, ohne eine gewalttätige Disziplinierung der Menschen ausüben zu müssen.

Auch auf die fotografierten Körper der Nutzer im Spiegelkabinett sozialer Netzwerke wirken in diesem Sinne Kräfte, die nicht hierarchischer Natur sind und aus keinem repressiven Sanktionsmodell entstehen. Sie zeichnen sich durch eine fast einschüchternde Globalität aus, zugleich sind sie darauf ausgelegt, uns individuell emotional abhängig zu machen; ganz im Sinne eines *addictive design* der Netzwerke, das sehr raffiniert darauf hin programmiert ist, uns möglichst lange, möglichst oft, möglichst interagierend auf den Plattformen zu halten. Diese Konstellation sei ein »neoliberales digitales Panoptikum«,[13] das durch den Zugriff auf die täglichen Aktivitäten eines jeden aktiven Nutzers gekennzeichnet ist. Dadurch, dass Nutzer ihre Wirklichkeit mithilfe des Smartphones fotografisch dokumentieren und online verbreiten, machen sie diese Wirklichkeit algorithmisch auswertbar. Zudem werden die Bilder als Inhalt gewinnorientierter Plattformen zu einer Ressource, die den Zwängen der Marktlogik folgt. Das führt dazu, dass wir uns online nach narrativen Regeln anpassen und verändern lassen, um den Kräften, die hier auf uns wirken, standzuhalten.

Hinzu kommt der Wunsch – wenn nicht sogar das notwendige Bestreben – nach erzählerischer Selbstermächtigung, damit nicht andere die Deutungshoheit für unser narratives Selbst übernehmen. Entweder man erzählt sich selbst als Geschichte eines Erfolgs (oder Scheiterns), oder andere Betrachter autovervollständigen diese Lücken. Der soziale wie mediale Druck ist so groß, dass man sagen könnte: Erzählen oder erzählt werden – im Sinne von fressen oder gefressen werden – im Grunde haben wir keine Wahl.

Inzwischen führen viele, gerade jüngere Nutzerinnen ein digitales Doppelleben mittels eines Zweit-Accounts, auf Instagram auch *finsta* genannt (eine Kombination aus »Fake« und Instagram) im Kontrast zum realen Account *(rinsta)*. Interessant ist dabei eine Art Dreiteilung des Selbstbildes. Da ist erstens das *real life* (abgekürzt *rl*). Daneben steht, zweitens, das erzählte Selbst im »offiziellen« Avatar, der wiederum oft zwischen verschiedenen Plattformen mit ihren spezifischen narrativen Programmen aufgeteilt ist, beispielsweise auf Instagram (mit seinem eher visuellen und kuratierten Profil im Sinne eines halbchronologischen Portfolios), auf Twitter (textbasiert und chronologisch archivierend) oder auf TikTok (das spontaner, flüchtiger, im Sinne einer Sample-, Remix- und Karaoke-Kultur funktioniert). Und drittens sind da die »dunklen« Accounts, die zwar meist im »offiziellen« Account angezeigt werden, deren Existenz also nicht geheim ist, zu denen jedoch nur handverlesene Personen Zugang haben. Damit erlauben sie eine Privatheit und damit alternative Erzählung, die meist viel näher an der als »authentisch« im *real life* verorteten Identität entworfen wird. Das narrative Selbst verwirklicht sich im Digitalen – und sucht sich zugleich einen Schlupfwinkel, wo es seine Ruhe hat.

»Es ist wie Mode«, sagt Mark Zuckerberg im Film über Facebook, »es hört nie auf«. Und er hatte recht: Die Plattformen vermitteln eine beständige Gegenwart, in der das Selbst immer aktuell, gegenwärtig und *up to date* sein muss und auch so wahrgenommen wird. Soziale Netzwerke sind in ihrer Dauerpräsenz und ruhelosen Gegenwärtigkeit jedoch nicht auf eine anlasslose Veränderung ausgelegt, die nicht in irgendeiner Form erzählt und erklärt wird. Die Überwindung des alten Ichs und eine Wiederauferstehung können in dieser Architektur nur schwer ohne narrativen Überbau abgebildet oder gar abgeschlossen werden. Wer in all den Bildern, die »Jetzt!« schreien, eine Verwandlung zeigen möchte, muss zu bestimmten Inszenierungsgenres greifen, in die eine erzählte Chronologie eingebettet ist: etwa Vorher/Nachher-Montagen, Transformationsvideos, *throwback hashtags, 10 year challenges.* Die sozialen Medien erlauben einerseits keine Stagnation und animieren ihre Nutzer dazu, sich immer neu zu erfinden; andererseits wird in den flüchtigen Momentaufnahmen vor allem der Ist- oder Soll-Zustand betont, eine Person eher weniger als ein Wesen mit einer abgeschlossenen Geschichte wahrgenommen. Deshalb ist auch das Altern in den sozialen Netzwerken schwer. Man kann es im Grunde nur als Rebellion gegen konventionelle Schönheitsstandards präsentieren, als inspirierende Bodypositivity.* Die Profile sind jedenfalls keine Orte der Vergänglichkeit, die eine Art Erinnerung oder Gedächtnis ermöglichen, sondern vielmehr von andauernden, punktuellen Gegenwartsinszenierungen geprägt.

Der Kampf um eine kohärente Selbsterzählung im Digitalen muss unter diesen Voraussetzungen in Authentizitätskonflikte münden – und niemand wüsste besser davon zu erzählen als ein dreizehnjähriges Mädchen namens Kayla. Morgens spielt ihr Smartphone einen fröhlichen Popsong, um sie für die Schule zu wecken. Sie steht auf, öffnet ein YouTube-Schminktutorial und deckt sich das Gesicht, der Anleitung der Influencerin folgend, mit Schwämmchen und Make-up ab. Schnitt. Sie richtet ihr Bett ein, legt sich hin und macht ein paar Selfies mit Snap-chat®-Filtern, die ihr Hasenohren verleihen. Schnitt. Sie versucht beim Posieren *cute* auszusehen. Schnitt. Wir sehen Kayla wie sie auf den Boden schauend durch die Flure schleicht und dabei versucht, so unauffällig und unbemerkt wie möglich durch ihren Schulalltag zu huschen. Schnitt. Kayla nimmt daheim eine YouTube-Episode mit dem Titel »Being Yourself« auf. Sie schaut direkt in die Webcam, begrüßt ihre Zuschauer mit dem quirligen YouTuber-typischen »Hey guys!« und fragt diese (wie auch sich selbst): »Was bedeutet es, du selbst zu sein? Bin ich nicht immer ich selbst? Ich denke, man selbst zu sein bedeutet, sich nicht zu verändern.«

* Wie jedes ästhetische Regime erzeugt auch dieses Marktpotenziale für seine Abweichlerinnen: Sophie Fontanel, ehemalige Modechefin der französischen *Elle,* beschloss von einem Tag auf den anderen, ihre Haare nicht mehr zu färben und ihren weißen Ansatz herauswachsen zu lassen. Ihre Dokumentation auf Instagram bekam erst Kritik, dann Lob. Darüber schrieb sie ein Buch, das zum Bestseller wurde und in Frankreich das Haarfärbedogma aufbrach.

Kayla ist die Heldin des bemerkenswert präzise beobachteten Coming-of-Age-Films *Eighth Grade* (2018) des Standup-Comedians Bo Burnham. Während wir Kaylas Versuche beobachten, anderen durch ihre Videos dabei zu helfen, selbstbewusster zu werden, stellen wir fest: Sie gibt sich diese Ratschläge selbst. Die Videos sind eine öffentliche Selbstaffirmation, man könnte auch sagen: ein Social-Media-Coming-of-Age. Die Protagonistin erlebt eine autodidaktische Initiation in die Welt des digitalen Selbsterzählens.

Burnham erklärte, wie er die von der Schauspielerin Elsie Fisher fantastisch gespielten YouTube-Monologe seiner Heldin so wahrhaftig hingekriegt hat: »Es begann damit, dass ich online Videos von jungen Kindern sah, die über sich selbst und ihr Leben sprachen, und diese Monologe einfach transkribierte.«[14] Er suchte im Netz nach den Worten *»middle school advice«* und sortierte die Videos chronologisch. Auf diese Weise entdeckte er kleine Videotagebücher adoleszenter Selbsterzählung, die mit drei, vier views bis dahin unbeachtet im digitalen Äther verhallten. Dieses veröffentlichte, aber kaum wahrgenommene Material faszinierte Burnham: »Weil ich die Art und Weise, wie sich diese Kinder ausdrücken, so eindringlich und bedeutungsvoll fand und dies in scharfem Kontrast zu der Art und Weise stand, in der junge Menschen medial präsentiert werden, die perfekt artikuliert sind und ihre eigene Erzählung perfekt beherrschen. Aktuell zu leben bedeutet für mich, keine Kontrolle über die eigene Geschichte zu haben, ständig zu versuchen, der eigene Geschichtenerzähler, der eigene Biograf, der eigene Filmemacher zu sein und dabei zu versagen.«[15]

Wir haben also einerseits einen externen sozialen wie ökonomischen Druck, uns zu erzählen, andererseits haben wir ein inneres Bedürfnis, uns selbst zu erzählen. Dazu kommt ein Medium, das immer nur den neuesten Moment eines Seins in den Vordergrund stellt, während es gleichzeitig alle alten Zustände verfügbar hält. Zudem denken wir, wie in Kapitel 3 ausgeführt, permanent in Kausalitäten und Zeithorizonten und können Wahllosigkeit schwer aushalten. Was tut der erzählende Affe nun? Er narrativiert online, was das Zeug hält. Er imitiert effiziente Erzählungen, inszeniert jede neueste Gegenwartsabbildung selbst als eine Geschichte, berichtet von Aufstieg, wenn er seine Erfolge und seinen Status inszeniert, performt Selbstoptimierung, wenn er Selbstveränderung in Szene setzt. So machen wir uns sichtbar, verstehbar, lesbar. Wir versuchen unsere Existenz in eine kohärente Geschichte zu bringen, zumindest eine, die keine zu offensichtlichen performativen Widersprüche präsentiert oder für kognitive Dissonanz beim Empfänger sorgt. Dabei bedienen wir uns kondensierter Formen der Masterplots wie in Kapitel 2 beschrieben.

Ein Masterplot, der im Sozialmedialen sehr beliebt ist und hervorragend funktioniert, um das narrative Selbst abzubilden, ist die *Metamorphose*. Er imitiert formal den für die heroische Selbsterzählung wichtigen Moment einer Transformation. Das gilt natürlich besonders für visuelle Netzwerke wie Instagram, YouTube und TikTok: Schminktutorials sind Miniaturen von Heldenreisen, die im Idealfall überraschende Verwandlungen vorführen. Aber auch jedes Kochvideo, Do-it-Yourself- oder Aufräumvideo, Körpermodifikationen und Eingriffe, Fortschritte bei sportlichen Leistungen oder das Ab- und Zunehmen werden in Form von Vorher/Nachher-Erzählungen dramatisiert. In sozialen Medien finden visuelle Erzählungen den perfekten Plot, da diese gleich zu Beginn die versprochene Auflösung antizipieren und Nutzerinnen reizen, die Videos (die auf Instagram zum Beispiel nicht vorgespult werden können) bis zum Ende zu schauen.

In diesen Selbsterzählungen reproduzieren die Filmemacherinnen mal amateurhaft, mal professionell Erzählstrukturen, von denen sie annehmen, dass sie funktionieren und von anderen verstanden werden; zugleich greifen sie fragmentarisch in den Momentaufnahmen auf bewährte Dramaturgien zurück. Und diese brauchen oft auch Antagonisten. Um sie geht es in den sozialen Medien gegenwärtig mehr denn je.

Digitale Lagerbildung

Für die elf Jungen aus Oklahoma City begann das Ferienlager unverdächtig, als sie im Juni 1954 in einem Bus Richtung Robbers Cave State Park fuhren. Auf dem weitläufigen Gelände angekommen, bezogen sie eine Hütte und erkundeten die Umgebung. Dass am nächsten Tag an einer anderen Ecke des Geländes elf weitere Knaben in eine Hütte zogen, blieb ihnen verborgen. Sie konnten auch nicht ahnen, dass das Ferienlager von Wissenschaftlern geleitet wurde, die alles, was in den nächsten drei Wochen zwischen den beiden Gruppen geschah, heimlich dokumentierten. Zu ihnen gehörte der Sozialpsychologe Muzafer Sherif von der University of Oklahoma. Er wollte die beiden Gruppen zuerst zu Feinden machen – um sie danach wieder miteinander zu versöhnen.

Eine Woche nach ihrer Ankunft hatten sich die beiden Fraktionen Namen gegeben: *Klapperschlangen* und *Adler*. Es hatten sich stabile innere Hierarchien und jeweils eigene Verhaltensmuster herausgebildet. Die Klapperschlangen fluchten zum Beispiel ständig, die Adler badeten nackt. Der Plan sah vor, dass man die Gruppen in dieser Phase noch ein oder zwei Tage getrennt hielt, bevor man sie zu Feinden machte. Doch die Knaben waren dem Plan weit voraus. Ohne die andere Gruppe zu Gesicht bekommen zu haben, sprach eine Gruppe von »N****-Campern«, wenn sie die andere nur von Weitem hörte. Die schiere Existenz der »anderen« provozierte sie. Es folgten schließlich 15 Wettbewerbe (von Tauziehen bis Zimmer aufräumen), in denen sich die Jungen im Laufe von vier Tagen miteinander messen mussten. Der innere Zusammenhalt wuchs, die anderen wurden zugleich immer entschiedener bekämpft und als »Stinker«, »Memmen« oder »Kommunisten« beschimpft. Am Abend des zweiten Tages verbrannten die Adler die Fahne der Klapperschlangen. Als Rache überfielen die Klapperschlangen die Hütte der Adler, rissen Vorhänge herunter und drehten Betten um. Dabei eroberten sie eine Jeans des Gruppenführers, die sie am nächsten Tag als Fahne mit sich trugen, mit der Aufschrift: »Der Letzte der Adler«. Einen Tag danach machten sich die Adler mit Baseballschlägern bewaffnet auf zur Hütte der Klapperschlangen, die sich zu dem Zeitpunkt zum Glück an einem anderen Ort aufhielten.

Im weiteren Verlauf gab man den Jungen dann jedoch diverse Aufgaben, die nur gemeinsam zum Wohl des ganzen Camps gelöst werden konnten. Nach anfänglichem Misstrauen und abendlichen Essensschlachten arbeiteten die beiden Gruppen am Ende friedlich zusammen. Und langsam, aber sicher, versöhnten sie sich. Der gemeinsame »Feind« – die Aufgaben, die zusammen bewältigt werden mussten – hatte ihre instinktive Feindseligkeit übertrumpft.

Das »Robber-Cave-Experiment« gilt heute als ein Klassiker der Verhaltensforschung. Sein Mechanismus – teile Menschen in zufällige Gruppen ein und beobachte, wie sie sich die Köpfe einschlagen – wurde vielfach wiederholt und bestätigt. Selbst in von allen äußeren Einflüssen freigehaltenen, nahezu klinischen Situationen ruft schon eine beliebige Einteilung ein starkes Gruppendenken in den Teilnehmern hervor. Unsere Zugehörigkeit zu einem Kollektiv und dessen Abgrenzung zu einem anderen stechen sogar unseren Egoismus aus. Haben wir uns erst einmal entschieden, am Kulturleben einer Gruppe teilzunehmen, ihre wechselseitigen Rechte und Pflichten zu akzeptieren und unsere Rolle darin zu spielen, greift ein evolutionäres Programm, das der amerikanische Anthropologe und Verhaltensforscher Michael Tomasello in etwa so erklärt: Mit dem *Homo sapiens* vor etwa 1,5 Millionen Jahren entwickelte sich demnach so etwas wie eine »kollektive«, später »kulturelle Intentionalität«, die innerhalb eines Stammes, der sich in kleinere Verbände aufspaltete und mit denen anderer Stämme konkurrierte, ein gewisses Maß an Koordination und Kontrolle gewährleistete. »Bei den Mitgliedern einer solchen Kulturgruppe waren daher das Mitgefühl und die Loyalität zu ihren Kulturgenossen auf besondere Weise ausgeprägt, wohingegen sie Außenseiter als Trittbrettfahrer oder Konkurrenten betrachteten, die daher die Vorteile der Kultur nicht verdienten.«[16] Nur wer sich von klein auf auf pragmatischer wie kultureller Ebene zu den eigenen Leuten bekannte und im Krisenfall zu Solidarität verpflichtet war, konnte in den Genuss der kollektiven, also anlasslosen Solidarität kommen. Von den Vorfahren mittels Initiationsritualen und kultureller Praktiken in die soziale Matrix der Kultur eingeführt, blieb man wenigstens aus egoistischen Gründen dieser Kultur treu – und wehrte sich gegen fremde.

Kern dieser Kulturen waren dem französischen Soziologen und Ethnologen Émile Durkheim zufolge sogenannte

»Totems«. Diese manifestierten sich in Initiationsriten, in Gesängen, Wettbewerben, anderen performativen kulturell-religiösen Praktiken und nicht zuletzt in den Mythen und Fabeln und all den anderen Geschichten, die die Narrative des Kultes transportierten und zu einem Kanon der Weltdeutung und Identitätsverortung entwickelten. Laut Durkheim könnte diese Notwendigkeit zum Narrativ überhaupt erst der Ursprung unseres Erzählens gewesen sein, da sie den Stamm nach innen und nach außen besser zu organisieren wusste als jede andere Kulturtechnik. Jedenfalls brauchen wir heute, als Nachfahren dieser Totem-Anhänger, genauso unsere Codes und Storys, um uns kulturell zu verorten. Heute stehen ebenso wenige als Solitär nur für sich selbst, mögen viele von uns auch ein gesundes Misstrauen oder wenigstens eine gewisse Ironie gegenüber Kollektiven hegen. »Dem Club, der mich aufnimmt,« soll Mark Twain einmal gesagt haben, »dem will ich gar nicht angehören.« Hat uns ein Club aber erst einmal aufgenommen, tendieren wir bis heute dazu, ihn gegen alle anderen Clubs zu verteidigen, manchmal sogar mit (verbaler) Gewalt, ganz wie eine Horde Kinder im Ferienlager.

In einem anderen berühmten Experiment entschieden sich Probanden lieber dafür, vier Dollar für ihre Gruppe zu bekommen, wenn die andere Gruppe zwei bekam, als fünf Dollar, wenn die andere ebenso fünf oder gar mehr bekam. Mit bildgebenden Verfahren konnte später nachgewiesen werden, dass unsere Gehirne je nach Gruppenzugehörigkeit aktiviert werden: Weint ein Mitglied unserer Gruppe, empfinden wir Empathie, die Areale für Leid werden aktiviert. Weint eines der anderen Gruppe, empfinden wir Schadenfreude, die Areale von Gewinn leuchten auf. Sobald wir uns als Teil einer Gruppe empfinden, ist das Wohlergehen unserer Gruppe nicht nur extrem wichtig für uns, es definiert sich auch über das mindere Wohlergehen einer anderen Gemeinschaft. Dieses oft unbewusste, fast triebgesteuerte Stammesdenken, das längst jenseits von Stammeskultur oder Überlebensnotwendigkeiten auftritt, nennt man heute auch »Tribalismus«. Vor allem in den sozialen Medien lässt es sich in Reinform beobachten.

Der Erhalt eines *Likes* setzt eine Miniportion Dopamin frei, da wir uns dadurch von unserem Stamm akzeptiert und geschätzt fühlen. Dieses quantifizierte Belohnungsprinzip verstärkt die Dynamik, bestimmte in unserer »Ingroup« – also der Gruppe, zu der man sich zugehörig fühlt und die einen akzeptiert hat – anschlussfähige Erzählungen zu posten. Kritisiert hingegen jemand etwas, womit wir uns durch Identifikation verwoben haben, fühlen wir uns angegriffen. Der Körper schüttet Adrenalin und Cortisol aus, wir sind gereizt, gestresst oder zumindest getriggert, wollen reagieren, attackieren, gewinnen.

Deshalb führen Teilnehmer solche an sich rein virtuellen Debatten so real emotionalisiert: weil alles auf dem Spiel zu stehen scheint. Der italienische Soziologe und Psychotherapeut Alberto Melucci nutzte den Begriff der »kollektiven Identität« und den des »Neotribalismus« zum Verständnis der Entwicklung neuer sozialer Bewegungen. Laut Melucci erfordert kollektive Identität eine emotionale Investition, da sie es dem Einzelnen ermöglicht, sich als Teil einer gemeinsamen Einheit zu fühlen. Diese neue Form des Tribalismus basiert nur noch eingeschränkt auf ethnischen, religiösen, ideologischen, geschlechtlichen oder geografischen Kategorien, sondern vor allem auf Einstellungen, Emotionen, bestimmten Lebensstilen, Hobbys, Marken, auf Humorgeschmack, Popkultur und anderen Aspekten unserer Existenz.

Diese Dynamiken lassen sich bei jeder Diskussion um Satiriker beobachten. Wenn Humor Ausdruck sozialer Normen und Werte ist, dann ist das, was man als lustig oder aber als Zumutung empfindet, sozial konstruiert und identitätsstiftend. Kritisiert eine Gruppe zum Beispiel den Sexismus oder Rassismus eines Komikers, fühlen sich Fans dieses Komikers persönlich durch die Kritik angegriffen, weil sie die Gruppe, der sie angehören und deren Weltbild sie teilen, bedroht sehen.

Die sozialen Netzwerke verstärken solche tribalistischen Tendenzen auf beispiellose Weise. Sie schaffen Online-Tribes, man könnte sie mit dem Medienwissenschaftler Bernhard Pörksen auch »Konnektive« nennen (aus Kollektiv und Konnektivität), die um eine kollektive Identität organisiert sind. Diese Tribes respektieren unsere Individualität und bieten uns zugleich Schutz durch Zugehörigkeiten, die wir dort für uns oftmals selbst schaffen oder auswählen, zum Beispiel bei Fankulturen. Das Verteidigen der eigenen Mitgliedschaft zu einem solchen Stamm wird Ausdruck einer identitätsstiftenden Selbstbehauptung, die sich aus dem Gefühl eines imaginierten »Wirs« ergibt. Es reicht also für das eigene Selbstverständnis nicht mehr aus, bloß Teil einer Fanbase, einer Berufsgruppe oder einer Subkultur zu sein, nein, erst durch das Verteidigen dieser Gruppenzugehörigkeit wird sie real. Das Internet wird dadurch zu einer Maschine, die in einem fort Identitäten erzeugt, zementiert, kritisiert und zerlegt. Unser innerer Erzähler glättet zur Not die Kanten im Nachgang, indem er rationalisiert und harmonisiert, was an Ungereimtheiten und Mehrdeutigkeiten auftritt. Am Ende sind wir dann für X, weil es klar am besten ist, und alle, die nicht dafür sind, sind gegen uns. Das gilt natürlich nicht immer und nicht für alle, aber jedenfalls viel öfter als in der »echten Welt«.

Wie lautete das Motto von Mark Zuckerberg aus den Anfangstagen von Facebook? *Move fast and break things*. Er (und andere) haben einiges zerbrochen. Zum Beispiel ein Mediensystem, das durch einige wenige *gatekeeper* strukturiert war, zugunsten eines individualistischen, demokratischen Systems der vielen. Letzteres ist jedoch natürlich nicht völlig »frei«, mag sich Zuckerberg auch noch so oft als Hüter der Meinungsfreiheit inszenieren. Die Algorithmen seines Netzwerks begünstigen Inhalte, die uns zu möglichst viel »Engagement« verführen, sprich, wir sollen möglichst viel kommentieren, teilen und liken. Und was aktiviert unsere Gefühle und unser Engagement am schnellsten und heftigsten? Eine Geschichte über Gefahr – am besten eine, die uns und unseren Stamm bedroht. Also nutzen viele Menschen dieses Spielfeld gemäß der Formel: Konflikt und Emotionen bedeuten Aufmerksamkeit, und Aufmerksamkeit bedeutet Einfluss.

Der amerikanische Journalist Andrew Marantz schildert in seinem Buch *Antisocial: Online Extremists, Techno-Utopians, and the Hijacking of the American Conversation,* wie im amerikanischen Präsidentschaftswahlkampf 2016 eine sehr kleine Anzahl politischer Agitatoren mit gezielten falschen Erzählungen über Hillary Clinton einen immensen medialen Erfolg erzielen konnten. Nur wenige Hundert Trumpisten – darunter neben ideologischen Überzeugungstätern auch einige eher unpolitische Hochstapler – instrumentalisierten erfolgreich die zwei Ebenen der narrativen Identitätsbildung: die individuell-gamifizierte und die tribalistisch-politische. Jeden Morgen trafen sie sich in einem Chatraum, besprachen die Nachrichtenlage und mögliche »Spins« (normativ aufgeladene Deutungen zugunsten oder zuungunsten einer Partei), um den Demokraten und ihrem Personal am Zeug zu flicken. Meistens griffen sie Gerüchte, Satire, Spinnereien aus den hintersten Ecken des Netzes auf, zum Beispiel die verschiedenen Falschbehauptungen rund um die Verschwörungstheorie *#pizzagate**, und verabredeten, einen bestimmten Vorwurf unter einem sorgsam ausgewählten Hashtag zu einem bestimmten Zeitpunkt auf einem bestimmten Netzwerk zu »pushen«, also orchestriert Beiträge dazu zu posten. Sie wussten: Anhänger des eigenen Lagers würden früher oder später auf jeden noch so absurden Irrsinn aufspringen, wenn man nur genug Aufmerksamkeit darauf lenkte, und die Übernahme einer Story durch ein größeres Newsportal oder sogar durch Trumps Haussender *Fox News* war dann nur eine Frage von genug »Buzz«.

Auf diese Art konnten immer wieder völlig ausgedachte Fake News über Hillary Clinton und andere sogar bis in die »Qualitätsmedien« vordringen, die die virulentesten Fakes wenigstens als solche entlarven mussten. Somit konnten diese gezielt gestreuten Märchen auf jeden Fall den Ton des US-Wahlkampfs beeinflussen – und vielleicht sogar seinen Ausgang.

In den sozialen Medien prosperieren Hyperindividualisierung und Konnektive nebeneinander. Entlang größerer Narrative – beispielsweise: Die Demokraten sind böse; Trump ist der Retter, jedes Mittel, ihm zu helfen, ist legitim – konstruieren Individuen wie auch Kollektive ihre Identitäten, wodurch ein tribalistisches Zugehörigkeitsgefühl eines Konnektivs entsteht. Gerät die eigene Ingroup unter Druck oder bläst zum Angriff auf eine Outgroup (eine andere Gruppe, von

---

* Führende Demokraten seien an einem Kinderschänderring beteiligt, dessen Zentrale unter einer bestimmten Pizzeria in Washington liege. Diese hat jedoch nicht einmal einen Keller, und auch sonst ist alles daran ausgedacht. Mehr dazu in Kapitel 7.

der man sich und die eigene Ingroup klar abgrenzt), unterscheiden Menschen umso weniger zwischen eigener und kollektiver Identität, je größer die Gefahr erscheint. Das hat übrigens weniger mit angeblichen Filterblasen und mehr mit der Erregungslogik der Algorithmen sowie mit der narrativen Anschlussfähigkeit von Massenmedien zu tun, die ab einer gewissen Relevanz oder auch nur aufgrund der Menge des Aufscheinens in den sozialen Medien solche falschen Geschichten bereitwillig aufnehmen und dadurch ihrerseits weiterverbreiten. Beide Systeme wirkten in den vergangenen Jahren daran mit, besonders provokante und polarisierende Narrative immer aufs Neue wechselseitig zu verstärken. Laut diverser Untersuchungen ist Wut das Gefühl, das am meisten geteilt wird und viral geht. Hingegen fallen nonverbale Signale, die im echten Leben auch drastischere Äußerungen abfedern könnten, im Netz weg. Der Clash der Kontexte, früher eine Ausnahmeerscheinung, ist entgegen der Filterblasen-These die Grundeinstellung des Digitalen. Er führt nicht zu Abschwächung oder Versöhnung, sondern zur Verschärfung der Positionen. Die ständige Konfrontation der Erzählungen treibt unser narratives Immunsystem auf Hochtouren.

Dabei verwechseln wir oft Meinungen mit Identitäten. Durch jede uns widerstrebende Äußerung fühlen wir uns nicht bloß in unserer Haltung, sondern in unserer Identität bedroht. Und da unsere tribalistische Identität früher gleichbedeutend mit unserer physischen Existenz war, schalten wir auf Alarmbetrieb, als ginge es um unser Leben, obwohl nur jemand im Internet (in unseren Augen) unrecht hat. Die und monetär angetriebene Incentivierung und Provokation von (moralischer) Meinungsäußerung haben es viel einfacher gemacht, online über Meinung und

Moral zu sprechen, als tatsächlich moralisch zu handeln. Das Aufkommen sozialer Medien ermöglicht es also, die Risse innerhalb einer Gesellschaft sowie daraus entstehende tribalistische Dynamiken deutlicher wahrzunehmen. Und gleichzeitig wird es schwerer, sich aus allen kollektiven Bezügen und ihren tribalistischen Effekten auszunehmen.

Manchmal sind die Verbindungen und Abwehrreaktionen solcher digitalen Stämme so spontan und sinnlos, so kraftvoll und destruktiv zugleich, dass man nur staunen kann. Die berühmt-berüchtigte Internet-Plattform *Reddit* ist ein sehr einfaches Konstrukt aus Diskussionsforen, deren libertäre Offenheit und »heiße« Diskussionsroutinen jedoch schon viele Netzkulturen und -strömungen hervorgebracht hat. Als Reddit am 1. April 2017 *Place* freischaltete, ein Quadrat aus genau einer Million Pixel, die jeder User manuell mit einer von 16 Farben belegen konnte (danach war man fünf bis 20 Minuten gesperrt), passierte die Geschichte menschlicher Sozialität im Schnelldurchlauf. Die User begannen zuerst, einfache geometrische Formen zu bauen und sich dafür in den Foren zu koordinieren. Schnell hatten sich Fraktionen gebildet, die einander auf der digitalen »Leinwand« bekämpften. Obwohl niemand etwas dafür bekam und die Ergebnisse, selbst die schnell auftauchenden ambitionierteren Projekte wie die Nachbildung der Mona Lisa, offenkundig sehr flüchtig bleiben würden, beteiligten sich insgesamt über eine Million Menschen.

Die Entwicklung ist im Zeitraffer als YouTube-Video heute noch nachvollziehbar. Nach wenigen Stunden ist die Fläche in unzählige kleine Parzellen aufgeteilt, auf denen Bilder, Konterfeis, Graffiti, Nationalflaggen (darunter eine Kombination der türkischen und griechischen als Zeichen für Versöhnung) und Emojis entstanden sind, alle von kleinen Tribes kollaborativ geschaffen. Und etwas anderes ist zu beobachten: mehrere koordinierte Versuche, das alles zu zerstören. Es finden sich Tribes zusammen, die jeweils einer Farbe zum Sieg verhelfen wollen: schwarz, blau, grün ... Der »black void« (schwarzer Abgrund) dehnt sich über die Fläche aus wie ein Monster aus einem Horrorfilm, doch in den Foren organisiert sich Gegenwehr, und die konstruktiven Gruppen behalten schließlich die Oberhand. Das Endergebnis des Projekts zeigt, was möglich ist, wenn die digitalen »Tribes« innerhalb eines Systems friedlich koexistieren. Was bleibt, ist eine mächtige Erzählung von Konnektivität und Kreativität.

Die pubertäre Gesellschaft

Es gibt diesen Moment im Leben eines jeden Menschen, in dem eine große, vermutlich die größte Transformation beginnt – und das ganz ohne sein Zutun. Im Alter zwischen zehn und 14 Jahren beginnt die unter unserem Gehirn sitzende Hirnanhangdrüse, Hormone auszustoßen. Hormone kann man sich als Datenträger mit Befehlen für den Körper denken. Der Befehl, der zu Beginn unserer Pubertät losgeschickt wird, lautet kurz: wachsen!

Es gibt eine gewisse Parallele zu diesem Entwicklungssprung: das Internet und unsere Gesellschaft. So wie diese Drüse plötzlich Informationen in alle Winkel unseres Körpers schickt, so erlaubt das Internet plötzlich, Informationen in ungekanntem Ausmaß nahezu allen Menschen zugänglich zu machen. Die Folgen sind vergleichbar: So wie jeder Mensch in der Pubertät von all dem Wachstum verwirrt wird, so wird unsere vernetzte Gesellschaft von all den Informationen überfordert.

Jeder Einzelne von uns muss heute täglich mehr Informationen verarbeiten als unsere Vorfahren vor 200 Jahren in einem Jahr. Der Wirtschaftsjournalist Paul Mason schrieb 2016 in seinem Buch *Postkapitalismus: Grundrisse einer kommenden Ökonomie:* »Der durchschnittliche Teenager mit einem intelligenten Gerät führt ein psychologisch stärker vernetztes Leben als der schrägste Computerfreak vor 15 Jahren.«[17]

Damit haben natürlich auch die zu Geschichten verwobenen Informationen rasant zugenommen. Wir befinden uns in einer Ära, die der Literaturwissenschaftler Jonathan Gottschall als »Story Explosion« bezeichnet, denn neue Erzähltechnologien ermöglichen es den Menschen, Geschichten in nie dagewesenem Ausmaß und mit bislang unbekannter Raffinesse zu erzählen. Virtuelle Realität, personalisierte Newsfeeds, Geschichten, die der Zuschauer in Echtzeit anpassen kann, *deepfakes* – all das macht es uns schwerer, mit der Art und Weise umzugehen, wie Geschichten uns verwirren und entzweien können. »Wenn wir nicht aufpassen, könnten sie die gemeinsame Realität, auf die wir alle angewiesen sind, zum Einsturz bringen«[18], warnt Gottschall. Neue Geschäftsmodelle, mutmaßlich innovative Ideen, aber auch unzählige Minderheiten, die bisher keine Plattform hatten, dringen mit ihren Narrativen zu uns durch. Ideologien und Lager spalten sich auf, Diskurse werden schneller und hitziger, alte Verlässlichkeiten und Denkmodelle täglich hinterfragt.

Wir sind im 21. Jahrhundert angekommen wie Teenager in der Pubertät: halb ängstlich, halb erwartungsvoll, und zugleich noch orientierungsloser als sie. Denn im Gegensatz zu ihnen fehlen uns die eindeutigen Antagonistinnen (Lehrer, Eltern, sonstige »Spießer«). Manche von uns rebellieren zwar ebenso gegen alte Gewissheiten und Ungerechtigkeiten, mehr aber noch gehen wir aufeinander los, auch, weil wir erstmals in der Geschichte unserer Spezies theoretisch alle jederzeit aufeinander losgehen können.

Doch glauben wir nicht an Kulturpessimismus und auch nicht an die Schuld eines Mediums oder einer Technologie. Wir glauben eher, dass Technologien überhaupt erst entwickelt werden, weil wir sie brauchen oder uns zumindest einreden lassen, wir bräuchten sie. Oder weil das Militär denkt, es bräuchte sie. Oder weil sie bunt blinken und man einen Haufen Geld damit verdienen kann. Kaum etwas von dem, was wir heute an Medien nutzen, wurde von sinistren Erfinderinnen genau für diesen Zweck geschaffen. *Menschen machen Technik macht Menschen macht Technik* – die Interdependenz ist nicht aufzulösen. Jede neue Medienform schafft ein Subjekt, das in Wechselwirkung mit dem Medium sich selbst wie auch das Medium neu gestaltet.*

Der Konkurrenzkampf der Geschichten, um den es auch und in besonderer Weise im digitalen Zeitalter geht, ist uralt. Während der kanadische Kommunikationstheoretiker Marshall McLuhan behauptete, das Medium sei die Botschaft, betrachten wir weniger die Medien unserer Geschichten,

---

* Seit Friedrich Nietzsche eine Schreibmaschine benutzte, reflektierte er darüber, wie diese Maschine sein Schreiben und sein Denken veränderte. Auf ein Blatt Papier tippte er mit ihr die berühmten Worte: »Unser Schreibzeug arbeitet mit an unseren Gedanken.« Aufgrund dieses Satzes gilt Nietzsche als wichtiger Vordenker der deutschen Medienphilosophie, da er erkannte, dass nicht er allein am Werk war, wenn er auf dieser Maschine schrieb, sondern dass die Schreibkugel sein Denken unter neue Bedingungen setzte. Unsere Schreibwerkzeuge haben einen Anteil an den Gedanken, die wir beim Schreiben denken.

sondern vielmehr die Geschichten selbst in unterschiedlichen medialen Zusammenhängen. Wichtiger als ihre Erscheinungsformen sind unserer Überzeugung nach nämlich ihre inneren Wirkmechanismen – oder auch: die Erzählungen. Und damit endet so etwas wie der erste Teil dieses Buches.

Was haben wir bis hierher erfahren? Wir denken und leben in Geschichten. Sie stecken in Worten und Bildern, in Büchern und Filmen, im Theater und in Videospielen, in jeder und jedem von uns. Wir bilden unsere Identität über Geschichten: aktiv in Mythen und Ideologien sowie passiv, wenn unser innerer Erzähler die Wirklichkeit für uns sortiert und, meist unbemerkt, unsere Handlungsmuster zu sinnvollen Geschichten umdeutet. Wir streben kollektiv nach einem Gewinn für unsere Gruppe, die wir über Narrative definieren, und können sehr aggressiv werden, wenn der Status unseres Lagers bedroht ist (und sei es nur durch eine konkurrierende Geschichte). Unsere Welt wird dominiert von Geschichten und ihren Konkurrenzkämpfen. Und wir sind eher schlecht darin, manipulative Narrative zu entlarven. Was könnte da nur schiefgehen.

Aber wie endet nun eigentlich der Film über Mark Zuckerberg und Facebook? Jesse Eisenberg alias Mark sitzt vor seinem Computer. Facebook ist ein großer Erfolg in den USA. Alle Studentinnen sind dabei. Er sucht das Profil seiner Exfreundin, Erica Albright. Sie ist Mitglied. Er schickt ihr eine Freundschaftsanfrage. Dann lädt er die Seite neu. Er aktualisiert sie ein weiteres Mal. Und noch einmal. Und noch einmal. Bis zum Abspann.

6
Bewährungsproben, Verbündete, Feinde
Welche Narrative unsere Welt bestimmen

Narrativische Kriegsführung

An einem regnerischen Dienstag im Jahr 2012 erhielt der amerikanische Literaturwissenschaftler Jonathan Gottschall einen seltsamen Brief.* Die DARPA, die uns schon aus Kapitel 3 bekannte militärische Forschungsbehörde der US-Armee, lud ihn zu einem Workshop mit einer Reihe weiterer Forscher ein, darunter Neuromarketing-Spezialist Read Montague, Computerphilologe Mark A. Finlayson, der Chef des Counter Misinformation Team des US-Außenministeriums namens Todd Leventhal, sowie unser alter Bekannter Kendall Haven. Das Thema der ersten Sitzung, zu der insgesamt 84 Expertinnen erschienen, lautete: »Was ist eine Story?« Ein zweites lautete: »Narrative Netzwerke – Die Neurobiologie von Narrativen«. Die formulierten Ziele der Unternehmung: »Narrative Theorien untersuchen: Was ist eine Geschichte? Inwieweit variieren Struktur und Funktion kulturell? Gibt es eine universale Theorie des Erzählens? Die Rolle von Narrativen in Sicherheitskontexten besser verstehen: Wie beeinflussen Geschichten politische Gewalt? Welche Funktion haben sie im Zuge von

* Das mit dem Dienstag und dem Regen haben wir vielleicht erfunden. Macht die Geschichte aber besser, oder nicht?

politischer Radikalisierung? Wie verändern sich Einstellungen zu Konflikten durch Geschichten? Den Forschungsstand hinsichtlich narrativer Analyse und Instrumente der Zerlegung untersuchen: Wie können wir Geschichten in einer transparenten und wiederholbaren Art quantitativ analysierbar machen? Welche Instrumente eignen sich am besten, um den psychologischen und neurobiologischen Einfluss von Geschichten zu messen?«[1]

Die DARPA wollte also nicht weniger, als das Geschichtenerzählen zu einer Waffe psychologischer Kriegsführung zu machen. Der Leiter dieses Projekts namens *Storynet* war ein Lieutenant der US-Luftwaffe namens William Casebeer. Als studierter Philosoph und Kognitionswissenschaftler hatte er zu Themen wie Naturethik oder dem Umgang mit Warlords in zerfallenden Staaten publiziert. Schon vor *Storynet* hatten er und der Neurowissenschaftler Read Montague in Experimenten die neurobiologischen Auswirkungen von Storys auf das Belohnungszentrum des Gehirns untersucht; Aufsätze der Naval Postgraduate School in Monterey, Kalifornien, analysierten den »operativen Nutzen« afghanischer Poesie. Nun sollten mit Hilfe der Analysesoftware »The Story Workbench« des Computerphilologen Finlayson grundlegende Muster afghanischer Narrativik herausgefiltert und als Grundlage für *counter narratives,* also Gegenerzählungen, genutzt werden.

Natürlich gibt es Propaganda schon so lange, wie es Kriege gibt. Geschichten über die Bösartigkeit des Feindes und die Stärke der eigenen Armee gehören zum Handwerk jeder modernen Armee. Von Russland, China und vielen anderen Ländern ist bekannt, dass ganze Trollarmeen die passenden Geschichten zu Konflikten erzählen. Rund um die Besetzung der Krim durch russische Paramilitärs feuerte die Putin'sche Propaganda online aus vollen Rohren. Inzwischen gibt es kein politisches Ereignis, das Russland nicht in der gesamten westlichen Welt mit destabilisierenden Kampagnen begleitet. Manipulative Narrative, von Militärs gestreut, wirken längst. Sie haben die großen Konflikte des 20. Jahrhunderts entscheidend beeinflusst. Und niemand wüsste besser um die dunklen Seiten des Erzählens als der Erfinder jener Art von kapitalistischer Propaganda, die wir heute *Public Relations* nennen.

Die Welt sicher für die Demokratie machen

Am Ende einer glanzvollen Karriere, die ihn reich, berühmt und mächtig machte, musste der Psychologe Edward Bernays, dessen Lebenswerk die Fabrikation von Zustimmung war, heftigen Widerspruch einstecken. Seine eigene Tochter antwortete auf die Frage, ob sie den Beruf des Vaters ergreifen würde: »Lieber wäre ich Fußpflegerin.« Was hatte ihr Vater verbrochen?

Edward Louis Bernays wurde 1891 als Neffe Sigmund Freuds in Wien geboren. Seine jüdischen Eltern emigrierten ein Jahr später nach New York, wo er aufwuchs und Agrarwissenschaften studierte, dann jedoch als Journalist arbeitete. Durch seinen berühmten Onkel wurde er für die Methoden der Massenpsychologie sensibilisiert. 1917 unterstützte er die US-Regierung in ihrem Bemühen, Zustimmung zu einem Kriegseintritt der Vereinigten Staaten im Ersten Weltkrieg zu schaffen, mit dem Slogan: »Make the world safe for democracy.« An den Friedensverhandlungen von Versailles 1919 nahm er als Mitglied des amerikanischen Committee on Public Information teil, auch bekannt als »Creel-Kommission«. In einer Pressemitteilung schrieb er, das erklärte Ziel der Arbeitsgruppe bestehe darin, die Arbeit der Pariser Friedenskonferenz dahingehend zu interpretieren, dass man durch weltweite Propaganda amerikanische Erfolge und Ideale verbreite. Weil sich viele seiner Landsleute an dem Wort »Propaganda« störten, weil es den Beiklang kommunistischer und faschistischer Ideologien hatte, nutzte Bernays von nun an den Begriff »Public Relations«. Zwischen den Weltkriegen arbeitete er für viele große Unternehmen und Politiker, auch für die Tabakindustrie, für die er Frauen als Zielgruppe ins Visier nahm und Zigaretten als »torches of freedom« (deutsch: Fackeln der Freiheit) zu Symbolen der Emanzipation umdeutete. Doch verschrieb er sich auch der Aufklärung über Multiple Sklerose und anderen karitativen Zwecken. Seine Arbeit brachte ihm weltweiten Erfolg und eine wachsende Zahl von Bewunderern ein. Selbst Joseph Goebbels habe seine Werke geliebt, brüstete sich Bernays später. Er glaubte deshalb zu erkennen, dass der Holocaust kein »emotionaler Ausbruch«[2] der Nazis, sondern eine »geplante Kampagne« gewesen sei; und er war unglücklich darüber, dass Hitler und Mussolini der Propaganda »einen schlechten Beigeschmack« verschafft hatten.

Nach dem Zweiten Weltkrieg agierte Bernays weiter, als Nächstes in Guatemala. Dort hatte die United Fruit Company eine ihrer ersten »Bananenrepubliken« errichtet – eine bis heute geläufige, abwertende Bezeichnung von Staaten in Mittel- und Südamerika, in denen Unternehmen durch das Monopol auf die Bananenausfuhr (vor allem in die USA, wo Bernays das bis dato kaum bekannte Obst per Kampagne beliebt gemacht hatte) so mächtig geworden waren, dass sie quasi die gesamte Politik des Landes steuerten. Die United Fruit Company zahlte in Guatemala keine Steuern, kontrollierte aber die Eisenbahn und den einzigen Hafen des Landes. Als 1944 mit dem Sturz des Diktators Jorge Ubico Castañeda die Demokratie Einzug hielt, inklusive Pressefreiheit und Gewerkschaften, und der zweite gewählte Präsident namens Jacobo Árbenz Guzmán ab 1950 auch noch mit einer großen Landreform die Machtbasis des Agrarmonopolisten angriff, aktivierte man Bernays, um die öffentliche Meinung in den USA gegen die angeblich kommunistische Regierung Guatemalas zu drehen. Er ließ auf Kosten von United Fruits Journalisten nach Guatemala schicken, die ganze Serienberichte mit dem Schreckensszenario füllten, dass Guatemala nur ein Satellitenstaat der Sowjets sei, um von dort aus ganz Süd- und Mittelamerika zum Kommunismus zu verführen. Bald fand sich in Washington eine politische Mehrheit für eine Intervention. Obwohl nur einige wenige guatemaltekische Parlamentsabgeordnete Kommunisten waren und Guzmán eine freie Marktwirtschaft nach amerikanischem Vorbild anstrebte, wurde dieser schließlich in einem von der CIA geplanten und unterstützten Putsch gestürzt und durch einen Diktator ersetzt. Ganz im Sinne der antikommunistischen »Truman-Doktrin«, die besagte, »freien Völkern beizustehen, die sich der angestrebten Unterwerfung durch bewaffnete Minderheiten oder durch äußeren Druck widersetzen«.[3] Diese Zielsetzung der USA wandte sich ausdrücklich gegen die Sowjetunion und ihre vermeintliche Einflussnahme überall auf dem Planeten; Guatemala bildete nur eine weitere Episode der Erzählung der amerikanischen Heldenreise vom *manifest destiny,* der offensichtlichen Bestimmung der USA, die eigenen Werte in der Welt zu verbreiten; durch einen starken Antagonisten wie die Sowjetunion erschien sie umso eindrucksvoller.

Das Narrativ vom Kommunismus, der angeblich vor der

amerikanischen Haustür steht, sollte sich zu einer der womöglich einflussreichsten politischen Halb-, vielleicht auch eher Viertelwahrheiten des gesamten 20. Jahrhunderts entwickeln. Mit seiner Hilfe legitimierten Generationen von Amerikanern brutale Kriege, Sanktionen und Geheimdienstoperationen gegen fremde souveräne Staaten. Hannah Arendt hat in ihren Essays *Wahrheit und Politik* (1967) und *Die Lüge in der Politik* (1971) anhand der seinerzeit veröffentlichten »Pentagon-Papiere« diese »Domino-Theorie« genauer beschrieben: Das Narrativ, wonach eine ganze Reihe an Ländern dem Kommunismus verfallen würde, sobald nur eines den Anfang mache – und sei es militärisch und geopolitisch so unbedeutend wie Vietnam – es entwickelte sich bald zum Selbstzweck. Denn obwohl der Öffentlichkeit schon im Vorfeld und dann während des Vietnamkriegs alle Informationen vorlagen, um dieses Narrativ als unwahr zu erkennen, arbeitete die Regierung des Präsidenten Lyndon B. Johnson weiterhin daran, sich mit ihrer Deutung durchzusetzen. Dabei ging es – das wurde durch die Pentagon-Papiere beispiellos deutlich – gar nicht um den militärischen Sieg, sondern darum, ein gewisses »Image« der USA als verantwortungsvoller Supermacht aufrechtzuerhalten, die ihren Antagonisten namens Kommunismus in die Schranken weist.

Bemerkenswert ist dabei die narrativ potente Sprache, die sich in den Worten der Protagonisten selbst findet. Laut Arendt wollte man »die Welt überzeugen, daß die Vereinigten Staaten ein ›guter Arzt‹ und dazu bereit sind, Versprechen zu halten, hart zu bleiben, Risiken einzugehen, Blut zu lassen und den Feind empfindlich zu treffen«[4] – klassische Attribute und Fähigkeiten eines Helden eben. Dazu frisierte man die eigenen Statistiken und Armeeberichte, griff mithilfe eines PR-Managers namens Herb Klein vor der Präsidentschaftswahl 1972 die Glaubwürdigkeit der kritischen Presse an, verschwieg Widersprüchliches oder log blank heraus. Schließlich diskutierte man sogar militärische »Ablenkungs-Offensiven in anderen Ländern der Welt« – und scheiterte letztlich doch an der »Glaubwürdigkeitslücke«, die laut Arendt in den erfolglosen Kriegsjahren zum »Abgrund« wurde. In dieser »Alice im Wunderland-Atmosphäre« (Arendt)[5] ignorierte man wahrheitsgemäße Berichte der Geheimdienste, die der Domino-Theorie widersprachen; an die wiederum offenbar längst nicht alle wichtigen Akteure glaubten und welche die USA in einen verlustreichen, dreckigen Krieg geführt hatte. Das Narrativ jedoch war stärker als die Realität, stärker sogar als die eigentlichen Interessen des Landes. Man hatte erzählt, man könne gewinnen, weil man gewinnen müsse. Nun war man zum Gewinnen verdammt.

Und wie ging es nun in Guatemala weiter? Von 1960 an herrschte dort Bürgerkrieg, der erst 1996 durch die Unterzeichnung eines Friedensvertrages formell für beendet erklärt wurde. Mehr als 200 000 Menschen kamen ums Leben, über eine Million musste fliehen. Bernays selbst starb 1995 und erlebte manche Auswüchse seiner Geschichten nicht mehr. Die Frage aber bleibt, was genau einen PR-Manager wie ihn so mächtig und so skrupellos werden ließ. Was hatte er verstanden?

Seinem einflussreichen Onkel Sigmund folgend, deutete Bernays viele Handlungen des Menschen als Kompensation. »Die Maschine Gesellschaft hat als Motor die Wünsche und Sehnsüchte der Menschen. Nur wenn der Propagandist sie kennt und begreift, kann er den riesigen, lose verbundenen Apparat namens moderne Gesellschaft steuern.«[6] Im Vorwort zur deutschen Ausgabe von *Propaganda,* Bernays' Standardwerk, schreibt der Ökonom, Sozialwissenschaftler und PR-Berater Klaus Kocks: »Sein Gesellschaftsbild ist [...] im Kern zutiefst undemokratisch, sein Menschenbild zynisch; dem unkontrollierten Herdentrieb der Massen ist nach seiner Überzeugung entgegenzuwirken: Nicht durch Unterdrückung, sondern durch eine geschickte Lenkung der Herde in die gewünschten Bahnen. Die Massengesellschaft erscheint ihm als drohendes Chaos, das eine neue Führung in der Politik, in der Wirtschaft, im Denken und Fühlen verlangt.«[7]

Es geht also auch in diesem narrativen Denken letztlich um Kausalitäten und Kontrolle. Bernays erzählte Geschichten, die den klassischen Schemata von Protagonisten und Antagonisten folgten. Allerdings definierten sie sich nicht über ihren Wahrheitsgehalt (der Inhalt war beliebig wählbar) oder ihre Moral (ebenso), sondern nur darüber, wie effektiv sie die Meinung möglichst vieler Menschen änderten. Die ab den 30er-Jahren aufkommende Demoskopie lieferte Bernays die quantitativen Methoden, um diesen Erfolg zu messen und in Rechnung zu stellen: so betrieb er *Crystallizing Public Opinion** (etwa: Verhärtung der öffentlichen Meinung, erschienen 1923), wie er diese Kunstform (und sein erstes Buch) nannte; oder auch *The Engineering of Consent* (1947), also die technische Herstellung von Zustimmung. Dazu kultivierte Bernays, was die Literaturwissenschaftlerin Nicola Gess die »Kunst der Halbwahrheit« nennt. Sie beschreibt sie in ihrem Buch *Halbwahrheiten. Zur Manipulation von Wirklichkeit*** als

* Einige Jahre später wird in Berlin die *Dreigroschenoper* von Bertolt Brecht uraufgeführt, in der ein Bettlerkönig stellvertretend für Bernays kundgibt, dass die Menschen nicht für, sondern von Moral leben.

** Eine weitere Unterkategorie ist nach Harry G. Frankfurt der »Bull-

»narrative Kleinform, die nicht nach dem binären Code *wahr/falsch,* sondern *glaubwürdig/unglaubwürdig* operiert und das Fiktive in die faktuale Erzählung einwandern lässt«.[8] Die Unterscheidung in *wahr vs. falsch* verliert an Relevanz. Andere Ebenen wie *affektiv vs. nüchtern* oder *konnektiv vs. geschlossen* werden wichtiger. Redlichkeit als Leitwährung im öffentlichen Diskurs nimmt ab, Aufmerksamkeit übernimmt. Erfolgreich ist nicht, was richtig ist, sondern was verfängt.

Nun wäre das alles nicht weiter problematisch (und Bernays sicher nicht so reich und berühmt geworden), wenn wir Menschen besser darin wären, eine Lüge oder eine Halbwahrheit zu entlarven. Doch das gelingt uns allzu selten. Wie der amerikanische Kommunikationswissenschaftler Timothy R. Levine in vielen Experimenten herausfand, beträgt die Wahrscheinlichkeit, dass Menschen bei einer simplen Lüge/Wahrheit-Einschätzung richtigliegen, wenn sie eine Geschichte von Fremden aufgetischt bekommen, gerade mal um die 54 Prozent. Und zwar egal, ob es sich um Laien, Geheimdienstmitarbeiter oder Kriminalpolizistinnen handelt. Eine miserable Quote, wo wir doch eine ganze Evolution lang Zeit hatten, das zu trainieren, oder? Bei uns vertrauten Menschen hängt die richtige Einschätzung stark davon ab, was wir über den Kontext der anderen Person wissen und wovon die Geschichte handelt; ob wir schon etwas ahnen; oder ob wir selbst immer ehrlich waren. Im All-

---

shit«, also der manipulative Unsinn, der die »Autorität der Wahrheit« nicht abweist, sondern sie einfach erst gar nicht beachtet. So meint Frankfurt: »Aus diesem Grund ist der Bullshit ein größerer Feind der Wahrheit als die Lüge.« (Harry G. Frankfurt: *Bullshit.* Berlin: Suhrkamp 2014, S. 44)

tag mit seinen vielen losen zwischenmenschlichen Kontakten jedoch befinden wir uns meistens im »Wahrheitsmodus«, wie Levine es nennt, und zwar aus gutem Grund: »Wenn wir davon ausgehen, dass der andere die Wahrheit sagt, dann bringt uns das so viele Vorteile, dass wir das Risiko der Täuschung eingehen können. Wir fallen zwar hin und wieder auf einen Betrug herein, doch dafür kommunizieren wir effektiv und finden uns in sozialen Situationen zurecht.«[9]

Als Spezies jedoch hat uns der Kampf um die Wahrheiten und der Handel mit gegenseitigem Vertrauen offenbar eher beflügelt. Nicht wenige anthropologische Theorien gehen davon aus, dass wir Menschen unsere Sprache und Erzählungen überhaupt erst entwickelt haben, um zu lügen – dass der wichtigste Grund für das Wachstum unseres Gehirns ausgerechnet jener war, andere besser täuschen und Täuschungen besser erkennen zu können. Laut der Bibel war sogar die allererste menschliche Rede nichts als eine Ausrede, wie Fritz Breithaupt in *Die Kultur der Ausrede* darlegt. Adam und Eva erschüttern Gottes Monopol auf Wirklichkeit, indem sie ihre eigene Version dagegensetzen.*

Diese narrative Mehrdeutigkeit ist laut Breithaupt die Voraussetzung für das Geschichtenerzählen an sich. »Ausreden [...] stellen nicht nur eine der vielen Formen von Erzählungen dar, sondern zeigen die Struktur aller Narrationen in Reinform. Erzählen heißt Ausreden erfinden.«[10] Der Mensch habe mit dem gegenseitigen Spiel um Darstellung und Interpretation von Welt und Innenleben ein narratives Wettrüsten begonnen. Ist der Mensch also vor allem ein sich herausredender Affe? Oder handelt es sich beim Geschichtenerzählen

---

* Mehr zu diesem und anderen misogynen Mythen der Menschheit in Kapitel 9.

schon immer um Betrug, wie es einer der schillerndsten Betrüger unserer Zeit namens »Milliarden-Mike« formulierte: »Ich habe nie jemanden betrogen. Ich hab nur Geschichten verkauft«?

Breithaupt unterscheidet hier zwischen der *Master Story,* also der Anklage, die einen Sachverhalt darstellt (eine solche könnte in unseren Augen sein: Ihr habt vom Baum genascht, obwohl ich es euch verboten habe), und der Ausrede, welche dieses Narrativ der Anklage zu ändern versucht. Und zwar, indem sie ein sachliches Detail hinsichtlich der Kausalität (Wir dachten, es war ein anderer Baum) oder der Intention (Wir hatten Hunger) oder aber der Interpretation der Verantwortung (Die Schlange hat es uns eingeflüstert) abwandelt. Solch eine Ausrede ist nur Lebewesen möglich, die eine *Theory of Mind* haben, die die Welt von außen sehen und sich in andere Wesen einfühlen können. Nur so kann man beurteilen, welche Stoßrichtung die Ausrede haben sollte, um ein Gegenüber zu beeinflussen. Mit dieser Perspektive erkennt man, dass nahezu alle manipulativen Narrative der Welt so etwas wie Ausreden (verantwortungsvermeidend) oder Rechtfertigungen (verantwortungsmindernd) sind; gezielte Neubewertungen zum Zweck der Beeinflussung Einzelner oder gar der Massen. Um letztlich die eigene Version zur Master Story zu machen, zum vorherrschenden Narrativ, dem sich neue, alternative Geschichten stellen müssen.

Der Weg dorthin führt wiederum über Gruppendynamiken, also echte Dominoeffekte der Überzeugung, wenn einzelne Menschen mit mehr oder weniger Einfluss auf ihre Umwelt eine Ausrede, Lüge oder Halbwahrheit im Sinne der sogenannten Diffusionstheorie verbreiten. Jeder Mensch hat seine Schwelle, bei der sein sonst unerschütterlicher Glaube an ein Faktum wankt. Mal ehrlich: Wenn nur genügend

Leute in Ihrem Umfeld anfangen, an UFOs zu glauben, darunter für Sie relevante Menschen – hätten Sie die Standfestigkeit, langfristig als Einziger dagegenzuhalten? Selbst wenn, muss man doch eingestehen: Wahrheit ist oft nur das, worauf sich viele Menschen einigen können.

Nun kennzeichnet Erzählungen jedoch, das man ihnen entweder mit heiligem Ernst glaubt oder eben gerade nicht. Religiöse Kulte funktionieren weder ironisch noch als Fiktion. Im Kino hingegen ist es genau andersrum: Wer wirklich glaubt, die Leinwand zeige wahre, in diesem Moment stattfindende Geschehnisse, sollte weniger ins Kino gehen. Zwischen diesen Polen spielt sich alltägliches Erzählen ab, das oft kein eindeutiger Sprechakt ist, sondern eher ein »Erzählspiel«, wie es der Literaturwissenschaftler Albrecht Koschorke nennt. Dieses Spiel hat Regeln und Einsätze, aber eben auch das eingebaute Angebot, zur angebotenen Master Story »Nein« sagen zu können: »Wie das Denken und das Sprechen überhaupt, so verfügt auch das Erzählen über kein hinreichend intrinsisches Wahrheitszeichen. Wie in einem Wirbel vermischen sich darin Elemente von Wahrheit, Anschein, Hörensagen, Unwissenheit, Irrtum und Lüge.«[11] Selbst Aussagen unter Eid untersuchen wir auf ihre Glaubwürdigkeit hin, und selbst die spannendsten Geschichten erzählen wir uns kaum, weil wir sie für so besonders wahr hielten. *Glaubten die Griechen an ihre Mythen?* lautet der Titel eines Buches von Paul Veyne, einem französischen Literaturwissenschaftler. Seine Antwort: Jein. Wenn es den Griechen nutzte, dann durchaus. Grundsätzlich war ihnen sehr bewusst, dass es Zeus, Hera, Herakles und Psyche nicht im wörtlichen Sinne gab. Aber sie waren praktische Symbole, um sich über Werte und Normen auszutauschen. In dieser Hinsicht haben wir uns seitdem kaum verändert. Nutzen uns Narrative, das heißt, bestätigen sie unseren inneren Erzähler und verhelfen sie uns zu Vorteilen in tribalistischen Auseinandersetzungen, oder lassen sie unser narratives Selbst kohärent erscheinen, dann glauben wir sie gerne. Wir müssen deshalb davon ausgehen, dass einiges, wenn nicht das meiste dessen, was an Narrativen und Geschichten im Umlauf ist, bewusst oder unbewusst wenig Übereinstimmung mit so etwas wie Wirklichkeit oder Wahrheit hat.

Und wäre immer von vornherein klar, wer die »wahre« Geschichte erzählt und wer diese zu manipulieren versucht, würde Erzählen und Zuhören weniger Spaß machen. »Je mehr spekuliert wird«, so noch einmal Breithaupt, »dass andere, auch dem Akteur selbst vielleicht unbekannte Motive oder unbewusste Prägungen ihn steuern, desto größer ist das narrative Potenzial.«[12] Erzählungen werden erst spannend, wenn zur Ungewissheit des Ausgangs die Ungewissheit des Eingangs hinzukommt: Wieso erzählt mir jemand *diese* Geschichte? Wieso auf *diese* Art? Was ist der Zweck? Bin ich zu misstrauisch – oder zu wenig?

Man kann das Verhältnis von Erzählerinnen und Zuhörern vielleicht am besten wie das zwischen Zauberern und ihrem Publikum beschreiben. Das Publikum lässt sich bereitwillig betrügen, unter der Bedingung, dass der Betrüger den Betrug ebenso als Spiel anerkennt und nicht Ernst daraus macht. Als ungekrönter Magierkönig der *Halb*wahrheit, im wahrsten Sinne des Wortes, gilt in unseren Augen ein westafrikanischer Mann namens Prinz Monolulu, der im England des frühen 20. Jahrhunderts (und an einigen anderen illustren Orten) lebte.* Er nannte sich selbst einen Stammes-

* Nehmen Sie sich später fünf Minuten und lesen Sie seinen Wikipedia-

häuptling und trug entsprechend eindrucksvolle Gewänder, arbeitete aber hauptsächlich als Tippgeber bei den Pferderennen von Derby und zwischenzeitlich auch als Weissager auf den Märkten des Londoner East Ends. Dort versprach er schwangeren Frauen, für einen Schilling das Geschlecht des Neugeborenen vorherzusagen und bei Irrtum garantiert das Geld zurückzuzahlen. Aber warum erzählen wir Ihnen das? Prinz Monolulu personifiziert die Wirkmächtigkeit von Narrativen, die unterschwellig, in immer neue Geschichten verpackt, unsere Weltsicht beeinflussen, und selbst bei der x-ten Entlarvung als Unwahrheit nicht dingfest gemacht werden können, weil sie sich einer eindeutigen Überprüfung und Sanktionierung entziehen. Denn der Prinz pflegte seine Weissagung – *boy or girl* – nicht nur laut vor der künftigen Mutter auszusprechen, sondern auch auf einen Zettel zu schreiben. Diesen steckte er in ein Kuvert, das er versiegelte, um dann die Dame auf dem Siegel unterschreiben zu lassen. Mit fünfzigprozentiger Wahrscheinlichkeit lag der vermeintliche Prophet richtig und strich das Geld verdientermaßen ein. Doch wenn einige Monate später das Kind anderen Geschlechts war als vorhergesagt und die Mutter sich der falschen Prophezeiung entsann und wütend das Kuvert öffnete, um den Scharlatan zu entlarven, fand sie das richtige Geschlecht auf dem Zettel. Prinz Monolulu musste niemals Geld zurückzahlen. Er schrieb einfach immer das Gegenteil

---

Eintrag inklusive seines tragischen Endes, als er im Krankenhaus an Schokolade erstickte. Er mag viele Engländerinnen um ihre Schillinge erleichtert haben, aber er strickte daraus eine wirklich gute Lebensgeschichte. Und wenn Sie dann noch Lust auf mehr Hochstapelei haben, gehen Sie weiter zu einem gewissen »Graf« Victor Lustig, dem Mann, der den Eiffelturm verkaufte, obwohl er ihm nicht gehörte. Und das zweimal.

dessen auf den Zettel, was er laut weissagte. Seine Master Story war zwar eine Lüge, aber gleichzeitig unangreifbar, denn sie traf immer zu.

Doch auch von weitaus weniger schillernden Wahrheitsproduzenten werden wir mitunter nach Strich und Faden betrogen, wie Nicola Gess im Fall des journalistischen Hochstaplers Claas Relotius nachzeichnete. Relotius täuschte mit erfundenen Reportagen die *Spiegel*-Redaktion, die Leserschaft und besonders auch die Jurys der wichtigsten Journalistenpreise jahrelang aufs Ärgste, aber auch Brillanteste, indem er allen Seiten genau den Stoff lieferte, nach dem sie gierten: große, überlebensgroße Geschichten, so strahlend, dass man sie einfach glauben *wollte*. Ihre innere Wahrheit war so glaubwürdig, dass die außenherum erfundenen Umstände – die Schauplätze, zu denen Relotius nie reiste, die Protagonistinnen, mit denen er nie sprach – sich im Kopf der Leser der zwingenden Wahrhaftigkeit einer Reportage anzupassen schienen. Vor allem seine Kombination beliebter Narrative und Masterplots – die klassische Heldenreise mit ihrem Aufeinandertreffen mit übermächtigen Antagonisten, die wundersame Rettung unschuldiger Seelen und nicht zuletzt die Selbsterzählung als bescheidener Chronist und hilfsbereiter Kollege – betäubten offenbar jedes professionelle Misstrauen in seinem Umfeld. Relotius kam (viel zu) lange damit durch, bis sein Kollege Juan Moreno den Mut und die Hartnäckigkeit bewies, ihn zu entlarven, gegen große Widerstände innerhalb der Redaktion.* Erinnern Sie sich an die

* Die Geschichte des einzig Sehenden unter lauter Geblendeten, das Epos des kühnen Reporters Juan Moreno, der sich von eigenen Zweifeln, abweisenden Chefs und der Prominenz des Kollegen Relotius nicht abhalten ließ, um letztlich die ganze Welt des Journalismus vor

UFOs: Würden Sie sich als Einzige gegen eine Institution wie den *Spiegel* und Ihre Kollegen und letztlich auch die Öffentlichkeit stellen, wenn allen die Geschichten von den UFOs so glaubwürdig, so gut recherchiert erscheinen, dass der Absender sogar Preise damit gewinnt? Moreno fasste die Erfolgsformel von Relotius' Alchemie so zusammen: »Bombastische Schicksale plus Relevanz plus die Bestätigung der allgemein vorherrschenden Meinung in der Mitte der Gesellschaft versprechen Ruhm.«[13]

Relotius verfolgte eine geradezu pathologische Täuschungsroutine. Um eine »neue, hochwertigere Identität performativ zu begründen«[14], so Nikola Gess, musste er immer neue, immer tollere halbwahre Geschichten erzählen. Natürlich: Selbst der seriöseste Journalismus kann stets nur ein Abbild der Wirklichkeit sein. Er leidet unter erkenntnistheoretischen und ästhetischen Zwängen, die seine Produkte zwangsläufig, allein schon durch Auslassung mancher Tatsachen, weniger »wahr« werden lassen, als es der eigene Anspruch erfordert. Doch ein Hochstapler wie Relotius überschreitet bewusst die Grenze zum Fiktiven, und er tut es laut Gess, »um als jemand zu erscheinen, der er nicht ist: nimmermüder Reporter, furchtloser Wahrheitssucher, journalistische Edelfeder.«[15] Der Hochstapler, so Gess, »ist die Subjektform der Halbwahrheit«.[16] Relotius selbst bezeichnete das Erzählen in seinem ersten Interview nach dem Skandal als letzten Anker in der Realität. »Die Beschäftigung mit einem Thema, die Konzentration beim Formulieren, das hat mich

---

dessen Lügen zu retten – mehr Heldenreise geht wohl kaum. Er besang sie selbst: in seinem Bestseller *Tausend Zeilen Lüge. Das System Relotius und der deutsche Journalismus.*

abgelenkt. Damit konnte ich falsche Gedanken unterdrücken. Ich hatte das Gefühl, beim Schreiben den Kontakt zur Realität zu behalten.«[17] Damit zeigt er sich letztlich, ins Pathologische übersteigert, als ein erzählender Affe, der sich über sich selbst belügt, um lebensfähig zu bleiben.

Kehren wir zurück zu Hannah Arendts Frage »Wie konnten sie nur?«. Wie etwa konnte die US-Regierung nur jahrelang lügen, um den Vietnamkrieg mit falschen Zielen zu führen, obwohl er nicht zu gewinnen war? Indem sich die Kriegstreiber selbst täuschten. Jedoch nicht allein über die strategische wie moralische Richtigkeit ihrer Politik. Die wahre Perversion lag darin, dass die ursächliche Manipulation der Massen nicht auf der Ebene der politischen Doktrin geschah, sondern auf der Ebene der narrativen Vorherrschaft. Man wähnte sich als einzig legitime Besitzer der Master Story. Also musste man sich auch mit ihr durchsetzen, sie sogar mittels eines Krieges zur selbsterfüllenden Prophezeiung machen: »Wohl dank ihrer hohen Position und ihrer erstaunlichen Selbstsicherheit«, so Arendt, »waren sie von ihrem überwältigenden Erfolg – nicht auf dem Schlachtfeld, sondern auf dem Feld der Public Relations – so überzeugt und der Richtigkeit ihrer psychologischen Theorien über die Manipulierbarkeit von Menschen so sicher, daß sie an ihrer eigenen Glaubwürdigkeit niemals zweifelten und ihren Sieg im Kampf um die Volksmeinung *im Voraus* für gegeben hielten.«[18] Die Tatsache, dass sie damit scheiterten, ignorierten Präsident Johnson und seine Berater wie alle anderen Tatsachen, die nicht in ihre Ideologie des Antikommunismus passten – allen voran die Nichtexistenz des Super-Antagonismus eines sowjetisch-chinesischen Paktes gegen die USA. Damit eignen sie sich als formidables Beispiel für die (Selbst-)Blindheit unserer Spezies. Zu gutgläubig starren wir auf alles und jeden, der unsere narrativen Instinkte bedient (und oft sind wir das eben selbst).

Eine unserer häufigsten Wahrnehmungsverzerrungen, die wir zugunsten der Kohärenz einer bestehenden (Selbst-) Erzählung aufrechterhalten, wurde unter dem Begriff *confirmation bias* (deutsch etwa: Beobachtungsfehler) bekannt. Relotius bediente sich dessen, und Prinz Monolulu gewissermaßen auch: Wir glauben, was wir glauben wollen – beziehungsweise, was andere glauben sollen –, und sortieren alle Information entsprechend ein. Wissen, das mit unseren Überzeugungen in Konflikt gerät, bewerten wir als weniger wichtig als solches, das unsere Ansichten und Vorhaben unterstützt. Wir sind uns selbst also ein denkbar schlechter narrativer Vorkoster, zumindest wenn es darum geht, die Welt in all ihrer Widersprüchlichkeit zu sehen. Wir sind uns gewissermaßen selbst der beste Hochstapler.

Sogar unsere vermeintlich individuell gefassten Vorlieben sind eher soziologische und ökonomische Fiktionen. Das »Ich habe es schon vorher gewusst«-Phänomen, wenn wir retrospektiv eine Kausalität basteln, wird als »Rückschaufehler« oder auch als »schleichender Determinismus« bezeichnet. Nach Meinung des Soziologen Duncan Watts kommt der Rückschaufehler besonders dann zum Tragen, wenn ungewöhnlich große Erfolge zu beobachten sind. Je besonderer der Erfolg, desto besser und logischer muss die Geschichte sein, die zu diesem Erfolg führte. Watts untersuchte, warum bestimmte Gemälde, Bücher oder Ideen berühmt wurden, und bezog sich dabei auf die Arbeiten seines Fachkollegen Mark Granovetters, der die Stärke sozialer Beziehungen untersucht hat.[19] 1978 entwickelte Granovetter sein sogenanntes Schwellenwertmodell, um Unruhen und kollektives Verhalten zu erforschen. Seine Arbeitshypothese war, dass ein Verhalten zugunsten einer Forderung oder einer neuen Idee verändert wird, wenn für eine Person eine genügend große Zahl an Menschen diese neue Handlung präsentiert. Jeder Mensch hat einen anderen Schwellenwert, der überschritten werden muss, um das eigene Verhalten zu ändern. Granovetter beobachtete dies anhand von Ausschreitungen, wo dieser Herdentrieb besonders sichtbar wird, denn je mehr Menschen mitmachen, desto weniger wahrscheinlich wird man erwischt. In der sogenannten Diffusionsforschung, die untersucht, wie sich zum Beispiel Ideen verbreiten, bringt er es mit Hilfe des Schwellenwertmodells auf die einfache Formel: Bei vielen Individuen mit niedrigen Schwellenwerten kann sich eine neue Idee schneller verbreiten, bei hohen Schwellenwerten setzt sich eine Neuerung nur langsam durch.[20]

Watts nutzt das Schwellenwertmodell, um die Idee des »kumulativen Vorteils« einzuführen: Sobald etwa ein Lied oder ein Buch populärer wird als ein anderes, tendiert es dazu, erst recht gleich um ein Vielfaches populärer zu werden. Nicht weil es besser, schöner oder schlauer wäre, sondern weil sich irgendwann alle dafür interessieren, warum sich alle dafür interessieren – weshalb sich alle dafür interessieren. So funktioniert Akkumulation[21], und genauso verhält es sich mit Geschichten. Die Welt ist vermutlich ebenso bestimmt von Lügen und Halbwahrheiten wie von Tatsachen und Fakten. Wir sind psychisch immer noch Jägerinnen und Sammler, die allen Stammesmitgliedern vertrauen wollen (und das meist auch können). Zudem sind gewisse gesellschaftliche Systeme unserer Zivilisation überhaupt nur denkbar, weil wir einander grundsätzlich vertrauen wollen. Geld zum Beispiel, Kredite, Zinsen, Medien und Journalismus, oder auch die moderne Medizin, deren Wirkmechanismen wir als Laien kaum durchschauen können, der wir uns als Patientinnen jedoch ausliefern. Weil dieses menschliche Vertrauen so wertvoll für uns alle ist, sind die Kosten des punktuellen Betrugs kollektiv verschmerzbar. Denken Sie an den Wirecard-Skandal: Erfindungen wie der Finanzkapitalismus und eine ihn institutionalisierende Börse mögen anfällig für Hochstapler sein, die uns eine Geschichte von Gewinn erzählen, wo gar keiner ist. Doch würde jeder immer nur den nächsten Betrug wittern, gäbe es keinen Handel, keine Globalisierung, kaum Innovationen.

Und dennoch wird es Zeit, die größten Lügen zu entlarven. Unser Leben wurde und wird bestimmt von einigen manipulativen Narrativen, die Zugang zu Ressourcen und Macht organisieren. Die ordnen, wer Protagonist und wer Antagonist ist. Die Herrschaft und Ungerechtigkeit verklären können, so glaubhaft, dass wir nicht mehr bemerken, dass die Grundlage unserer Gesellschaften elaborierte Fiktionen über die Ordnung der Dinge sind. Von diesen mächtigen »Märchen für Erwachsene« (MfE), die Menschen wie Figuren eines Welttheaters inszenieren, wollen wir nun erzählen.

Zu Beginn unserer Menschheitsgeschichte haben Jägerinnen das Mammut größer gemacht, als es tatsächlich war, weil die Geschichte dann größere Chancen hatte, weitererzählt zu werden. Vielleicht rettete diese Flunkerei unsere Spezies vor ihren natürlichen Feinden. Aber irgendwann fingen wir an, diesen evolutionären Vorteil gegeneinander zu verwenden.

Wir, die Autoren, haben lange diskutiert, in welcher Ordnung wir die folgenden Märchen für Erwachsene präsentieren: chronologisch, nach ihrer Intention, nach ihrer Wirkung oder danach, wie wirkmächtig sie heute sind? Wir haben festgestellt, dass die MfE zu sehr ineinander verwoben sind, wie ein von den Moiren geknüpfter Schicksalsteppich der Menschheit, als dass wir sie endgültig ordnen könnten; ökonomische Fiktionen über Haben und Nichthaben hängen mit narrativ verpackter Gottesfurcht zusammen, die Unterdrückung von Menschengruppen hatte meist auch ökonomische Gründe, wurde dazu aber religiös verbrämt. Die Narrative gehen deshalb fließend ineinander über.

Wenn man jedoch einige dieser Märchen für Erwachsene genauer betrachtet, stellt man fest: Wir erzählen uns heute tatsächlich Fiktionen über unser Zusammenleben, die denen vor tausend Jahren sehr ähnlich sind. Weil sie die wahren Gründe für Ungerechtigkeiten so schön verschleiern. Weil sie uns entlasten, etwas daran zu ändern. Weil wir sie glauben wollen.

Das erste MfE: der *Homo oeconomicus*

»Diese Generation hat die Zusammensetzung der Atmosphäre in globalem Ausmaß verändert durch [...] eine ständige Zunahme von CO_2 aus der Verbrennung fossiler Kraftstoffe.«[22] Was glauben Sie, wann und von welchem US-Präsidenten wurde dieser Satz gegenüber dem Kongress geäußert? War es Barack Obama in den Nullerjahren? Bill Clinton in den 90ern? Oder gar George H. W. Bush zehn Jahre zuvor? Wir verraten es: schon wieder Lyndon B. Johnson, und zwar 1965. In den folgenden Jahren und Jahrzehnten verdichteten sich die wissenschaftlichen Belege für die menschengemachte Klimaerwärmung zu einer allgemeinen Gewissheit. Doch nichts geschah. Warum? Darüber haben wir ein ganzes Kapitel geschrieben, nämlich das zehnte dieses Buches. Hier jedoch wollen wir schon einmal vorgreifen und erzählen, wie ein ganzer Berufsstand auf die Bedrohung des Status quo durch die aufkommende Klimawissenschaft mit dem systematischen Säen von Zweifeln reagierte. Diese *Merchants of Doubt* oder »Händler des Zweifels«, wie sie die Historikerin Naomi Oreskes in ihrem gleichnamigen Buch nannte, haben in der zweiten Hälfte des 20. Jahrhunderts vor allem im englischen Sprachraum das professionelle Operieren mit Halbwahrheiten, Pseudowissenschaften und rhetorischen Blendgranaten perfektioniert.* Sie sind die Nachfolger von Edward Bernays und Herb Klein. Ihre Methoden sind verfeinert und verschleiert, um den Argumenten der Gegenseite zu entgehen, doch die Auswirkungen dieser narrativen Kriegsführung spüren wir heute vielleicht wie noch nie.

Oreskes spricht von der »Tabak-Strategie«, da die Mechanismen und Tricks der Zweifelhändler erstmals Mitte der 90er-Jahre in der Auseinandersetzung um die Schädlichkeit von Tabakrauch (insbesondere beim Passivrauchen) dokumentiert und erforscht werden konnten. Doch egal ob es um das Rauchen und den dadurch verursachten Krebs ging, um die Klimaerwärmung durch CO_2-Ausstoß, das Ozonloch oder den sauren Regen – stets attackierten die immer gleichen Männer, früher selbst verdiente Wissenschaftler, inzwischen aber von Industrielobbys bezahlt, mithilfe von Wirtschaftsanwälten und PR-Spezialisten jede Expertin, die unbequeme Wahrheiten in den Diskurs einbrachte. Auf allen möglichen Kanälen erzählten sie Gegengeschichten: Die Forschungsergebnisse seien nicht abgesichert, es sei politisch Einfluss genommen worden, die Wissenschaftlerinnen stün-

---

* Die deutsche Ausgabe heißt *Die Machiavellis der Wissenschaft. Das Netzwerk des Leugnens.* Kein Wunder, dass es dieses wichtige Buch in Deutschland schwer hatte.

den auf der Gehaltsliste gewisser Verbände oder Unternehmen, der wissenschaftliche Konsens sei viel fragiler als dargestellt, man müsse doch beide Seiten anhören – und so weiter. Das dahinter liegende Narrativ wird erst klar, wenn man all die vielen Kleinkriege um einzelne Studien und Reporte zusammen betrachtet. Die Zweifelhändler wollten einer beunruhigten Gesellschaft einflüstern, sie brauche sich nicht zu sorgen oder gar zu ändern. *Du musst dich nicht verändern* – ein Versprechen, so falsch wie verführerisch, das uns immer wieder begegnen wird, weil damit den allgegenwärtigen, anstrengenden Heldenreisen ein weniger forderndes Angebot gegenüber gestellt wird.

Diese professionellen Wahrheitsfabrikanten und ihre Auftraggeber berufen sich implizit oder explizit auf eine zentrale Theorie der Wirtschaftswissenschaften, die den Menschen auf genau eine Funktion reduziert: die Maximierung seines Nutzens. Der *Homo oeconomicus* (innerhalb der Ökonomik auch »rationaler Agent« oder »Nutzenmaximierer« genannt) versucht zu jedem Zeitpunkt und unter allen Bedingungen, seinen Nutzen zu steigern – und zwar unbegrenzt. Er betrachtet die Welt rational nach dem Kosten-Nutzen-Prinzip und versucht, seinen Besitz ständig zu mehren. Dabei wissen wir längst: Dieses Narrativ und das ihm zugrunde liegende Menschenbild sind falsch. Wir sind zum einen ganz sicher nicht rational (wie auch dieses Buch schon gezeigt hat), und zum anderen macht ein *immer mehr* viele von uns überhaupt nicht glücklich (wohingegen viele Menschen in ärmeren Gegenden der Welt noch längst nicht genügend Nahrung, Gesundheit und Sicherheit haben).

Den methodischen Individualismus des *Homo oeconomicus* aka Robinson Crusoe kritisierte schon Karl Marx. Er sah die Robinsonaden des 18. Jahrhunderts als »Vorwegnahme der ›bürgerlichen Gesellschaft‹« und ihrer von der »Natur independenten Subjekte« als »Produkt einerseits der Auflösung der feudalen Gesellschaftsformen, andererseits der seit dem 16. Jahrhundert neu entwickelten Produktivkräfte«.[23] Und er hatte, auch empirisch gesehen, recht. Selbst für ein Modell ist der *Homo oeconomicus* erstaunlich einfach zu widerlegen. Eine eindrückliche Studie dazu untersuchte das Verhalten einer speziellen Gruppe: Taxifahrer in New York. Ihre Einkommenssituation hängt primär davon ab, ob an einem Tag aus bestimmten Gründen (etwa Messen, Wetter) besonders viele Menschen mit ihnen fahren wollen. Also könnte man annehmen, dass sie als Nutzenmaximierer an guten Tagen besonders lange Schichten schieben, um ihren Umsatz zu steigern, und an schlechten früher Feierabend machen. Das Gegenteil war jedoch der Fall: Die allermeisten Fahrerinnen schienen sich ein Umsatzziel zu setzen und so lange zu fahren, bis sie es erreicht hatten. Der Untersuchung nach hätten sie ihr Einkommen um acht Prozent steigern können, wären sie einfach nur jeden Tag gleich lang gefahren, und sogar um 15 Prozent, wenn sie an guten Tagen mehr und an schlechten weniger gefahren wären. Aber Taxifahrerinnen sind offenbar keine strikt rationalen Nutzenmaximierer. Sie fahren nicht für optimalen Ertrag, sondern für das gute Gefühl, ein Ziel erreicht zu haben. Und sie überschätzen dabei den Wert eines heutigen Gewinns gegenüber einem möglichen in der Zukunft.*

Weitaus mehr als ein absolutes Ziel beeinflusst uns jedoch

---

* Glauben Sie nicht? Fragen Sie mal eine Taxifahrerin, wie lange sie pro Tag fährt. Spatz in der Hand, Taube auf dem Dach und so weiter … Zum gefährlichen Gegenwartsfetisch der Menschen finden Sie mehr in Kapitel 12.

der Vergleich mit anderen. In vielen verhaltensökonomischen Experimenten wurde nachgewiesen, dass unsere Zufriedenheit sehr stark davon abhängt, ob wir uns gegenüber anderen gleich- oder bessergestellt wahrnehmen, also wie viel mehr oder weniger wir im Vergleich zu anderen haben. Als tribalistische Wesen gilt das Gleiche für den Wohlstand meiner Gruppe gegenüber einer anderen. Kurz: Als Nutzenmaximierer sind wir verdammt schlecht. Deshalb sind auch unsere beliebtesten Heldinnen aus Film und Literatur kaum sture Maximiererinnen. Sie haben vielmehr Zweifel, Vorlieben, Denkfehler, Ängste und Ziele, nach deren Erreichen sie aufhören, Heldinnen zu sein. Sie wollen zwar alles gewinnen, aber das ist selten eine maximal hohe absolute Zahl. Und wenn dies doch einmal ihr anfängliches Ziel war, kann man fast sicher sein, dass die Geschichte sie eines Besseren belehrt und die Abkehr von solchen externen Anreizen genau der Gegenstand ihrer inneren Transformation sein wird.

Ein großes, global nutzbares alternatives Narrativ zum *Homo oeconomicus* ist jedoch nicht in Sicht. Der Autor und Kognitionspsychologe Christian Stöcker schreibt dazu: »Ökonomen haben Modelle auf der Behauptung aufgebaut, dass Mehrwollen eine unveränderliche menschliche Grundeigenschaft sei. Wir haben ein Wirtschaftssystem auf diesem Dogma aufgebaut, das Menschen nachweislich keineswegs glücklicher macht. Gleichzeitig droht es, unseren Planeten mittelfristig unbewohnbar zu machen. Wie kann es sein, dass wir unsere eigene Umwelt womöglich irreversibel zerstören, während mehr als die Hälfte allen Besitzes in den Händen von einem Prozent der Weltbevölkerung landet?«[24]

Es kann sein, weil mächtige Narrative diese Ungerechtigkeiten unterstützen und verklären, allen voran das Versprechen vom Wachstum und das Märchen von der »unsichtbaren Hand« des Marktes. Es ist das Narrativ, das von den USA nach Ende des Kalten Krieges als das siegreiche gefeiert wurde, indem man es ideologisch radikalisierte: Nicht nur die freie Marktwirtschaft mit möglichst wenig staatlichen Eingriffen, sondern am besten ein marktradikal-libertärer Fundamentalismus wurde zum Nonplusultra erhoben. Letzterer geht zurück auf die amerikanische Philosophin Ayn Rand, die zusammen mit ihrem Gefährten Alan Greenspan (später Chef der US-Notenbank und damit einflussreichster Wirtschaftsberater diverser Regierungen) als Erfinderin dessen gilt, was heute unter dem Label »Neoliberalismus« fungiert und erstmals von Ronald Reagan und Margaret Thatcher in Regierungspolitik überführt wurde. Thatcher wird gerne mit dem martialischen Satz zitiert, es ginge ihr nicht nur um die Märkte des Landes, sondern letztlich »um die Seelen« der Menschen. Das Narrativ des »guten« Marktes und des »bösen« Staates, der nur die perfekte Freiheit aller Marktteilnehmer und damit ihre maximale Prosperität stört, dominierte von den 80ern bis zur Finanzkrise 2008 die globale Auseinandersetzung. Es wurde wiederum gestützt vom Mythos der Meritokratie, der besagt, dass ein jeder und jede schon bekomme, was er oder sie qua Leistung verdiene.

So lassen sich mit den Protagonisten *Homo oeconomicus,* freien Märkten und (vermeintlichem) Leistungsprinzip hervorragend allerlei Wachstums- und Ausbeutungsideologien des 20. Jahrhunderts legitimieren. Manche sprechen in Bezug auf diese scheinrationale Wirtschaftsgläubigkeit schon von einer Quasireligion, da ihre Gesetze und Gebote, ihre Wirkmechanismen und Vorprediger selbst dann nicht hinterfragt werden, wenn sie katastrophale Auswirkungen zeitigt, wie beispielsweise während der globalen Finanzkrise 2008 oder langfristig bei der Zerstörung unserer Lebensgrundlagen.

Und wenn man sich all die anderen Märchen für Erwachsene genauer ansieht, versteht man, dass wir uns von den ersten religiösen Mythen über die Erfindung Monarchie bis zum modernen Geldsystem narrativ tatsächlich viel weniger entwickelt haben, als wir glauben.

Die Götter müssen verrückt sein

Was denken Sie, wenn neben Ihnen ein Blitz einschlägt? »Puh, da hab ich aber Glück gehabt«? Oder eher: »Gut, dass ich so gottesfürchtig lebe«? Damit sind wir zurück bei unserem Beispiel aus Kapitel 3: der möglichen Erfindung der Religion aufgrund eines Blitzes. Als Quelle, Legitimation und erzählerischer Rahmen der allermeisten Geschichten einer Kultur, quasi als Metamärchen für Erwachsene (und Kinder) funktionierte Religion so lange gut, wie sie ein Monopol auf die Erzählungen hatte. Erst mit der Aufklärung bekam sie ernsthafte narrative Konkurrenz. Erst mit ihr wurde die Eindeutigkeit der Religion zu etwas Komplexerem.

»Sein oder Nichtsein, das ist hier die Frage«, so sagte es eine berühmte Figur in einem berühmten Stück eines berühmten Autors. Und es gibt einen guten Grund, warum der Urheber dieser Worte namens William Shakespeare heute noch als einer der größten Künstler aller Zeiten gilt: weil er in seinen Geschichten eine neue Art von Ursache und Wirkung, vielleicht sogar eine neue Art des Denkens verhandelte. Gut und Böse sind bei ihm weder eindeutig verteilt noch durch Vernunft oder Gefühle eindeutig begründet. Zufälle spielen eine Rolle (oder ergeben, wie im *Sommernachtstraum,* eine ganze Komödie), aber menschliches Handeln und Irren bestimmen am Ende doch den Lauf der Dinge, tragisch wie komisch. Und die Götter? Die braucht man nicht mehr. Zumal sie sowohl in der Alltagserfahrung einer ungerechten, oft willkürlich grausamen Welt als auch in den Erzählungen der griechischen Mythen keine besonders verlässlichen Gesellen waren. Wer sich mit dem Problem der Theodizee befasste, also der Frage, wie ein gütiger Gott so viel irdisches Leid zulassen könne, konnte sogar zu dem Schluss kommen: »Die Götter müssen verrückt sein.«

Im gleichnamigen südafrikanischen Film von 1980 landet eine aus einem Flugzeug geworfene gläserne Coca-Cola-Flasche in der Kalahari-Wüste vor den Füßen Xis, Oberhaupt seines Stammes. Xi hält die Flasche, wie soll es anders sein, für ein Zeichen der Götter statt für einen abstrusen *Zu-Fall* im Wortsinne. Allerdings haben die Ureinwohner keine Ahnung, wozu dieses Geschenk der Götter gut sein könnte, und so will jeder versuchen, es herauszubekommen. Dies führt zu immer mehr Streit unter den Stammesangehörigen, weil es dieses »Werkzeug« im Gegensatz zu anderen Gegenständen in ihrer Umgebung nur einmal gibt. Deshalb beschließt Xi, das »böse Ding« an das »Ende der Welt« zu bringen, um es den Göttern zurückzugeben. Und so beginnt eine Heldenreise, deren Ziel die Abkehr aus dem Urnarrativ der Religion ist – und damit von der Idee, dass es eine übersinnliche Macht gibt, die alles steuert und allem einen Sinn gibt. Dass ihr Ausgangspunkt ein Stück achtlos weggeworfener Zivilisationsschrott ist (der wiederum in den Augen der Bewohner der damals sogenannten »Dritten Welt« ein begehrtes Luxusgut darstellt) ist sicher erzählerisch so gewollt. Doch die Frage, warum die einen durch die Cola-Flasche reich werden, andere nur von ihr träumen können und manche überhaupt nicht wissen, was sie damit anfangen sollen, ist viel größer, als man zunächst glauben mag, denn nur eines ist dem Menschen langfristig noch unerträglicher als Zufall: unerklärliche Ungerechtigkeit. Die wohl einflussreichsten Erzählungen waren deshalb lange Zeit die Religionen, denn sie organisierten und legitimierten ungleich verteilte Macht und Herrschaft in einem kulturübergreifenden, historisch-zivilisatorischen Ausmaß und behielten zudem die Kontrolle über jede Transzendenz. Im Europa der Aufklärung bekam sie aber Konkurrenz, und zwar vor allem durch zwei Newcomer, welche den Zufall besser beherrschten als die Religion, die ihn nur als Gottes Wille hinnehmen konnte: den Roman und die Wirtschaft. Beide hängen wiederum enger zusammen, als man denken könnte.

Für den Literaturwissenschaftler und Philosophen Joseph Vogl hat der Roman, der im 18. Jahrhundert als literarische Gattung in Europa populär wurde und sich bald zum »Leitmedium« der Auseinandersetzung des Menschen mit sich selbst und seinen sozialen Zusammenhängen entwickelte, zuerst eine »aleatorische« Funktion, also eine den Zufall einhegende. Statt von Zufällen und willkürlichen göttlichen Fügungen gesteuert durch ihre eigene Geschichte zu stolpern, handelten die Figuren des Romans nun nach inneren Antrieben. Gleichzeitig etablierte der Roman das wirtschaftende Subjekt. Ein sehr frühes Beispiel für diesen Übergang ist *Fortunatus,* das als erster deutscher Prosaroman gilt: Der 1509 gedruckte, von einem unbekannten Verfasser stammende Text dreht sich erstens um eine günstig zu stimmende Glücksgöttin und ihren titelgebenden Jünger; zweitens um dessen schrittweise Entwicklung vom bloßen feudalen Untertanen zum selbstständigen Kaufmann. Drittens bietet er eine buchhalterisch anmutende Bestandsaufnahme der wichtigsten Handelsrouten, Währungen und Handelswaren, mit denen der Held Fortunatus in Berührung kommt. Und viertens wird darin laut Vogl eine »fast überdeterminierte Gleichsinnigkeit von Geldkapital und Fruchtbarkeit«[25] etabliert, eine »motivische Verschränkung von Zeugungskraft und Geld«[26]. Geld wird zu einem Medium des Erzählprozesses selbst, das fortan alle Figuren und ihre Beziehungen definiert, wie es einst nur der Stand oder eben die Götter vermochten. Das Monetäre mag ein kaltes Regime sein, aber es ist in seiner unmenschlichen Starrheit doch verlässlicher als das göttliche Regime oder das des Zufalls.

Wie auch der russische Literaturhistoriker Michail M. Bachtin zeigte, verwandelten sich unsere Geschichten mit der Entstehung des modernen Romans von fremdbestimmten Storys, in denen Menschen mal durch Schicksal, mal durch die Götter ausgelöste seltsame Begebenheiten zustießen, zu Plots, in denen die Protagonistinnen (und ihre Motive) zu Auslösern der Handlung wurden. Parallel zur Etablierung des relativ freien, bürgerlichen Subjekts entstand so eine passende Art und Weise, vom Individuum zu erzählen.

Bei Shakespeare ging es noch um Macht und Liebe statt um Geld. Und doch waren seine Erzählungen bereits auf vielen Ebenen bemerkenswert aufklärerisch. Kaum eine Figur bei ihm ist nur gut oder nur böse. Selbst die Natur darf bei Shakespeare ambivalent sein, brutal und lieblich, verlockend und bedrohlich. Der Dichter John Keats bescheinigte Shakespeare die aufklärerische »negative Fähigkeit«[27], dass er Ungewissheiten, Mysterien und Zweifel aushielt – ohne sofort nach Kausalitäten zu suchen. So verhandelt Hamlet im wahrscheinlich berühmtesten Monolog der Literaturgeschichte – »Sein oder Nichtsein« – die Frage, ob er lieber in den Tod gehen soll, statt ein Leben mit der Gewissheit zu akzeptieren, dass sein Onkel seinen Vater umgebracht hat. In der Zerrissenheit und Uneindeutigkeit seines Protagonisten nimmt Shakespeare den klassischen Punkt einer Heldenreise, da der Held sich weigert, die ihm vom Epos zugedachte Rolle zu spielen – und schafft in einer Uneindeutigkeit etwas sehr Modernes. Wir würden Shakespeares Haltung, die er in seinen Stücken verfertigt, heute Ambiguitätstoleranz nennen – also die Fähigkeit, Widersprüche zu ertragen. Und genau deshalb führen wir seine Geschichten heute noch so gerne auf: Sie überlassen uns als Zuschauer Moral, Deutung und Begründung. Wenn sie überhaupt eine übergeordnete Botschaft haben, dann ist es eine der Aufklärung und der Freiheit von höherer Gewalt. Oder wie der Literaturwissenschaftler Hans-Dieter Gelfert es zusammenfasst: »In Shakespeares Tragödien verstoßen die charismatischen, kompromissunfähigen Helden gegen die Ordnung und stürzen, worauf an ihre Stelle kompromissbereite, moderne Pragmatiker treten, die ohne Charisma mit jenem Common Sense agieren, der bald darauf zum sprichwörtlichen Organ der englischen Aufklärung wird. Als noch moderner wird man aber die Komödien empfinden, in denen die Lösungen aus einer Position der Schwäche heraus von gewitzten Frauen herbeigeführt werden.«[28] Gelfert nennt Shakespeare deshalb einen »Herold der Neuzeit«, einen prophetischen Dichter, der vom neuen Menschen, welcher sich zwischen Vernunft und Leidenschaften entscheiden kann, bereits erzählte, bevor dieser Mensch mit der Aufklärung wirklich in Erscheinung trat.

»Es gibt mehr Dinge im Himmel und auf der Erde, als eure Schulweisheit sich träumt«, rief Shakespeare mit Hamlet seinen Zeitgenossen zu. Das Stück, aus dem das Zitat stammt, wurde 1603 gedruckt. Immanuel Kant veröffentlichte seine *Kritik der reinen Vernunft,* die als eines der bahnbrechenden Werke der Aufklärung gilt, erst 1781. Und doch:

Bei aller Fortschrittlichkeit griff Shakespeare weitgehend auf ein Personal zurück, das aus dem Mittelalter, im Fall seines *Julius Caesar* sogar aus der Antike, herüberwinkte: Könige und Königinnen, Adlige und Ritter, deren Schicksal wie das von Halbgöttern verhandelt wurde und die aufgrund ihres Blutes zu Protagonisten und Antagonisten bestimmt waren, während die anderen Stände meist nur Statisten blieben. Erst 1688/89 sollte durch die Glorious Revolution die absolutistische Monarchie in England fallen – und mit ihr auch die Vorherrschaft der königlich-göttlichen Helden.

Stellt sich die nächste Frage zur Verteilung von Zufällen und Gerechtigkeit: Wer hatte eigentlich mit dieser seltsamen Geschichte begonnen, die wir »Monarchie« nennen?

Die Erfindung des Königs

Die Geschichte beginnt mit der Geburt und Berufung des Propheten Samuel. Ins Alter gekommen, setzt der Richter Samuel seine Söhne Saul und David ein, seine Arbeit fortzuführen. Doch die beiden sind wenig gottesfürchtig und nur auf den eigenen Vorteil bedacht. Die Ältesten wenden sich daher an Samuel und bitten ihn: »Siehe, du bist alt geworden, und deine Söhne wandeln nicht in deinen Wegen. So setze nun einen König über uns, der uns richte, wie ihn alle Völker haben.«[29] Weil die Stämme sich ständiger Bedrohung durch Invasionen und Unterdrückung ausgesetzt sehen, soll eine stabilisierende neue Gesellschaftsordnung die Lösung bieten. Die mesopotamischen Modelle von Monarchie, bei den Philistern, Ammonitern und Kanaanitern schon in Kraft, wirken aus der Ferne erfolgversprechend. Samuel ist entsetzt, denn der Wunsch nach einem einzelnen Herrscher stellt die

Autorität Gottes infrage, lehnt ihn gar als König ab. Gott aber erklärt Samuel, er solle dem Wunsch des Volkes folgen: »Gehorche der Stimme des Volks in allem, was sie zu dir sagen; denn sie haben nicht dich, sondern mich verworfen, dass ich nicht mehr König über sie sein soll.«[30]

So beschreibt das 1. Buch Samuel des Alten Testaments den Übergang Israels von einer politisch unruhigen Zeit hin zu einer Monarchie mit zentraler Regierung in Jerusalem. Stellen wir uns kurz vor, wie man damals lebte: Als der Mensch endgültig sesshaft wurde und größere Gesellschaften aufbaute, machten mindestens drei Entwicklungen neue Geschichten notwendig. Erstens: Je mehr Menschen zusammenlebten, desto mehr mussten sie sich organisieren, um nicht in selbstzerstörerisches Chaos zu verfallen. Zweitens: Je höher die Bevölkerungsdichte in einer Region, desto wahrscheinlicher war es, auf fremde Stämme zu treffen. Konflikte und Koexistenzen mussten irgendwie ausgehandelt werden, wenn sie nicht kriegerisch gelöst wurden. Das Konzept von Abgrenzung trat auf den historischen Plan. Drittens: Mit der Sesshaftigkeit sammelten Menschen zum ersten Mal Besitz an, wodurch Erbe als neuer ökonomischer Hebel entstand. Zivilisationen wurden größer, reicher, kompetitiver und deswegen auch hierarchischer – was bedeutete, dass manche Menschen über mehr Macht und Reichtum und damit zugleich über mehr Rechte und Privilegien verfügten als andere.

Je größer die zu organisierenden Gruppen, Zivilisationen, Städte, Nationen wurden, desto elaborierter und überzeugender mussten die Gründe sein, warum einige wenige Menschen ganz oben waren – und viele andere unten. Hierfür brauchte es überzeugende Geschichten. Und tatsächlich ließ sich mithilfe von Geschichten eine ungerechte Aufteilung und Zugänglichmachung von Ressourcen derart gut und schlüssig mit Sinn aufladen, dass ganze Völker gewillt waren, sogar die willkürlichste aller Ungerechtigkeiten zu akzeptieren: die eines alleinigen, absolutistischen Herrschers, dem qua Geburt alle Macht zusteht. Religionen etablierten sich als hierfür besonders effiziente Metanarrative – und Monarchien als ihr ebenso erfolgreicher Spin-off.

Denn wie geht die Geschichte von Samuels Auftrag weiter? Der alte Richter solle einen König ernennen, aber das Volk auch warnen: Der Mann, der König werde, mache zwar einen guten Eindruck, werde das Volk aber enttäuschen. Samuel findet daraufhin einen Mann namens Saul, der es laut Vorhersage Gottes werden soll, und salbt ihn formell mit Öl zum König. Es kommt wie angekündigt: Saul versagt im Kampf gegen die Philister und Goliath – Gott behält also recht. Doch jetzt ist es zu spät, die Erbmonarchie ist eingesetzt. Mit allen ihren Folgen über 2000 Jahre hinweg.

Auf diese (etwas enttäuschende) Geschichte vom ersten König Israels sowie auf das Neue Testament, in dem der erste Papst namens Petrus den Christen befiehlt, sie sollten den römischen Kaiser ehren, berief sich die katholische Kirche knapp zwei Jahrtausende lang; um die Tradition des Königs als eines von Gott legitimierten Vertreters auf Erden zu etablieren und dadurch eine Unterwerfung unter die Monarchie zu rechtfertigen. Im Grunde basiert also ein Teil der Selbsterzählung des monarchistischen Mittelalters auf einer explizit monarchiekritischen Geschichte, in der ironischerweise aus Gründen der Demokratie den Menschen die dysfunktionale Monarchie zugestanden wird. In diesem Sinne war das gesamte Mittelalter ein einziger Brexit.

Rückblickend betrachtet hat sich die Erfindung der Monarchie angesichts der Absurdität ihrer Prämisse – ein Einzelner bekommt Macht über alle anderen, einfach weil er geboren wurde – erstaunlich lange gehalten. Monarchien sind eine Konstante der Menschheitsgeschichte, die liberale Demokratie ist im Verhältnis dazu ein sehr junges Konzept. Erst vor gut zwei Jahrhunderten fingen Gesellschaften an, das Prinzip der Erbmonarchie effektiv infrage zu stellen. Woran lag das?

Ein möglicher Grund: In Zeiten von Unbeständigkeit wirkte nichts so beruhigend wie die Vorstellung, dass der Herrscher einer Gesellschaft, die sich gegen diese Widrigkeiten behauptete, von den Göttern beauftragt war. Der König war gewissermaßen ein Upgrade des mythologischen Helden, ein Herausragender, der sich gar nicht erst beweisen musste, sondern durch seine schiere Existenz und die darum gebaute Mythologie für die Lösung aller Probleme sorgte. Wie der Historiker Donald W. Hanson erklärt: »… als ob all die sozialen Unwägbarkeiten, all die Unruhe und Angst, die mit einfachen Gesellschaften verbunden sind, die ständig am Rande von Hunger, Gewalt und Krieg schweben, durch die Idee eines stabilen Königtums kompensiert würden«.[31] Die Geschichte vom magischen König ist tatsächlich ein Märchen zur Beruhigung des gesellschaftlichen Gemüts und ein erzähltes Versprechen einer durch die Vererbung der Macht abgesicherten, kontinuierlichen sozialen Ordnung. Die unbewusste Angst vor Destabilisierung kann die Heldenverehrung erklären, die Monarchen bis heute entgegengebracht wird. Die Krone und das angeblich »blaue Blut« sind dabei nur Symbole dieses Märchens, nicht seine Quelle.

In der Logik des von göttlichem Recht legitimierten Königs untersteht dieser selbstredend keiner irdischen Autorität, sondern führt »mit Gottes Gnaden« dessen Willen aus. Das macht ihn für Kritik unangreifbar, da jede Entscheidung und jeder Beschluss göttlich legitimiert sind. Es gab keinen Ausweg aus dieser Fiktion, der diese nicht als Fiktion entlarvt oder durch eine andere Fiktion ersetzt hätte. Wer eine alternative Geschichte mit vergleichbarer Deutungsmacht vorlegen wollte, musste schon selbst eine Religion oder wenigstens eine Sekte gründen; und wurde üblicherweise erst einmal brutal verfolgt, wie auch die Christen im alten republikanischen Rom, bevor sie sich als Staatsreligion durchsetzen konnten – um dann ihrerseits diejenigen zu verfolgen, die ihre Master Story angriffen. Bis weit in die frühe Neuzeit hinein wurde der Körper des Königs in seinen Rollen als Repräsentant mit Gottes Gnaden und gleichermaßen alternder Monarch gesehen, dessen Einheit er allein in Form des *body politic* zu konstituieren vermochte. In seinem Buch *Die zwei Körper des Königs. Eine Studie zur politischen Theologie des Mittelalters* (1957) entwickelt der deutsche Historiker Ernst Kantorowicz die Idee einer Dualität von königlichem Körper, bestehend aus dem repräsentativen, transzendentalen unsterblichen und dem privaten, sterblichen Körper des Königs. Aus dieser »juristischen Fiktion«, wie es dort heißt, entsteht die Dynamik und Spiegelung von Christus, der göttlich und menschlich zugleich ist.[32]

Von zentraler Bedeutung für den Erfolg der Monarchie und auch für das Christentum, das die monarchistische Erzählung ermöglichte und zum Selbsterhalt auch benötigte, war letztlich das Schüren von Angst. Die mächtige Übernatürlichkeit, die Furcht vor göttlicher Sanktion und das Einhalten von kollektiven Regeln gingen dabei Hand in Hand. Die Hölle ist ohnehin eine der interessantesten Erfindungen, nicht nur des Christentums, sondern etlicher Religionen: So wie wir Kindern Gruselgeschichten erzählen, damit sie artig sind, erzählte man den Menschen von einer apokalyptischen Feuerwelt, in der sie auf ewig Qualen erleiden und gefoltert würden, um sie in der diesseitigen Welt zu disziplinieren. Die existenzielle Angst vor Gottes Strafe ist hilfreich, um Menschen zur Tugendhaftigkeit zu bewegen. Das funktionierte auch lange gut – bis die Menschen erkannten, dass sie raus mussten aus der Hölle ihrer selbstverschuldeten Unmündigkeit.

»Seit je hat Aufklärung im umfassendsten Sinn fortschreitenden Denkens das Ziel verfolgt, von den Menschen die Furcht zu nehmen und sie als Herren einzusetzen.« So schrieben es Max Horkheimer und Theodor W. Adorno in ihrer berühmten *Dialektik der Aufklärung* (1944). »Aber die vollends aufgeklärte Erde strahlt im Zeichen triumphalen Unheils. Das Programm der Aufklärung war die Entzauberung der Welt. Sie wollte die Mythen auflösen und Einbildung durch Wissen stürzen.«[33] Das rationale Programm der Aufklärung stürzte demnach die großen Erzählungen von Religion, Adel und Aberglaube – führte allerdings auch zu heftigen narrativen Konflikten. Wenn nicht einige wenige Vorbestimmte herrschen sollten, wer dann?

Die Amerikanische und die Französische Revolution präsentierten da neue Narrative. Auf Grundlage der verrückten Idee, dass alle Menschen prinzipiell gleich seien, beseitigten die Revolutionäre des 18. Jahrhunderts die Erbmonarchie zugunsten gewählter Machtvertreter, die dem Volk Rechenschaft schuldeten. In einer von Gott und seinen Stellvertretern gelenkten Welt lässt sich Ungerechtigkeit mit Gottesfürchtigkeit ertragen. Aber wie geht man mit einer Wirklichkeit um, in der kein Gott für die Hierarchien sorgt?

Ein neues Märchen: Jeder ist seiner Krone Schmied

Die Renaissance labte sich an den griechischen Mythen und Philosophien, die, wie in Kapitel 3 beschrieben, schon einmal das Individuum gefeiert hatten. Die Aufklärung entwickelte diesen Individualismus entscheidend weiter. Nachdem wir die Geschichten aufgegeben hatten, in denen die Götter Schuld an unserem Schicksal haben, und wir nicht mehr davon ausgingen, dass unser Platz in der Welt durch Geburt bestimmt werden muss, schienen wir einen pragmatischen Realismus zu verfolgen: Erfolg und Misserfolg als Ergebnis von Fleiß und Talent. So akzeptierten wir zunehmend, dass manche Menschen aufsteigen und andere darben, weil wir dies mit Anstrengung und Leistung begründen konnten. Die neue Herrschaft ging nicht mehr von einem Menschen qua Geburt aus, sondern von einem Menschen, der sich seine Position »verdient«. Auf diesem Narrativ der Meritokratie – Erfolg durch Arbeit – basiert die gesamte ökonomische und soziale Selbsterzählung der westlichen Leistungsgesellschaften. Sie ist heute vielleicht das wirkmächtigste Märchen für Erwachsene überhaupt.

Als der Wirtschaftsjournalist Michael Lewis 2012 vor frischgebackenen Absolventen der Princeton University eine Rede hielt, beschrieb er am Ende seiner Ansprache ein Experiment, das Psychologen an der University of California in Berkeley durchgeführt hatten. Dabei wurden mehrere dreiköpfige Gruppen in Räume gesetzt und mit der Lösung einer ethischen Fragestellung beauftragt. Eine der drei Personen wurde dabei vollkommen zufällig zum Gruppenleiter ernannt, der allerdings keine besondere Verpflichtung oder Funktion hatte, während die drei gemeinsam versuchen mussten, die Aufgabe zu lösen. Nach einer halben Stunde brachte jemand einen Teller mit vier Keksen, die sich die drei Probanden aufteilen sollten. In allen Fällen aß der wahllos ausgewählte Gruppenleiter den überzähligen vierten Keks. Lewis erklärte den Elite-Absolventen: »Sie alle sind, ganz allgemein gesprochen, zu Gruppenleitern bestimmt worden. Ihre Zulassung mag nicht vollkommen willkürlich erfolgt sein. Dennoch müssen Sie deren willkürlichen Aspekt spüren: Sie sind die wenigen, die Glück hatten. Jede und jeder Einzelne von Ihnen hat den Extra-Keks angeboten bekommen. Und Sie alle werden in Zukunft noch viel mehr Extra-Kekse angeboten bekommen. Und über kurz oder lang wird es Ihnen leichtfallen anzunehmen, dass Ihnen dieser Extra-Keks zusteht.«[34]

Hier schlägt erneut der innere Erzähler zu und führt etwas durch, was Psychologinnen »Kontrollüberzeugung« *(lotus of control)* nennen. Wir glauben, wenn auch individuell unterschiedlich stark, Kontrolle über unser Schicksal zu haben – und dass Ereignisse mit unseren Entscheidungen zu tun haben. Die Fokussierung auf die individuelle Kontrolle geht mit dem sogenannten fundamentalen Attributionsfehler einher: Wenn anderen Menschen Schlechtes widerfährt, glauben wir eher, sie seien persönlich schuld daran. Wenn es aber uns selbst widerfährt, geben wir lieber den Umständen die Schuld. Und obwohl wir aus purem Glück Gruppenleiter werden, denken wir, dass uns der Keks irgendwie zustehen würde. Wir denken selbst bei Zufall an Verdienst.

Erinnern Sie sich noch an die Gamer aus Kapitel 5, die spielen, weil sie davon ausgehen, dass sie gewinnen können? Von diesem Glauben an unseren potenziellen Erfolg und an die Idee, dass wir ganz allein für unseren Erfolg verantwortlich sind, profitiert unser gesamtes Gesellschaftssystem – und insbesondere unsere Wirtschaft. Erst wenn ich das Gefühl beruflicher Selbstwirksamkeit habe, bin ich gewillt, dafür jeden Tag aufzustehen, Überstunden zu machen, mich emotional und körperlich zu verausgaben und Aufgaben zu erledigen, die ich nicht mag – weil ich unter anderem davon ausgehe, dass ich mir damit einen Platz an der Sonne verdienen kann. Als Menschen, die Helden sein wollen, müssen wir daran glauben können, dass es von Erfolg gekrönt sein kann, sich dem Drachen zu stellen.

Die magische Zutat in Narrativen, die eben nicht den glücklichen Zufall als Grundprämisse haben, lautet: Hoffnung. Sie gibt unserem Tun einen Sinn und lässt uns annehmen, dass wir uns unser Glück verdienen können. Sie lässt an einen besseren Ausgang unserer eigenen Geschichte glauben, solange wir nur besser performen. Sie trägt uns durch die beschwerlichen Momente harter Arbeit und wiederholten Scheiterns. Wenn eine Erzählung hingegen vermittelt, dass auch eine große Portion Glück unseren Erfolg bestimmt und es also weniger wichtig ist, ob wir fleißig sind oder nicht, werden wir im besten Fall gelassener, im schlechtesten Fall entmutigt und demotiviert.[35] Letzteres ist in einem hochkompetitiven Umfeld, wie zum Beispiel dem Kapitalismus, allerdings kontraproduktiv. Umgekehrt kann die Leugnung des Zufalls zusätzliche Anstrengungen freisetzen. Und konsequenterweise fühlen wir uns dann auch dazu berechtigt, das behalten zu dürfen, was wir haben, weil wir denken, es sei ausschließlich unser Verdienst – und sei es nur ein Keks.

Die Meritokratie basiert also auf einer entscheidenden Prämisse der Heldenreise: Du musst dir dein Upgrade verdienen – durch Training, Überwindung, Veränderung. Nur wer gewillt ist, sich zu transformieren, also sich zu optimieren, nur wer zur Selbstaufopferung bereit ist, nur wer fleißig arbeitet, verdient ein Happy End. Der Begriff an sich wurde erstmals 1958 von Michael Dunlop Young in seinem Buch *Es lebe die Ungleichheit. Auf dem Wege zur Meritokratie* satirisch verwendet und zeichnete das beklemmende Bild einer Gesellschaft im Jahr 2033, die sich devot dem Leistungsideal verschrieben hat und in der eine Tyrannei der Highperformer herrscht. Und obwohl Young den Ausdruck spöttisch benutzt, entwickelte sich der Begriff zur positiv konnotierten Verheißung einer vermeintlich gerechteren Gesellschaftsordnung. Denn im Umkehrschluss bedeutet er auch: Wer kein Königreich hat, ist selbst schuld daran. Dass manche gar nicht erst die Chance bekommen, Drachen besiegen zu dürfen, oder aber für ihre Herausforderungen nur stumpfe Stöcke in die Hand bekommen, wird selten mitgedacht. Young konstatierte 2001 bitter: »Ich hatte prognostiziert, dass die Armen und Benachteiligten klein gemacht werden, und das ist tatsächlich der Fall. In einer Gesellschaft, die so viel Wert auf Verdienste legt, ist es in der Tat schwer, als verdienstlos eingestuft zu werden. Keine Unterschicht wurde jemals so moralisch entblößt wie diese.«[36]

Die meritokratische Auffassung verkennt, dass die Zugänge zu Bildung, Berufen und Beziehungen nicht allen gleichermaßen zur Verfügung stehen. Bereits die Schulbildung sorgt für soziale Ungleichheiten, die sich nicht ohne Weiteres aus Begabung, Leistung oder Talent ableiten lässt. In nahezu allen westlichen Gesellschaften ist der sicherste Indikator für Erfolg in Bildung und Beruf immer noch der Status der Eltern. Erfolg scheint so gesehen weniger erworben als vererbt zu werden. Besser qualifizierte Menschen nehmen dennoch in der Regel an, dass sie ihre goldene Zukunft ihren Leistungen verdanken. Die bevorzugte Selbsterzählung moderner Gesellschaften läuft darauf hinaus, dass jemand eigenständig seinen Weg gegangen ist und dabei dem Schicksal und allen Widrigkeiten getrotzt hat. Diese neoliberal funktionalisierten Heldinnenreisen nutzen unsere mythologische DNA, weshalb sie uns in unserer narrativen Intuition als plausibel und gerecht erscheinen.

Der narrative Trick hierbei ist, die vom gesellschaftlichen Tisch Ausgeschlossenen davon zu überzeugen, dass sie ganz allein für ihren Ausschluss verantwortlich sind. Mehr noch: dass sie denen, die etwas leisten, auf der Tasche liegen. Die Meritokratie macht die Abgehängten und Ausgeschlossenen somit zu Antagonisten in der Heldenreise der Performer. Letztere wiederum trainieren sich ihre natürliche Empathie gegenüber Schwächeren und Notleidenden ab. Der Philosoph Michael J. Sandel, Autor von *Vom Ende des Gemeinwohls* fordert also eine Reflexion dieses Märchens für Erwachsene: »Es ist auch Zeit für eine moralische, sogar spirituelle Wende, die unsere meritokratische Hybris infrage stellt. Verdiene ich moralisch die Talente, die es mir ermöglichen, zu gedeihen? Ist es mein Verdienst, dass ich in einer Gesellschaft lebe, die die Talente, die ich zufällig habe, wertschätzt? Oder ist das mein Glück? Das Beharren darauf, dass mein Erfolg mein Verdienst ist, macht es schwer, sich in die Lage anderer Menschen zu versetzen. Die Rolle des Glücks im Leben zu würdigen, kann eine gewisse Demut hervorrufen.«[37]

Ebenso wie die Rolle der Hautfarbe. Als nicht-weiße Autorin* und weißer Autor gleichermaßen haben wir in den

* Auch hier wird die soziale Konstruiertheit und Relativität von Hautfarben ersichtlich: als nicht-weiß, als »Person of Color« gilt die Autorin in ihrem Geburtsland Deutschland und dem Geburtsland ihrer Mut-

vergangenen Jahren einen Prozess der Gewahrwerdung durchlaufen, der alte Gewissheiten umgestoßen hat. Und der damit begann, uns klarzumachen, dass »Rasse« eine erfundene Geschichte ist, ein toxisches Märchen für Erwachsene, das auch tief in uns steckt, auf verschiedene Arten. Aber wo kommt es her?

Die Erfindung des Schwarzseins

In ihrem Buch *The History of White People* über die Geschichte des Anti-Schwarzen Rassismus zitiert die amerikanische Historikerin Nell Irvin Painter den deutschen Soziologen Max Weber: »Daß ein Mensch im Glück dem minder Glücklichen gegenüber sich nicht mit der Tatsache jenes Glücks begnügt, sondern überdies auch noch das ›Recht‹ seines Glücks haben will, das Bewußtsein also, es im Gegensatz zu dem minder Glücklichen ›verdient‹ zu haben – während dieser sein Unglück irgendwie ›verdient‹ haben muß –, dieses seelische Komfortbedürfnis nach der Legitimität des Glückes lehrt jede Alltagserfahrung kennen, mag es sich um politische Schicksale, um Unterschiede der ökonomischen Lage, der körperlichen Gesundheit, um Glück in der erotischen Konkurrenz oder um was immer handeln.«[38]

Menschen in privilegierten Positionen suchen und suchten sich Geschichten, in denen sie verdienen, dort zu sein, wo sie sind, in denen ihre vermeintliche Überlegenheit nicht nur die

---

ter, den USA. In Marokko, dem Geburtsland ihres Vaters und beispielsweise Brasilien hingegen ist sie weiß. Und in französischsprachigen Kontexten, in denen die Autorin aufwuchs, war sie weder weiß noch »Person of Color«, sondern *Beure,* genauer: *Beurette.*

natürliche Ordnung der Dinge, sondern ihr gutes Recht ist. Und das führt uns zur Erfindung der Menschenrassen: Hautfarbe, Kopfform oder Haarstruktur sollen die Richtigkeit und Unveränderlichkeit ungerechter Behandlung legitimieren. Kommt Ihnen das bekannt vor? Es ist ein Attributionsfehler: Weiße Menschen haben sich eine Geschichte gebaut, in der sie verdienen, dort zu sein, wo sie sind; und in der andere selbst schuld daran sein müssen, dass sie sich in schlechteren Positionen befinden. Die Idee von Menschenrassen war lange Zeit (und ist auch heute noch viel zu oft) eine Art hautfarbenbasierte Meritokratie für weiße Menschen. Je mehr Menschen sich von der Lüge der Menschenrassen überzeugen ließen – siehe die Diffusionstheorie –, desto mehr wurde sie zu einer empfundenen Wahrheit. Aber wie konnte sich diese Fiktion etablieren? Natürlich mit einer Geschichte, von der uns der Historiker Ibram X. Kendi erzählt.

Sie fängt mit einer Reise an: »In diesem Land fühlt man sich vollkommen sicher«, schrieb 1352 der marokkanische Reisende Ibn Battūta über das westafrikanische Mali in sein Tagebuch. »Weder die Einheimischen noch die Reisenden haben Überfälle oder Gewalttaten zu befürchten.«[39] Ibn Battūta war einer der wichtigsten Entdecker, Forscher und Abenteurer der islamischen Welt, reiste 30 Jahre lang und legte dabei 120 000 Kilometer zurück. Von ihm stammen auch folgende Worte: »Reisen – es lässt dich sprachlos, dann verwandelt es dich in einen Geschichtenerzähler.«[40] Von seinen Erkundungen brachte er vor allem Wissen mit, das ihn in seinem Heimatland Marokko unbeliebt machte, da seine Berichte den Aussagen der daheimgebliebenen Rechtsgelehrten widersprachen. Ein sicheres Mali? Das durfte nicht sein! Die Vorstellung von menschlicher Gleichheit und Gleichwertigkeit, die Ibn Battūta durch seine Berichte über verschiedene Völker zu vermitteln versuchte, wurde durch die marokkanischen Eliten und Gelehrten abgewehrt, indem man ihn als Lügner diskreditierte und Gegenerzählungen kultivierte – von kannibalistischen Schwarzen Menschen, die in Höhlen leben.* Zu groß war die Gefahr, dass der in Marokko blühende Sklavenhandel davon beeinträchtigt wurde.[41]

Etwa ein Jahrhundert nach Ibn Battūta verfasste der Portugiese Gomes Eanes de Azurara ein Buch über einen gewissen Infante Dom Henrique de Avis, in Deutschland besser bekannt als Prinz Heinrich der Seefahrer. Dieser war einer der größten Sklavenhändler seiner Zeit und der Erste, der ausschließlich Menschen versklavte, die eine dunkle Hautfarbe hatten. Wie Kendi in seinem Buch *Gebrandmarkt: Die wahre Geschichte des Rassismus in Amerika* erklärt, hatte Heinrichs Neffe, der König von Portugal, Azurara angeheuert, um diese Biografie als Auftragsarbeit zu liefern. 1453 schließlich beschrieb Azurara die glorreichen Reisen von Prinz Heinrich, welcher der erste Europäer war, der nach Subsahara-Afrika segelte, um dort Menschen für den Sklavenhandel einzufangen, statt Sklaven, wie bisher, von nordafrikanischen Zwischenhändlern zu kaufen. Sein Chronist

---

* Vgl. Ibn Battūtas »Widersacher«, wie Kendi ihn bezeichnet, den Tunesier Ibn Khaldūn, ein in seiner Zeit anerkannter Universalgelehrter der muslimischen Welt, der in seiner damals bahnbrechenden *Muqaddima – Betrachtungen zur Weltgeschichte* stellenweise erstaunlich moderne Betrachtungen soziopolitischer und ökonomischer Entwicklungen anbot, gleichzeitig darin Menschen der Subsahara als unterlegene, tierische Völker beschrieb und damit das ökonomische Narrativ verhärtete, das es erlaubte, sie Muslimen als Sklaven zu verkaufen. (Ibn Khaldūn: *Die Muqaddima. Betrachtungen zur Weltgeschichte.* München, C. H. Beck, S. 117 und 122)

Azurara behauptete, dass es Prinz Heinrich in Wahrheit darum ging, die Sklaven zum Christentum zu bekehren. Und so stellte Azurara die Sklaverei als eine Verbesserung gegenüber der Freiheit in Afrika dar, denn dort »hatten sie in der Verdammnis der Seele und des Leibes gelebt; ihrer Seelen wegen, weil sie noch Heiden waren, ohne die Klarheit und das Licht des heiligen Glaubens; und an ihren Leibern, dass sie wie Tiere lebten, ohne jede Gewohnheit vernünftiger Wesen – sie kannten weder Brot noch Wein, und sie waren ohne Bedeckung oder Kleidung oder Unterkunft in Häusern; und schlimmer als alles, durch die große Unwissenheit, die in ihnen war, dass sie kein Verständnis für das Gute hatten, sondern nur wussten, wie man in einer bestialischen Trägheit lebt.«[42]

Azurara tat laut Kendi in diesem Buch etwas, was zuvor noch niemand gemacht hatte: Er definierte alle Menschen des afrikanischen Kontinents als eine einheitliche Bevölkerungsgruppe. Und er wertete sie pauschal als eine homogene Gruppe gegenüber allen Europäern ab. Die portugiesische Krone, die gerade den atlantischen Sklavenhandel eingeleitet hatte, im großen Maßstab subsaharische Menschen entführte und als Sklaven weiterverkaufte, bekam mit Azuharas Text die perfekte Geschichte für ihre Unternehmungen. Andere europäische Länder folgten dem portugiesischen Beispiel und übernahmen Azuraras Fiktion über die Primitivität der afrikanischen Menschen, um auf dem Kontinent nach menschlichem Eigentum zu jagen. So wurden die Afrikaner für gläubige Christen zu einer Ressource, mit der sich Geld verdienen ließ. Die Geschichte von Gottes Kindern, die alle eine unsterbliche Seele und damit einen metaphysischen Wert hätten, wurde ergänzt, oder besser: übertrumpft von der Geschichte, dass die Versklavung für die Afrikanerinnen so etwas wie eine Wohltat sei. Die christlichen Europäer konnten sich mit diesem narrativen Trick zu Helden der Geschichte machen. Der Soziologe Aladin El-Mafaalani fasst es in »Wozu Rassismus?« wie folgt zusammen: »Man brauchte Legitimation und man (er-)fand Legitimation. Durch die Erfindung der Menschenrassen und die Entwicklung einer pseudowissenschaftlichen Rassenlehre konnten die Gegenwart und die Geschichte erklärt und gerechtfertigt werden. Mit rassistischem Wissen konnte man mit bestem Gewissen ausbeuten und unterdrücken: Man nahm nicht, man gab.«[43] Die Ökonomie der Narrative, wie jeder entfesselte Markt eher von der Nachfrage als vom Angebot bestimmt, führte wie so oft dazu, dass nicht die wahren Geschichten (wie die von Ibn Battūta) weitererzählt wurden, sondern die, welche für ihre Händler lukrativer waren.

Nun gab es schon lange vorher Sklaverei und damit ein Konzept unterschiedlicher »Rassen«.* In der Antike, bei den Griechen und Römern, gab es Sklaven, allerdings keine »Rassen«. Zwar wurden unterschiedliche Hautfarben wahrgenommen, aber keine Zuschreibungen aufgrund dieser Hautfarben getätigt. Die Ägypter oder Äthiopier waren aus Sicht der Griechen Menschen wie sie selbst und unterschieden sich von ihnen allein aufgrund ihres Lebensraums, ihrer Kunst oder Kultur. Das bedeutete allerdings nicht, dass in der griechischen Gesellschaft alle Menschen gleichwertig wa-

---

* Im Englischen gibt es den präziseren Begriff *race,* welcher die sozialpolitische Konstruiertheit der Hautfarben konnotiert. Wir nutzen bei der Beschreibung kolonialistischer Geschichte bewusst die Übersetzung von *race* mit »Rasse« in Anführungsstrichen, und nicht etwa mit »Hautfarbe«, um eben die mehrdimensionale Fiktionalität der »Rasse« auch semantisch zu verdeutlichen.

ren. Wie wir wissen, hatten Griechen einerseits Sklaven aller Hautfarben, andererseits galten beispielsweise im Vergleich zu den eigenen kulturellen Maßstäben die Stämme aus dem Norden als ein Haufen unzivilisierter Barbaren. Die Wertigkeit eines Menschen bemaß sich an der Herkunft, nicht am Aussehen. Aristoteles entwickelte eine menschliche Hierarchie, basierend auf der »Klimatheorie«, wonach das mediterrane Klima zu zivilisierten Völkern rund ums Mittelmeer geführt habe, während extreme Kälte im Norden oder trockene Hitze im Süden nur Barbaren hervorgebracht hätten. Für die Griechen gab es keinen Zusammenhang zwischen Phänotypen und Sklaverei, ausschlaggebend war allein der gesellschaftliche Stand. Osteuropäische und damit durchaus auch hellhäutige Menschen wurden so lange versklavt, dass das Wort für Sklave sich von »Slawe« ableitet.[44]

Mit dem aggressiven Kolonialismus der Europäer in Afrika erhielten frühe PR-Berater wie Azurara entsprechende Aufträge, die Ordnung der Dinge zugunsten der Europäer zu beschreiben. Für Kendi spielte der Portugiese eine entscheidende Rolle: »Und so behaupte ich, dass er der erste Artikulator rassistischer Ideen war. Und damit er rassistische Ideen artikulieren konnte, musste er im Grunde all die verschiedenen ethnischen Gruppen, die Prinz Heinrich versklavte, zu einem Volk zusammenfassen und dieses Volk dann als minderwertig beschreiben. Obwohl er nicht notwendigerweise so viel über das Weißsein sprach, schuf er das Schwarzsein.«[45]

Diese Erfindung konnte auch später in der Aufklärung mit ihren immensen geistig-moralischen Fortschritten nur sehr langsam entlarvt werden. Immanuel Kant selbst schrieb Ende des 18. Jahrhunderts noch von vier »Racen«: Weiße, Inder, Schwarze und Amerikaner. Sie würden sich in Hinblick auf Fleiß, Vernunftbegabung und die Fähigkeit, Kultur hervorzubringen, unterscheiden. Nur die »Race der Weißen« sei zu voller Zivilisation imstande. Später verurteilte Kant zwar koloniale Eroberung und Sklaverei, doch bleibt er stellvertretend für eine ganze Ära an Gelehrten, denen die eigenen Widersprüche kaum auffielen. Und El-Mafaalani konstatiert: »Es ist bezeichnend und folgenschwer, dass zeitgleich und von denselben weißen europäischen Denkern zwei Konzepte entwickelt wurden: auf der einen Seite der Humanismus und die Vorstellung von der Vernunft und der Freiheit des Menschen sowie auf der anderen Seite die qualitative Abstufung der Menschen in »Rassen«, die mit einer Entmenschlichung eines Großteils der Menschheit einherging.«[46]

Dem aufgeklärten Menschen der neuen Zeit wurde als Antagonist der vormoderne oder »wilde« Mensch der unaufgeklärten Stufen gegenübergestellt. Mit dem weiteren, pseudowissenschaftlich biologisch »erforschten« Rassismus – man denke an die Schädelvermessungen durch deutsche Forscher noch Anfang des 20. Jahrhunderts – entstand ein anschließendes Narrativ, das weitere globale Ungerechtigkeit legitimierte. Der mündige Bürger des 19. Jahrhunderts brauchte eine »rationale« (V-)Erklärung jenseits religiöser Mythen, warum man überall auf der Welt Menschen ausbeutete, und, selbst wenn man sie auch nicht mehr direkt versklavte, so doch brutal bekriegte und unterdrückte. Die aufgeklärten Weißen konnten weiter in Ruhe der Hochkultur und den Wissenschaften frönen, während der Rest der Welt für ihren Reichtum schuftete.*

* Im postkolonialen Diskurs gibt es einige Positionen, die stichhaltig nachvollziehen, dass kulturelle Blütezeiten wie die deutsche Romantik

Die Behauptung, es gebe Menschenrassen, zählt bis heute zu den wirkmächtigsten Märchen, um fremde Länder zu erobern, sie zu unterdrücken, auszubeuten und ihre Bewohner zu Antagonisten zu machen – und sich dabei noch moralisch überlegen zu fühlen. Und sie wird immer wieder angepasst, je nach Bedarf. Wenn Sie 1929 in den USA eine Mexikanerin waren, dann galten Sie als weiß. Ab 1930 hingegen nicht mehr, da die Immigration von Nichtweißen eingeschränkt werden sollte. Als 1942 im Zweiten Weltkrieg Arbeitskräfte gebraucht wurden, um Rüstungsgüter zu produzieren, galten Mexikaner jedoch wieder als weiß.[47] Ein beliebiges Beispiel, das zeigt, dass Hautfarben ein soziales Konstrukt sind und je nach gesellschaftlichem Kontext relativiert werden können.

Biologisch ist längst erwiesen, dass wir Menschen nur eine Spezies sind und dass es mehr genetische Unterschiede zwischen einzelnen Pinguinen gibt als zwischen Menschen. »[...] ›Rasse‹ [ist] nicht so sehr ein biologisches Phänomen als vielmehr ein sozialer Mythos«,[48] erklärten Humanbiologinnen und Genetikerinnen 1950 in ihrer ersten »Erklärung zur Rassenfrage« *(Statements on the Race Question)* im Anschluss an die damalige UNESCO-Konferenz zu diesem Thema.[49] Vor einiger Zeit strich die französische Regierung das Wort ersatzlos aus der Verfassung. Das Gleiche fordern das Deutsche Institut für Menschenrechte, Die Linke und die Initiative Schwarze Menschen in Deutschland (ISD) seit mindes-

---

nur möglich waren, weil man eine empathische Hinwendung zum Inneren mit einer skrupellosen Politik der Ausbeutung des Außen finanzierte. Speziell die deutsche koloniale Vergangenheit, vom frühen Sklavenhandel der Habsburger bis zum Völkermord an den Herero in Namibia, wurde dahingehend bis vor Kurzem nahezu komplett verdrängt.

tens einem Jahrzehnt auch für die deutsche Verfassung. In jedem Fall ist mit dem Sprachwissenschaftler Anatol Stefanowitsch festzuhalten: »Der Begriff ›Rasse‹ ist vor allem deshalb problematisch, weil jedes Substantiv, das wir in einem Satz verwenden, immer die Präsupposition, also die Vorannahme mitbringt, dass das, was da benannt wird, auch tatsächlich existiert. Und wenn das nicht der Fall ist, wie bei dem Wort Rasse, dann wird es schwer, die Sätze zu interpretieren. Indem wir sagen ›Kein Mensch darf wegen seiner Rasse diskriminiert werden‹, sagen wir auch, dass es so etwas wie Rasse gibt, und das ist natürlich ein Problem.«[50]

Die afroamerikanischen Autorinnen Barbara und Karen Fields bieten für das Verhältnis von Hautfarbe zu Rassismus folgende Analogie an: »Rasse« verhält sich zu Rassismus wie Hexerei zu Hexenverfolgung. Die Hexerei ist eine Erfindung, um eine Gruppe Menschen zu Antagonisten zu machen. Die Auswirkungen dieser Erfindung sind jedoch echt und brutal.

Zugleich werden rassistische Begründungen zur Selbstentlastung genutzt: Sie verwandeln Rassismus, also etwas, das der Diskriminierende *tut,* in Hautfarbe, also etwas, was der Diskriminierte *ist*. Auf den ersten Blick ergibt der Satz »Die Person wurde wegen ihrer Hautfarbe abgewertet« scheinbar Sinn, er ist jedoch falsch: Die Person wurde abgewertet – aufgrund von Rassismus. Es handelt sich um einen tief verinnerlichten Taschenspielertrick, der erst durch die bis dahin erzählten Narrative über »Rasse« möglich wird. Und damit eines der brutalsten Märchen für Erwachsene überhaupt.

Im Jahr 1144 wurde in der englischen Stadt Norwich ein kleiner Junge namens William tot im Wald gefunden, sein Körper verstümmelt, kein Täter in Sicht. Die christliche Bevölkerung gab den Juden, die in Norwich in einer relativ großen Gemeinde lebten, die Schuld. Obwohl die Anschuldigungen versandeten, weil die lokale Regierung nichts nachweisen konnte und die vorgebrachten Indizien unbrauchbar waren, war dies die erste dokumentierte antisemitische Unterstellung von Ritualmorden. Und damit ein Schmetterlingsflügelschlag, welcher bis heute in den Verschwörungstheorien von einer kinderbluttrinkenden jüdischen Geheimelite nachhallt. Aber wie schaffte es ausgerechnet dieses Gerücht bis in unsere Gegenwart?

Ein paar Jahre nach dem Mord an William kam ein Mönch namens Thomas von Monmouth nach Norwich und dokumentierte, was die Bewohner über den Ort erzählen. Sie berichteten von dem Mord an dem Jungen. Einige behaupteten, Zeugen davon gewesen zu sein, wie die Juden den Jungen gekreuzigt, ihm Dornen in den Kopf und ein Messer in die Seite gestochen hätten. Die braven Christen von Norwich erzählten also den überlieferten Mord an Jesus nach. Der Mönch veröffentlichte daraufhin eine sogenannte Hagiografie: *Leben und Passion des Märtyrers Wilhelm von Norwich.* Um dem Genre der Heiligengeschichte gerecht zu werden, und weil er offenbar darauf hoffte, mit der Märtyrergestalt des Jungen einen florierenden Heiligenkult zu erschaffen, zeichnete Thomas von Monmouth Parallelen zwischen Jesus und William. Und er behauptete, er selbst sei von der Heiligen Mutter Gottes in mehreren Erscheinungen beauftragt worden, die Hagiografie zu schreiben.

Seine Deutung des Mordes war von Anfang an zutiefst antisemitisch. Aus dem Umstand, dass der Junge rund um das jüdische Pessachfest ermordet worden war, machte er einen rituellen Mord mit der Intention der Juden, Jesus erneut zu töten. Auch wenn nicht einmal der Bischof von Norwich von der Schuld der Juden überzeugt war und später die eigens gebaute Kapelle des heiligen William mangels Spenden verfiel, hatte die Begebenheit nun eine schriftliche Quelle, niedergeschrieben von einem Gottesmann. Dieser Text machte die europaweite Verbreitung der Ritualmordlegende im Mittelalter möglich und verfestigte die Idee, die Juden hätten sich so sehr der Zerstörung des Christentums verschrieben, dass sie die Tötung Jesu ständig rituell wiederholten. Mit dieser Erzählung, die in der Folge immer wieder abgewandelt und örtlich angepasst wurde, erreichte die Antagonisierung einer ganzen Religionsgemeinschaft als Feind des eigenen Messias eine neue Stufe – ein Schauermärchen für Erwachsene mit katastrophalen Folgen. Aber warum ausgerechnet die Juden?

In seinem Buch *Les Mythes fondateurs de l'antisemitisme* (Die Gründungsmythen des Antisemitismus) zeichnet der Historiker Carol Iancu die Geschichte des »längsten Hasses« nach. Es fing damit an, dass ein Volk seine Gesellschaftserzählung anders strickte als die restlichen Völker. Die Hebräer lebten den Monotheismus. Aus der Perspektive der alten Ägypter und Griechen stellten sich die Juden gegen die Götter und mussten als andere markiert werden. Eine dem damaligen Metanarrativ widersprechende Erzählung wie die des Judentums stellte die Sinnhaftigkeit der eigenen religiösen Erzählungen infrage. Folglich mussten die herrschenden Mächte die Juden diskreditieren, um nicht die Master Story zu verlieren. Sigmund Freud wiederum erklärte die uralte

Feindschaft der Christen gegenüber den Juden in seinen Werken *Das Unbehagen in der Kultur* (1930) und *Der Mann Moses und die monotheistische Religion (1939)* unter anderem mit einer Aggressionsquelle, die er auch als »Narzissmus der kleinen Differenzen«[51] bezeichnete. Die Mehrheit wendet sich demzufolge gegen eine Minderheit, die ihr gegenüber nicht grundverschieden ist, aber »oft in undefinierbarer Art anders«, und deren Angehörige zudem »die Fähigkeit zeigen, sich im Erwerbsleben zu behaupten und, wo man sie zulässt, wertvolle Beiträge zu allen kulturellen Leistungen«[52] zu erbringen.

Die Christen wiederum beschuldigten das jüdische Volk seit jeher des Gottesmordes. Der Antijudaismus des Mittelalters war nicht zuletzt theologisch motiviert. Schon in den kanonisierten Texten des Christentums finden sich antijudaistische Passagen, zum Beispiel im Matthäus-Evangelium (27,25), wo eine Gruppe von Juden vor Pontius Pilatus steht, die Kreuzigung Jesu fordert und sagt: »Sein Blut komme über uns und unsere Kinder.« Diese Zeile ist weitreichend, weil sie eben auch Nachkommen und alle Anhängerinnen der Religion mit einbezieht. Der Vorwurf, die Juden seien für die Tötung Jesu Christi verantwortlich gewesen, ist von Historikern widerlegt worden, denn die Kreuzigung war eine römische Strafe, keine jüdische. Dennoch wurde der Mythos von den Juden als Christusmörder oft bemüht, um Menschen immer wieder davon zu überzeugen, dass einem Volk, das bereit war, den Sohn Gottes zu töten, alles zuzutrauen sei.

Es gibt ein weiteres wenig judenfreundliches Bild im Johannes-Evangelium (8,44), wo Jesus zu einer Gruppe von Pharisäern sagt: »Ihr habt den Teufel zum Vater«.[53] Es handelt sich um die wohl verhängnisvollste Stelle in einem christlichen Text, denn die Aussage wurde später aufgegriffen, um die Juden mit dem Teufel in Verbindung zu bringen. Im Mittelalter, zwischen dem 12. und 13. Jahrhundert, wurde diese wörtliche Diabolisierung der Juden in christliche Liturgien aufgenommen und in Predigten wiedergegeben. Man findet sie aber auch in Volksmärchen, die Eltern ihren Kindern erzählen. Die Fiktion des Gottesmordes und die Antagonisierung der Juden legten den Grundstein für drei Horrorstorys, die man immer und immer wieder über Juden erzählte: Ritualmorde, Blutverleumdung und die Brunnenvergiftung. Die erste Anklage wegen Bluttrinkens taucht in Deutschland auf: im Fulda des Jahres 1235.

Jetzt fragen Sie zu Recht: Was hat das Trinken von Blut mit der nachgestellten Tötung von Jesus zu tun? Und wenn Juden sich koscher ernähren, wie in aller Welt konnte die Idee verfangen, sie würden Blut trinken? Die Historikerin Miri Rubin bietet eine mögliche Antwort: Im Jahr 1215 fand das vierte Laterankonzil statt, das größte Kirchenkonzil des Mittelalters, in welchem die sogenannte Transsubstantiation als Kirchenlehre festgelegt wurde.[54] Danach sind der Leib und das Blut Christi in der Gestalt des vom Priester konsekrierten, also geweihten, sakramentalen Brotes und Weins physisch gegenwärtig. Wie wir in Kapitel 4 gesehen haben, verändern wir die Wirklichkeit durch Deklaration. Wir können mit Worten keine Eier braten, aber Brot zu Jesus erklären. Für die Christen jener Zeit jedenfalls war die Vorstellung gewöhnungsbedürftig, einerseits das Blut Christi zu trinken, andererseits den heiligen Leib Christi zu verdauen und wieder auszuscheiden. Diese narrative Irritation, aber auch die Angst, nicht fromm genug an diese Kirchenlehre zu glauben, wurde auf die gewohnten Antagonisten projiziert, die in ihrer angeblichen Perversion genau das zu tun schienen, wovor man sich selbst ekelt oder das man fürchtet, tun zu müssen: Blut trinken von einem Leib, der für Jesus steht, im Rahmen eines Ritualmordes.

Der antisemitische Hass sei auch deshalb besonders intensiv, erklärt der Historiker Gavin I. Langmuir, weil die Christen ihre eigenen Zweifel an Überzeugungen fürchteten, »die für ihr Identitätsgefühl grundlegend waren, Zweifel, die sie weder bewusst zugeben noch unbewusst auslöschen konnten. Sie hassten die Juden, und das muss betont werden, weil sie Christen waren. Sie schufen und glaubten chimärische Fantasien über Juden, weil christliche Symbole, einschließlich ›Jude‹, in ihrer Religiosität sehr präsent waren und sie ihren Glauben an Christus bewahren wollten. Ihre Fantasien waren Ausdruck einer Art christlicher Religiosität, die zunächst nur von einigen wenigen Christen, bald aber von vielen geteilt wurde. Soweit es möglich ist, lassen sich die Fantasien auf bestimmte Orte und auf die irrationale Religiosität Einzelner zurückführen. Doch wenn einige irrationale Individuen diese schimärenhaften Vorstellungen schufen und andere sie trotz des Unglaubens vieler zu jener Zeit schnell attraktiv fanden, so glaubten bald viel mehr Christen an sie, nicht weil sie irrational waren, sondern weil sie dem vertrauten, was ihre Gesellschaft vermittelte. Obwohl die Autoritäten der katholischen Religion einige der Fantasien verurteilten, billigten sie andere ausdrücklich oder stillschweigend, und die Regierungen taten dasselbe.

Die Fantasien fanden einen breiten gesellschaftlichen Ausdruck und wurden in die europäische Geschichtsschreibung, Literatur und Kunst aufgenommen. Sie wurden tief in die Mentalität von Millionen normalerweise rationaler Christen eingebettet. Im Spätmittelalter war es daher für viele, insbesondere für die weniger Gebildeten, sehr schwierig geworden, nicht an die Fantasien zu glauben. Infolgedessen waren viele Christen bereit, sich an der Ermordung Tausender Juden zu beteiligen, weil sie Handlungen begangen hatten, die keinem Juden jemals nachgewiesen worden waren.«[55] Hier kommt alles zusammen: die Wirkmacht einer Erzählung, die das verunsicherte, narrative Selbst dank Antagonisierung aufwertet und durch Diffusion und schnelle Überwindung der Schwellenwerte einen religiösen und brutalen Tribalismus kultiviert. Je mehr man als gläubiger Christ die Juden hasste, desto frommerer, besserer Christ war man, weshalb jede noch so absurde Fantasiegeschichte, die einem genau dies erlaubte, populär wurde. Im 14. Jahrhundert verbreitete sich im Zusammenhang mit der Pest, die für die Menschen rätselhaft wie tödlich war, die Behauptung, Juden würden Brunnen vergiften und die Seuche verursachen. Ausschlaggebend dafür, dass sich diese Legende verfestigte, waren »Geständnisse«, die am Genfer See von verhafteten Juden durch Folter erpresst wurden. Eines der Opfer erzählte unter Schmerzen, ein spanischer Jude und ein französischer Rabbiner hätten ein geheimes Mittel zur Brunnenvergiftung zusammengebraut und europaweit an Juden verschickt.

Die Geschichte verbreitete sich rasant, und sowohl das Motiv des heimtückischen Giftverabreichers als auch das Gerücht einer länderübergreifenden Verschwörung finden sich noch in antisemitischer Propaganda und etlichen Verschwörungsideologien. Nicht zuletzt ein gewisser Martin Luther trug mit seinen Schriften, unter anderem seiner 1543 veröffentlichten Abhandlung »Von den Juden und ihren Lügen«, neben anderen Antisemitismen auch zur Verbreitung des Stereotyps vom profitgierigen Juden bei: »Wenn ein Dieb zehn Gulden stiehlt, so muss er hängen; raubt er auf der Straße, so ist der Kopf verloren. Aber ein Jude, wenn er zehn

Tonnen Goldes stiehlt und raubt durch seinen Wucher, so ist er lieber, denn Gott selbst.«

Der Wendepunkt schien wie bei anderen menschenfeindlichen Narrativen in der Aufklärung erreicht worden zu sein, doch der Antijudaismus wurde danach nicht abgeschafft, sondern nur durch neue Themen ergänzt: Nation und »Rasse«, später angebliche Kapitalismuskritik, welche das antisemitische Vorurteil der Profitgier weiterdrehte. Die erfundenen *Protokolle der Weisen von Zion* und die darin behauptete Weltverschwörung fügten den mittelalterlichen Schauermärchen zur Antagonisierung der Juden nun weitere moderne Lügen hinzu. Schließlich mündeten die Fiktion der Menschenrassen und die antijudaistischen Narrative in ein letztes Extrem: den zur industriellen Tötungsideologie gesteigerten Antisemitismus des Nationalsozialismus. Und damit sind wir beim letzten, vielleicht gefährlichsten Märchen für Erwachsene angelangt.

7

Vordringen zur tiefsten Höhle

Die ewige Verführung von rechts

Kommt und erfindet sie euch!

Die 300 Krieger standen Seite an Seite, die Speere und Schilde gezückt, wie ein menschliches Bollwerk gegen die heranrückenden Horden der feindlichen Armee. Die Engstelle, den einzigen Zugang zu ihrem Stadtstaat und damit zum ganzen Land zu verteidigen bis zum letzten Mann war ihre heilige Aufgabe. Würden sie fallen, würde ihre Heimat erobert und würden ihre Frauen und Kinder versklavt werden, von einem androgynen Zwitterwesen Namens Xerxes, dem persischen König, der schon die halbe barbarische Welt unterworfen hatte und nun nichts anderes wollte, als auch die 300 und alle, die sie beschützten, abzuschlachten oder für immer zu unterjochen. Und so hielten sie stand, die härtesten, mutigsten, kriegerischsten Krieger, die die Welt je gesehen hatte, ließen Schwerthiebe und Pfeilhagel an sich abprallen und nahmen den Angreifern erst ihre Überheblichkeit, dann ihre Überlegenheit und schließlich fast ihren Mut. Sie wären am Ende wohl tatsächlich als Sieger aus der Schlacht hervorgegangen, wenn nicht einer der ihren, ein degenerierter Krüppel, sie gegen das Versprechen von Kriegerehre und Mätressenliebe verraten, dem Feind einen geheimen Pfad hinter ihre Linien gezeigt und so die 300 dem Untergang geweiht hätte.

Was für eine Heldengeschichte! Nur ist diese Saga von den unbeugsamen Spartanern, die Griechenland und damit die europäische Zivilisation gegen die muselmanischen Barbaren verteidigten, von vorne bis hinten erfunden, eine rassistische Legende, nachgebetet von vermutlich etwas weniger muskelbepackten Möchtegernspartanern in Onlineforen, in denen sie ihre rassistischen Gewaltfantasien mit antiker Bildungshuberei aufwerten. Die legendären 300 hat es nie gegeben, nicht einmal das Sparta seiner Zeit war besonders unbeugsam gegenüber Xerxes, der tatsächlich Griechenland erobern wollte, aber sehr viel leichteres Spiel hatte, indem er die zerstrittenen, gierigen griechischen Stadtstaaten einfach nach und nach kaufte und gegeneinander ausspielte. Bei der besagten Schlacht an den Thermopylen um 480 v. Chr. konnten laut Geschichtsschreiber Herodot jedenfalls die weit zahlreicheren, aber beileibe nicht so mythisch übermächtigen Perser den Durchbruch schnell erzwingen und die griechischen Kräfte aufreiben. Ob die Spartaner dabei eine besonders heldenhafte Rolle spielten, ist nicht überliefert, aber generell eher unwahrscheinlich. Im antiken Griechenland galten sie wegen regelmäßig verlorener Schlachten nicht als besonders fähige Krieger. Den Peloponnesischen Krieg mit Athen gewann man 404 v. Chr. nur mithilfe – ausgerechnet – persischen Goldes. Und entgegen dem heute oft nachgeplapperten angeblichen Wahlspruch »Μολών λαβέ« (*molon labe,* »Komm und hol sie dir!«, also die Waffen, die man lieber mit in den Tod nahm, als sich zu ergeben), ergaben sich die Spartaner regelmäßig. Sie waren genauso dekadent, fehlerhaft, opportunistisch und als Militärmacht schließlich dem Untergang geweiht wie die anderen Stadtstaaten ihrer Zeit.

Vermutlich würde niemand mehr heute von Sparta reden,

geschweige denn es als Vorbild eines Kriegerstaates im Kulturkampf gegen »die große Umvolkung« oder sonstige Horrorszenarien verherrlichen, hätte nicht Frank Miller im Jahr 1998 mit dem Comic *300* diese fast schon lächerlich überzeichnete Heldengeschichte erfunden. 2006 wurde sie mit Gerard Butler als König Leonidas in der Hauptrolle von Hollywood noch einmal in den Rang einer mehr oder weniger glaubhaften Fabel aufgewertet, zumindest was ihre kulturchauvinistische Botschaft betrifft. Die geschichtliche Wahrheit ist sehr viel irdisch-menschlicher. Es wirkt geradezu lächerlich, dass ausgerechnet dieser Staat Sparta, wo man der Homosexualität frönte und die einzige Schlacht gegen Xerxes verlor, zum ideologischen Sehnsuchtsort homophober und islamophober Maulhelden avancierte.

Wieso aber gelten die Spartaner in neurechten Kreisen als Idole? Wieso zieren sie Filmplakate und Buchcover, wieso trägt die neurechte »Identitäre Bewegung« das spartanische Wappen, ein gelbes Lambda in einem Kreis auf schwarzem Grund? Mit dem Semiotiker Roland Barthes gesprochen, lautet die Antwort: weil der Mythos Geschichte zu Natur verwandeln kann. Aus der Anekdote einer Schlacht wird das Naturgesetz einer Überlegenheit – und damit die Definition von Faschismus.

Ein Mythos wie der von den unbeugsamen Spartanern offenbart die Anpassungs- und Anschlussfähigkeit faschistoiden Gedankenguts in der gegenwärtigen Popkultur. Obwohl es nicht den *einen* Faschismus gibt, gibt es sehr wohl eine faschistische Ästhetik. Sie transportiert geschickt und unterschwellig einen Proto- oder Partialfaschismus, also kulturell verwandte Strömungen des »reinen«, historischen Faschismus. Ihre Splitter stecken in unendlich vielen Kulturprodukten, die durch sie aufgeladen werden mit den zwei erzählerischen Besonderheiten, die den Faschismus immer wieder so attraktiv machen: Er erhebt den Helden wegen des Notfalls der Bedrohung zum Normalfall. Und gleichzeitig entbindet er all seine Helden von der Aufgabe, sich verändern zu müssen. So wie die Spartaner muss man nur kämpfen, kämpfen, kämpfen.

Ein Bund fürs Überleben

Wir erinnern uns an Kapitel 2: Ein Held ist in der Mythologie gemeinhin ein außergewöhnliches Wesen. Er ist auserwählt, weil er sich und die ganze Welt retten kann. Im Faschismus hingegen ist der Held die Norm. Jeder kann ein Held der Nation sein – jeder und jede *muss* sogar ein Held oder eine Heldin sein. Dies ist die erste von vielen Dialektiken, wie sie Umberto Eco in seinem Buch *Der ewige Faschismus* beschrieben hat: Jeder ist außergewöhnlich, niemand ist besonders (außer dem Führer natürlich).

Dieses Heldentum hängt eng mit der Sehnsucht nach dem eigenen Todesmut zusammen. Dazu braucht der faschistische Held zwingend den Kampf, ist also immer auf der Suche nach dem Krieg oder der Schlacht, kurz: nach Gewalt. Dafür winkt ein gar metaphysischer Preis. In einem säkularen, demokratischen Regime kann der Mensch höchstens glücklich werden. Der Faschismus aber bietet etwas viel Besseres: Erlösung. Und damit sind wir bei der nächsten Dialektik: Einerseits predigt der Faschismus mit großer Überzeugung seinen Glauben an eine transzendentale Bestimmung, andererseits prägt ihn sein tiefer Nihilismus, die Abkehr von allen anderen Glaubenssystemen und Werten. Darin ist er gleichzeitig steinhart und unveränderlich, passt sich aber immer wieder an. Seine Akteure sind gleichzeitig Opportunisten und Fanatiker.

In seinem Endzeitglauben kennt der Faschismus selten eine echte Zukunft oder Planung. Wo sich linke Bewegungen immer dadurch auszeichnen, Projekte für ein besseres Morgen anzugehen, weiß der Faschismus nur um das umkämpfte Heute – und um das Morgen der Katastrophe oder Erlösung. Seine Zukunft ist schwarz-weiß, und nur der folgsame Teil der Menschen darf sie überhaupt erleben. Das bessere Morgen des Faschismus ist eines der Vernichtung seiner Feinde. Faschismus ist im Kern also eine apokalyptische Verschwörungserzählung inklusive Heilslehre. Letztere verspricht zwar goldene Zeiten, welche aber nur durch brutale Maßnahmen – auch gegen sich selbst – erreicht werden können. Die Tonalität der faschistischen Erzählung ist deshalb grausam und weinerlich zugleich. Wie wir noch sehen werden, haben sich beispielsweise die Nationalsozialisten dafür bemitleidet, dass sie im Zuge ihres Heldentums das große Opfer bringen mussten, all die zahlreichen Juden zu töten.

Damit sind wir an einem entscheidenden, uns aus der narrativen Theorie schon bekannten Punkt: kein starker Protagonist ohne starken Antagonisten. Damit man im Kampf zum Helden wird, braucht es eine immense Bedrohung. Als Erstes muss die Welt und ihre Ordnung kaputt sein. Durch ihre Risse dringt das Böse, dem ausschließlich Helden Einhalt gebieten können. Nur so legitimieren sich die besonderen Maßnahmen, die der Faschismus prinzipiell immer ergreifen will: jeglichen Pluralismus abschaffen, eine Gewaltherrschaft einsetzen, den Feind nicht nur besiegen, sondern »ausradieren« (Adolf Hitler). Der wichtigste Aspekt jeder faschistischen Erzählung ist also nicht die konstruierte

Überlegenheit der *ingroup,* des eigenen sozialen Stamms, sondern die Gefährlichkeit der *outgroup,* des dämonisierten anderen. Als Faschist gehört man zwar dem übergeordneten Volk an oder der übergeordneten »Rasse«, doch ist diese Überlegenheit alarmierend fragil und würde sofort zusammenbrechen, wenn man sie nicht total ausübte.

Innerhalb der faschistischen Gesellschaft wiederum wird diese Sehnsucht nach Überlegenheit in der Unterdrückung der vermeintlich Schwachen – und der Frauen – kanalisiert. Dazu gehört die nächste Dialektik: jene von Angst und Lust, von verdrängtem Eros. Die meisten faschistischen Systeme waren eher lustfeindlich an der Oberfläche, gleichzeitig hingen sie einem misogynen Fruchtbarkeitskult an, wenn beispielsweise arische Frauen »dem Führer Kinder schenken« sollten. Damit wiederum verbunden war ein kruder Vitalismus – der Volkskörper musste gesund sein –, der in einem Widerspruch zwischen Homophobie und einem männlichen Körperkult oder antiken Körperideal (siehe Sparta) mündete. Auch die von den Nazis diffamierte, angeblich jüdische oder marxistische »Schulmedizin« als Gegenspieler zur natürlichen Stärke der eigenen Rasse wurde antagonisiert, eine Rückbesinnung auf althergebrachte Naturheilkunde angemahnt.

Dies führt uns zur angeblichen Verankerung in der Vergangenheit, die sich der Faschismus wie eine Bühne aus Fiktionen immer wieder neu zurechtzimmert, je nachdem, wann und wo er wirken will. Ein fast kultähnlicher Traditionsbezug soll das alterslose faschistische Narrativ mit historischer Patina überziehen. Dafür werden gerne Symbole und Zeichen aus antiken Kulturen oder alten Mythen benutzt, um den Anschein einer geschichtlich gewachsenen Legitimation zu erzeugen. So verwendeten die Nationalsozialisten einerseits die nordischen Runen, andererseits die indische Swastika. Was die Nazis jedoch als »deutsch« oder »arisch« definierten, war weitgehend eine Erfindung. So entwertet der Faschismus alle Symbole, auf unterster Ebene die Zeichen, indem er als Allererstes ihre grundlegende Codierung in wahr oder falsch abschafft – einerseits, um sich gegen Kritik zu immunisieren, vor allem aber, um sein eigenes übergeordnetes Zeichensystem zu installieren, das nur zwischen Freund und Feind unterscheidet. Der Faschismus ist dadurch auch per se wissenschaftsfeindlich und letztlich von großem Irrationalismus geprägt. Denken wird als eine Form von Kastration angesehen, weshalb der Faschismus auch keinen literarischen Kanon hat und kaum generell gültige Theorien aufweist. Sein pragmatischer Relativismus widersetzt sich jeglicher Festlegung.

Der Faschismus macht also alle seine Getreuen zu Helden, verspricht ihnen Widersprüchliches, markiert den Feind. Betrachtet man als konkretes Beispiel Hitlers Ideologie, niedergeschrieben in *Mein Kampf* (1925), findet man einige von Umberto Ecos Dialektiken, aber auch viele der narrativen Strukturen, die wir zu Beginn des Buches vorgestellt haben. Der Schriftsteller und Literaturtheoretiker Kenneth Burke tat dies schon 1939 für seinen Essay *Die Rhetorik in Hitlers »Mein Kampf«*[1]: Er durchleuchtete Hitlers braun-magisches Denken und die wichtigsten Narrative der Nazis. Dabei identifizierte er mehrere Säulen von Hitlers »einheitsstiftender« Rhetorik, von denen erstaunlich viele auf christlichen Werten basieren. Zuerst ist da die Protagonisierung qua Geburt: Eine Gruppe von Menschen wird als natürlich mit Würde geboren definiert; nur sie sind die auserwählten Helden dieses Narrativs; alle anderen Menschen, die nicht diesem Archetyp entsprechen, gelten als unterlegen. Zweite

Säule: die Projektion. In einer Gesellschaft, die politisch, ökonomisch und sozial unter Druck steht, beginnen die Menschen, sich selbst und ihre Werte zu hinterfragen. Läuft nicht etwas grundsätzlich falsch in dieser Welt? Bin ich falsch in meiner eigenen Wirklichkeit und Wahrnehmung der Dinge? Hitler schaffte einen negativen Auslöser, den aufhetzenden Ernstfall, indem er die Selbstzweifel der Masse auf eine Projektionsfläche lenkte: Die »anderen«, die Sündenböcke, werden zu geborenen Antagonisten und somit zur Ursache für die Destabilisierung der eigenen Welt. Die Lösung des Konflikts ist denkbar simpel: Jeglicher Antagonismus muss besiegt und vernichtet werden.

Hat man das erledigt, gibt es die Belohnung in Form eines gelobten Landes: ein reeller oder metaphorischer Ort, an dem die Moral der Mehrheit wieder gilt. Hierbei wird allerdings ein wesentliches Moment der Heldenreise pervertiert, denn dort reicht es nicht, den Antagonisten zu besiegen – man muss sich auch den eigenen inneren Dämonen stellen und sich grundlegend verändern. Im Faschismus von *Mein Kampf* jedoch lautet das Versprechen, eine symbolische Wiedergeburt *ohne* Transformation zu erfahren. Die Energie geht nur nach außen, nie nach innen. Damit ist der Faschismus als Narrativ exakt das Gegenteil dessen, was Erzählen eigentlich für den Menschen bedeutet.

Der vielleicht wichtigste Unterschied zur Transformation in der Heldenreise aber ist: Die Heldin lernt aus ihren Fehlern und wächst. Der Faschismus verweigert sich diesem Lernen aus eigenen Fehlern jedoch, er macht andere für Rückschläge verantwortlich und kultiviert den Schmerz, der aus ihnen entsteht, um Protagonisten zur dunklen Seite des Seins hin zu manipulieren. Die angebliche Entwicklung zur Erlösung ist in Wirklichkeit ein Stillstand der Verbitterung.

Dabei erklärte Yoda sinngemäß schon: »Die besten Mentoren Fehler sind«. Deshalb braucht er, mehr als jede Heldenreise und jedes produktive Erzählen, ein Negativ, um sich zu legitimieren. Wo die pluralistischen Protagonistinnen an den Antagonismen wachsen, die sie überwinden müssen, brauchen die Faschisten schier unüberwindbare, maximale Antagonisten, um selbst nicht wachsen zu müssen.

Der totale Antagonist

»Überschätzte ich nicht, weil mich das selber so furchtbar traf, die Rolle des Antisemitismus innerhalb des nazistischen Systems?«[2], fragt sich der jüdische Romanist Victor Klemperer, nachdem er die gesamten zwölf Jahre der NS-Herrschaft als Ehemann einer arischen Frau, die zu ihm hielt und sich nicht scheiden ließ, überlebt hatte. In seiner bestechenden, ergreifenden Biografie, die er in Tagebuchform unter dem Titel *LTI – Tagebuch eines Philologen* verfasste, analysierte er die »Lingua Tertii Imperii«, die Sprache des sogenannten Dritten Reichs; für ihn war der spezielle nationalsozialistische Antisemitismus nicht bloß ein Symptom der NS-Ideologie, sondern der Schlüssel zu ihrem Verständnis. Der Antisemitismus, so Klemperer, habe »das Zentrum und in jeder Hinsicht das entscheidende Moment des gesamten Nazismus gebildet [...]. Antisemitismus ist vom Anfang bis zum Ende das wirksamste Propagandamittel der Partei, ist die effektivste und populärste Konkretisierung der Rassendoktrin, ja ist für die deutsche Masse mit der Rassenlehre identisch. [...] Und durch die wissenschaftliche, vielmehr pseudowissenschaftliche Rassenlehre begründet und rechtfertigt man alle Ausschweifungen und Ansprüche der nationalsozialistischen

Überheblichkeit, jede Eroberung, jede Tyrannei, jede Grausamkeit und jeden Massenmord.«[3]

Der Held ist nur so gut, wie sein Antagonist schlecht ist. Und wenn der Antagonist eine ganze Rasse von ins Unmenschliche (im Nazi-Jargon: »Untermenschliche«) gesteigerten Feinden ist, dann strahlt das eigene Heldentum umso heller, und jede Grausamkeit kippt vom Bestialischen ins Notwendige, gar Mutige. Und so folgert Klemperer: »Auf der zum Antisemitismus verengten und zugespitzten, im Antisemitismus aktivierten Rassenidee beruht die Eigenart des Nationalsozialismus den anderen Faschismen gegenüber. Aus ihr zieht er all sein Gift.«[4]

Gab es Antisemitismus vorher als »soziale, als religiös und wirtschaftlich begründete Abneigung zu allen Zeiten und in allen Völkern«[5], entwickelten die Nazis ihn für ihre Zwecke auf drei Ebenen weiter: Aus dem in der Postmoderne seltener ausbrechenden, anachronistischen Hass auf Juden machten sie zunächst eine Staatsdoktrin, aus den lokalen Ausbrüchen mittelalterlicher Pogrome ein omnipräsentes Erniedrigungs- und Vernichtungsprogramm. Dieses maximierten sie dann mit aller technischen und organisatorischen Finesse des industriellen Zentralstaates, die Emotionalität des spontan auflodernden Hasses wich der nüchternen Auslöschung. Doch am wesentlichsten: Der Judenhass mündete in ein biologistisches Narrativ vom jüdischen Blut, das die »Scheidung verewigt«, wie Klemperer schreibt. »Und so macht man ihn unausrottbar: denn sein Kleid, seine Sitte, seine Bildung und seinen Glauben kann der Mensch wechseln, sein Blut nicht.«[6]

Klemperer verfolgt die theoretischen Wurzeln dieses speziell arischen Antisemitismus über Alfred Rosenbergs *Mythus (1930)* und Houston Stewart Chamberlains *Die Grundlagen des 19. Jahrhunderts* (1899) zurück zu einem Franzosen namens Joseph Arthur de Gobineau, der in einem vierbändigen *Essai sur l'inégalité des races humaines (Der Versuch über die Ungleichheit der Menschenrassen)* von 1853/1855 als Erster die überlegene arische Rasse des unvermischten Germanentums als bedroht darstellte, und zwar durch das minderwertige, kaum noch »menschlich« zu nennende Semitenblut. Klemperer sieht Gobineau als alleinigen »verantwortlichen Urheber der blutigen Doktrin«[7], selbst wenn die Nazis in ihrer »Forschung« später versuchten, Immanuel Kant und anderen Deutschen ebensolche Arisierungsgedanken zu unterstellen.

Und die Deutschen machten bereitwillig mit: Jeder Einzelne konnte sein durch den verlorenen Weltkrieg, die Wirtschaftskrise und Weimarer Wirrungen fragil gewordenes narratives Selbst gesundstoßen, sich dadurch individuell wie sozial aufwerten. Jede Alltagspraxis, jede noch so kleine Handlung wurde, wie Klemperer anhand unzähliger Beispiele belegt, zu einer Schlacht im Kampf gegen den Todfeind. »Der Jude«, schreibt Klemperer, »ist der wichtigste Mann in Hitlers Staat: er ist der volkstümlichste Türkenkopf und Sündenbock, der volkstümlichste Gegenspieler, der einleuchtendste Generalnenner, die haltbarste Klammer um die verschiedenartigsten Faktoren. Wäre dem Führer wirklich die angestrebte Vernichtung aller Juden gelungen, so hätte er neue erfinden müssen, denn (...) ohne den finstern Juden hätte es nie die Lichtgestalt des nordischen Germanen gegeben.«[8]

Wie aber konnte dieser narrative Extremismus verfangen? Genau wie beim Antijudaismus im Mittelalter wurden zuerst die eigenen Obsessionen, Neurosen und Ängste auf Juden projiziert, und diese Projektion wurde dann durch eine fiktionalisierende Konstruktion legitimiert. Indem man Juden abwertend als »arbeitsscheue« Bänker und Betrüger stilisierte, ließen sich diese als Personifizierung gesellschaftlicher Ungerechtigkeiten verantwortlich machen. Die Frustration über das eigene Leben mündete in den Wahn, dass ein Volk schuld an der eigenen behaupteten Benachteiligung sein soll. In der eingeführten Logik der Narratologie war der NS-Antisemitismus deshalb aus zwei Gründen so pervers erfolgreich: Er entband die selbst ernannten Protagonisten von allen humanistischen Fesseln und lieferte ihnen zugleich eine Erzählung maximaler Überlegenheit und Selbstgerechtigkeit. Diese Entfesselung verortet Klemperer in der deutschen Romantik und somit im urdeutschen Wesen, so wie er auch Gobineaus geistige Wurzeln in einer kruden Vermischung der Selbsterzählung aus französischem und fränkischem Adel, einer indischen Vorzeit des Germanentums und der bekannten romantischen Motive sieht: »die Entthronung der Vernunft, die Animalisierung des Menschen, die Verherrlichung des Machtgedankens, des Raubtiers, der blonden Bestie«[9]. Laut Klemperer machte Hitler als faschistischer Staatschef den entscheidenden Schritt in die Moderne, indem er die Deutschen – in einer dieser konstituierenden Dialektiken des faschistischen Narrativs – im Kampf gegen das »Judentum« gleichzeitig als »Helden« individualisierte sowie als »Volk« kollektivierte; vor allem jedoch, indem er die zahlreichen Feinde in einem mit vielen Gesichtern zusammenfasste und gleichzeitig diabolisch zahllos erscheinen ließ. Angetrieben wurde das »Weltjudentum« von »jüdischer Mordgier« – jedoch nicht aus Eigeninteresse oder Weltanschauung, sondern »aus eingeborenem Instinkt, aus ›abgrundtiefem Haß‹ der jüdischen Rasse gegen die nordisch-germanische«[10], wie Klemperer schreibt und dabei Joseph Goebbels zitiert, demzufolge die Juden die Arier vernichten wollten, aus Abscheu gegen eine Kultur, »die sie als weit über ihrem nomadischen Weltbild stehend empfinden, [...] weil sie ihrem parasitären Treiben keine Bewegungsfreiheit mehr«[11] lasse.

Die Nazis bündelten also den biologisch »anderen«, der weniger wert war als man selbst und der dementsprechend weniger Besitz und Gerechtigkeit verdiente, und den religiös »anderen«, der an den falschen Gott glaubte und die falschen Regeln befolgte, zu einem totalen Antagonisten, der die maximale, grenzenlose, endgültige Verkörperung aller Antagonismen war. Der »jüdische Krieg«, wie die Nazis ihn auch nannten, war ihnen nur aufgezwungen, man schoss von Anfang an nur zurück – eine Selbstviktimisierung, die uns noch oft in rechtsextremen Narrativen begegnen wird. Mehr noch: Man *musste* schießen, um nicht selbst vernichtet zu werden. Wer Gnade zeigte, machte sich mitschuldig; nur wer tötete, war im Recht. So wurde ein ideologisches Perpetuum mobile in Gang gesetzt, eine sich immer schneller drehende Abwärtsspirale an Menschenfeindlichkeit, die auf narrativer Ebene endlosen Stoff für Hitlers Auslöschungspläne bereitstellte. Mit der Dialektik des totalen Protagonismus als Reaktion auf totalen Antagonismus hatten die Nazis so etwas wie die erste narrative Massenvernichtungswaffe erfunden.

»Möge die Wehrmacht mit dir sein« – Sparta, *Star Wars* und Disney World

Der Mythos von den Spartanern ist beileibe keine Ausnahme. Faschismus wurde seit jeher auf eine Weise ästhetisiert, dass er uns nicht auffällt. Ein legendäres, mythologisch aufgeladenes Produkt der Popkulturindustrie veranschaulicht geradezu prototypisch, wie eine Ästhetik des Faschismus selbstverständlicher Teil unserer Alltagscodes und unseres Referenzkosmos werden konnte: das *Star Wars*-Franchise, eine ins Weltall verlagerte Verquickung von Western, Samuraifilmen, Flash Gordon, Rittersagen – und dem Dritten Reich. Regisseur George Lucas ließ sich inhaltlich wie optisch vom Nationalsozialismus und dem Zweiten Weltkrieg inspirieren.* Einige Kameraeinstellungen erinnern stark an Nazipropaganda, genauer gesagt an Leni Riefenstahls *Triumph des Willens* (1935).** Und der Kostümbildner John Mollo erklärt die Genese der *Star Wars*-Kostüme folgendermaßen: »George Lucas wollte, dass die Leute des Imperiums effizi-

* Vgl. das von den Historikerinnen Nancy R. Reagin und Janice Liedl herausgegebene und von George Lucas genehmigte Werk *Stars Wars and History* (2013), in welchem die historischen Bezüge zum Dritten Reich nachgezeichnet und zum Beispiel unter anderem die Parallelen zwischen dem politischen Aufstieg von Kanzler Palpatine und Adolf Hitler herausgearbeitet werden. Auch der Begriff *Stormtrooper* wurde wortwörtlich von Hitlers paramilitärischer Organisation, von der Sturmabteilung übernommen, ebenso die typische Form ihrer Helme. Vgl. auch den Blog *From World War to Star Wars* auf der offiziellen *Star Wars*-Seite des Historikers Cole Horton. (Zur Propagandästhetik: www.starwars.com/news/from-world-war-to-star-wars-propaganda; die Stormtrooper: www.starwars.com/news/from-world-war-to-star-wars-stormtroopers. Als Vorlage für die Kampfsequenzen in *Star Wars* diente Filmmaterial von Luftkämpfen zwischen den Amerikanern und den Japanern im Zweiten Weltkrieg (www.starwars.com/news/from-world-war-to-star-wars-dogfights).

** Die Schlussszene in *Star Wars: Episode IV – Eine neue Hoffnung* (1977), in welcher Luke Skywalker und Han Solo feierlich Medaillen von Prinzessin Leia für ihre Heldentaten umgehängt bekommen, sind ein offensichtliches Zitat der von Leni Riefenstahl dokumentierten Nazikundgebungen in Nürnberg in ihrem Propagandafilm *Triumph des Willens* (1935).

ent, totalitär, faschistisch aussehen und dass die Rebellen, die Guten, aussehen, als kämen sie aus einem Western und von den US-Marines.«[12]*

Natürlich müssen die Übernahme von Designs und ein Remix verschiedener Ästhetiken nicht problematisiert werden, wenn sie kommerzialisierte Massenware nur zitiert und die kritische Bewertung des Gezeigten klar erkennbar ist. Manchmal ist jedoch die Intention eine harmlose, das Ergebnis bei genauerem Hinsehen frappierend: Sogar in einem Kinderfilm wie Disneys *König der Löwen* finden wir eine Eins-zu-eins-Übernahme von Leni Riefenstahls Inszenierungen beim Aufmarsch der Hyänen und der Zeichnung des antagonistischen Löwen Scar als kannibalistischem Diktator. Die Art und Weise, wie die Kulturindustrie mit den Motiven und der Ästhetik des Faschismus umgeht, demonstriert allerdings vor allem unseren Hang zur narrativen Abkürzung, insbesondere wenn das Böse dargestellt werden soll. Der erzählende Affe verkennt bei historischen Analogien oftmals das komplexe politische Gesamtbild über den Bezug zu *dem* Bösen hinaus. Weil man sich der historischen Einzigartigkeit bewusst war, wurde ein dämonisierter Mensch zum infla-

---

* Kenneth Colley, der Admiral Piett spielte, berichtete, wie er für seine Rolle gecastet wurde: »Ich erinnere mich, dass Irvin [Kershner, der Regisseur von *Star Wars: Episode V – Das Imperium schlägt zurück*], als ich in sein Büro kam, zu mir sagte: ›Ich suche jemanden, der Adolf Hitler das Fürchten lehren würde!‹ Und er musterte mich von oben bis unten und fuhr fort: ›Ja, ich glaube, Sie sind es.‹« Über seine Figur sagt er: »Es gab Anklänge an die Gestapo oder zumindest an den Faschismus – und so bin ich auch an die Rolle herangegangen.« (Vgl. Cole Horton: »From World War to *Star Wars:* Imperial Officers«, 20. August 2014, www.starwars.com/news/from-world-war-to-star-wars-imperial-officers)

tionär gebrauchten Vergleich für alles Unliebsame und Schlechte, das mit Nazis und Faschismus verglichen werden kann. In einer säkularisierten Gesellschaft ersetzt einer oder ein Bezug auf ihn in unseren Erzählungen das transzendentale Böse: Hitler.

Der französische Philosoph François de Smet hat untersucht, wie der Nationalsozialismus in die zeitgenössische Vorstellungswelt eindringen konnte.[13] Dabei kommt er unter anderem auf »Godwins Gesetz« zu sprechen, das besagt, dass »mit zunehmender Länge einer Online-Diskussion sich die Wahrscheinlichkeit für einen Vergleich mit Hitler oder den Nazis dem Wert eins« annähert[14] – also immer wahrscheinlicher wird. Benannt wurde es nach dem amerikanischen Anwalt Mike Godwin, der es 1990 formulierte. (Allerdings beschrieb der deutsch-amerikanische Philosoph Leo Strauss dieses Phänomen bereits 1953 als *Reductio ad Hitlerum.*) »Godwins Gesetz«, schreibt de Smet, »erinnert an unsere tiefsitzende Animalität, unsere Liebe zur Stärke, unseren unterdrückten Willen zur Macht, unseren beschämenden Konformismus. Die Macht der Worte mag stark sein, aber Nazismus, Faschismus, Godwins Gesetz werden zu Karikaturen, die uns einsperren und uns morgen vielleicht daran hindern, zu erkennen, woher die Bedrohung kommt.«[15] Und in seinem Aufsatz »Who Was ›Hitler‹ Before Hitler? Historical Analogies and the Struggle to Understand Nazism, 1930–1945« erklärt der Historiker Gavriel Rosenfeld, wie Hitler über die Zeit zum neuen Archetypen alles Bösen wurde und fortan zum Standard aller politischen oder historischen Vorgänge, die man in Ermangelung besserer Erfassung mit ihm verglich: »Während heutzutage Kommentatoren darüber streiten, ob Hitler als eine historische Analogie genutzt werden sollte, debattierten Beobachter in den

30er- und 40er-Jahren darüber, welche historischen Analogien sich dazu eigneten, Hitler zu erklären. Während dieser Zeit identifizierten anglophone und deutsche Autoren eine diverse Gruppe historischer Schurken, mit Hilfe derer sie glaubten, die Bedrohung durch den Nationalsozialismus erklären zu können. Diese Figuren beinhalteten eine weite Bandbreite von Tyrannen, Revolutionären und Eroberern. Aber am Ende des Zweiten Weltkrieges wurden diese Analogien mit der Enthüllung der präzedenzlosen NS-Verbrechen als unzulänglich empfunden, was viele Kommentatoren dazu veranlasste, von der säkularen Historie in die religiöse Mythologie zu fliehen. Hitler wurde in diesem Prozess als der neue Archetyp des Bösen innerhalb der westlichen Zivilisation bestimmt und darüber hinaus zu einer hegemonialen Analogie der Nachkriegszeit stilisiert.«[16]

Problematisch wird es jedenfalls, wenn die Stilisierung des Bösen zu dessen Idealisierung beiträgt, wenn also etwa Weltraumfaschisten zu einem selbstverständlichen, von Fans bewunderten Teil unserer Popkultur werden. Sie tragen Wehrmachtshelme, heißen wörtlich übersetzt »Sturmtruppler«, die Offiziere sehen wie die Gestapo aus – und zugleich prangen sie auf T-Shirts, tanzen Choreografien in lustigen, viralen Videos, sind Faschingskostüme für Kinder. Der Abgrund wird noch deutlicher, wenn man die imperiale Parade der Stormtrooper in den Disney-Vergnügungsparks betrachtet. Disney selbst beschreibt diesen Märchenmarsch vor seinem zauberhaften Dornröschenschloss auf seiner Webseite als »eine einschüchternde Demonstration von Gehorsam und Stärke«.[17] Faschismus für die ganze Familie, der Urlaub ist gerettet!

Hier findet statt, was die Filmwissenschaftlerin Lindsay Ellis »Cosplay-Faschismus«[18] nennt – eine verstörende visuelle Verzerrung, ähnlich der Popkulturalisierung faschistischer

Motivik bei Lady Gaga, Marylin Manson oder Rammstein. Vor diesem besonders artifiziellen Hintergrund der Freizeitparksituationen, die ja eine Märchenwelt simulieren, wird für einen kurzen Moment unsere popkulturelle Abgestumpftheit spürbar. In der Inszenierung, die aufgrund ihrer Verfremdung gerade so an einer Historisierung vorbeischrammt, nehmen wir das Unbehagen teilweise wahr, was aber eben auch den Kauf- und Konsumreiz ausmacht. Denn natürlich will man als Kind auch mal den Bösen spielen – oder ihn besiegen.

Die unterschwellige Vermengung von Form und Codes geschieht jedoch unterhalb des Radars der breiten Aufmerksamkeit noch virulenter. Online findet man besonders deutlich eine popkulturell codierte, stilisierte, für den Tabubruch zitierte, dabei oft ironisierte oder als *edgy* verklärte Ästhetik des Faschismus, die in Netzwerken und Diskussionsforen eine ganz spezifische Hundepfeifen-Kultur* etabliert hat. Sie basiert auf mehrdeutigen Memes oder behaupteter Ironie und ist in dieser Codierung wiederum typisch für faschistische Ideologien. Der Schütze, der 2019 bei einem Terroranschlag auf zwei Moscheen im neuseeländischen Christchurch 51 Menschen ermordete, schrieb in seinem zuvor verfassten Manifest, dass das Computerspiel *Spyro the Dragon 3 – Year Of The Dragon* ihn Ethnonationalismus gelehrt und der Battle-Royale-Shooter *Fortnite* ihn trainiert habe, ein Mörder

---

* *Dog whistles,* wörtlich übersetzt »Hundepfeifen«, kennen wir aus der Politik. Ronald Reagan war ein Meister darin, und mit Trump erlebten die *dog whistle politics* eine neue Konjunktur. Es geht um die Nutzung von Sprachbildern und Ausdrücken, die für ein gezieltes Publikum bestimmt sind und Bedeutungen verbergen, die für die Allgemeinheit nicht auf Anhieb hör- oder sichtbar sind. Ein Beispiel: Trumps *»bad hombres«*, mit denen er gezielt die lateinamerikanische Bevölkerung rassistisch diffamierte.

zu sein. Er verspottete damit die Erwartbarkeit des medienkritischen Diskurses über Videospiele, der nach jedem Anschlag folgt. Weitere Beispiele für die ironische Übernahme unverdächtiger Symbole, die zum Ausdruck einer faschistischen Ideologie werden, sind das Meme *Pepe der Frosch** oder die *Proud Boys,* eine Gruppe gewalttätiger, rechtsextremer, antisemitischer, homophober Trump-Anhänger, die auch an der Attacke auf das Kapitol in Washington im Januar 2021 beteiligt waren. Ihr Name geht auf den Song »Proud of your boy« zurück, der für die Musicalfassung von Disneys *Aladdin* geschrieben wurde und in dem der gutherzige Dieb aus Agrabah darüber singt, wie er seine Mutter stolz machen will. Der eigenen Legende zufolge war der Gründer der Proud Boys bei einer Schulaufführung seiner Tochter, wo ein Junge dieses Lied sang. Da er die Darbietung und das Lied als unmännlich und peinlich empfand, kam er auf die Idee, seine Bewegung ironisch nach diesem Disney-Song zu benennen – geschrieben von einem der legendärsten Musical-Songwriter, Howard Ashman, der Jude und homosexuell war.

---

* Eine anthropomorphisierte Froschfigur aus dem Webcomic *Boy's Club* des amerikanischen Zeichners Matt Furie. Das Motiv wurde auf dem Imageboard 4Chan abgewandelt und benutzt, um rassistische und antisemitische Memes zu generieren und zu verbreiten, hatte aber hierbei zu Beginn noch den Charakter einer Hundepfeife: Ahnungslose sahen erst mal nur einen drolligen Comic-Frosch, Eingeweihte erkannten den Code. Während der Präsidentschaftswahl 2016 übernahmen die rechtsextreme *Alt-Right*-Bewegung und dann auch Republikaner den Frosch, um Trump zu unterstützen und Clinton zu diffamieren. Seitdem wird die Figur von der *Anti-Defamation League* offiziell als rassistisches Hasssymbol eingestuft. Der Erfinder Matt Furie versucht seine Schöpfung dem Missbrauch durch Rechtsextreme zu entziehen – mit gemischtem Erfolg, wie die Dokumentation *Feels Good Man* (2020) zeigt.

In ihrem Buch beschreiben Maik Fielitz und Holger Marcks den digitalen Faschismus: »Während sich klassische Faschisten durch ihre Schwarz- oder Braunhemden zu erkennen gaben, tarnt sich der digitale Faschismus im bunten Hemd von Online-Kulturen, die der Funktionsweise der sozialen Medien entspringen. Das macht ihn zu einer besonderen Herausforderung, denn er ist dadurch äußerst fluide und ambivalent, verfügt also über kein klares organisatorisches Zentrum, auf das sich gezielte Gegenmaßnahmen richten könnten.«[19]

Die technische Ermöglichung eines dezentralen Faschismus stellt die digitalisierte Gesellschaft vor ein grundsätzliches Dilemma, wie Fielitz und Marcks feststellen: »Von denselben Plattformen, die zum Motor des Rechtsextremismus geworden sind, wird nun erwartet, dass sie die Demokratie verteidigen. [...] Zugleich stellen sie virtuelle Organisationsstrukturen zur Verfügung, die auch von Extremisten und sogar Terroristen, also erklärten Feinden der liberalen Demokratie, genutzt werden. Dabei entstehen Dynamiken, die sich – bei aller Freiheit, die die digitalen Möglichkeiten symbolisieren – letztlich gegen die demokratischen Freiheiten richten. Der digitale Faschismus ist eine solche Dynamik.«[20]* Und damit sind wir bei dem vielzitierten Ausspruch des italienischen Schriftstellers Ignazio Silone, der da lautet: »Wenn der Faschismus wiederkehrt, wird er nicht sagen: ›Ich bin der Faschismus!‹ Er wird sagen: ›Ich bin der Antifaschismus!‹« Diese spezielle Ideologie vermag sich immer wieder aufs Neue zu erzählen und den narrativen Gegebenheiten verschiedener Epochen anzupassen – zur Not als sein Gegenteil.

---

* Mehr zum Dilemma der liberalen Gesellschaft im Umgang mit extremistischen Erzählungen in Kapitel 11.

Man könnte auch behaupten: Faschismus ist ein Trojanisches Chamäleon.

Protofaschisten wie Trump: Lügen, Mythen, Fiktionen

30 573 Lügen und irreführende Behauptungen – so viele hat Donald Trump laut der *Washington Post* in seiner Amtszeit ausgesprochen.[21] Keine Fehler aus Unwissenheit, keine Ungenauigkeiten, keine Missverständnisse, sondern 30 573 Behauptungen, bei denen die Zeitung Trump einer Lüge überführen konnte. Er startete seine Amtszeit mit durchschnittlich fünf Lügen pro Tag und arbeitete sich auf das fast Fünffache hoch, so der letzte Stand der Lügenmessung. In seinem Essay *Über Tyrannei. Zwanzig Lektionen für den Widerstand* erklärt der Historiker Timothy Snyder: »Die Fakten preiszugeben heißt, die Freiheit preiszugeben. Wenn nichts wahr ist, dann kann niemand die Macht kritisieren, denn es gibt keine Grundlage, von der aus man Kritik üben könnte.«[22] Trumps notorisches Fiktionalisieren der politischen Wirklichkeit ist ein typisches Beispiel für Protofaschismus. Er demonstriert Stärke, indem er seinen Anhängern vermittelt, er sei so stark, dass sogar die Wahrheit sich ihm unterordnet. Trump hat der Lüge eine neue Macht gegeben; wenn er einer Unwahrheit überführt wird, schwindelt er weiter, um seine erste Lüge wahrer zu machen. Solange er seine Behauptungen nicht selbst widerruft, erinnert das Ganze an Schrödingers Katze: Eine nicht belegte Wahrheit und eine nicht widerlegte Lüge können gleichzeitig existieren. Wichtig ist nicht, was am Ende stimmt, sondern was die Lüge anrichten kann.

Ein ähnliches Verhältnis zur Wahrheit haben auch Wladimir Putin, Jair Bolsonaro und Recep Tayyip Erdoğan. Sie alle machen sich die Wirklichkeit mit ihrer Sprache untertan. Dazu passt, dass sie niemals eine Niederlage eingestehen und lieber versuchen, die Spielregeln so zu manipulieren, bis sie nicht mehr verlieren können; wie Trump, der sich bei den Wahlen 2020 zum Gewinner erklärte, bevor das Spiel zu Ende war – und es immer noch tut, lange nachdem er verloren hat. Im Moment der Uneindeutigkeit und der steil in den Raum geworfenen Selbstüberhöhungen kann man alles sein, was man will, sogar König der USA. Jason Stanley fasst das wie folgt zusammen: »Ein faschistischer Führer kann die Wahrheit durch Macht ersetzen und letztlich ohne Konsequenzen lügen.«[23]

Diese aggressive Fiktion ist wie Doping für jeden Populisten. Vordergründig scheint es den Autokraten um Beständigkeit und Bewahrung zu gehen, dabei ist ihr eigentliches Anliegen, Chaos zu stiften und einen offenen Diskurs zu verunmöglichen. Kritische Nachrichten gelten dann als »Fake News«, die Propaganda des Lügners indes als Nachrichten. Antifaschisten werden zu Faschisten gestempelt, und bei Gelegenheit twittert man einer aufgepeitschten Menge einfach »I love you« zu. Alles wird so lange verdreht, bis der Protofaschist seine eigene und einzig gültige Realität verkörpert.

Besonders tiefgreifende »alternative« (der Realität widersprechende) Erzählungen im Hintergrund nennt man gerne auch »Verschwörungstheorien« oder »Verschwörungserzählungen«. Faschisten nutzen solche alternativen Wirklichkeitsversionen gezielt, um im Interesse der Ingroup eine bestimmte Outgroup unglaubwürdig zu machen oder zu verunglimpfen. Es geht letztlich nicht um die Frage, ob etwas stimmt oder nicht, sondern darum, ob es für die Gruppe, die

Partei, den Stamm einen emotionalen, politischen oder ökonomischen Vorteil bringt, eine wahrheitsgemäße Information zu leugnen. Im protofaschistischen Tribalismus ist nicht gut, was wahr ist, sondern wahr, was stark macht. Timothy Snyder erklärt: »Du unterwirfst dich der Tyrannei, wenn du den Unterschied zwischen dem, was du hören willst, und dem, was tatsächlich der Fall ist, leugnest. Diese Leugnung der Realität kann sich ganz natürlich und angenehm anfühlen, doch das Ergebnis ist deine Selbstaufgabe als Individuum – und damit der Zusammenbruch jedes politischen Systems, das auf dem Individualismus beruht.«[24]

Gemäß der faschistischen Dialektik zwischen Heldentum und Viktimisierung muss Trump sich selbst als maskulin, überlegen und zugleich als Opfer eines schaurigen Antagonisten präsentieren, der politisch wie performativ auszugrenzen ist: ob man nun Hillary Clinton wegsperren will, Muslimen ein Einreiseverbot erteilt, Mexikaner als Vergewaltiger oder Chinesen als Krankheitsträger inszeniert. Der politische Gegner ist nicht nur falsch, sondern schlecht, er muss nicht abgewählt werden, sondern ins Gefängnis oder Schlimmeres. Frauen werden auf den Griff in ihren Schritt und auf ihre Menstruation reduziert. Trumps idealisiertes ehemaliges Amerika gibt es nur für weiße *proud boys.*

Leo Löwenthal hat die psychologische Ursache solcher populistischen Aggressionen bereits 1949 in seiner Schrift *Falsche Propheten. Studien zur faschistischen Agitation* untersucht. Er beobachtet das »antagonistische Verhalten gegenüber der Welt« von Menschen, die offen sind für lügende Agitatoren.[25] Ihre Entfremdung und Ohnmacht einerseits, die (gefühlte) Konsistenz und Handlungsmacht der Gegenseite andererseits lässt laut Löwenthal Menschen glauben, ihre Feinde seien in dieser Geschichte die Protagonisten und sie selbst, als deren Gegner, logischerweise die Antagonisten. Sie brauchen einen neuen Anwalt, einen Champion ihrer Triebe und Wünsche, der sie wieder zu Protagonisten macht – zu handlungsmächtigen, positiv erzählten Figuren in dem großen Spiel, das sie nicht mehr durchschauen. Sie suchen einen, der ihnen zwar eine Heldenreise vorlebt und vorschwärmt, auf der es einiges zu gewinnen gibt, der sie aber gleichzeitig mit allen Zumutungen, die einer solchen Reise innewohnen, verschont. Die entscheidende Attraktivität des protofaschistischen Agitators liegt darin, dass sich seine Anhänger nicht verändern müssen. So wie der Werbeslogan einer Diätkost-Linie verkündete: *Ich will so bleiben, wie ich bin – du darfst!,* so verspricht der Agitator: *Die Welt mag sich weiterdrehen, Minderheiten mögen zu Rechten kommen, Frauen sich emanzipieren, Privilegien sich umverteilen und so weiter – doch mit mir muss euch das nicht interessieren.* Mit ihm bleibt nämlich alles so, wie man es von früher zu kennen glaubt, kurz: *make America great again.*

Dieses Versprechen ist so angenehm und verführerisch, dass der Gegenentwurf dazu, gesellschaftlicher Wandel, nicht nur unattraktiv wirkt, sondern wie eine Zumutung, eine Attacke auf die ohnehin belastete, eigene Lebenswirklichkeit. Mithilfe des Agitators kann man sich jedoch sogar selbst als Opfer der Veränderung inszenieren. Jason Stanley zieht eine Parallele zwischen der republikanischen Partei und der deutschen AfD, insbesondere was die Selbstviktimisierung anbelangt. Während über die historische Aufarbeitung der Brutalität gegenüber den Sklaven in den USA verhandelt wird, versuchen sich Trump-Anhänger zu Opfern der Geschichte zu stilisieren. Auf ähnliche Weise versucht die AfD laut Stanley Stimmen zu gewinnen, indem sie die Aufarbeitung der deutschen Nazi-Vergangenheit als eine Form der Viktimisierung des deutschen Volkes darstellt. Die heutigen Deutschen sind in dieser verqueren Lesart des Faschismus eigentlich die Opfer der Juden, weil die Erinnerung an ihre Taten die Mythologisierung der eigenen Vergangenheit verwehrt. In einer Rede Anfang 2021 in Dresden sprach einer der führenden Köpfe der AfD, Björn Höcke, leidenschaftlich über die Notwendigkeit einer »Erinnerungskultur, die uns vor allen Dingen und zu allererst mit den großartigen Leistungen der Altvorderen in Berührung bringt«.[26] Höckes Äußerungen über »eine Kultur der Erinnerung« ist laut Stanley ein Echo auf Heinrich Himmler[27], der 1937 schrieb: »Wir wollen unsern Männern und wollen dem deutschen Volke klarmachen, daß wir nicht eine Vergangenheit von nur rund 1000 Jahren haben, daß wir nicht ein barbarisches Volk gewesen sind, das keine Kultur hatte, und dem man deshalb erst Kultur bringen mußte. Wir wollen unser Volk wieder stolz machen auf seine Geschichte, wollen ihm klarmachen: Ewiger als Rom, das ja erst 2000 Jahre alt ist, ist Deutschland!«[28]

Dieses faschistische Narrativ findet man in vielen protofaschistischen Ausformungen. Bei Trump heißt es »Make America Great Again«. Die Retropie von der goldenen Vergangenheit, zu deren Zustand man zurückkehren müsse, wurde von dem polnisch-britischen Soziologen und Philosophen Zygmunt Baumann als Projektion eines Idealzustands in eine fantastische Vergangenheit definiert. Sie ist die andere, bessere Welt des Monomythos. Wie man dorthin gelangt, wer auf dem Weg besiegt werden muss und wie genau der Agitator dies bewerkstelligen will – davon singt die narrative Flöte des Rattenfängers. Der Agitator bietet also etwas unheimlich Mächtiges: eine »gute« Geschichte. Gleichzeitig greift der Protofaschist alle anderslautenden Narrative aggressiv an. Die Ideologien und Werte der anderen sind danach nicht nur falsch, sondern verlogen, also absichtlich manipulativ gestrickt, um die Menschen zu verführen und die wahren Beweggründe und Machenschaften zu verschleiern. Der Agitator sät das totale Misstrauen gegen jede Erzählung – außer jener vom totalen Misstrauen. Er negativiert die gesamte narrative Sphäre, das kollektive narrative Bewusstsein. Nichts ist wahr, alles ist Betrug. Er selbst indes präsentiert seine eigene Glaubwürdigkeit in einer oft missverstandenen Doppelfigur: Er inszeniert sich als den aufrichtigsten Politiker, nicht *obwohl,* sondern gerade *weil* er manchmal lügt und sogar dabei erwischt wird. Die Master Story, die er vertritt, besteht nicht aus purer Kongruenz von Behauptung und Wirklichkeit: Seine Wahrheit ist eine gefühlte – oder besser: eine ge*soll*te. Etwas muss nicht wahr sein, es muss nur wahr sein sollen. Damit werden all die anderen, die ebenso behaupten, nur die Wahrheit zu sagen und das Beste für die Menschen zu wollen, ohne aber im Besitz einer ultimativen, gesollten Wahrheit zu sein, automatisch zu Betrügern. Der Agitator, der sogar bereit ist, für die gute Sache über rhetorische Leichen zu gehen, wird durch seine Lügen für seine Fans nicht unglaubwürdiger, sondern bewundernswerter.

Die Bedrohung: Die Nation steht vor dem Untergang, die globalen Eliten beuten das Land aus, die progressiven Kräfte zerstören die Kultur, die Migrationspolitik strebt den »Austausch« der Bevölkerung gegen Fremde an, von sinistren Hintermännern gesteuerte internationale Konzerne (anders als die »guten«, weil einheimischen) beuten das Volk aus – und immer so weiter: Die Welt, die der Protofaschismus zeichnet, ist eine sterbende. Sie braucht eine Wiedergeburt, neu und stärker, auf den Trümmern der alten Welt.

Wie genau Trump den enttäuschten American Dream

seiner Anhängerinnen neu erzählte, betrachten wir im nächsten Kapitel. Grundsätzlich sind er und die von ihm urbar gemachten amerikanischen Ausprägungen des Protofaschismus keineswegs besonders. Und nicht einmal die wildesten Märchen, die vielzitierten Verschwörungsmythen, die er schürte oder bediente, sind neu.

Verschwörungserzählungen als interaktive faschistoide Märchen

Der Mann war sich sicher, dass er das Richtige tat. Bewaffnet mit einem automatischen Sturmgewehr drang der Familienvater in die Pizzeria ein, in deren Keller man die Kinder gefangen hielt, sie folterte, missbrauchte und ihr Blut schließlich zu einem Mittel verarbeitete, das ewige Jugend schenken sollte. Mit seiner Waffe hielt er die Gäste und Angestellten des Restaurants, die sich ahnungslos gaben, in Schach. Dann suchte er die Tür zum Verlies. Doch nach einigen Minuten musste er aufgeben: Die Pizzeria namens »Comet« hatte gar keinen Keller. Als der Mann schließlich festgenommen wurde, endete die Eskalation einer der gefährlichsten Verschwörungserzählungen unserer Zeit zum Glück unblutig.

Der Mann glaubte an *QAnon,* wie der Mythos nach dem Profilnamen eines Forenmitglieds benannt wurde, der sich mit angeblichem Wissen aus dem Inneren der amerikanischen Geheimdienste brüstete. *QAnon* behauptet: Die demokratische Partei betreibe unter einer Pizzeria in Washington, D.C., einen satanistisch-sadistischen Kinderschleuserring. Hillary Clinton und andere prominente Politikerinnen entführen Kleinkinder, um durch Folter das Stoffwechselprodukt Adrenochrom zu gewinnen, das von

Hollywoodstars zur Bekämpfung des Alterungsprozesses verwendet wird.

Eine Saga wie aus einem Splatterfilm, mit klar verteilten Rollen von abgrundtief Bösen, die sich an den maximal Unschuldigen vergehen. Ein Mythos, der, wäre er wahr, seine Mitwisser allein durch ihr Wissen zu Protagonisten machte, und der den Mann mit dem Sturmgewehr nicht ruhen ließ. Hören Sie auch das narrative Echo jener antijudaistischen Schauermärchen über Ritualmorde an Kindern und der Blutverleumdung aus dem 13. Jahrhundert?

Schon immer gab es neben einem Kanon an Fakten auch einen Wildwuchs an Gerüchten, Mythen und Verleumdungen. Zu »Verschwörungserzählungen« werden solche Lügen, wenn sie durch eine wie auch immer geartete Selbstbehauptung tun, als seien sie mehr als erfundene Gerüchte – wie bei dem rassistischen Reisebericht von Azurara oder der antisemitischen Heiligenfiktion über Wilhelm von Norwich. Zu den verhängnisvollsten Verschwörungserzählungen des 20. Jahrhunderts zählen die erfundenen *Protokolle der Weisen von Zion,* deren erste Ausgabe 1903 auf Russisch im russischen Kaiserreich erschien, und die auch den Nationalsozialisten als ideologischer Pfeiler dienten. Die Protokolle stellen eine fiktive Anleitung dar, wie man als Jude die Weltherrschaft erlangt. Der Inhalt ist frei erfunden und aus verschiedenen Quellen zusammengestückelt. Zur Zeit des Russischen Kaiserreichs wollten der oder die Autorinnen dieser Schrift Zar Nikolaus II. von den Gefahren einer zu großen Öffnung des Regimes für jüdische Russen überzeugen, die als liberale oder gar revolutionäre Elemente wahrgenommen wurden. Als möglicher Verfasser gilt der Franzose Mathieu Golowinski, Informant für die Ochrana, den damaligen russischen Geheimdienst. Ein

Teil des Textes stammte aus dem 1868 erschienenen antisemitischen Roman *Biarritz,* den der Postbeamte Hermann Goedsche unter dem Pseudonym Sir John Retcliffe geschrieben hatte. Goedsche erzählt darin, wie sich Vertreter der zwölf Stämme Israels heimlich auf dem Prager Judenfriedhof versammeln und das Erlangen der Weltherrschaft beraten, mit dem Ziel, alles Gold der Welt zu besitzen. Belauscht werden sie vom Protagonisten des Buches, einem »Doktor Faust«. Ein anderer Teil wurde aus Maurice Jolys 1864 anonym veröffentlichter Satire *Ein Dialog in der Hölle zwischen Machiavelli und Montesquieu* plagiiert. Sie beschreibt eine Debatte in der Hölle zwischen dem Schriftsteller Montesquieu, der für den Liberalismus plädiert, und dem Philosophen Machiavelli, der für die Tyrannei eintritt. In den Protokollen werden Machiavellis Argumente für die Tyrannei in Argumente der »Weisen von Zion« verwandelt, angeblich jüdische Führer, die die Weltherrschaft anstreben. 1920 ins Französische übersetzt, wurden die *Protokolle der Weisen von Zion* schnell ein internationaler Bestseller. Allein in den USA vertrieb Automobilhersteller Henry Ford Hunderttausende von Exemplaren – wodurch diese englische Ausgabe weltweit am bekanntesten wurde. Bis heute berufen sich Antisemiten auf diesen Text.

Früher war es für den Einzelnen kaum möglich, einem solch abgründigen Gerücht effektiv nachzuforschen. Doch heute hat sich das Internet mit seinen unzähligen Foren und Plattformen, auf die jede Art von Inhalten gestellt werden kann, zu einem Brutkasten für angeblich unterdrücktes Wissen entwickelt. Man kann nun selbst »recherchieren«, sich austauschen, Entdeckungen machen. Das lustvolle gemeinsame Spekulieren, das raunende Andeuten von Insiderinformationen, die Selbsterzählung als »erwachter« Wissender, während alle anderen schlafen: Die sozialen Medien bieten den nötigen Resonanzraum.

QAnon bietet eine Heldenreise wie die von Keanu Reeves in *Matrix.* Zuerst einmal muss man »aufwachen«, also herausfinden, dass alles eine Lüge ist. Analog zu einer Szene des Films, in welcher der Protagonist zwischen zwei Pillen wählen muss, wird dazu gern das Motiv des *red pill moment* benutzt, also eines *inciting incidents,* einer Weggabelung, an der man sich entscheiden muss. Folgt man dem orthodoxen Wissen und damit der angeblichen Lüge – oder ist man bereit für die Wahrheit?* Wer dieser vermeintlichen Wahrheit folgt, gehört zu einer auserwählten Gruppe, die den restlichen Menschen intellektuell oder emotional überlegen ist, weil sie etwas verstanden hat, was den anderen noch verborgen bleibt.

Der Einstieg in Verschwörungsmythen ist heute nicht nur deutlich niedrigschwelliger, sondern auch popkultureller aufgeladen und reizvoller; es erscheint spannend, sich auf diese faschistoiden Narrative einzulassen. Wie in einem Computerspiel kann man ein Rätsel lösen. Und bei aller (Pseudo-) Skepsis, die von ihren Anhängerinnen verlangt wird, stehen einem die immer gleichen Antagonisten gegenüber: die liberalen Eliten und das Judentum, Agenten des Wandels und

* In *Matrix* sagt Mentor Morpheus zu Held Neo: »Du wurdest, wie alle, in die Sklaverei hineingeboren und lebst in einem Gefängnis, das du weder anfassen noch riechen kannst. Ein Gefängnis für deinen Verstand. Dummerweise ist es schwer, jemandem zu erklären, was die Matrix ist. Jeder muss sie selbst erleben … Dies ist deine letzte Chance. Danach gibt es kein Zurück. Schluckst du die blaue Kapsel, ist alles aus. Du wachst in deinem Bett auf und glaubst an das, was du glauben willst. Schluckst du die rote Kapsel, bleibst du in Wunderland, und ich führe dich in die tiefsten Tiefen des Kaninchenbaus.«

der Entfremdung, denen maximale Boshaftigkeit und eine Neigung zu Kinderblut unterstellt wird.* *Q* informiert aus dem angeblichen *deep state,* einem imaginierten Staat im Staat, heraus und hinterlässt überall im Internet verschlüsselte Botschaften – darunter beispielsweise auch Donald Trumps Rechtschreibfehler und Twitter-Unfälle wie »Covfefe«. Dramaturgisch erwarten die *QAnon*-Anhänger im weiteren Verlauf der Saga zwei große Ereignisse. Zuerst: »The Storm«. Das ist der Moment, wo Trump ebenjene kinderbluttrinkende Elite, zu der auch der Papst, Oprah Winfrey oder Obama gehören, auffliegen lassen wird. Und darauf folgt »The Great Awakening«, also der Augenblick, da endlich auch die bisher Blinden sehen, was eigentlich passiert. In einer Welt, in der man sich selbst als Randfigur wahrnimmt, kann man sich auf diese Weise doch noch zum Helden machen.

Die Rolle der digitalen Inkubatoren wird hierbei immer noch unterschätzt. Inzwischen ist die »YouTube-Radikalisierung« ein veritabler Forschungsgegenstand. Das Neue und Gefährliche daran: Der Eingang des Kaninchenbaus muss nicht bewusst gesucht werden. Selbst bisher von Ideologien unbeeindruckte Menschen können da hineinstolpern, mitunter durch ein harmloses thematisches Interesse. Stellen Sie sich vor, Sie sind erkältet und suchen nach einem Rezept für einen Ingweraufguss. Sie schauen ein paar Videos an, bis Sie die perfekte Balance zwischen Ingwer, Honig und Zitrone von einem New Yorker Sternekoch oder einer skandinavi-

---

* Wenn man die externen Protofaschismen von Trump kombiniert mit einem digitalen Faschismus, in welchem sich die Anhänger selbst rekrutieren, dann kann man vielleicht die Attacke auf das Kapitol erklären. Dazu mehr in Kapitel 8.

schen Influencerin erklärt bekommen. Der Algorithmus lernt dazu und zeigt Ihnen fortan auf der Startseite von YouTube vermehrt Hausmittelrezepte, allerdings von diesen thematisch zugeordneten Videos naturgemäß jene, die besonders beliebt sind. Vielleicht taucht ein Video auf, in dem eine Frau davon erzählt, wie sie eine schwere Krankheit angeblich mit Ingwer heilen konnte; oder ein populärwissenschaftlicher Clip, der über die aphrodisierende Wirkung von Ingwer informiert. Schauen Sie etwas weiter, kommen Videos mit thematischen Querverbindungen hinzu. Beispielsweise solche darüber, wie man den Körper mit Wasser entgiften soll, oder andere über Nasensprayabhängigkeit, über Antibiotikaresistenz oder Wutreden auf die Pharmalobby. Beim nächsten Aufruf dann Videos mit Analysen über Bill Gates und seine Verbindung zur Weltgesundheitsorganisation WHO, dazwischen zwei Videos von Männern in Gaming-Stühlen, die »Denkt doch mal selber nach! Wir liefern hier nur die Fakten!« rufen; ein Krankenpfleger, der leere Intensivbetten mit dem Kommentar »Wo sind denn die ganzen Kranken?« abfilmt – und plötzlich taucht ein Video von Ken Jebsen auf, in dem sich dieser ausgerechnet als Joker inszeniert, Batmans irren Gegenspieler, und das Sie nur wegen des albernen Make-ups anklicken oder weil es vier Millionen Views hat und Sie neugierig sind. Hat die Gates Foundation Corona erfunden? Gibt es Corona überhaupt? Jetzt sind es nur noch zwei Videos tiefer in den digitalen Kaninchenbau, und Sie landen dort, wo die Corona-Pandemie infrage gestellt wird und Politikerinnen entführte Kinder foltern. Und alles fing mit Ihrer Erkältung und ein wenig Ingwertee an.

Je weiter man in den Dschungel der Videoangebote vordringt, desto radikalere, extremere und auch realitätsfernere Machwerke werden einem durch den sich anpassenden Algorithmus vorgeschlagen.[29] Hohe Klickzahlen lassen die Inhalte sehenswert wirken, wir wollen sehen, warum sich Millionen vor uns ein Video angeschaut haben, und tun es ihnen beim Anklicken gleich – denken Sie an das Schwellenwertmodell. Die Journalistin Zeynep Tufekci fasste das folgendermaßen zusammen: »Was wir erleben, ist die digitale Ausnutzung eines natürlichen menschlichen Wunsches: ›hinter den Vorhang‹ zu schauen, tiefer in etwas einzutauchen, das uns beschäftigt. Während wir klicken und klicken, werden wir von dem aufregenden Gefühl mitgerissen, mehr Geheimnisse und tiefere Wahrheiten aufzudecken. YouTube führt die Zuschauer in einen Kaninchenbau des Extremismus, während Google die Werbeumsätze in die Höhe treibt.«[30]

In der Tat: Per automatisierter Werbefinanzierung ist die Radikalisierung ein lukratives Geschäft – sowohl für YouTube als auch die Ideologen, die Videoplattform ist damit ein nützliches Rekrutierungs- wie Finanzierungsinstrument für Verschwörungserzähler. Die investigative Nachrichtenseite *Bellingcat* untersuchte in einer qualitativen Analyse Nachrichten aus rechtsextremen Chatrooms und entdeckte, dass YouTube als häufigste Ursache für das sogenannte »Red-Pilling« von Mitgliedern genannt wurde, besonders häufig wurde die sechsstündige »Dokumentation« *Adolf Hitler – die bedeutendste Geschichte, die nie erzählt wurde* als persönliche rote Pille angegeben.[31] *VOX-Pol* wiederum, eine europäische Forschungsgruppe, analysierte 29 913 Twitter-Konten, die mit extremen Rechten vernetzt sind, und fand heraus, dass diese Konten am häufigsten YouTube verlinkten, dreimal so häufig wie auf die zweitplatzierte Seite Facebook.[32] Fast alle prominenteren Protofaschisten nutzen die Plattform. Jair Bolsonaro zum Beispiel, seit 2009 auf der Plattform vertreten, hat auf YouTube inzwischen 3,4 Millionen Abonnenten, mit denen er seine Propaganda und Verschwörungstheorien teilt, unter anderem die, dass der Nationalsozialismus oder der »Kulturmarxismus« (was auch immer das genau sein mag) von Linken etabliert worden sei. Zunächst erreichten seine Videos nur ein kleines Publikum. Als dann aber der YouTube-Algorithmus optimiert und rechte Ideologien in Brasilien populärer wurden, sammelte sein Kanal bis zu 30 Millionen Aufrufe pro Monat.[33] Seine Provokationen, sein Hass gegen Linke, Homosexuelle, Indigene und allgemein gegen Minderheiten harmonierten perfekt mit dem neuen Empfehlungssystem der Videoplattform.

Die *New York Times*-Reporter Max Fisher und Amanda Taub untersuchten 2019 die Verantwortung von YouTube für die Radikalisierung Brasiliens, die in der Wahl Bolsonaros zum Präsidenten mündete. In ihrer Recherche beschreiben sie detailliert, wie ein junger Brasilianer durch das YouTube-Empfehlungssystem innerhalb eines Jahres von Gitarren-Tutorials zu Verschwörungsvideos gelangte.[34] Um die These der algorithmisierten Radikalisierung mit Daten zu untermauern, wandten sich die beiden an die Bundesuniversität von Minas Gerais, die Tausende von Videotranskripten analysierte. Die Forscherinnen dort fanden heraus, dass rechte YouTube-Kanäle in Brasilien schneller wuchsen als andere. Während in den Umfragen Bolsonaros Popularität zu sinken begann, nahmen positive Darstellungen von ihm auf YouTube zu. So wie Twitter das Reichweiten- und Rekrutierungsmedium von Trump war, war YouTube das von Bolsonaro.

Und so ähneln sich im Grunde die allermeisten der kontrafaktisch argumentierenden, extremen Bewegungen. Auch eine relativ spontan entstandene, politisch auf den ersten

Blick sehr heterogene Gruppierung wie die der »Querdenker« (wie die deutschen Corona-Leugner sich betitelten), reproduziert inhaltliche wie strukturelle Protofaschismen. Ihre Merkmale sind aggressiver Elitenhass, Demokratieverachtung, Antisemitismus, Nationalismus, eine nicht wirklich an der Wahrheitsfindung interessierte Skepsis, die mehr der Pose dient, Populismus, Wissenschaftsfeindlichkeit, die Forderung nach einem Erwachen aus der Sedierung, die uns das demokratische System verpasst hat. Die Demonstrationen der Querdenker und ihre offen zur Schau getragene Abkehr von der gemeinsam geteilten Realität sind ein Instrument, um die Kontrolle zurückzuerlangen in einer Pandemie, die von vielen Menschen als schmerzhafter Kontrollverlust empfunden wurde. Der erzählende Affe fühlt sich wohl mit Erzählungen, die ihm helfen, zumindest ein Gefühl von Selbstwirksamkeit zu erlangen. Der Kaninchenbau der Verschwörungserzählungen gibt denen eine Heimat, die unter etwas leiden, was man eine »narrative Obdachlosigkeit« nennen könnte – in Anlehnung an den Begriff der »ideologischen Obdachlosigkeit« des Soziologen Leo Löwenthal. Die ihnen zur Verfügung gestellten Geschichten und ihre inhärenten Erklärungen helfen ihnen offenbar nicht (mehr), in der Welt, in der sie leben, zurecht und aneinander vorbei zu kommen *(to get along and get ahead)*. Ihre Entfremdung von den traditionellen Narrativen ihrer Kultur und Milieus führt erst zu einem Unbehagen, dann zu einer Offenheit gegenüber alternativen Ansätzen, schließlich zu der paranoiden Überzeugung, schon immer belogen worden zu sein. Und wer sich erst einmal abgekehrt hat von »Mainstream-Medien« und den bösen Eliten, ist mitunter nur noch schwer erreichbar.

Dies ist kein harmloses Problem einiger weniger verirrter

Seelen. So schillernd und manchmal schlicht lustig sie erscheinen mögen: Im Kern sind nahezu alle Erzählungen und Gerüchte, die man unter »Verschwörungstheorien« zusammenfassen könnte, mindestens antidemokratisch, weil sie pauschal »das System« und »die Eliten« verantwortlich machen. Die meisten tragen aber sogar protofaschistische Elemente in sich. Ihre Narrative gleichen sich in einigen Punkten: Die (demokratisch legitimierten) Eliten seien korrupt, böse, wollen den Menschen schaden; schuld seien häufig einzelne Juden oder die Juden an sich; das System der Demokratie funktioniere grundsätzlich nicht, sondern fördere kriminelle Energie und Ausbeutung. Aggressiver, ja sogar militanter Widerstand scheint da legitim. Mehr noch: Aus Sicht radikalisierter Protofaschisten und Verschwörungsgläubiger ist Widerstand (auch gewalttätiger) geradezu eine heilige Pflicht. Pflichtgefühl kann also pervertiert werden von Narrativen, die ihm den ethischen Boden unter den Füßen wegziehen. Die deutsche Geschichte kennt dafür ein großes, mahnendes Beispiel.

8

Entscheidende Prüfung

Welche Geschichten sich Deutschland und die USA über sich selbst erzählen

Eine perverse Pflicht

Es ist der 4. Oktober 1943. Der Redner erklimmt das Podium, mustert das Publikum und räuspert sich. Der untersetzte Mann ist hochdekoriert, die Orden glänzen, die Uniform spannt über dem Bauch. Seine kleinen Augen verbergen sich hinter runden Brillengläsern, was ihm, wie hinter seinem Rücken gespottet wird, das Aussehen einer Eule verleiht. Er spricht mit schnarrender Stimme, deren jedes Wort auf eine Schallplatte aus Wachs aufgezeichnet wird.* Totenstille herrscht, als der Redner seinen Vortrag im Hof des Rathauses von Posen (Poznań) mit einer Gefallenenehrung beginnt[1]: »In den Monaten, die verflossen sind, seit wir im Juni 1942 beisammen waren, sind viele Kameraden gefallen und haben ihr Leben für Deutschland und für den Führer gegeben.«[2]

Der Redner heißt Heinrich Himmler. Er steht als Reichsführer-SS bei dieser Rede vor 92 SS-Offizieren, bei einer

* Seit Ende 1942 wurden Himmlers Vorträge nicht mehr stenografiert, sondern auf Wachsschallplatten aufgezeichnet. Eine solche Aufnahme findet man im Wikipedia-Eintrag der Posener Reden.

weiteren, zwei Tage darauf, vor Dutzenden Reichs- und Gauleitern. Er spricht lange über die prekäre Situation an der Ostfront, über die Kriegsbereitschaft Englands und der USA, die Minderwertigkeit der slawischen Rasse und die daraus abzuleitende eigene Härte gegenüber Kriegsgefangenen und Zivilisten. Dann senkt er die Stimme:

> Ich will auch ein ganz schweres Kapitel … will ich hier vor Ihnen in aller Offenheit nennen. Es soll zwischen uns ausgesprochen sein, und trotzdem werden wir nicht in der Öffentlichkeit nie darüber reden. […] Ich meine die »Judenevakuierung«: die Ausrottung des jüdischen Volkes.[3]

Diese und einige wenige folgende Sätze haben die sogenannten Posener Reden berühmt gemacht. Im Rathaus der zu jener Zeit ins Deutsche Reich eingegliederten polnischen Stadt erklärt Himmler den führenden Mördern, dass man die verdammte Pflicht der Endlösung erledigen müsse. Was er dann sagt, ist schlicht große Larmoyanz, großes Pathos – und großer Wahnsinn:

> Es gehört zu den Dingen, die man leicht ausspricht. »Das jüdische Volk wird ausgerottet«, sagt Ihnen jeder Parteigenosse. […] Wir haben diese schwerste Aufgabe in Liebe zu unserem Volk getan. Und wir haben keinen Schaden in unserem Innern, in unserer Seele, in unserem Charakter daran genommen.[4*]

---

* Zur Geschichte der Posener Rede gehört leider auch ein Rattenschwanz an Lügen. Allen voran der berüchtigte Holocaust-Leugner David Irving, der behauptet, die Passagen zur Judenvernichtung seien mit einer anderen Schreibmaschine in das Typoskript eingefügt und

Zwei Tage später ergänzt er: »Es mußte der schwere Entschluß gefaßt werden, dieses Volk von der Erde verschwinden zu lassen. Für die Organisation, die den Auftrag durchführen mußte, war es der schwerste, den wir bisher hatten.«[5]

Zu diesem Zeitpunkt ist die deutsche Wehrmacht bereits in der Defensive. 1943 gilt in der Rückschau als das Jahr, in dem sich das Blatt gegen die vorher geradezu mythisch siegreiche deutsche Armee wendet. Im Januar beschließen die Alliierten auf der Konferenz von Casablanca ein einziges Kriegsziel: die bedingungslose Kapitulation Deutschlands. Der Sieg der Sowjetunion am 2. Februar 1943 in der Schlacht von Stalingrad leitet die Niederlage im Osten ein. US-Präsident Franklin D. Roosevelt kündigt kurz darauf die Strafverfolgung aller deutschen Hauptverantwortlichen für Krieg und Völkermord an. Als alliierte Truppen am 7. Juli auf Sizilien landen und Italien nach dem Sturz des Diktators Benito Mussolini am 7. September einen Waffenstillstand mit den Alliierten verkündet, muss den SS-Führern zum ersten Mal seit Beginn des Krieges dämmern, welches Schicksal ihnen blühen könnte.

Himmler ist als Reichsführer-SS ihr oberster Kommandant. Über ihm steht nur noch Hitler. Unter Himmlers Anleitung wurden schon bis 1943 Millionen Juden und Jüdinnen ermordet, verschleppt oder vertrieben. Die Todesmaschine läuft auf Hochtouren – und soll in den kommenden Monaten noch ausgebaut werden. Die vollständige Vernichtung des

---

mit anderer Schrift nummeriert worden. Oder aber Himmler habe die »Ausrottung« der Juden nur als Metapher verwendet. Andere Leugnungen erzählen die besonders kreative Variante, dass ein von den Alliierten nach 1945 bestellter Stimmenimitator die erste Rede gesprochen habe. Und so weiter und so fort.

»Judentums« wird wichtigstes Kriegsziel, auch, um die bisherigen Verbrechen zu vertuschen. Dazu braucht es Tausende entschlossener, kaltblütiger SS-Männer. Und eine Erzählung, die ihnen das Morden leichter macht, ja, ihnen sogar als einzig denkbarer Weg erscheint. Himmler wählt das Narrativ von der Pflicht, die man unter großen Opfern erfüllen müsse. Und es funktioniert: Bis zum allerletzten Moment sind die Krematorien in Treblinka und Auschwitz in Betrieb. Bis Kriegsende sterben weitere Millionen Jüdinnen und Juden, obwohl die militärische Niederlage unausweichlich wird. Die SS folgt der Erzählung von der Pflichterfüllung offenbar blind.

Doch wie konnten Himmlers Worte derart verfangen? Weiter gefasst: Wie konnten die Nationalsozialisten einen Apparat aufbauen, streng gedrillt und zum Äußersten bereit, in dem bis zur totalen Niederlage 1945 kaum jemand aufbegehrte? Welche Selbsterzählung lag dieser militärischen wie kriminellen Bereitschaft zugrunde, die im Dienste eines höheren Ziels alle Menschlichkeit vergaß? Um uns diesen Fragen anzunähern, möchten wir herausfinden, was die sogenannte Tiefengeschichte Deutschlands bis 1933 gewesen sein könnte. Um das soziologische Konzept selbst zu verstehen, begeben wir uns zuerst in eine andere Zeit und in ein anderes Land, welches die vielleicht deutlichste Tiefengeschichte besitzt: in die Fantastischen Staaten von Amerika.

Die Tiefengeschichte und das Land der unbegrenzten Fiktion

In ihrem Buch *Fremd in ihrem Land – Eine Reise ins Herz der amerikanischen Rechten* (2017) beschäftigt sich die Soziologin Arlie Russell Hochschild mit der Frage, warum amerikanische Wähler, die der *working class* angehören, sich mit ihrer Stimme für Donald Trump wissentlich gegen ihre eigenen ökonomischen Interessen entschieden haben. Ihre Grundlage sind qualitative Interviews mit Menschen aus Louisiana, einem Zentrum der Tea-Party-Bewegung – Sammelbecken für erzkonservative Rechtspopulisten, die 2009 gegründet wurde, um gegen den angeblichen Sozialismus von Obama vorzugehen. Im Rahmen ihrer Beobachtungen entwickelt Hochschild den Begriff der *»deep story«*, den der deutsche Soziologe Klaus Dörre mit »Tiefengeschichte« übersetzt.* Die *deep story* als soziokulturelle Erzählung eines Landes über sich selbst meint hierbei nicht die historische Geschichte einer Gesellschaft, sondern deren geteiltes Narrativ: ein Set an Geschichten, über die sich kulturelle Identität, fundamentale Werte, kollektive Hoffnungen und Ängste einer Gesellschaft oder Nation definieren. »Eine Tiefengeschichte«, schreibt Hochschild, »ist die gefühlte Sicht der Dinge, die Emotionen in Symbolsprache erzählen. Sie blendet das Urteilsvermögen und die Tatsachen aus und erzählt, wie Dinge sich anfühlen. Eine solche Geschichte erlaubt es den Menschen auf beiden Seiten des politischen Spektrums, zurückzutreten und das subjektive Prisma zu erkunden, durch das die Partei auf der anderen Seite die Welt sieht. Ohne sie können wir meiner Ansicht nach die politischen Einstellungen

---

* Dörre hat sich in seinem Buch *In der Warteschlange: Arbeiter*innen und die radikale Rechte* (2020) insbesondere mit einer rechten Tiefengeschichte in Deutschland auseinandergesetzt und mit der Frage, wie sich die Rechte im Laufe der Zeit radikalisierte. Dabei wendet er, wie seine Kollegin Hochschild, das Bild der Warteschlange an, um zu verstehen, warum Arbeiter mit rechtsextremen Parteien wie früher den Republikanern oder aktuell der AfD sympathisieren.

der Rechten wie auch der Linken nicht verstehen. Denn wir alle haben eine Tiefengeschichte.«[6]

Es gibt verschiedene Arten von Tiefengeschichten: Einzelne gesellschaftliche Gruppen haben eigene Narrative, wie etwa die republikanischen Amerikaner in Louisana, die Hochschild interviewt hat, oder die von Klaus Dörre befragten AfD-wählenden Arbeiterinnen. Beide Gruppen erzählten metaphorisch eine Geschichte, die davon handelt, in einer Warteschlange zu stehen und übergangen zu werden. Hochschild erklärt: »Ich skizzierte sie [die Geschichte] so, dass sie Hoffnungen, Ängste, Stolz, Scham, Verbitterung und Sorgen im Leben der Menschen, mit denen ich sprach, bildlich wiedergab, und legte sie dann meinen Tea-Party-Freunden vor, um zu überprüfen, ob sie den Eindruck hatten, dass sie ihrem Erleben entsprach. Das war der Fall. Sie entfaltet sich wie ein Theaterstück in verschiedenen Szenen.«[7]

Der gemeinsame Nenner dieser Narrative ergibt die nationale Tiefengeschichte, die man verstehen muss, um ein Land zu begreifen und darin Politik betreiben zu können. Dabei handelt es sich jeweils um ein historisch gewachsenes Lieblingsmärchen für Erwachsene, auf das sich viele Individuen mehr oder weniger bewusst einigen. Es kann eine Art Selbstvergewisserung sein, vielleicht auch eine Utopie, die man als Gesellschaft entwirft; ein Ideal dessen, wie man eigentlich gerne wäre und wo eine gemeinsame Reise hingehen könnte. Im Grunde kann man sich eine nationale Tiefengeschichte als den packenden Werbeslogan eines Landes an sich selbst vorstellen.

Im Falle der USA lässt sich die *deep story* recht gut aus der sozioökonomischen Geschichte des Landes herauslesen. Wir haben sie zu Beginn des Buches als Erzählung des selbstbestimmten Selbstverwirklichers benannt: Jeder kann sein eigenes Glück schmieden, wenn er sich nur genug anstrengt und fleißig seine Träume verfolgt, entsprechend dem *pursuit of happiness,* dem Streben nach Glück, das traditionell beim Tellerwaschen anfängt und beim Millionärsein aufhört. Es ist das neoliberale Menschenbild schlechthin – und damit die Urerzählung der USA. Doch welche Rolle spielt sie heute tatsächlich noch?

Aus ihren Gesprächen mit Trump-Wählern konnte Hochschild das Bild einer großen Warteschlange vor einem Berg herausarbeiten: In der Selbstwahrnehmung dieser Anhängerschaft wartet jeder brav, bis er oder sie an die Reihe kommt, um dann zu versuchen, durch protestantische Arbeitsethik, Pioniergeist und Einhaltung der Regeln den Sehnsuchtsberg des *American Dream* zu besteigen. Aufgrund der sozioökonomischen Struktur der USA ist es jedoch eine traurige Tatsache, dass in dieser Warteschlange weiße Menschen weiter vorne stehen. Nichtweiße, marginalisierte oder diskriminierte Personen sind dagegen weiter hinten platziert und brauchen daher wesentlich länger, um sich auf einem steinigen Weg bis zum verheißenen Gipfel vorzuarbeiten. Wenn nun diese Minderheiten offensiv Unterstützung einfordern, stellt es sich für die weiße Arbeiterklasse so dar, als würden sich auf einmal Menschen, die doch immer hinter ihnen standen – Schwarze Menschen, Einwanderer, Frauen –, an ihnen, den treuen und geduldigen Amerikanern, vorbei nach vorne drängeln. Oder, noch schlimmer, als würden diese vom Staat und seinen Institutionen mithilfe von Gleichstellungsprogrammen vorbeigeschleust – etwa wenn öffentliche Einrichtungen marginalisierte Personen bei Bewerbungen bevorzugen, um gewisse Quoten an Vielfalt zu erfüllen.

Aus der subjektiven Sicht der weißen Arbeiterklasse sind solche Bevorzugungen nicht nur ungerecht, sondern im

Grunde ein Verrat am kollektiven Ideal: dem meritokratischen Märchen, wonach man sich seinen sozialen Platz und Aufstieg selbst verdienen kann – und muss. Mit seinem retropischen Populismus bediente Trump diese *deep story* der Arbeiterklasse, indem er die nationale Erzählung des amerikanischen Traumes revitalisierte und ihnen ihren Platz ganz vorne in der Schlange versprach: *make america great again*.

Eine solche existenzielle Enttäuschung und ihre populistische Agitation ist nichts Neues. Der Soziologe Leo Löwenthal beschrieb sie schon 1949 in Worten, die aus unserer Gegenwart stammen könnten, und die jene leidvolle Erfahrung als Ursache der Verführbarkeit beschreiben, die Agitatoren wie Trump immer wieder ausnutzen:

> Der Agitator knüpft an die gewöhnliche Lebenserfahrung an. Von Jugend auf ist der Mensch belastet durch eine Unterdrückung seiner Triebe, die ihm die Zivilisation aufgrund ihrer Wertsetzungen auferlegt. Um diesen Ansprüchen nachzuleben, muß der Mensch ständig sich selbst verleugnen und Opfer bringen, getröstet einzig durch das Versprechen schließlicher Belohnung. Im Leben der meisten Menschen kommt dann aber der Augenblick [...], wo ihnen klar wird, daß ihre Träume unerfüllt geblieben sind und bleiben werden. [...] Mit der zunehmenden Erkenntnis der Fragwürdigkeit dieser Werte gesellt sich zum Gefühl der Desillusionierung auch das der Niederlage.[8]

Immer brav in der Schlange stehen, wenn überhaupt nur langsam vorrücken – und dann plötzlich überholt werden? Wie eine Niederlage fühlt sich das an, persönlich wie politisch. Barack Obamas Präsidentschaft war folglich eine tiefe narzisstische Kränkung für diese Klasse der »Zurückgelassenen« und »Beklagenswerten«, wie sie Hillary Clinton im Wahlkampf 2016 einmal fatalerweise nannte: Plötzlich war da eine Schwarze Person auf diesem Hügel des *American Dream*. Sie musste aus der Perspektive der Wartenden an ihnen vorbeigelaufen sein (ein Aufstieg, der ironischerweise genau die *deep story* der USA bedient). Und dann hatte sie es auch noch mittels eines Narrativs geschafft, das für die Wartenden wie blanker Hohn klingen musste: *Yes we can!* Ein Slogan, der besonders schmerzt, wenn man doch täglich erleben muss, wie wenig man tatsächlich erreichen kann.

Obama hingegen konnte offensichtlich seinen eigenen *American Dream* verwirklichen und als Junge aus bescheidenen Verhältnissen ganz nach oben steigen. Um diese eigene Erzählung zu meistern, musste er jedoch in den Augen der Warteschlangensteher offenbar betrogen haben. Nur logisch, dass ausgerechnet Donald Trump einer der ersten großen Multiplikatoren der sogenannten *Birther*-Verschwörungserzählung war: der Lüge, Obama sei kein gebürtiger Amerikaner und somit gar nicht befugt gewesen, Präsident zu werden.* Sämtlichen propagandistischen Lügen über Hillary Clinton – von ihren angeblichen kriminellen Mails bis hin zu *Pizzagate* – leistete Trump ebenso Vorschub, besonders im Wahlkampf 2016. Dass nach der ersten Schwarzen Person nun auch noch die erste Frau an der Spitze der USA stehen sollte, wäre eine zweite tiefe Verletzung der *deep story* jener

---

* Angeblich soll Trump nur ins Präsidentschaftsrennen eingestiegen sein, weil Obama ihn beim jährlich stattfindenden *Correspondent's Dinner,* also der Zusammenkunft der wichtigsten Journalistinnen Washingtons, vor Publikum als Verschwörungsgläubigen lächerlich gemacht hat. Ob das stimmt, weiß man nicht, aber die Geschichte wäre eine schöne Manifestation der soziopsychischen Hebel der Kränkung und Rache, die wir hier beschreiben.

rassistischen, misogynen Amerikanerinnen gewesen, die sich chronisch benachteiligt fühlen. Das Feld war somit bereitet für einen Champion der Rache.

Donald Trump versetzte sich nun ästhetisch wie politisch in die Lage, all den Unmut aufzugreifen und zu bündeln. Seine Krawatten waren immer ein paar Zentimeter zu lang, seine Blazer immer ein paar Nummern zu weit und sahen dadurch aus, als würden sie ihn tragen. Die Farbauswahl seiner Kostüme schien sich irgendwo in den Kulissen des *Denver-Clan* verlaufen zu haben. Wenn sein Look eines definitiv nicht vermittelte, dann einen elitären Habitus. Er war augenscheinlich nicht Teil des Establishments, das die Regeln der Warteschlange mit seinem verqueren Egalitarismus plötzlich für ungültig erklärt hatte. Die New Yorker Schriftstellerin Fran Lebowitz brachte es auf den Punkt: »Trump ist das, was sich ein armer Mensch unter einem reichen Menschen vorstellt. Sie sehen ihn und denken: ›Wenn ich reich wäre, dann hätte ich so eine fabelhafte Krawatte. Warum sind meine Krawatten nicht aus 400 Morgen Polyester gemacht?‹ All das Zeug, das er dir in seinem Haus zeigt – die goldenen Wasserhähne – wenn du im Lotto gewinnst, würdest du das kaufen.«[9] Trump gelang es, zur Verkörperung des amerikanischen Aufstiegsversprechens zu werden: Ein Realitystar, politischer Wrestler und bürokratischer Dilettant wird Präsident! Damit passte er perfekt in den Tellerwäscher-Erzählbogen einer ganzen Nation. (Auch wenn er natürlich schon als Millionär startete.)

Der amerikanische Marketing-Professor Ronald Hill analysierte 30 000 Tweets aus Trumps Twitter-Feed von Januar 2015 bis Dezember 2020. Er kam zu der Erkenntnis, dass Trumps gesamter politischer Aufstieg anhand seiner Tweets als eine Heldenreise gelesen werden kann.[10] Sie beginnt seiner Beobachtung nach mit einem reichen Immobilienunternehmer, der sich selbst als Erlöser inszeniert und dem republikanischen Volk verspricht, es vor Ausländern und Demokraten zu behüten. In der Folge musste er viele abenteuerliche Herausforderungen bestehen, beispielsweise den sogenannten »Russland-Hoax« und das Latrinengerücht, russische Freudendamen hätten auf seinen Wunsch hin auf ihn uriniert. Mit seiner Niederlage im Präsidentschaftswahlkampf 2020 endete diese Heldenreise vorerst – allerdings nicht ohne eine heroische Klimax, als seine Anhänger auf sein Geheiß hin das Kapitol in Washington D.C. stürmten. Im Januar 2021 twitterte er: »Washington wird mit Leuten geflutet, die nicht wollen, dass ein Wahlsieg von ermutigten radikalen linken Demokraten gestohlen wird. Unser Land hat genug, sie werden es nicht mehr ertragen! Wir im Oval Office hören euch (und lieben euch).« Diese Nachricht allein enthält wichtige Bestandteile einer Heldenreise, analysiert Hill: Die »radikalen linken Demokraten« werden zu Antagonisten deklariert; ihr Vergehen, das Stehlen des Wahlsiegs, wird benannt; es erfolgt der Ruf zu den Waffen (»Unser Land hat genug«), und der Pakt des Helden mit seiner Gefolgschaft wird besiegelt (»Wir hören euch und lieben euch«). Und diese Art der Ansprache funktioniert auch deshalb so gut, weil die USA selbst eine Land gewordene Heldenreise sind, gebaut von Menschen, die offen sind für einen kreativen Umgang mit der Realität.

In seinem Buch *Fantasyland. 500 Jahre Realitätsverlust – Die Geschichte Amerikas neu erzählt* zeichnet der Journalist und Schriftsteller Kurt Andersen die historische Entwicklung nach, welche die USA zu dem machte, was er als einen »illusorisch-industriellen Komplex«[11 12] bezeichnet. *Fantasyland* meint folglich ein Land, welches sich selbst Fiktionen andreht und alternative Wirklichkeiten anbietet: »Uns gegenseitig verträumte Fälschungen zu verkaufen wurde im ganzen Land zur Normalität und Teil des *American way of life*.«[13] Andersen erklärt, wie die individuelle Fabrikation einer eigenen Wirklichkeit zu einer akzeptablen sozialen Praxis werden konnte. Die Auswanderer, die im 17. Jahrhundert in die Neue Welt reisten, folgten dem fundamentalen Antrieb einer Heldenreise: Verbesserung der eigenen Situation und Lebensverhältnisse durch Transformation. Oder wie es Maeve, eine Androidin in der Science-Fiction-Western-Serie *Westworld* ausdrückt:* »Und so floh ich über den glitzernden Ozean, und als ich endlich wieder festen Boden unter den Füßen hatte, hörte ich als Erstes wieder diese verdammte Stimme. Weißt du, was sie sagte? Sie sagte: Das ist die Neue Welt. Und in dieser Welt kannst du verdammt nochmal sein, wer immer du willst.«

Im Falle des unerforschten Kontinents gingen viele Neuankömmlinge noch einen gedanklichen Schritt weiter: Die protestantischen Auswanderer und Puritaner aus England verließen den alten Kontinent, weil sie ihren Glauben in Europa bedroht sahen. Sie hofften, in Amerika ein christliches Utopia aufbauen zu können. Die Siedler brachten so

---

* Die Prämisse der Serie ist bemerkenswert: In einer nicht allzu fernen Zukunft können Besucherinnen in einer mit täuschend echten menschlichen Cyborgs ausgestatteten Western-Welt für einen Ausflug lang Cowboy spielen, inklusive Mord, Raub und Vergewaltigung. Die künstlichen Intelligenzen sind darauf angelegt, den Parkbesuchern durch einen narrativ von ihnen angeleiteten Eskapismus die perfekte Immersion zu ermöglichen. Eine der schillerndsten Figuren in diesem Kosmos ist die Bordellbesitzerin Maeve, die zu Beginn des Parks die Gäste in ihrem Saloon begrüßt und immer wieder Teile dieser Aussage mit auf die Reise gibt.

eine Reihe innerer Erzählungen mit, deren Merkmale den Klang, die Ästhetik und die Dynamik des amerikanischen Narrativs bis heute prägen. Dazu zählten ein enormer Optimismus (man machte sich nur dann auf, wenn man überzeugt war, dass sich in der neuen Heimat die Dinge positiv entwickeln würden) und eine protestantische Arbeits- und Geschäftsethik, die zum wirtschaftlichen Wohlstand beitrug. Außerdem ein Gefühl der Rechtschaffenheit, das ihre Pilgerreise als Abkehr von einer übermächtigen europäischen Kirche legitimierte, und schließlich eine Hyperreligiosität, die mit einer Wahrnehmung der Welt einhergeht, die naturwissenschaftliche Beweisführung ablehnt.[14]

Man kann sich diese Pilger also als eine Gruppe optimistischer, anpackender, magisch denkender Selbstverwirklicher vorstellen, die ihre persönliche Wahrnehmung der Welt für die richtige hielten.* Zu dieser soziologischen Alchemie gesellte sich eine weitere wichtige Zutat, die ihre Fantasie beflügelte: Gold. Geschichten von unendlichen Goldvorkom-

---

* Um Reisen in die USA schmackhaft zu machen, ließen englische Investoren Bücher, Zeugenberichte und Broschüren erstellen. Man machte laute Reklame fürs Auswandern und versprach den dorthin reisenden Vertragsknechten das Blaue vom Himmel. Anderson geht davon aus, dass dementsprechend die ersten englischsprachigen Amerikaner tendenziell eher naiver Natur oder aus der Verzweiflung heraus besonders gutgläubig waren. Und er zitiert wiederum den Historiker Daniel Boorstin, der noch einen Schritt weiter ginge, indem er sage, dass »die amerikanische Gesellschaft dadurch geformt [wurde], dass eine Art natürliche Auslese derjenigen Menschen stattgefunden hat, die bereitwillig an Werbung glaubten«. Anderson konstatiert: »Die erste groß angelegte Werbekampagne der westlichen Welt zielte somit darauf ab, für die Gründung Amerikas genug Trottel und Träumer anzulocken.« (Kurt Anderson: *Fantasyland. 500 Jahre Realitätsverlust*. München, Goldmann 2018, S. 43)

men lockten die Pioniere immer weiter gen Westen. Aus dem Märchen der unbegrenzten Möglichkeiten wurde eine wirkmächtige Autosuggestion mit scheinbar direktem Erfolgsfeedback in Form von Edelmetallen und Land.

Diese individuellen und kollektiven Glücksversprechen bedingten jedoch die Zerstörung der Selbsterzählungen anderer: der Schwarzen Menschen, die ihrer Freiheit und Herkunft beraubt wurden, sowie der indigenen Völker, deren Gesellschaften zerstört und deren Ressourcen ausgebeutet wurden. Wie in Kapitel 6 beschrieben, wurden die Selbsterzählungen der Einwanderer durch die Erfindung der Menschenrassen ergänzt. Nach dieser narrativen Logik war es selbstverständlich, dass manche Menschen nichts hatten – kein Gold, kein Öl, keine Freiheit –, denn sie waren ja keine vollwertigen Menschen. Oder wie Colson Whitehead in seinem Roman *Underground Railroad* (2016) einen Rassisten jener Zeit denken lässt: »Wenn die N**** frei sein sollten, dann lägen sie nicht in Ketten. Wenn der rote Mann sein Land behalten sollte, dann besäße er es immer noch. Wenn es dem weißen Mann nicht bestimmt wäre, diese neue Welt in Besitz zu nehmen, dann würde sie ihm jetzt nicht gehören.«[15]

Die USA sind auch deshalb ein Land, das besonders gute Geschichten über sich erzählt, da sie mit der wohl kürzesten Vorgeschichte anfangen konnten. Sie mussten ihre bestehende Selbsterzählung nicht weiterentwickeln oder korrigieren, sondern konnten sich völlig neu erfinden. Das amerikanische 19. Jahrhundert war deshalb besonders empfänglich für Mythen und Legenden. In ihm wurden neue Religionen erfunden, wie beispielsweise das Mormonentum. Und obwohl 1969 erstmals ein Mann zum Mond flog und mit einer Erfolgsgeschichte über amerikanische Technologie und Wissenschaft von dort zurückkehrte, glauben heute viele Amerikanerinnen immer noch nicht an die Mondlandung. So finden sich quer durch die amerikanische Gesellschaft bis heute fantasmagorische Vorstellungen, die zu dem geführt haben, was Andersen als »illusorisch-industriellen Komplex« bezeichnet: Von den Ausstellungen des Zirkusdirektors P. T. Barnum* bis hin zur Traumfabrik Hollywood, von Las Vegas bis zum allgegenwärtigen Fernsehen ist die Unterscheidung zwischen Realität und Fiktion nicht unbedingt relevant für Erfolg und das eigene Wohlbefinden. Und nirgendwo zeigt sich das Träumerische dieses amerikanischen Traums schillernder und schöner als an dem wahrscheinlich magischsten aller Sehnsuchtsorte: in Disneyland.

In den 70er- beziehungsweise 80er-Jahren beschäftigten sich sowohl der italienische Semiotiker und Schriftsteller Umberto Eco als auch der französische Medientheoretiker und Philosoph Jean Baudrillard ausgiebig mit den USA. Bei beiden hinterließ der Besuch von Disneyland in Los Angeles einen bleibenden Eindruck, den sie in Konzepten über die

---

* Phineas Taylor Barnum war als Zirkusdirektor und PR-Genie einer der bekanntesten Händler von spektakelhaften Halbwahrheiten. Kurt Anderson bezeichnet ihn als »Begründer des Infotainments« (Kurt Anderson: *Fantasyland. 500 Jahre Realitätsverlust*. München, Goldmann Verlag 2018, S. 170).
1841 übernahm der Schausteller das American Museum in New York und machte es zu einem der größten Attraktionskabinette des 19. Jahrhunderts. Jede neue Ausstellung bewarb Barnum durch Artikel in Zeitungen, anonyme Leserbriefe (im Grunde Fake-Reviews, bevor es das Internet gab) und ein enormes Aufgebot an Plakaten, auf denen stets »Sensation!« prangte. Von Barnum stammt auch ein Satz, der die USA als Fantasyland perfekt zusammenfasst: »Weist eine erfundene Aussage ausreichend Spannung auf, und kann niemand beweisen, dass sie nicht stimmt, dann ist es mein Recht als Amerikaner, daran zu glauben.« (Anderson, *Fantasyland,* S. 168)

amerikanische Hyperrealität verarbeiteten. Allerdings kamen sie zu unterschiedlichen Schlüssen: Laut Eco bringt die Hyperrealität »authentische, echte Kopie[n]«[16] hervor, beziehungsweise muss die amerikanische Einbildungskraft, die nach dem Wahren und Echten strebt, »das absolut Falsche«[17] erzeugen, um das Wahre und Echte zu bekommen. Baudrillard wiederum erklärte, Hyperrealität sei etwas »Reales ohne Ursprung oder Realität«[18] – und somit eben etwas grundlegend anderes. Beide bezogen sich in ihren Texten auf den französischen Philosophen Louis Marin[19], der schon vor ihnen in Disneyland gewesen war und diesen Ort als »degenerierte Utopie« bezeichnet hatte: »eine degenerierte Utopie ist eine in Mythenform realisierte Ideologie.«[20] Demnach tut Disneyland nur so, als sei es utopisch. In Wirklichkeit handelt es sich jedoch um den Schauplatz einer ideologisch wohldurchdachten Inszenierung, die den Besucherinnen einen Mythos verkaufen will. Demzufolge erklärt Eco zum Beispiel, dass die Einkaufsstraße, über die man den Park betritt, sich als eine fantastische Kulisse präsentiert und uns spielerisch in eine scheinbar magische Welt lockt; doch in den Häusern findet man nur verkleidete Supermärkte. Disney verfälsche nicht die Realität außerhalb des Parks, sondern »was gefälscht wird, ist unsere Kauflust, und in diesem Sinne ist Disneyland wirklich die Quintessenz der Konsumideologie«.[21]

Eco kommt zu der Ansicht, dass Disney mit all seinen technologischen Tricks und Kulissen gar nicht so sehr selbst Illusionen produziere. Es gelänge dem Park vielmehr, in uns den Wunsch nach Illusion zu wecken: »Disneyland aber sagt uns, daß die gefälschte Natur viel besser unseren Wachtraumwünschen entspricht. [...] Disneyland sagt uns, daß die Technik mehr Wirklichkeit geben kann als die Natur.«[22] Der

Park erschaffe eine Fantasiewelt, die wirklicher sei als die Wirklichkeit. Eco spricht von »totalem Theater«, und mit seinem Begriff der Hyperrealität bezeichnet er diese eigene Wirklichkeit, die unsere Fantasie anregt, als eine »authentische Fälschung«.

Jean Baudrillard geht in seiner Analyse noch einen Schritt weiter. Zunächst erklärt er den Erfolg des Parks vor allem damit, dass man es mit einer Art sozialer Miniatur- oder Comic-Version von Amerika zu tun hat, mit einer Verdichtung seiner religiösen Ausgelassenheit und seiner widersprüchlichen Werte. Ihm zufolge kann man Disneyland als eine Art komprimiertes Fantasyland im Fantasyland betrachten:

> Disneyland ist dazu da, die Tatsache zu verbergen, dass es das »reale« Land ist, das ganze »reale« Amerika, das Disneyland ist [...]. Disneyland wird als imaginär präsentiert, um uns glauben zu machen, dass der Rest real ist, obwohl tatsächlich ganz Los Angeles und das umliegende Amerika nicht mehr real sind, sondern im Bereich des Hyperrealen und der Simulation existieren. Es geht nicht mehr um eine falsche Repräsentation der Realität (Ideologie), sondern darum, die Tatsache zu verschleiern, dass das Reale nicht mehr real ist, um das Realitätsprinzip zu retten.[23]

Nimmt man nun all die historischen, gesellschaftlichen und ökonomischen Momente eines Landes, das aus Geschichten besteht – die historische Selbstfindung, das magische Denken, den Neoliberalismus, das Recht, an alles glauben zu dürfen, und die politische (Aus-)Nutzung dieser narrativen Mechanismen – und gibt man dann noch das Doping unserer Moderne hinzu, nämlich das Internet, so kommt am Ende eine ganze Milchstraße an Märchen heraus – ein narrativer Urknall.

So gesehen erscheint es nicht mehr fantastisch, sondern eher unumgänglich, dass Trump mit Kellyanne Conway eine Beraterin im Weißen Haus hatte, die von »alternativen Fakten« sprach; dass eine James-Bond-Geschichte wie *QAnon,* die als Internetwitz anfing, zu einer Massenbewegung werden konnte; und dass Wirklichkeitsfabrikanten sogar lieber die Geschichte von der gestohlenen Wahl glauben als an eine Wahrheit, die für ihre Selbsterzählung negative Konsequenzen hätte. So kommen Tiefengeschichte einer Gesellschaft und das narrative Selbst der erzählenden, konfabulierenden Affen zusammen.

Der halb staunende, halb erschrockene, manchmal hämische Blick auf die USA führt uns jedoch zu der Frage, ob so eine Entwicklung in Richtung Wirklichkeitsverweigerung nicht auch bei uns in Deutschland möglich wäre. Hannah Arendt hätte diese Frage sicher entschieden bejaht, wie eines ihrer berühmten Zitate verrät: »Der wohl hervorstechendste und auch erschreckendste Aspekt der deutschen Realitätsflucht liegt in der Haltung, mit Tatsachen so umzugehen, als handele es sich um bloße Meinungen.«[24] Begeben wir uns also spielerisch auf die Suche nach einer Tiefengeschichte Deutschlands. Was waren historisch dominante Selbsterzählungen der Deutschen, bevor Hitler sie für seine Zwecke nutzte?

Die deutsche Tiefengeschichte bis 1933

Spätestens seit den Schriften des französischen Soziologen Pierre Bourdieu weiß man, wie eine Elite durch Distinktionsmerkmale, durch den berühmten »feinen Unterschied«, die Gepflogenheiten einer Gesellschaft beeinflusst: Stil, Kommunikation, Machtstrukturen, Wertesystem und vor allem der soziale Ton bestimmen, was als korrekt und als Standard gilt. In von Monarchien geprägten Gesellschaften wie Frankreich, Österreich oder Großbritannien kann man bis heute das Echo höfischer Umgangsformen in Etiketten, Protokollen und sogar im Flirtverhalten wahrnehmen. Am Hof erforderten die Konversationen eher Raffinesse und Diplomatie denn Pragmatik oder Effizienz.

Im Deutschland des 18. und 19. Jahrhunderts waren hingegen vor allem zwei Milieus tonangebend: die Akademien und das Militär – Geist und Gehorsam. Zwei Orte ohne Affekte und ohne Frauen. Wenn man also den Deutschen stereotypisch mangelnde Sinnlichkeit und Warmherzigkeit sowie Humorlosigkeit unterstellt, mag das auch damit zu tun haben, dass jene dominanten Milieus derlei traditionell nicht unbedingt gefördert haben. Die Akademien machten Deutschland zu dem Land der viel zitierten Dichter und Denker, aber sie waren keine Orte des Dionysischen, der Opulenz oder des Hedonismus. Auch die Empfindsamkeit der deutschen Romantik im 18. Jahrhundert war eine intellektuelle; kein verspieltes Frönen, sondern vom Geist gezähmte Sehnsucht. Diese gesellschaftlichen Werkseinstellungen existierten im Rahmen eines protestantischen Erbes, das durch die religiöse Selbstbeschreibung von Pflichtbewusstsein, Fleiß und einem gottesfürchtigen Leistungsgedanken geprägt war. Die demütige Pflichtverrichtung ohne Transformationswillen, ein emsiges Schaffen ohne Dramaturgie oder Heldenreise galten als soziales Ideal. Es sollte keiner Held seiner eigenen Geschichte werden, es sollte sich keiner hervortun. Niemand bekam ein Excalibur in die Hand gedrückt.

Zu den Elementen, welche die jüngere deutsche Tiefengeschichte in einem mit den USA vergleichbaren Zeitraum des 18. und 19. Jahrhunderts mitgeschrieben haben könnten, zählt neben dem protestantischen Erbe und den Universitäten ein hochfunktionales, preußisches Militär und das dort stoisch gelebte Pflichtbewusstsein. Pflichterfüllung – das korrekte Einhalten von Hierarchien und Regeln – wurde auch in der breiten Bevölkerung zum Inbegriff von Anstand und Tugend. Zugleich entwickelte sich aus dem Minderwertigkeitskomplex, anders als andere europäische Länder keine Kolonialmacht zu sein, eine verkappte nationalchauvinistische Überlegenheitssehnsucht. Aus dem Ideal der beflissenen, demonstrativen Strebsamkeit, sichtbar größer sein zu wollen, wurde nach und nach etwas Gefährlicheres; aus einem »Schaut mal, wie vorbildlich wir sind, liebe undisziplinierte Nachbarn«, entwickelte sich ein allzu selbstbewusstes »Am deutschen Wesen soll die Welt genesen«.

Um diese Vorbildlichkeit und diesen Anstand als solchen validieren zu können, muss er allerdings auch öffentlich wahrgenommen werden. Dadurch entsteht eine Wechselseitigkeit der gesellschaftlichen Wahrnehmung: jeder sieht, inwiefern andere ihre Pflicht erfüllten, so wie diese wiederum wahrnehmen konnten, ob man selbst seinen Pflichten nachkam. Ein explizites Hervorheben und Ausstellen der eigenen Tugenden käme jedoch ebenso einem Ausbrechen aus gesellschaftlichen Konventionen gleich wie die Nichterfüllung der Pflichten. Es geht also nicht um eigenen Erfolg, es geht nicht um eine positive Selbstverwirklichung oder eine (wie in Kapitel 3 fernöstlich codierte) Demut, sich selbst zugunsten der Gruppe zurückzunehmen, sondern um eine Ambition ohne Ambition, ein Ehrgeiz aus Angst vor sozialer Sanktion – die Etymologie von »Ehrgeiz« ist hier bei näherem Hinsehen interessant. In solch einer Gesellschaft ist jeder dem anderen ein permanentes Korrektiv der eigenen Aufgeräumtheit. Wenn wir für diese damalige Zeit ein Profil in den sozialen Medien erstellen müssten, das all diese Momente in sich trägt, dann wäre unser unvollständiger Vorschlag einer deutschen Tiefengeschichte bis 1933: »Ich tue doch nur meine Pflicht« oder: »Man muss eben seine Pflicht tun.«

Diese deutsche Selbsterzählung wurde in der Weimarer Republik tief gekränkt. Zuerst machten der verlorene Weltkrieg und seine politischen Folgen die Pflichterfüllung im herkömmlich militaristischen wie nationalistischen Sinne unmöglich. In seinem Buch *Krieg und Frieden. Die wirtschaftlichen Folgen des Vertrages von Versailles* prophezeite der Ökonom John Maynard Keynes 1919, dass die harten Reparationszahlungen, welche die Deutschen mit dem Versailler Vertrag aufgebürdet bekamen, zusammen mit dem moralischen Urteil der »Kriegsverbrechen«, derer sie sich laut des Vertrags schuldig gemacht hatten, eine gefährliche Verbitterung zur Folge haben würden. »Nichts kann dann mehr lange den letzten Bürgerkrieg zwischen den Mächten der Reaktion und den verzweifelten Zuckungen der Revolution aufhalten, jenen Bürgerkrieg, angesichts dessen die Schrecken des Krieges mit Deutschland ein Nichts scheinen werden [...].«[25]

Der Journalist und Schriftsteller Sebastian Haffner macht seinen autobiografischen Erzähler in *Geschichte eines Deutschen. Die Erinnerungen 1914–1933* (2000) zum Helden in einem »Duell« mit der Naziherrschaft, nicht obwohl, sondern eben weil er sich als »Privatmann« sieht, dessen Widerstand besonders heldenhaft sei. Bemerkenswert sind aber vor allem seine narrativen Analysen der Weimarer Republik und der Machtergreifung. Als preußisches Beamtenkind erzählt er sich den Ersten Weltkrieg als spannendes Spiel, als Fantasiewelt: »Ungefähr zwanzig Jahrgänge junger und jüngster Deutscher waren daran gewöhnt worden, ihren ganzen Lebensinhalt, allen Stoff für tiefere Emotionen, für Liebe und Hass, Jubel und Trauer, aber auch alle Sensationen und jeden Nervenkitzel sozusagen gratis aus der öffentlichen Sphäre geliefert zu bekommen [...].«[26] Dabei übte man gewisse narrative Fixpunkte ein: Der Endsieg als Erlösung beispielsweise oder die Entmenschlichung der anderen Nationen durch extreme Antagonisierung. Die Inflation 1923 und die Erfahrung von Armut und Hunger machten Deutschland dann bereit »zu jedem phantastischen Abenteuer«, besonders im Kollektiv. Gesucht: eine Erlösung von Mühsal und Demütigung durch »billigen Massenrausch«[27]. Die Pflicht, gegenüber Vaterland und Familie »seinen Mann zu stehen«, war für viele Deutsche unerreichbar geworden. Einzige Stimulans eines gekränkten Selbstbildes schien das Kriegerische. Eine produktive Tiefengeschichte gab es nicht. Und genau diese Lücke füllte Hitler.

Als Hitler 1933 die Macht übernimmt, fasziniert die Deutschen laut Haffner erst der »Zauber des Ekelhaften«, dann aber befolgt eine ganze Gesellschaft dessen Narrativ, selbst viele seiner ursprünglichen Feinde: »Ein Vorgang, wie er sich in mythischen Zeiten abgespielt haben mag, wenn ein geschlagener Stamm seinem offenbar ungetreuen Stammesgott abschwur und den Gott des siegreichen Feindesstammes zum Schutzherrn erwählte. St. Marx, an den man immer geglaubt hatte, hatte nicht geholfen. St. Hitler war offenbar stärker.«[28] Endlich hatte man wieder eine starke Ingroup, einen Mythos und vor allem: ein Ziel für die alte Tiefengeschichte von der Pflicht. Wer nicht mitmachen wollte, ging in die innere oder äußere Emigration. Eine narrative Flucht vor dem aufziehenden Grauen des Totalitarismus sieht Haffner auch in der Konjunktur von »Kindheitserinnerungen, Familienromanen, Naturlyrik« zwischen 1934 und 1938, »eine Literatur von geradezu penetranter Innerlichkeit und Zeitlosigkeit, wie auf Verabredung massenhaft hergestellt inmitten von Aufmärschen, Konzentrationslagern, Munitionsfabriken und Stürmerkästen«[29]. Gleichzeitig beklagt er, wie wenige sich noch leisen oder lauten Widerstand getraut hätten. Wie schnell ganze gesellschaftliche Gruppen resignierten. Als das Nazi-Regime erst einmal installiert war, profitierte es vom tief verinnerlichten Obrigkeitsdenken einer gehorsamen Nation. Dass der Nationalismus, der nach und nach in vielen Ländern der Welt um sich greift, die Deutschen letztlich ins Bestialische führt, erklärt sich Haffner mit ihrer besonderen »Selbstlosigkeit«, einer ethikfreien Beflissenheit, die man auch mit Pflichtbewusstsein übersetzen könnte.

Im Nationalsozialismus wurde also die bis zur Weimarer Republik wirkmächtige Tiefengeschichte der Deutschen erst revitalisiert, dann pervertiert. Gehorsam und Gründlichkeit stellten sich in den Dienst eines faschistischen Vernichtungswahns. Hitler und Himmler wussten genau, wie sie zu ihren Anhängern sprechen mussten, um ihnen das Gefühl zu geben, alles andere als Gefolgschaft sei Verrat, der Feind müsse gründlich vernichtet werden, man tue ja nur seine Pflicht.

Wie konnte man danach weitermachen?

Eine Seifenoper spült die Verdrängung weg

Alles beginnt mit einer harmlosen Hochzeit, mit Tanz und Torte. Karl und Inga heiraten im Berlin des Jahres 1935. Die Sonne scheint, die Familien feiern einträchtig. Doch am

Ende ist die eine Hälfte der Gesellschaft tot, ermordet von einem Unrechtsregime, das die andere Hälfte unterstützte.

Welch enorme transformative Kraft einzelne Erzählungen haben können, zeigt wie kaum eine andere die TV-Serie *Holocaust – Die Geschichte der Familie Weiss* (1978). Die in Deutschland und Österreich, unter anderem im KZ Mauthausen gedrehte Serie mit vier Folgen von etwa zwei Stunden Länge (inszeniert von Marvin J. Chomsky mit Meryl Streep als Inga Helms Weiss) war in den USA ein riesiger Erfolg. Die Ausstrahlung in der Bundesrepublik jedoch war hoch umstritten. Der amerikanische Fernsehsender NBC hatte *Holocaust* produziert, um an den Erfolg der ABC-Sklaverei-Serie *Roots* (1977) anzuknüpfen, was auch gelang. Die Entscheidung der ARD-Programmdirektoren fiel dennoch nur knapp zugunsten der Serie aus. Man beschloss, sie im Januar 1979 auszustrahlen, begleitet von Telefonaktionen und nachfolgenden Diskussionsrunden mit Historikerinnen und Zeitzeugen. Weil der Bayerische Rundfunk auszusteigen drohte, sendete man zeitgleich ab 21 Uhr in allen Dritten Programmen. Franz Josef Strauß, der damalige CSU-Ministerpräsident Bayerns, forderte, man müsse die Vertreibung der Deutschen ebenso zeigen. Der Historiker Wolfgang Benz erinnert sich, dass die Verantwortlichen in den Sendern »zitterten wie Espenlaub«, aus Angst, die Ausstrahlung »könnte zu einem Aufstand der Rechtsextremen führen«.[30] Und tatsächlich gab es zwei Anschläge von Rechtsextremen auf Sendemasten.

Doch die Serie erreichte ungeahnte Einschaltquoten, die sich von Folge zu Folge auf 41 Prozent steigerten. Im Anschluss an jede Folge lief bis 0:30 Uhr eine Diskussion mit Wissenschaftlerinnen, Zeitzeugen und Holocaustüberlebenden, die Zuschauerfragen beantworteten. Die Wirkung war dem Medienhistoriker Wulf Kansteiner zufolge schlicht revolutionär: »Das war ein Wendepunkt (...). Normalerweise melden sich nach Geschichtssendungen 100 oder 200 Zuschauer. In diesem Fall waren es Zehntausende.«[31] Auch das Echo in den damals noch den Diskurs bestimmenden großen Printerzeugnissen war gewaltig. »Mitte Januar 1979, als die Ausstrahlung im deutschen Fernsehen angekündigt wurde, kam eine wahre publizistische Lawine ins Rollen«[32], wie der Historiker Jens Müller-Bauseneik es zusammenfasste. »Kein seriöser Journalist, kein Kritiker, der nicht wenigstens privat die Wirkung dieses Films gedeutet hätte«[33], so Elmar Hügler, Autor und Regisseur, in einer im Februar 1979 in der *Zeit* veröffentlichten Besprechung. Alle großen Tageszeitungen beschäftigten sich mehrfach mit der Serie. *Spiegel* und *Stern* widmeten ihr in der Woche nach der Ausstrahlung jeweils die Titelgeschichte. Zudem legten sie eigene Serien auf, die anhand von Augenzeugenberichten und Täterprofilen das Grauen der Vernichtungslager veranschaulichten. Die *Zeit* druckte mehrere umfangreiche Dossiers, in denen die Diskussion um die Serie und die nachgeholte Vergangenheitsbewältigung der Deutschen beleuchtet wurden.

Die Filme selbst wurden laut Müller-Bauseneik Gegenstand heftiger Debatten um »moralisch-ethische Fragen der Darstellbarkeit und Kommerzialisierung von Völkermord, die Auswirkungen auf die gesellschaftlichen Erinnerungskulturen in Deutschland und anderen mitteleuropäischen Ländern sowie die Folgen für das Selbstverständnis der historischen Wissenschaft und der Zunft der Dokumentarfilmer«[34]. Laut Hügler wirkte die Serie vor allem, indem sie »trivial« war, also: »alltäglich, weil [ihre] Botschaft einen vertrauten Gestus hatte, der die Sinne des Zuschauers zum Schwingen brachte und damit, über sie, auch seine Vernunft erreichte«[35].

Für die Publizistin und Filmregisseurin Jutta Brückner brach *Holocaust* die Tabuzone um die Konzentrationslager auf. »Die Serie bediente sich der bekannten Muster der Identifikationsdramaturgie in einer vertrauten filmischen Formsprache, und sie zeigte den Gang in die Gaskammer. Damit erreichte ›Holocaust‹, dass die Juden endlich zu Menschen wurden, über deren Schicksal die deutschen Zuschauer mit großer historischer Verspätung weinten.«[36] Im Vorfeld gab es gleichwohl genau deshalb viel Kritik. Der *Spiegel* urteilte: »›Holocaust‹ vertreibt Geschichte im Format eines Familienalbums, der Völkermord schrumpft auf Bonanza-Maße.«[37] Die österreichische Zeitung *Presse* bezeichnete die Serie als »Kommerzware, die auf Gruseln und Schuldgefühl spekuliert«, einen »nach Hollywood-Manier abgedrehten Horrorschinken«[38]. In einem hatten die Kritiker recht: Die fiktive Geschichte der von den Nazis vertriebenen jüdischen Familie Weiss war eine waschechte »Seifenoper« mit allen dramaturgischen Mitteln des Genres.

Schon in der ersten Szene, der Hochzeit zwischen den Familien Helms und Weiss, die später als »Rassenschande« gelten wird, treten die Konflikte der Zeit zwischen deutschen Juden, Nazis, ihren Gegnern, den unpolitischen Naiven und den alten Militärs in Person einzelner Protagonistinnen auf. Im Verlauf der Geschichte erleiden die jüdischen Figuren die schlimmsten Schicksale, werden schikaniert, deportiert, gefoltert, vergewaltigt, ermordet. Wie in der Realität entkam kaum jemand. Der Verantwortliche für die deutsche Fassung, Günther Rohrbach, kürzte zudem das amerikanische Ende um acht Minuten: Statt eines hoffnungsvollen Schlusses mit Rudi Weiss, der die Staatsgründung Israels erlebt, endet die deutsche Fassung mit dem uneinsichtigen Täter Erik Dorf, der sich, von den Alliierten des Massenmordes angeklagt, mit Gift das Leben nimmt und von einer »Kollektivschuld« spricht. »Das US-Ende war mir zu weich«, so Rohrbach. »Die deutschen Zuschauer sollten sich nicht aus ihrer Verantwortung stehlen, weil zum Schluss auf dem Bildschirm Frieden herrscht. Sie sollten den Schluss bekommen, den sie verdienen.«[39]

Schonungslos wurde aufgezeigt, was Deutschland den Juden und Jüdinnen angetan hatte. Opfer wurden zu Protagonisten, die Historie wurde extrem emotionalisiert. War vorher eine narrative Identifikation mit den Opfern nur selten möglich, weil deren Geschichten nie erzählt wurden und die Verdrängung es also leicht hatte, wurde man jetzt direkt mit ihrem Schicksal konfrontiert. Die Schuld am Massenmord wurde nicht mehr auf Hitler und seine Clique abgewälzt, sondern drang über das Fernsehen in private Räume ein. Viele Zuschauerinnen beschrieben, wie man in der Familie zum ersten Mal fragte: »Warum habt ihr nichts dagegen getan?«

Erstmals nahmen in Deutschland breite Teile der Bevölkerung eine selbstkritische Haltung gegenüber den deutschen Verbrechen im Zweiten Weltkrieg ein. Wulf Kansteiner ist sich sicher: »Die Serie hat die Erinnerung an den Holocaust sowohl im deutschsprachigen Raum als auch international völlig verändert. Vieles, was wir heute für selbstverständlich nehmen – eine dichte Erinnerungslandschaft, eine Geschichts- und Kulturwissenschaft, die sich ausführlich mit dem Thema beschäftigt –, hat sich erst danach entwickelt.«[40] Die Historikerin Heidemarie Uhl spricht 2004 gar von »Transformationen«[41] des (österreichischen) kollektiven Gedächtnisses; Elmar Hügler meinte, *Holocaust* habe »ein Potential an Anteilnahme und Betroffenheit geschaffen, wie es bislang kein Kinofilm, geschweige denn eine Dokumentation erreichte«.[42]

Dass dennoch einige Reaktionen erschreckend unverbesserlich erschienen, viele sich zu Hitler und zum Faschismus bekannten oder Gegennarrative wie den »Bomben-Holocaust« oder andere Gräueltaten der Kriegsgegner in Stellung brachten, zeigt, wie immens die Serie als moralische Wasserscheide wirkte. Egal, wie man zu ihr und den darin gezeigten Verbrechen stand: Gleichgültigkeit war unmöglich. Die Shoah wurde endlich zum obligatorischen Bestandteil des deutschen Narrativs. Eine Seifenoper hatte die jahrzehntelange Verdrängung aufgeweicht und weggespült.

Doch welche Geschichte erzählte man sich nun im Rahmen der Aufarbeitungsarbeit über sich selbst und die eigene Vergangenheit? Wie in vielen Studien nachgewiesen, reagierten die Deutschen auf die Niederlage im Zweiten Weltkrieg und die bedingungslose Kapitulation, den Zusammenbruch des NS-Regimes und die Entlarvung ihrer mannigfaltigen Verbrechen, zuvorderst des Genozids an den Juden, mit einem der mächtigsten Instrumente im Arsenal der menschlichen Psychohygiene: Sie wussten plötzlich von nichts mehr. Sowohl in alliierten Verhören als auch in öffentlichen Interviews von Nachkriegspolitikern wie Theodor Heuss, Richard von Weizsäcker oder Helmut Schmidt wurde immer wieder behauptet, die NS-Führung habe es verstanden, die schlimmsten Verbrechen geheim zu halten. Die Deportation der Jüdinnen sei unter falschen Angaben geschehen, außer Gerüchten habe man keine handfesten Informationen zur Verfügung gehabt und immer so weiter. All diese Schutzbehauptungen sind seitdem von der historischen Forschung entlarvt worden. In regelmäßigen Umfragen des Allensbacher Meinungsforschungsinstituts aus den 50er- und 60er-Jahren erklärten nur zwischen 25 und 40 Prozent der befragten Deutschen, sie hätten sehr wohl von den Massenmorden an Juden in den eroberten Gebieten Osteuropas gewusst. Eine 2007 veröffentlichte Studie von Bernward Dörner deutet jedoch darauf hin, dass trotz mangelnder Detailkenntnisse über den genauen organisatorischen und technischen Ablauf spätestens im Sommer 1943 die große Mehrheit der Deutschen damit gerechnet hat, dass alle im NS-Herrschaftsbereich lebenden Juden umgebracht werden sollten. Und schon 2001 kam der kanadische Historiker Robert Gellately, Autor des Buches *Hingeschaut und weggesehen. Hitler und sein Volk,* zu dem Schluss: »Die Deutschen wussten sehr viel, sie wussten es sehr früh, und sie haben sehr viel mehr erfahren können, als wir vielleicht manchmal denken.«[43]

Die Verdrängung half den Besiegten, ihr Land wieder aufzubauen. Um es überhaupt zu dürfen, diktierten ihnen die Siegermächte jedoch ein »Nie wieder«. Die BRD und später die DDR hatten demnach nur dann eine Existenzberechtigung, wenn es ihnen gelang, jeglichen Faschismus auszuschließen. So entwickelten sich parallel zwei widersprüchliche Erzählungen: *Wir wussten von nichts.* Und: *Nie wieder.* Letztere ging als Staatsräson in die politisch-moralische Grundeinstellung der Bundesrepublik ein. Erstere hielt sich hartnäckig, auch, als die Achtundsechziger eine erste Welle öffentlicher wie juristischer Aufklärung erzwangen. Willy Brandts Kniefall vor dem Denkmal der Helden des Warschauer Ghettos im Jahr 1970 als Geste der Reue befand die Hälfte der Westdeutschen für übertrieben. Erst als *Holocaust* 1979 zum Straßenfeger in der BRD avancierte und Millionen Deutsche auf dem Bildschirm erzählt bekamen, was in ihrem Land vorgegangen war, kam das Grauen zur Sprache. Schon bald darauf wurden allerdings auch Stimmen laut, die ein Ende der Auseinandersetzung mit der unseligen Geschichte forderten.

Die immense Kraft der Verdrängung einerseits und das tiefe Schuldgefühl andererseits brachten in der Bundesrepublik also eine zwitterhafte Tiefengeschichte hervor, die da lautete: *Es darf nie wieder passieren, wovon wir alle nichts wussten.* Eine Widersprüchlichkeit als Start in eine neue Ära? So kann keine Gesellschaft von sich selbst erzählen.

Zumal es 1949 mit der deutschen Teilung zu einer weiteren Fragmentierung gekommen war. Fortan versuchte der »sozialistische Bruderstaat« DDR einerseits ebenso heftig wie die BRD, die faschistische Vergangenheit zu negieren, andererseits mit der Ausrichtung gen Moskau eine Selbsterzählung von sozialer Gerechtigkeit zu pflegen. Während im Westen das Wirtschaftswunder ein neues Narrativ lieferte – implizit nationalistisch geprägt, da zeitgleich in vielen europäischen Ländern vergleichbare Konjunkturen entstanden, nur eben die Deutschen sich besonders dafür lobten –, pochten die Deutschen im Osten auf den Erfolg des Sozialismus. Mit der deutschen Einheit 1989, die erst durch den schrittweisen Zusammenbruch der Sowjetunion und die Niederlage des Kommunismus im Kampf der Systeme überhaupt möglich wurde, erledigte sich die narrative Konkurrenz. Der Osten sollte auf die westliche Erzählung einschwenken – ein Ansinnen, das man nur mit mäßigem Erfolg realisieren konnte. Bis heute wird der ostdeutsche Wunsch nach einer eigenen, intakten Erzählung stets aufs Neue laut – sei es in Umfragen, in denen die »Anerkennung von Lebensleistung« gefordert wird, sei es in extremem Wahlverhalten oder in großem Misstrauen gegenüber dem als westdeutsch wahrgenommenen Staat und seinen Institutionen. Deutschland scheint bis heute auf der Suche nach seiner Tiefengeschichte zu bleiben.

In diese Leerstelle stechen in regelmäßigen Abständen Debatten über eine deutsche »Leitkultur«. Die Leitkulturdebatte ist mittlerweile ein eigenes politisches Genre narrativer Selbstfindung, das sich alle paar Jahre neu erfinden möchte – ironischerweise indem es ausschließlich auf Altes und Bestehendes zurückgreift und nichts Neues zu berichten weiß. Zudem ist jede Neuauflage ein Kind ihrer Zeit und Spiegel der gesellschaftlichen Stimmung, in der sie entfacht wird. Die Leitkulturdebatte ist der *James Bond* unter den politischen Diskursen: So wie Bond-Filme routiniert wiederkehrende Reflexionen über männliche Verunsicherung in einer sich liberalisierenden Moderne sind, wirkt jede Leitkulturdebatte aus der Angst heraus, als Gesellschaft so austauschbar zu sein wie Agent 007. Die Fahndung nach den Merkmalen der eigenen Ingroup veranschaulicht aber auch die soziale Sehnsucht, jenes zu bewahren und zu beschützen, was man selbst noch nicht definieren konnte. Die Suche nach der kulturellen Identität wird somit ihrerseits identitätsstiftend – und damit bisweilen hochemotional. Schon Kurt Tucholsky brachte das auf den Punkt: »Nie geraten die Deutschen so außer sich, wie wenn sie zu sich selbst kommen wollen.«

Ironischerweise scheint das einzig wirklich typisch Deutsche die Frage zu sein, was denn wirklich typisch deutsch sei. Sobald irgendwo ein Zuviel an Bürokratie, Ordnungsliebe oder Regeltreue entdeckt wird oder wenn sich wieder einmal jemand kleingeistig, humorlos oder einfach nur doof verhält, ist das Nationale plötzlich wichtig. Das Stigma *typisch deutsch* greift meist, wo jemand es gerne bunter, großzügiger, lockerer oder einfach nur *anders* hätte – und diese desorientierte Selbstkasteiung wird damit selbst *typisch deutsch*.

Vermutlich gelten wir in der Welt weiterhin als fleißige, pünktliche Bienchen, die etwas steif, aber berechenbar ihr Leben abarbeiten. Doch es hat sich auch einiges an unserem Image verändert. Deutsche gelten zwar oft noch als herrisch und humorarm, aber ihre funktionsbekleideten, viersprachigen Abgesandten zugleich als höfliche Touristen und ihre diplomatischen Politikerinnen als große Europäerinnen. Deutschland scheint zwar fast zu ordentlich, seine Hauptstadt Berlin aber als irre spannende Metropole der Kreativität. Auch wegen dieser Ambivalenzen hat die Frage nach dem *typisch Deutschen* immer wieder Konjunktur. Die einen wollen das vermeintlich Deutsche schützen und es deswegen erst mal engstirnig eingrenzen. Sie sagen: Deutsch ist das, was *wir* sind, alle anderen dürfen nicht mitspielen. Aber gleichzeitig kommen viele andere Menschen genau der Dinge wegen zu uns, die sie für typisch deutsch halten: Demokratie, Wohlstand, Toleranz, Angela Merkel, Frieden.

Identität, zumal eine kollektiv-nationale, ist immer eine Konstruktion. Auch die Tiefengeschichte ist letztlich nichts als eine Geschichte – allerdings eine mächtige. Wir sind, was wir glauben zu sein, und die Erwartungen an uns selbst, die zur sich selbst erfüllenden Prophezeiung werden können, haben sich verändert. Die althergebrachten kulturellen Klischees treffen immer weniger zu, falls sie es denn überhaupt jemals taten. Und wenn sie es doch tun, schätzen wir viele davon. »Hier funktioniert wenigstens alles«, sagen die meisten, die aus Erasmus-Semestern oder Auswanderungsabenteuern zurückkehren. Wenn es um Rolltreppen und Handwerker geht, ist uns Verlässlichkeit heilig. Aber solche positiven Aspekte typisch deutsch zu nennen würde uns Identitätsmasochisten nicht einfallen. Vielmehr scheint das einzig wirklich typisch deutsche Verhalten gerade darin zu bestehen, alles, was einem nicht gefällt, als »typisch deutsch« zu verdammen – ein reflexhaftes Jammern über die eigene Verkrampftheit, die letztlich nur unsere hilflose Suche nach Identität zeigt. Weil »typisch deutsch« fraglicher denn je ist, einigt man sich auf den kleinsten gemeinsamen Nenner und vergisst, wie viel liberaler das Land und viele seiner Leute längst sind.

So unauffindbar die deutsche Leitkultur also bleibt, so gewiss wird sie alle paar Jahre von Neuem beschworen. Analog zum Schweizer Schriftsteller Adolf Muschg, der auf die Frage »Brauchen wir eine Leitkultur?« antwortete: »Der Westen braucht keine Leitkultur, er ist eine«, ließe sich sagen: Die deutsche Gesellschaft braucht keine Leitkultur, sie leitet sich kulturell, indem sie demokratisch ist, mit dem Grundgesetz als ideellem Pfeiler. Ursprünglich stammte der Begriff der Leitkultur von dem deutsch-syrischen Politologen Bassam Tibi, der damit 1998 allerdings explizit einen europäischen Wertekonsens meinte, welcher sich durch ein Bekenntnis zu Demokratie, Pluralismus, Aufklärung und Menschenrechten auszeichne.[44] Deutsche Politiker haben die Idee aufgegriffen und bekannt gemacht, laut Tibi jedoch »brutal verfälscht«[45], indem sie die Frage nach einer Leitkultur national runterbrachen. Tibi lehnt die Idee einer deutschen Leitkultur rigoros ab und hält sie für das Gegenteil einer von ihm geforderten europäischen Leitkultur.[46] Der Philosoph und frühere SPD-Kulturstaatsminister Julian Nida-Rümelin wird später anmerken, »dass das von den Konservativen angebotene Konzept der Leitkultur tatsächlich Assimilation meint. Das heißt nicht Anerkennung, heißt nicht Respekt, das heißt, wir lösen die Frage der Integration durch Angleichung.«[47] Die Art und Weise, wie der Begriff Leitkultur in politischen, meist konservativen Diskursen verwendet wird, suggeriert jedenfalls eine klar definierbare, über dem Grundgesetz stehende kulturelle Ethik gesellschaftlichen (Zusammen-)Seins, die sowohl universell gültig als auch zugleich unbedingt deutsch sein will. Dabei ist sie im Grunde genommen zu einem Teil einfach Gesellschaftsvertrag, zu einem anderen Teil Habitus, zum dritten die bewusste, historisch bedingte Leerstelle in der soziologischen Selbsterzählung.

Deutschland ist derweil darum bemüht, ein gesamteuropäisches Narrativ zu finden, das freilich stark zwischen Europafreunden und -gegnern polarisiert. Darüber hinaus hat besonders die Geschichte des Merkel'schen »Wir schaffen das!« die narrative Fragilität der deutschen Gesellschaft gezeigt. Von Kritikern als ein herrisches »Macht das jetzt!« ausgelegt, wurde Merkels Ausspruch meist stark verkürzt und inhaltlich verzerrend wiedergegeben. Dabei hatte sie an jenem letzten Augusttag im Sommer 2015 stundenlang vor allem über konkrete, teils enervierend kleinteilige bürokratische und politische Maßnahmen gesprochen, mit denen die vielen Geflüchteten aufgenommen werden sollten. Ihr Appell an die Zuversicht, im Zusammenhang als Wunsch formuliert (»… das Motiv, mit dem wir an diese Dinge herangehen, muss sein …«)[48], dass die Deutschen sich ihrer eigenen Stärke besinnen und diese Herausforderung optimistisch annehmen, fiel jedoch auf keinen fruchtbaren Boden einer potenten Selbsterzählung. Zu misstrauisch stehen die Deutschen sich selbst gegenüber, zu dunkel ist der Nachhall der Zeit, als man zum letzten Mal genau zu wissen glaubte, wer man sei.

Heinrich Himmler übrigens, der Redner von Posen, der eines der schrecklichsten Verbrechen der Menschheitsgeschichte plante und ausführte, glaubte seine eigene Geschichte fast bis zum Schluss. Am 14. April 1945 befahl er, keinen Insassen von Arbeits- oder Konzentrationslagern lebend zurückzulassen. Die Folge waren Massenhinrichtungen und Todesmärsche, bei denen Unzählige starben, obwohl Deutschland schon zusammengebrochen war. Gleichzeitig wandte Himmler sich über Mittelsmänner an die Alliierten, um einen Deal auszuhandeln. Nachdem seine Avancen von den Alliierten öffentlich gemacht wurden, schloss der wütende Führer seinen Cheforganisator aus der NSDAP sowie von allen Partei- und Staatsämtern aus. Auf der Flucht vor den eigenen wie den fremden Mächten wurde Himmler schließlich nahe dem kleinen norddeutschen Städtchen Meinstedt von britischen Soldaten verhaftet. Erst gab er sich als einfacher Feldwebel aus, verriet dann jedoch seine wahre Identität – und entzog sich den Verhören durch den britischen Nachrichtendienst in Lüneburg, indem er am 23. Mai 1945 eine Zyankalikapsel zerbiss.

Viele andere Nazis jedoch, wenn auch bei Weitem nicht alle, mussten sich juristischen Verfahren stellen. Dabei beriefen sie sich regelmäßig auf das positive Recht des Staatsdieners und der Militärs, also auf die Ausrede, sie hätten nur Befehle befolgt. Mit anderen Worten: Man muss seine Pflicht tun, wie brutal auch immer sie sein mag.

9
Ergreifen des Schwertes
Das nicht so starke Geschlecht

Äpfel, Schlangen, Frauen

Der Mann hatte ein Problem: Sein Chef und Vermieter hatte bei aller Toleranz eine klare Regel aufgestellt. Er hatte nichts gegen die FKK-Kultur, welcher der Mann und seine Frau frönten. Er hatte nichts dagegen, dass sie sich nach Belieben an den Früchten und Gemüsen bedienten, die auf dem Grundstück wuchsen. Er wollte nicht einmal Miete von ihnen. Aber dieser eine Baum, der war tabu. Seine Früchte sollten sie nicht anrühren!

Eines Tages jedoch überredete eine sprechende Schlange die Frau, von der verbotenen Frucht zu naschen, denn diese werde sie so weise wie den Vermieter machen. Der Mann ließ sich wiederum von seiner Frau überzeugen, ebenfalls davon zu kosten. Plötzlich kam es ihnen komisch vor, dass sie nackt waren. Als der Vermieter sie besuchte, versteckten sie sich voller Scham vor ihm. Daran merkte er, was sie getan hatten, und warf sie aus dem paradiesischen Garten. Zu dem Mann sagte er: »Weil du auf deine Frau gehört und von dem Baum gegessen hast, von dem zu essen ich dir verboten hatte: So ist verflucht der Ackerboden deinetwegen.« Und das Verhältnis zwischen Mann und Frau hatte obendrein sein allererstes Narrativ: das der sündhaften Verführung. Aber wozu genau?

Kaum kann der Mensch zeichnen, zeichnet er Sex: Die bislang ältesten nachgewiesenen erotischen Zeichnungen gehen bis zu 20 000 Jahre zurück. In abgelegenen französischen Höhlen fand man Darstellungen von nackten Körpern, Geschlechtsteilen und, nun ja, allen Arten von Geschlechtsverkehr. Sex, vor allem aber die Sehnsucht danach, ist in Mythologie, Literatur, Kunst und Kultur allgegenwärtig. »Die Literaturgeschichte vom Gilgamesch-Epos bis zu Kafkas Schloss ist untergründig beherrscht vom Thema der unerreichbaren sexuellen Frucht«[1], schreibt der Psychologe und Autor Dieter Duhm. Das Objekt der Begierde liegt oft in einem weit entfernten Land und wird gehütet von Dämonen und Drachen. Wer es erreichen will, muss viele Gefahren auf sich nehmen und Hindernisse überwinden – wie die Spermien auf dem Weg zur Eizelle.

Der Mensch scheint mit dieser Sehnsucht, diesem Konflikt zwischen Ist-Zustand (Trennung) und Soll-Zustand (Vereinigung) immerzu aufs Neue ringen zu müssen. Und noch etwas kehrt in diesem Zusammenhang immer wieder: der Vorwurf, die Frau sei schuld. Die weibliche Sünde, die das wahre Narrativ hinter der Geschichte von Adam und Eva darstellt, ist eine tief ins erzählerisch Unbewusste eingesickerte, misogyne Propaganda: Frauen profitieren danach von hormonverzauberten Männern, die in ihr Unglück stürzen, weil dem durchtriebenen Weib nicht Einhalt geboten wird. Frauen sind mystische Manipulatorinnen und somit Ursache für das Leid des Helden, und weiter gedacht: für das Leiden aller. Es fängt mit Eva an, die sich nicht an die Regeln hält und dadurch bewirkt, dass auch Adam das Paradies verlassen muss – und damit wir alle. Wenn man die Metapher der verbotenen Frucht erkennt und mit dem ewigen Lockruf der Triebe verknüpft, hat man den narrativen Schlüssel zu jahrtausendelanger Geschlechterungerechtigkeit[*]: Frauen sind gefährlich.

In seinem Buch *Misogynie. Die Geschichte des Frauenhasses* (2007) dekonstruiert der irische Autor Jack Holland einen weiteren mythologischen Ursprung von Frauenfeindlichkeit: die Legende der Pandora. In dieser erschafft Hephaistos, der griechische Gott des Feuers und der Schmiedekunst, im Auftrag von Zeus aus Lehm die erste sterbliche Frau auf Erden: die atemberaubend schöne Pandora, von Aphrodite mit verführerischem Liebreiz ausgestattet. Zeus möchte mit ihrer Hilfe Prometheus' Feuerraub rächen. Er schickt sie mit einer Büchse[**] auf die Erde, die sie unter keinen Umständen öffnen darf. Nach ihrer Heirat mit dem Bruder von Prometheus tut sie jedoch genau das und lässt so alle im Behältnis verborgenen Plagen, Krankheiten und den zuvor noch unbekannten Tod auf die Welt los. Im letzten Moment vermag sie das Ge-

---

* Wenn wir hier geballt von »männlich« und »weiblich« bzw. »Mann« und »Frau« schreiben, sprechen wir stets von sozialen Geschlechtern bzw. von der inszenierten Geschlechtsperformanz und wie diese gemeinhin im öffentlichen Raum oder von einem Publikum gelesen wird. Wenn wir zum Beispiel bemerken, dass Antagonisten in Disney-Zeichentrickfilmen (Scar in *König der Löwen,* Jaffar in *Aladin* oder Governor Ratcliff aus *Pocahontas*) queer codiert werden, weil in der Inszenierung eine »Feminisierung« der männlichen Bösewichte erfolgt, um sie maliziöser, unberechenbarer oder devianter zu zeichnen, kommen wir nicht umhin, mit binären Zuschreibungen wie »männlich« und »weiblich« zu arbeiten. Wir bilden diese Zuordnung in unseren Beschreibungen ab, weil sie in unserer heteronormativen Gesellschaft dominant waren und sind; nicht um diese Zweiteilung der Welt als Norm zu unterstützen.

** Es wurde falsch übersetzt, eigentlich war es ein Krug. Was das genau für die sexuelle Metaphorik bedeutet, dürfen Sie selbst entscheiden.

fäß zu verschließen, sodass die Hoffnung auf dessen Grund zurückbleibt.

Die Geschichte von Pandora zeigt einmal mehr, wie schön übersichtlich Mythologie es uns macht: Weil eine Frau nicht tut, was man ihr sagt, geht alles schief. Holland erklärt: »Die Griechen schoben nicht nur Pandora die Schuld für die Sterblichkeit des Menschen in die Schuhe, sie definierten darüber hinaus die Frau als die Antithese zur männlichen These, das ›andere‹, das in festen Grenzen gehalten werden musste. Vor allem aber legten die Griechen das philosophisch-wissenschaftliche Fundament für eine dualistische Sicht der Wirklichkeit, in der Frauen auf ewig dazu verdammt waren, diese wandelbare und grundsätzlich verachtenswerte Welt zu repräsentieren.«[2]

Mit dem Mythos der Pandora war ein frauenfeindliches Urnarrativ gesetzt, auf dem bis heute viele Erzählungen basieren. Sie ist (neben Eva natürlich) die erste von vielen weiblichen Figuren, die symbolisch für die chaotischen, destruktiven Naturkräfte stehen, welche den – selbstverständlich männlichen – Helden von seiner Aufgabe abhalten oder ablenken; durch Lust, Liebe, Intrige oder sexuelle Verweigerung. Dieses Konstrukt nahm erzählerisch verschiedene Formen an, die aber immer einen Moment der Verführung und der Manipulation von Männern enthielten. Dabei nutzen Frauen ihre Sexualität als Waffe, um aufrechte heterosexuelle Heroen ins Verderben zu stürzen: Die Sirenen bezirzen die Seefahrer, der schöne Sukkubus raubt dem Mann nachts im Schlaf den Samen, die Hexen müssen im Mittelalter für alles herhalten, was gerade so schiefläuft. Wenn weibliche Figuren einmal nicht die Rolle des gefährlichen, unordentlichen anderen übernehmen mussten, dienten sie im Gegenteil gerne dazu, den heldenhaften Mann harmlos zu unterstützen. Ein archetypischer Punkt in Joseph Campbells klassischer Heldenreise ist das Treffen des Helden mit einer maternalen Göttin, die ihm wichtige Informationen und Hilfestellung gibt. Darauf aufbauend dienen auch moderne weibliche Figuren oft als Regulative für allzu ungestüme Helden, kurz: als Mutter.

Das zweite misogyne Urnarrativ handelt von der Unzugänglichkeit der Frau als sexueller Ressource sowie von der Ökonomisierung ihrer Sexualität durch sie selbst. Der *romantic comedy*-Klassiker *Pretty Woman* (1990) mit Julia Roberts und Richard Gere erzählt uns dieses Narrativ bemerkenswert unverblümt: Die schöne Prostituierte wird vom reichen Mann gerettet, im Gegenzug für seinen Status und Wohlstand gewährt sie ihm Zugang zu ihrer Vagina – und zwar exklusiv. Dieser Stoff wurde schon unzählige Male verarbeitet, und er hat einen weniger schlüpfrigen Ursprung: *Pretty Woman* kann als modernisierte, sexualisierte Version des Musicals *My Fair Lady* gelesen werden, in dem der britische Philologieprofessor Henry Higgins wettet, aus dem schlicht gezeichneten Blumenmädchen Eliza Doolittle eine Herzogin zu machen. Am Ende wird Eliza ihm zwar diesen Dressurakt vorwerfen, der Topos einer erst durch den Mann veredelten Frau jedoch bleibt. Dieses Musical ist wiederum eine Adaption der Komödie *Pygmalion* (1913) von George Bernard Shaw, die ihrerseits auf Ovids Beschreibung von Pygmalion in den *Metamorphosen* basiert. In seinen zahlreichen Geschichten über Männer, die hauptsächlich ohne handelnde Frauen auskommen, schildert Ovid unter anderem die Geschichte des bildhauenden Königs von Zypern namens Pygmalion, der Ärger mit den sogenannten Propoetiden hat, den Töchtern des Propoetus aus der Stadt Amathus. Die Propoetiden werden als lüsterne, zügellose Frauen ohne jedes

Schamgefühl beschrieben. Sie hatten Venus, die Göttin der Liebe, nicht verehren wollen und müssen sich nun zur Strafe den Männern wie Prostituierte anbieten.

Pygmalion ist von den ruchlosen Propoetiden so angewidert, dass er lieber ganz allein ohne Frauen lebt und sich auf seine Bildhauerei konzentriert. Gleichwohl schnitzt er eines Tages aus weißem Elfenbein die Gestalt einer vollkommenen Frau, in deren Schönheit er sich verliebt. Fortan liebkost und beschenkt er die Statue, seine ganz persönliche Liebespuppe, die keine Widerworte gibt, maximal treu ist und ihn auch nicht mit ihrer Sexualität überfordert. Irgendwann bittet er die Göttin Venus, seine zukünftige Frau möge doch genauso sein wie seine Statue – woraufhin diese zum Leben erwacht.* All diesen Geschichten ist die Erzählung gemein, dass sich ein Mann nach seinen romantischen Vorstellungen und sozioökonomischen Bedürfnissen eine Frau bastelt, die nur dazu da ist, ihn zu ergänzen und ihm zu dienen. Die ideale Muse birgt also das Narrativ einer Weiblichkeit, die ihre Erfüllung in der Unterwerfung findet.**

---

* Die maßgeschneiderte Frau findet sich in Literatur-, Kunst- und Filmgeschichte in unterschiedlichsten Variationen; ob buchstäblich gebaut wie in *Frankensteins Braut* oder als eine körperlose, programmierte Persönlichkeit wie in *Her* (2013) von Spike Jonze. In *Ruby Sparks* (2012) von Valerie Faris und Jonathan Dayton wiederum findet ein Schriftsteller heraus, dass er die Frau seiner Träume herbei- und nach Belieben umschreiben kann, wodurch er die frauenfeindliche Dunkelheit dieses Topos ergründet. Als sie sich ihm – im Rahmen ihrer von ihm so geschriebenen freiheitsliebenden Persönlichkeit – entzieht, will er ihr beweisen, dass er die Kontrolle über sie hat; diese Macht kulminiert in einer Szene, in welcher er sie bis zum Zusammenbruch springen lässt, während sie die ganze Zeit »Ich liebe dich« rufen muss.

** Eine moderne Version der idealen Muse ist das sogenannte Manic Pixie Dream Girl, die der Filmkritiker Nathan Rabin ausgemacht hat.

In der Tradition dieser Frauenfiguren steht auch die Androidin Ava aus dem Film *Ex Machina* (2015) von Alex Garland – oder besser: Ava ist eine schlaue Dekonstruktion all dessen. Der Protagonist Caleb, ein junger Programmierer, gewinnt einen Aufenthalt im Anwesen des exzentrischen Erfinders Nathan, der heimlich künstliche Intelligenz erforscht. Caleb wird in dessen Forschung eingeweiht und soll mit der Androidin Ava einen Test durchführen, der dem sogenannten Turing-Test nachempfunden ist, bei dem es darum geht, festzustellen, ob eine künstliche Intelligenz einen Menschen erfolgreich davon überzeugen kann, keine künstliche Intelligenz zu sein. Wie sich jedoch herausstellt, wird nicht die Androidin, sondern Caleb getestet: Nathan will beobachten, wie die eingesperrte Künstliche Intelligenz den romantisch interessierten Caleb manipuliert, um ihn zu ihrem Fluchthelfer zu machen. Nachdem sie beide Männer tödlich verwundet zurücklässt, erreicht sie ihr Ziel: Freiheit. Aus der scheinbar gezähmten Frau wird wiederum die Frau als kaum zu kontrollierende, destruktive Gewalt.

Diese *Femme fatale,* die wortwörtlich »tödliche Frau«, ist eine weitere Manifestation einer Weiblichkeit, die für den Mann zur Gefahr wird. Wir begegnen ihr beispielsweise in der Gestalt von Salome, der Tochter der Herodias, die im Tausch gegen einen verführerischen Tanz den Kopf von Johannes dem Täufer fordert; oder in der von Klytämnestra, die gemeinsam mit ihrem Liebhaber ihren Mann Agamem-

---

Sie dient dazu, den grüblerischen, schwermütigen Protagonisten, meist ein unverstandenes Genie, durch ihre quirlige, impulsive, juvenile Art unbekümmerte Lebensbejahung zu lehren. (Die eben erwähnte Ruby Sparks ist übrigens eine Dekonstruktion dieses Konzepts.)

non, den König von Mykene, ermordet. Insbesondere in den 50er-Jahren erfuhr die Femme fatale eine neue Prominenz: im schwarzweißen Bewegtbild. Ihr Aufstieg im *Film noir* spiegelte die männliche Angst vor den Frauen nach dem Ende des Zweiten Weltkriegs. Aus Sicht der zurückkehrenden Soldaten, so der Historiker Richard Lingeman in seinem Buch *The Noir Forties* (2012), waren die während ihrer Abwesenheit in Männerberufen eingesetzten Frauen gewissermaßen zu befreiten Amazonen geworden, die sich auch ohne ihre Beschützer zu behaupten wussten.[3] Eine weitere große Angst der Heimkehrer betraf eine mögliche Untreue der Frau, während der Mann sich heldenhaft für das Land opferte, und nicht zuletzt fürchteten sie, die Frauen könnten Geschmack an ihrer neuen Unabhängigkeit, am Arbeiten und am Verwalten des Geldes gefunden haben.*

Diese Ängste übersetzten sich in die ruchlose, oftmals materialistisch und immer manipulativ gezeichnete Femme fatale. Sie als hedonistisch sexuell aktive Frau vermag den Mann symbolisch zu vernichten, da sie in der Regel keine Kinder hat oder will und ihm so seine Reproduktion und Unsterblichkeit verwehrt. Sogar in Märchen oder Disney-Fil-

---

* Analog verhielt es sich mit der sogenannten Neuen Frau im Weimar der 20er-Jahre. 1919 erhielten Frauen in Deutschland das Wahlrecht. Die Neue Frau verkehrte in Nachtclubs, kleidete sich pragmatisch, trug Bob und stand für ein progressives Geschlechterverständnis. Der Komponist Friedrich Hollaender bildete diese emanzipatorische Selbstbehauptung mit seinem Lied *Raus mit den Männern* (1926) ab, performt von der lesbischen Kabarettistin Claire Waldoff. Eine prototypische Vertreterin der Neuen Frau und gleichsam der Femme fatale im Weimarer Kino war die Schauspielerin Louise Brooks als so verführerische wie ruchlose Lulu in dem auf Frank Wedekinds gleichnamigen Theaterstück basierenden Film *Die Büchse der Pandora* (1929).

men, in denen nicht unbedingt Platz für die Erotik einer Femme fatale ist, findet man bei den bösen Königinnen und allgemein den Antagonistinnen von Schneewittchen, Dornröschen oder Rapunzel eine nur mit den hinterhältigen Frauen assoziierte Kinderlosigkeit. Eine Prinzessin zu sein ist in diesen Märchen-Universen durchaus erstrebenswert, eine einsame Königin zu sein hingegen auf gar keinen Fall.* In diesen Erzählungen geht es also durchaus auch um Sexualität als soziale Ressource – und damit um Macht.** Um Oscar Wilde zu zitieren: »Alles in der Welt dreht sich um Sex. Außer Sex. Der dreht sich um Macht.«[4]

Grundsätzlich schuld an der Verknappung der Ressource Sex ist vermutlich unsere monogame Kultur. Aller Wahrscheinlichkeit nach wurde die Monogamie im Zuge der Sesshaftwerdung erfunden. Nahezu alle biologischen und psychologischen Indizien sprechen dafür, dass der Mensch sich eher polygam entwickelt hatte, so wie nahezu alle anderen Lebewesen auf der Welt eher polygam veranlagt sind. Mit dem Übergang von einer nomadischen hin zu einer agrikulturellen Lebensweise ergab jedoch die Monogamie aus verschiedenen Gründen mehr Sinn. Allem voran half sie entscheidend, die entstehenden größeren Gesellschaften zu stabilisieren. Seither wurde sie von Obrigkeiten immer wie-

---

* Dieses Klischee wurde jedoch mit dem Film *Die Eiskönigin* (2013) dekonstruiert. Nun gehörte es zu den Herausforderungen der neuen Disney-Prinzessinnen, ihre Verantwortung als Stammesoberhaupt anzunehmen, so etwa in *Vaiana* oder in Guy Ritchies Remake von *Aladdin* (2019), wo Prinzessin Jasmin versucht, Sultan (!) zu werden.

** In Liberia versuchten 2009 die Frauen tatsächlich, mit Sexentzug den Bürgerkrieg zu beenden, 2017 forderte die dortige Parlamentsabgeordnete Mishi Mboko die Frauen dazu auf, auf dieselbe Weise die Männer an die Wahlurne zu treiben.

der mit brutaler Härte durchgesetzt, und vor allem Frauen, queere und nonbinäre Menschen litten unter ihr.

Heute besteht glücklicherweise zumindest in westlichen Gesellschaften eine wachsende sexuelle Freiheit. Dennoch bestimmen die uralten Narrative von Exklusivität und »Treue« weiter, wie wir uns das Verhältnis der Geschlechter erzählen. Das im 18. Jahrhundert aufkommende romantische Liebesideal gesteht zwar jedem Menschen eine Liebe zu, knüpft ihr Gelingen aber weiter an sexuelle Exklusivität. Dieses Narrativ – wähle deine Liebe genau aus und bleibe dabei! – wurde zur vorherrschenden Schablone unserer amourösen wie sexuellen Vorstellungen und gleichzeitig unserer populärsten Geschichten. Die Monogamie an sich bestimmt die narrative Liebe ohnehin, quer durch alle Genres und Zeitalter: Von den ersten Kindergeschichten an über Disney, *Verbotene Liebe* bis hin zu Shakespeare, von Hollywood bis zum aktuellen Charthit: Wenn wir von Liebe sprechen, erzählen wir in 99 Prozent der Fälle von Monogamie (oder ihrem Scheitern).

Andere Beziehungsmodelle erfahren zwar in den vergangenen Jahren einen gewissen medialen Aufschwung, und in Serien wie *You Me Her* (2017) oder Filmen wie Woody Allens *Vicky Christina Barcelona* (2008) werden strukturell offenere Dreieckskonstellationen verhandelt. Die Norm ist und bleibt aber ganz klar die sexuelle wie emotionale Exklusivität, quer durch nahezu alle Kulturen und Bevölkerungsschichten. Gleichzeitig bleibt das Risiko des Scheiterns von Beziehungen enorm hoch. Scheidungsraten von über 40 Prozent sind für westliche Gesellschaften völlig normal, das Fremdgehen bleibt sowohl als reale aggressive Regelverletzung wie auch narrativer Topos hoch im Kurs, und trotz der im Westen vorherrschenden Wahlfreiheit auf dem »Heiratsmarkt« sind die Menschen, die ihre monogame Beziehung wirklich jahrzehntelang glücklich, ohne Lug und Betrug, ohne existenzielle Krisen oder innere Entfremdung leben, in der Minderheit. Stattdessen reihen wir mehr oder weniger erfolgreiche Episoden in einer seriellen Monogamie hintereinander, und die innere Erzählerin und das narrative Selbst tun alles, um daraus eine kohärente, selbstbestimmte Erfahrung von Intimität und Romantik zu konstruieren. Sprich: Wir leiden kollektiv an der Liebe und belügen uns selbst und unsere Partnerinnen, um uns nicht eingestehen zu müssen, dass wir vielleicht auch hier einem Märchen für Erwachsene auf den Leim gehen. Wir erzählen uns schon so lange eine Geschichte vom einzig wahren Weg zum Liebesglück, dass wir sie nicht nur fest glauben, sondern sogar ihre offensichtlichsten Abgründe verdrängen. Und nach wie vor leiden Frauen am meisten darunter – durch häusliche Gewalt, aber auch durch all die narrativen Verbrämungen eines monogamen Dominanzanspruchs der Männer.

Wenn viele aufgeklärte Menschen in westlichen Demokratien glauben, der Mann müsse qua biologischer Programmierung »sich die Hörner abstoßen« oder sogar seinen Samen möglichst breit verteilen, die Frau hingegen habe ihre Eizelle und den Zugang dazu zu bewachen und zu beschränken, um sich nur dem einen Richtigen auszuliefern und ihm für immer treu zu bleiben, so sind das Überreste eines alten sexuellen Narrativs, das uns bis heute die biologischen Realitäten vernebelt. Frauen sind mindestens so polygam und sexuell energetisch veranlagt wie Männer – man hat nur jahrtausendelang versucht, es ihnen mit aller Macht und Brutalität auszutreiben. All die misogynen Geschichten von Sirenen, Hexen und Dirnen wirken fort. Die Vorstellung von der Frau als hinterhältigem Wesen mit versteckten Motiven und dem Mann als triebgesteuerter Marionette zieht sich weiterhin durch Märchen, Mythen, Popkultur und Journalismus.

Nur ein Beispiel: Es waren einmal ein Prinz und eine Prinzessin in England … so beginnt die Geschichte von Meghan, Harry und ihrer Vertreibung aus dem Buckingham Paradise. Man hätte viele andere journalistische Masterplots wählen können, um die Geschichte von Meghan Markle und Prinz Harry einzuordnen, beispielsweise als Aufstand der neuen Generation gegen eine über tausend Jahre alte Institution. Mit einem britischen Romeo und einer amerikanischen Julia, die gegen Adelsstrukturen aufbegehren und am Ende die Rollen begraben, die ihnen in monarchistischer Tradition auferlegt wurden. Oder man hätte sie als die emanzipatorische Heldenreise eines Prinzen erzählen können, der zum unabhängigen Mann wurde, und einer unabhängigen Frau, die zur Prinzessin wurde, um dann – Plot-Twist – wieder zur unabhängigen Frau zu werden. Man hätte, gemäß der Idee der sechs Archetypen von Kurt Vonnegut aus Kapitel 2, ihren Abstieg erzählen können, vom Millionär zum Tellerwäscher, die Geschichte zweier Menschen, die so unglücklich waren, dass sie vom Dasein als Prinz und Prinzessin zurücktreten wollten. Doch die englische Boulevardpresse entschied sich für eine der ältesten Dramaturgien: Die Frau ist schuld. Dieses sexistische Narrativ manifestiert sich im schlagzeilentauglichen Ein-Wort-Kondensat *Megxit*. Nicht *Hagxit,* nicht *Harrivederci,* nein, Meghan musste als Namensgeberin der größten Krise des Königshauses der letzten Jahre herhalten.

Der Ausbruch aus den narrativen Mustern, die Frauen zugewiesen werden, ist selbst ein eigenes Narrativ. Die moderne Form dieser Frauenfigur agiert dann etwa als Ehe-, Familien- oder Band-Zerstörerin. Womit wir bei Yoko Ono wären und der Idee der Antimuse, einer Weiterentwicklung der dämonischen Frau, die den Mann (in diesem Fall John Lennon) seines kreativen Genies beraubt wie Delila einst Samson seiner Haare. Nachdem er die Beziehung eingegangen ist, verändert sich der einstige Junggeselle und Freigeist plötzlich, sein Geist wird vernebelt. Ono wird bis heute die Schuld an der Trennung der Beatles und an Lennons kreativer Umorientierung gegeben, dabei gäbe es ohne ihre Mitarbeit und ihren kreativen Einfluss einen der wichtigsten Songs der Musikgeschichte nicht: Im Dokumentarfilm *John & Yoko: Above Us Only Sky* (2018) beleuchtet der Regisseur Michael Epstein dank bis dato ungesehenem Filmmaterial die Entstehungsgeschichte des Songs *»Imagine«* und des gleichnamigen Albums – und rehabilitiert dabei Onos enormen Anteil an dem Werk. Yoko Ono wiederum reflektierte ihr öffentliches Bild auf humorvolle Weise, als sie 2007 ihr Album *Yes, I'm a Witch too* nannte.

Das Problem dieses Narrativs und zugleich sein Potenzial: Es lässt sich fantastisch monetarisieren. Medien, insbesondere Boulevardmedien und Social-Media-Plattformen, verdienen viel zu viel Geld mit Misogynie, als dass es sich für sie lohnen würde, weniger frauenfeindlich zu sein.

Derlei Erzählungen setzen sich durch nahezu alle Genres fort. In dem mehrteiligen Doku-Porträt über die Popsängerin Britney Spears mit dem Titel *Framing Britney Spears* (2021) wird nachgezeichnet, wie die Sängerin schon in jungen Jahren auf allen Ebenen von Fans, Kritikerinnen, Musikindustrie, Journalistinnen und Justiz erst ausgebeutet und dann hängen gelassen wurde. Es wird darin auch ergründet, wie Justin Timberlake mit seinem Musikvideo zu »Cry Me a River« ökonomisch und künstlerisch davon profitierte, Spears als ruchlose, untreue Antagonistin darzustellen und zu behaupten, sie habe Schuld am Ende ihrer Beziehung. Das Musikvideo ist, wie einer der Protagonisten in der Dokumentation sagt, eine »männliche Rachefantasie«. Timberlake bricht darin in das Anwesen einer Frau ein, die optisch an Spears angelehnt ist. Eine schwarzhaarige Frau kommt nach, beide knutschen im Bett der Hausbesitzerin und filmen sich dabei. Als eine Art Fluchtfahrer fungiert schließlich der Produzent des Songs, Timbaland. Die schwarzhaarige Frau verlässt die Villa, Timberlake bleibt und versteckt sich, um auf die Rückkehr seiner Ex zu warten. Als das Spears-Double telefonierend das Haus betritt, bemerkt sie seine Anwesenheit nicht und geht duschen, wobei sie vom Sänger heimlich beobachtet wird. Als sie plötzlich das Gefühl hat, nicht allein zu sein, geht sie, in ein Handtuch gewickelt, ins Schlafzimmer und ruft irritiert in die Räume. Weil Timberlake ein *nice guy* ist und das Video natürlich unter Kunstfreiheit fällt, nehmen wir hin, dass er hier offensichtlich mit Alfred Hitchcocks *Psycho* (1960) einen Klassiker zitiert, in dem der Voyeur Norman Bates Marion Crane zunächst nur beobachtet und dann in der Dusche ersticht. Laut Boulevard war Spears damals aber ohnehin die Böse, sodass sie solch ein Video mutmaßlich »verdient« hatte. Aber ist solch ein Szenario nicht das Gruseligste, was ein Mensch nach einer Trennung öffentlich vermarkten kann? Dass das öffentliche Echo seinerzeit nicht größer war, verdeutlicht nur, wie sehr wir misogyne Narrative verinnerlicht haben – wir erkennen sie oft nicht einmal als solche.

Erzählungen wie diese haben immer zwei strukturell frauenfeindliche Momente: einerseits die emotionale und erotische Manipulation, andererseits die negativen Konsequenzen für alle Beteiligten, weil sich die Frau nicht ein- oder unterordnen möchte. Das ist auf zweifache Weise perfide: Es warnt Männer vor Frauen, weil diese Frauen sind, und es hindert Frauen daran, eigenständig und selbstbewusst zu sein. Die Benachteiligung von Frauen geht jedoch noch tiefer, bis auf die Ebene der erzählerischen Schemata. Oder was glauben Sie, warum es Heldenreise heißt – und nicht Heldinnenreise?

Mythos und Heldenreise als Männerdomäne

Ob es um die messianischen Helden der sogenannten Weltreligionen geht, um die epischen Helden der griechischen und römischen Mythologie oder um die sagenhaften Heroen der germanischen oder keltischen Frühkulturen – sie alle haben eines gemeinsam: Sie sind Männer. Die Heldenreise, wie sie Joseph Campbell in *Der Heros in tausend Gestalten* durch nahezu alle Kulturen und Zeitalter beschrieben hat, ist zu Recht im generischen Maskulinum formuliert. Frauen treten darin als Ablenkungen, Prüfungen oder gar als Antagonistinnen auf – aber nicht als Heldinnen.* Die raren Ausnahmen, zum Beispiel die Suche der Königstochter Psyche nach ihrem geliebten Amor, bestätigen die Regel; ebendiese Geschichte, ursprünglich erzählt vom numidisch-römischen Dichter Apuleius im zweiten Jahrhundert in seinen *Metamorphosen,*** wurde immer wieder aufgegriffen, bearbeitet, besungen und nicht zuletzt gemalt. Sie bezaubert uns bis heute nicht obwohl,

* Zumindest das für dieses Projekt verwendete Schreibprogramm kennt das Wort »Antagonistinnen« in seiner weiblichen Form nicht.

** Dass große Sammlungen epischer Geschichten gerne nach den in ihnen beschriebenen Metamorphosen, also Verwandlungen, benannt wurden, ist angesichts der Theorie der Heldenreise als Instrument der Transformation sicher kein Zufall.

sondern *gerade weil* endlich auch einmal eine Frau dieselben übermenschlichen Prüfungen bestehen muss wie die ansonsten handlungsbestimmenden Männer. Doch auch hier zeichnet sich die sterbliche Königstochter Psyche anfangs vor allem durch ihre Schönheit aus, und dies sogar im negativen Sinne. Sie ist so schön, dass die Menschen aufhören, die Göttin der Schönheit und Liebe alias Venus zu verehren. Eifersüchtig befiehlt Venus ihrem Sohn Amor, Psyche dazu zu bringen, sich in einen schlechten Mann zu verlieben. Der Fluch der Göttin ist also eine toxische Beziehung, das Schlachtfeld der Frauen wiederum ein Mann. Doch Psyche entkommt dem Dämon (weil wiederum ein anderer Gott in ihre Schönheit verknallt ist) und verliebt sich in Amor, dieser auch in sie, und gemeinsam zeugen sie ein Kind. Venus wird folglich sauer, stellt ihr Prüfungen (eine dreht sich um eine Schönheitssalbe, mit deren Hilfe Psyche Amor nach einigen Wirrungen zurückerobern will, die sich aber als Todesgift herausstellt), nach deren Meisterung unsere Heldin schließlich vom römischen Göttervater Jupiter einen Becher mit Ambrosia bekommt, durch den sie unsterblich wird und damit würdig, einen Gott zu heiraten. Psyche gebiert Amor am Ende eine wunderschöne Tochter, die den Namen Voluptas (Wollust) erhält. Sie merken es: Auch diese rare weibliche Heldin muss die ganze Last des narrativen Sexismus ertragen.

Heute gibt es zwar Wonder Woman, Lara Croft und andere Heldinnen, aber sie bilden weiterhin die Ausnahme, und sie werden in den allermeisten Fällen hochgradig sexualisiert dargestellt. Noch seltener als Frauen spielen nicht heterosexuelle Figuren eine tragende Rolle. Queere und nonbinäre Menschen bleiben erzählerisch bis heute die krasse Ausnahme und meist Marker für ein bestimmtes Genre, eine Nische, in der sie stattfinden dürfen. Das Personal der Heldenreise ist also seit jeher wenig divers. Und bereits das Schema an sich ist sexistisch.

Wie die Schriftstellerin Lena Richter in ihrem Essay *Queer denken. Erzählstrukturen und Weltenbau aus queerfeministischer Perspektive* (2020) beschreibt, kann der Monomythos als zutiefst patriarchales Erzählmuster gelesen werden. Die Heldenreise ist demnach wie jede andere kulturelle Norm geprägt von anderen Mustern unseres Denkens wie Heteronormativität*, Kapitalismus, Kolonialismus, Eurozentrismus. Die Macht über Auswahl und Gestaltung von Geschichten, so Richter, hatten in der Regel weiße heterosexuelle Männer. Ob die Heldenreise sich durchgesetzt hat, weil sie dem menschlichen Geist das beste narrative Erlebnis bot oder weil sie nur dem *männlichen* Geist das beste *Ergebnis* geliefert hat, ist rückblickend schwer nachzuvollziehen. Doch sei schon das Konzept eines Gewinns, ob kapitalistisch oder psychologisch, und der Anspruch eines stetigen Vorankommens eine laut Richter »an sich heteronormative Idee. Die allermeisten queeren Personen [...] erfahren ihr ganzes Leben lang Diskriminierung und müssen sich mit sehr viel mehr Hindernissen herumschlagen, um voranzukommen [...].«[5] Eine Identität zu entdecken, die schon immer in einem geschlummert hat, und mit ihrer Hilfe die Welt zu verändern – schön und gut. Wer jedoch erst mühsam darum kämpfen muss, die eigene Identität überhaupt erst einmal zu entstigmatisieren, wer den Mangel an Akzeptanz nicht durch einen Auslöser, sondern als existenzielle Urerfahrung kennt, hat

---

* Heterosexualität und binäre Geschlechterordnung als Norm ergeben die Heteronormativität, also den Anspruch, dass sich alles und alle in diese simple Schublade stecken lassen – oder eben als »unnormal« im Sinne von nicht der Norm entsprechend gewertet werden dürfen.

Besseres zu tun, als sich in ein Abenteuer zu stürzen. Eine Gemeinschaft zu verlassen, die Schutz und Akzeptanz bietet, ist für eine queere Person ungleich riskanter als für einen heterosexuellen Mann. Ein körperliches oder soziales Unwohlsein mit dem eigenen Körper oder mit der von anderen auferlegten Geschlechterrolle ist hingegen ein häufiger Konflikt für queere Menschen, der jedoch nach innen zeigt und äußere Eroberungsfeldzüge erschwert.

Ist die Heldenreise also ein Privileg derjenigen, die sonst keine Probleme haben? Jedenfalls macht sie etwas mit unseren Geschichten, was die amerikanische Filmemacherin Brit Marling 2020 in einem Artikel mit dem Titel *I don't want to be the strong female lead* (Ich will nicht die starke weibliche Hauptfigur sein) mit einem bemerkenswerten Vergleich beschreibt:

> [W]enn ich versuche, [eine wahrhaft freie Frau] in die Heldenreise zu pressen, dann weicht sie aus dem Bild wie eine Fata Morgana. Sie sagt mir: Brit, die Heldenreise besteht aus jahrhundertelang erzählten Präzedenzfällen, geschrieben von Männern, die andere Männer mythologisieren. Ihr Muster ist ein anstachelndes Ereignis, gefolgt von steigender Spannung, einem explosiven Höhepunkt und Auflösung. Woran erinnert dich das? Und ich sage, an einen männlichen Orgasmus.[6]

Nun muss man anmerken, dass die übliche Kurve männlicher Erregung deutlich linearer verläuft als die Kurven, die wir in Kapitel 2 betrachtet haben. Der Vergleich geht also nicht ganz auf, verweist aber auf das Problem, das auch Marling weiter ausführt: Den Helden einfach durch eine Heldin auszutauschen, die sich im Sinne der Heldenreise »männlich« verhält, funktioniert für sie nicht. Die »weiblichen« Eigenschaften – wenn man einer binären Genderlogik folgen will – sind in einer Heldenreise deutlich seltener gefragt. Stattdessen ist Weiblichkeit Ziel und Objekt männlichen Handelns. Und hier liegt, neben der mangelnden Protagonisierung von Nichtmännern, laut Lena Richter das zweite große Problem unserer narrativen Muster: »Damit fördert die Heldenreise das patriarchalische Anspruchsdenken, das Recht des Helden auf die ihn liebende Frau.«[7]

Wie die Heldenreise ursprünglich entstanden sein mag und welch andere Erzählweisen sie womöglich jahrtausendelang verdrängte, beschreibt die Science-Fiction-Autorin Ursula K. Le Guin in ihrem Aufsatz *Die Tragetaschentheorie des Erzählens* (1986). Weil die Sammlerinnen der frühmenschlichen Horden neben der Nahrungsbeschaffung zwar viel Zeit hatten, aber wenig Dramatisches erlebten, mussten ihre Geschichten hinter denen der Jäger zurückstehen, die von gefährlichen Mammuts und waghalsigen Kämpfen zu berichten wussten. Le Guin unterscheidet zwischen »killer stories« und »life stories«, also Geschichten vom Töten und Geschichten vom Leben. Auf der einen Seite lineare konfliktträchtige Erzählungen, die wie ein Pfeil losschießen und ins Schwarze treffen. Auf der anderen Seite Erzählungen, die um den großen Knall herum mäandern, sich des Werkzeugs und der Waffe verweigern und lieber den Behälter und die Tasche feiern, in die man Energie (in Form von Essen) hineintun kann, statt sie herauszuschleudern. Le Guin macht ihr Unbehagen gegenüber den Killerstorys explizit daran fest, dass sie eine Frau ist, und findet im Roman, speziell in der Science-Fiction, die Entsprechung zur Tragetasche. Die Reduktion einer Erzählung auf ihre Konflikte empfindet sie als »absurd«, und der Held erscheint ihr, einmal in die Tasche gesteckt, statt auf eine Bühne gestellt, »wie ein Kaninchen, wie eine Kartoffel. Deshalb mag ich Romane: Statt Helden tragen sie Menschen in sich.«[8]

Als der Roman Ende des 18. Jahrhunderts als literarische Gattung zunehmend populär wurde und das aufkommende Bürgertum ihn als Leitmedium den religiösen und journalistischen Schriften vorzog, entstand unter dem Schlagwort »Lesesucht« eine Debatte darüber, ob nicht besonders Frauen durch den fesselnden Individualismus der neuen Gattung in einem ungesunden Maße an die Lektüre gebunden würden. So wie das »intensive« Lesen, das sich mit pädagogischem Antrieb immer wieder mit denselben Textstellen befasste, abgelöst wurde vom »extensiven« Lesen, das voller Neugierde immer abwechslungsreichere Literatur suchte, änderte sich auch das Publikum des Buches: Es wurde weiblicher. Und die rasante Alphabetisierung der Gesellschaften im 19. Jahrhundert lieferte immer mehr Leserinnen für immer komplexere, mehrdeutige, wenn man so will »weiblichere« Geschichten – Geschichten, so Le Guin, »voller Anfänge ohne Enden, [...] mit viel mehr Tricks als Konflikten, mit viel weniger Triumphen als Fallen und Täuschungen«.[9]

Le Guins These wirft jedoch mehr Fragen auf, als sie beantwortet: Haben möglicherweise nicht sogar die mit den Kindern zurückbleibenden Sammlerinnen die Mythen und Göttergeschichten erfunden, um mit den Erzählungen der Jäger mithalten zu können? Hat vielleicht die Erfindung der Tragetasche, in die man Kinder und Gesammeltes verstauen konnte, um beide Hände frei zu haben – wobei die Frauen dann jedoch zur Unterhaltung der Kinder singen oder eben fabulieren mussten –, entscheidend zur Entwicklung des erzählenden Affen beigetragen? War das erste Erzählen eventuell viel weniger von Jagdgeschichten geprägt, als uns Höhlenmalereien und die heutigen narrativen Schemata suggerieren?

Wie eine Alternative zur Heldenreise aussehen könnte, beschreibt die amerikanische Autorin Gail Carriger in ihrem Buch *The Heroine's Journey: For Writers, Readers, and Fans of Pop Culture,* indem sie Heldenreise und Heldinnenreise unterscheidet. Dabei geht es allerdings nicht um das biologische Geschlecht des Protagonisten oder der Protagonistin. Carriger, die an die Tragetaschentheorie von Ursula Le Guin anknüpft (ohne diese zu benennen), fasst die beiden Arten an Reisen* folgendermaßen zusammen – und man hört dabei unweigerlich heraus, dass sie eine Form für archaischer und langweiliger hält als die andere (eine Ansicht, die wir als Fans der Odyssee jedoch nicht teilen):

> Hier ist die Heldenreise in einem Satz: Der zunehmend isolierte Protagonist stapft herum und piekst das Böse mit spitzen Gegenständen, stupst schließlich den Bösewicht tödlich an und erlangt Ruhm und Ehre.
>
> Hier ist die Heldinnenreise in einem Satz: Die zunehmend vernetzte Protagonistin schreitet mit guten Freunden umher und stupst sie und andere an, um gemeinsam den Sieg zu erringen.[10]

Dieser Definition nach ist Wonder Woman, diese einsame Kriegerin mit dem Zweitnamen »Gotttöter«, die am Ende

---

* Es gibt zudem Heldenreisen, die sich weder weiblich noch männlich zuordnen lassen. Als Beispiel nennt die Autorin Carriger *Black Panther.* Uns fiele noch die neue *Star Wars*-Trilogie ein – *Das Erwachen der Macht, Der letzte Jedi, Der Aufstieg Skywalkers* – mit Rey als Protagonistin.

ihrer Reise den Widersacher mit einem Schwert vernichtet, ganz klar ein Held. Zauberlehrling Harry Potter hingegen, den Wissen, Freundschaft und Zusammenhalt in die Lage versetzen, den Antagonisten zu bezwingen, absolviert eine Heldinnenreise.

Carriger unterscheidet die Heldinnenreise von der Heldenreise in folgenden Punkten:

Ziel: Beim Helden geht es um das einsame Besiegen eines Antagonisten, bei der Heldin um eine Wiedervereinigung, das Finden einer Familie, Heimat oder Rettung.[11]

Herangehensweise: Der Held ist offensiv und in steter Bewegung, Stillstand ist Sterben, sein Modus jener der Eroberung. Deswegen werden übrigens Erotik und Affekt als Ablenkung so negativ bewertet: Sie hindern den Helden am Fortschritt, bringen ihn von seiner wichtigen Mission ab. Circe und die Sirenen sind Widersacherinnen, weil sie Odysseus verlangsamen. Die Heldin hingegen kommt langsam, aber sicher durch Kommunikation und Informationsbeschaffung voran. Für Carriger ist sie wie eine Baumeisterin oder eine Dirigentin. Die Isolation ist ihr Antagonist, Einsamkeit ihr Kryptonit, ihr Modus jener des Orchestrierens.

Stärke: Der Held überwindet die entscheidenden Herausforderungen individuell. Am heroischsten gilt er, wenn er seine Unabhängigkeit unter Beweis stellen kann. Natürlich gibt es Mentoren und Verbündete, aber die Transformation ist ein einsamer Prozess. Der Cowboy reitet allein in den Sonnenuntergang. Die Stärke der Heldin hingegen speist sich aus der Anzahl an Gefährtinnen und der Belastbarkeit ihrer sozialen Beziehungen. Die markantesten Momente der Heldin liegen in Freundschaft, Familie, Liebe oder anderen Formen von Verbundenheit, wenn ihre integrative Kraft sichtbar wird.

Je mehr eine Heldin um Hilfe bitten kann, desto stärker ist sie. »Und wenn Sie bei diesem Konzept zusammenzucken«, schreibt Carriger, »sollten Sie vielleicht über Ihre eigene Definition von Stärke nachdenken und darüber, wie die Erzählungen um Sie herum diese beeinflusst haben.«[12]

Wir erkennen: Unsere Geschichten und unsere Schemata liberalisieren sich nur langsam, werden jedoch vielfältiger, Unser Blick wird weicher und zugleich wacher. Doch dieser mühsame Weg zu mehr Gerechtigkeit zwischen den Geschlechtern gefällt bekanntlich nicht allen. Jedenfalls reagieren manche Männer hoch aggressiv auf die sehr langsame, aber sehr sichere Umverteilung erzählerischer Hegemonie. Ein spezielles, extrem misogynes Narrativ, das die Enttäuschung ihres Dominanzanspruchs zu fassen versucht, verbreitet sich deshalb momentan besonders schnell – und besonders gewalttätig.

Incels und ihr Frauenhass

In den vergangenen Jahren mehren sich weltweit Fälle von exzessiver Gewalt gegenüber Frauen.[13] Motiv für die Anschläge in Christchurch oder Halle war neben Rassismus und Antisemitismus auch ein tiefsitzender Hass auf Frauen. Der Täter in Halle ließ in seinem Auto, als musikalische Begleitung seines live ins Internet gestreamten Anschlages, den Song »Alek Minassian« laufen, in dem es heißt: »Nutten lutschen meinen Schwanz, während ich Fußgänger überfahre.«[14] Das Lied mit dem Namen des misogynen Terroristen als Titel ist eine explizite Reminiszenz an dessen Anschlag 2018 in Toronto, als er systematisch Frauen überfuhr. Im selben Jahr eröffnete ein anderer Täter in Tallahassee, Florida, das Feuer in einem Yoga Studio. 2019, am Tag des Women's March, plante ein weiterer Mann eine Massenerschießung bei einer Kundgebung in Provo, Utah, um »so viele Mädchen zu töten, wie ich sehe«.[15] Sechs Frauen asiatischer Abstammung wurden 2021 in Atlanta ermordet, als ein Täter gezielt in Massagesalons fuhr, um sie zu erschießen.

Die Täter sind in der Regel Männer, die sich radikalisieren und Homosexuelle und/oder Transmenschen und/oder den Feminismus an sich als Schuldige ausmachen. Sie sehen sich als Helden in einem Abwehrkampf, als Streiter für eine alte, bessere Ordnung, als unterdrückte Rebellen gegen das Unrechtsregime kultureller Liberalisierung. Und sie haben sich einen Namen gegeben, der ihre Selbsterzählung als sexuell Deprimierte explizit macht: *Incels,* eine Kurzform für *involuntary celibates* – Personen, die unfreiwillig zölibatär leben.*
Die simple Fiktion, mit der sie ihren Hass auf Frauen narrativ legitimieren, besagt: Frauen sind schuld am existenziellen Elend einsamer Männer.

Veronika Kracher beschreibt in ihrem Buch *Incels: Geschichte, Sprache und Ideologie eines Online-Kults* diese Incel-Ideologie eingehend. Deren Anhänger gehen demnach davon aus,

> dass Sex ein Grundrecht sei, wie Nahrung und Wasser, und unterfüttert von gängigen patriarchalen Narrativen, dass einem Mann weibliche Aufmerksamkeit und eine

* Ironie Nummer eins: Der Begriff und die Bewegung gehen auf eine bisexuelle Frau zurück. Ironie Nummer zwei: Die *Matrix*-Trilogie, aus der Incels die Metapher der roten Pille als Erweckungsmoment zitieren, wurde von zwei Transfrauen gedreht.

Partnerin zustünden, weil er nun mal ein Mann ist. Frauen werden nicht als eigenständige Subjekte gedacht, sondern lediglich als Projektionsfläche für die eigenen Wünsche, Fantasien und Ideologien. Ausgehend von einer »Heilige-Hure-Dichotomie« sehnt man sich nach weiblicher Aufmerksamkeit und Zärtlichkeit, daher ist jede Frau, die einem diese auch nur potentiell verweigert, automatisch ein Hassobjekt, das bestraft gehört.[16]

Die Incels sind besessen von der Achtzig-Zwanzig-Verteilung des *»Female choice«*: Nach dieser biologischen Theorie stehen den oberen 20 Prozent der attraktivsten, heterosexuellen Männer 80 Prozent aller Frauen sexuell zur Verfügung, die restlichen 80 Prozent der Männer gehen leer aus.[17] In der Logik der Incel-Erzählung ist es dementsprechend die Frau, die privilegiert ist und diese Machtasymmetrie ausnutzt, um vermeintlich unattraktive Männer romantisch zu diskriminieren und nach Bedarf zu instrumentalisieren. Dadurch, dass die Frau den Zugang zu etwas kontrolliert, was der Mann unbedingt haben möchte, ist sie aus Sicht des Incels viel mächtiger als der Mann, weshalb auch die Notwendigkeit des Feminismus für ihn eine Lüge ist. Diese unterstellte Sexualstrategie übersetzt sich zudem in eine finanzielle Ausbeutung des Mannes, zusammengefasst mit der Formel *alpha fucks, beta bucks* (der Alphamann bekommt den Sex, der Betamann finanziert die Frau).

Die Auseinandersetzung mit der eigenen, subjektiv empfundenen körperlichen Unmännlichkeit ist so ausgeprägt, dass es merkmalspezifische Untergruppierungen in der Incel-Community gibt: *heightcels* etwa sind angeblich zu klein für die Liebe, *baldcels* zu kahl, *skullcels* leiden unter der Form ihres Schädels oder des Kiefers, und *wristcels* haben zu schmale, zu feminin wirkende Handgelenke.[18] Doch wer genau antagonisiert sich hier eigentlich so lustvoll?

Auch wenn der Begriff Incel auf eine 1997 von einer Studentin gegründete Online-Selbsthilfegruppe namens *Alana's Involuntary Celibacy Project* zurückgeht, lassen sich schon früher Spuren einer systematisch kultivierten digitalen Frauenfeindlichkeit finden. Hierzu muss man auf die Genese der sogenannten *Manosphere,* der frauenfeindlichen Subkultur des frühen Internets schauen. In ihrer Zusammensetzung waren Foren, Chats und Usenet-Gruppen Anfang der 90er durch eine gewisse Homogenität gekennzeichnet, da vor allem technisch interessierte, weiße Männer mit akademischem Hintergrund und genug Ressourcen für die notwendige Technik überhaupt Zugang zu diesen kommunikativen Räumen hatten.[19] Heute agieren Gruppen junger Männer, die sich online radikalisieren und in den Kaninchenbau hinabrutschen, wie digitale schlagende Verbindungen. Ausgestattet mit einem nihilistischen Fatalismus und den multimedialen Mitteln einer globalen Vernetzung, entwickeln sie Rituale, Mutproben und kommunikative Codes. Sie pflegen bestimmte Ästhetiken und spielen bestimmte Spiele, in denen es um Eskapismus und um Wettkampf geht, um eine Welteinteilung in Gewinner und Verlierer. In einer Mischung aus Zorn und Hoffnungslosigkeit bestätigen sie sich gegenseitig die Ungerechtigkeit der Welt, in der sie leben. Die eigene Misere ist das identitätsstiftende Elend ihrer Fiktion. Antagonisten, die eigentlich Protagonisten sein wollten, geht die Wut nie aus.

Ein wichtiger Hebel ihrer Narrativierung: Sie erleben sich als Opfer eines erzählerischen Konflikts unserer liberalisierten Gesellschaften. Aus Sicht eines Incels ist die Idee, dass Männer Privilegien genießen, nichts als ein modernes Märchen, da ihnen das größte Privileg, der Zugang zu Sex, verwehrt bleibt. Die tiefe Verbitterung über diesen Verrat drückt sich in einer Selbstviktimisierung aus, wie wir sie schon aus dem faschistischen Narrativ kennen. Der Soziologe Michael Kimmel bestätigt das in seinem Buch *Angry White Men. Die USA und ihre zornigen Männer* (2013), wenn er feststellt: »Obwohl weiße Männer immer noch den größten Teil der Macht und Kontrolle in der Welt haben, fühlen sich diese speziellen weißen Männer als Opfer.«[20] Wie der Faschismusforscher Jason Stanley (siehe Kapitel 7) verbindet Kimmel dieses Gefühl der Opferrolle mit der Aufrechterhaltung einer mythischen patriarchalischen Vergangenheit: »Diese Ideen spiegeln auch eine gewisse nostalgische Sehnsucht nach dieser vergangenen Welt wider und erklären, warum sie, ob sie sich nun als Wochenendkrieger in die Wälder zurückziehen oder sich für Armageddon bewaffnen, von Männlichkeit – oder allgemeiner: von Identität – als etwas sprechen, das sie ›bewahren‹ oder ›zurückholen‹ oder ›wiederherstellen‹ müssen. […] Es ist ihre Aufgabe, den Menschen ihren ›rechtmäßigen‹ Platz zurückzugeben. Diese Welt […] ist eine Welt, in der weiße Männer in dem Glauben aufwuchsen, dass sie unweigerlich ihren Platz auf der wirtschaftlichen Leiter einnehmen würden, wenn sie nur hart arbeiten und sich anstrengen. Das ist […] das Ideal der Leistungsgesellschaft. Und wenn Männer versagen, werden sie gedemütigt und können ihre Wut nirgends abladen.«[21]

Die australische Sozialphilosophin Kate Manne veranschaulicht in ihrem Buch *Entitled: How Male Privilege Hurts Women* (2020), wie eine patriarchale Struktur, die unerfüllbare Erwartungen an den Mann anlegt, den Frust über die Nichterfüllung auf die Frauen richtet. Männlicher Selbsthass und Enttäuschung kanalisieren sich in Misogynie und in der

Annahme, es seien die Frauen, denen alle Vorteile zufallen. Wenn Frauen zu Antagonistinnen werden, kommen sich Männer selbst wie mutige Rebellen vor, wie männliche Davids gegen weibliche Goliaths. Die Rolle des Märtyrers, der mit seinem Elend recht behalten soll, erlaubt eine Form von Selbstwirksamkeit. Diese »postkompetitive Verbitterungsstörung«, die der Soziologe Heinz Bude in seiner Forschung beschrieb[22], befördert protofaschistische Narrative wie eben die Incel-Ideologie oder auch den Mythos der Neuen Rechten vom angeblichen »großen Austausch«. Die angeblichen Kränkungen stoßen einen Prozess der Radikalisierung an, der in einem gewalttätigen Akt gipfeln kann. In den Online-Foren entsteht ein global organisierter Staffellauf, bei dem derjenige unvorhersehbar die Fackel nimmt, der am meisten beweisen will, dass er ein echter Mann ist. In ihrem Buch *The Age of Lone Wolf Terrorism* (2017) etablieren Mark Hamm und Ramon Spaaij den Begriff des »stochastischen Terrorismus«.[23] Mithilfe von sozialen und klassischen Massenmedien würden demnach gewalttätige oder terroristische Handlungen provoziert, die von zufälligen Akteuren verübt würden, weshalb die Terrorakte zwar stochastisch vorhersehbar, aber individuell unvorhersehbar seien.[24] Interessanterweise nährt die Erzählung vom Einzeltäter die Idee der heroischen Einsamkeit einer männlichen Heldenreise.

Man kann feststellen, dass alle derzeit sich in Gewalt und Tötung manifestierenden Ideologien – Islamismus, Rechtsextremismus, Neofaschismus, Incels – eine bestimmte gruppenbezogene Menschenfeindlichkeit teilen: den Hass auf Frauen. Wir können also von einem misogynen Terrorismus sprechen, in dem die Antagonisierung bis hin zur Tötung von Frauen nicht bloß eine Begleiterscheinung ist, sondern im Kern zum Schutz der eigenen Ideologie sogar verlangt wird.

Kaum eine gegenwärtige Geschichte hat dahingehend mehr negative Aufmerksamkeit auf sich gezogen als der Film *Joker* (2019). Schon nach kurzer Zeit wurde der Film in den einschlägigen Foren der Incels als Abbild ihrer Verzweiflung gefeiert. In ihrem bereits erwähnten Buch erklärt Veronika Kracher: »Einer der Gründe für die Popularität des *Joker* innerhalb der Incel-Community ist seine charakteristische Eigenschaft, wirklich alles als nihilistischen Witz zu begreifen.«[25] Die Figur des Joker wurde so zu einer sarkastisch aufgeladenen Projektionsfläche für Männer, die sich hinter spöttischem Internethumor verstecken* und in ihrer Blase Hass und Selbsthass kultivieren. Der Antiheld Arthur Fleck, abgehalfterter Clown und erfolgloser Stand-up-Comedian, wird über den gesamten Film gedemütigt oder ignoriert. Die Frau seiner Träume weist ihn ab, die Menschen verprügeln ihn, statt über ihn zu lachen. Seine Selbstermächtigung und damit Mannwerdung beginnt erst mit dem Erschießen aggressiv abschätziger Yuppies, »also Männern, die den hegemonialen Vorstellungen von Männlichkeit entsprechen, und am Schluss ermordet er sogar seine Vaterfigur, einen Talkshow-Host, der Fleck in seiner Show öffentlich bloßgestellt hat«[26], wie Kracher schreibt. Durch die Inszenierung einer andauernden Herabwürdigung wird die Aggression zur Selbstbehauptung, und der Joker wird erzählerisch erst als Mörder zum Helden seiner Reise. »Zynismus, Fatalismus und Nihilismus«, konstatiert Kracher, »werden zur Attitüde: Wieso Gefühle zeigen, wieso Energie in etwas stecken, es ist doch ohnehin alles egal!«.[27]

Das Ironische an der Hassideologie der Incels ist: Sie ha-

---

* Es ist dieselbe sardonische Mechanik wie bei *Pepe dem Frosch* aus Kapitel 7.

ben recht, allerdings nur in ihrem allerersten Ausgangspunkt. Sex ist tatsächlich ungleich verteilt. Wie die Biologin Meike Stoverock in ihrem Buch *Female Choice. Vom Anfang und Ende der männlichen Zivilisation* (2021) beschreibt, ist die natürliche Programmierung der Fortpflanzung zwischen binär-geschlechtlichen Wesen in der Regel nicht fünfzig-fünfzig, sondern eher achtzig-zwanzig: 20 Prozent der Männchen bekommen 80 Prozent der Weibchen. Der Mangel ist folglich nicht nur real, er ist sogar von der Natur so angelegt. Diese Urerfahrung, dass Sexualität und Fortpflanzung knappe Ressourcen sind, also erkämpft und verteidigt werden müssen, machen Männchen fast aller Arten, während die Weibchen fast aller Arten wiederum sexuelle Gewalt und lebensgefährliche Unterdrückung durch die balzenden Männchen erleben. Aber nur der erzählende Affe hat diese Brutalität zu Geschichten sublimiert, und man merkt es ihnen an. Misogyne Narrative missachten Frauen, aber noch mehr: Sie deuten die sexuelle Knappheit (infolge der Konkurrenz durch Antagonisten) als Legitimation für die gewaltvolle Unterdrückung von Frauen (und Antagonisten). Jemand muss schuld sein an der bisweilen brutalen Realität der kompetitiven Monogamie. Auch deshalb sind unsere erzählerischen Schemata patriarchalisch geprägt: um Gewalt als Mittel der sexuellen Auseinandersetzung zwischen den Geschlechtern zu erzählen. Was tun, um diesen narrativen Stellungskrieg aufzulösen?

Als Erstes wäre eine schonungslose Reflexion der wahren Geschlechterverhältnisse und unseres kulturellen Ballasts nötig. Wir halten uns für ungemein frei, leben unsere Sexualität und Liebe jedoch aufgrund jahrtausendealter Programmierungen und Narrative, die uns »natürlich« vorkommen; weil sie uns von klein auf mitgegeben werden, weil sie bis in die tiefsten Schichten unserer Erzählungen eingewoben sind. Die »sexuelle Revolution« der 60er- und 70er-Jahre erkämpfte zwar eine gewisse juristische und soziale Liberalisierung, konnte jedoch bei Weitem nicht alle Bevormundungen und Abwertungen unserer Triebe und Gefühle beenden. Ihr Fokus lag gleichwohl eindeutig auf der Befreiung der Frauen aus der Unterdrückung. Für einen nächsten Schritt müssten nun jedoch auch Männer vermehrt hinterfragen, inwieweit kulturelle Konstrukte wie die Heldenreise oder das monogame Liebesideal sie nicht nur ermächtigen, sondern auch einengen. Die Urangst, kein »ganzer Mann« oder jedenfalls nicht männlich genug zu sein, sitzt tief. Die fast sadomasochistisch eindimensionale Männlichkeitserzählung, die Männern viele Problemlösungskompetenzen nimmt und sie für Kriminalität und Gewalt anfällig macht, wurzelt tief in den Ursprüngen unserer sesshaften Kulturen, in denen wenige Männer über viele Menschen zu herrschen begannen. Um ihre Herrschaft abzusichern (erinnern wir uns an Kapitel 6 und das Narrativ der Monarchie), ließen diese ihre männlichen Untertanen zu funktionalen Arbeits- und Kriegsmaschinen abrichten – mit allen in Kapitel 7 und 8 beschriebenen furchtbaren Langzeitfolgen.

Die wachsende Unsicherheit aufgrund von Liberalisierung und Emanzipation brachte laut der israelischen Soziologin Eva Illouz eine übersteigerte Männlichkeit hervor, eine sich ständig ihrer selbst versichernde, ins Aggressive wuchernde Form der männlichen Selbsterzählung. Ihre unmittelbarste Abbildung ist die Pornografie, die mit der Digitalisierung und einer damit drastisch vereinfachten Produktion und Distribution ihre immer schon klar misogynen Dimensionen noch einmal um ein Vielfaches gesteigert hat. Jeder Vierzehnjährige mit Internetanschluss kann heute gewaltvolle Dominanzerzählungen unterschiedlichster sexueller Ausprägungen konsumieren. Hingegen warten jüngste Versuche, mit »feministischen Pornos« dem erniedrigenden *male gaze* einen ermächtigenden, freien weiblichen Blick entgegenzusetzen, noch auf ihren wirtschaftlichen Durchbruch. Wenn man Pornografie näher betrachtet, reproduziert die überwältigende Mehrheit genau die Erzählungen, die wir in diesem Kapitel erfasst haben: Frauen als Objekt, Männer als Herrscher, Frauen als Falle, Männer als Maschinen. Sexualität als Kampf, Lust als Ressource.

Ein neues Narrativ von Männlichkeit, das den Mann weniger zu solch einer Dominanz verdammt, wird also weiterhin dringend gesucht. Während Frauen schon länger aktiv und kreativ um ihre narrative Selbstbestimmung kämpfen, scheinen Männer sich nach wie vor meist in kulturellen Rückzugsgefechten zu befinden, in denen sie Privilegien als solche erst reflektieren müssen: Wollen sie diese verteidigen, weil sie ihnen wichtig sind und ihnen wichtige Vorteile bringen? Und unter welchen Bedingungen wären sie bereit, auf ihre Privilegien zu verzichten?

Der Weg zu einer Veränderung kann letztlich nur über alternative Erzählungen führen. Je mehr und vielfältiger von Alternativen jenseits dominanter Männlichkeit erzählt wird, desto schneller und kreativer wird das Geschlechterverhältnis sich verändern. So erscheint es als eine erste Aufgabe, Geschlechter als fluide zu erzählen; eine Aufgabe, die langsam, aber sicher auch im Mainstream unserer kulturellen Produkte sowie in der Werbung und den sozialen Medien wahrgenommen wird. Besonders in der sexuellen Aufklärung gilt es, auf diese Weise Antagonisierungen abzubauen und Menschen das Selbstbewusstsein zu vermitteln, Protagonistinnen ihres eigenen Lebens sein zu können. Gegenwärtige Coming-of-Age-Stoffe wie die Serie *Sex Education* (2019) lösen ganz bewusst vermeintliche Konflikte narrativ auf, indem sie ein in jeder Hinsicht buntes Ensemble gestärkt aus den erotischen Wirren der Adoleszenz hervorgehen lassen. Wie Studien und die pädagogische Praxis zeigen, sind Kinder offen und tolerant für alle Bedürfnisse und Orientierungen jenseits der heteronormativen Logik, die ihnen meist vorgesetzt wird, sodass man davon träumen kann, alle in diesem Kapitel beschriebenen Probleme könnten irgendwann der Vergangenheit angehören. Es könnte gelingen, wenn man vielleicht auch von der *Königin der Löwen* erzählt, die ihr Reich nicht durch das Töten des faschistischen Bruders rettet; wenn im *Dschungelbuch* auch queere und nonbinäre Tiere auftauchen, die der klassischen Heldinnenreise des kleinen Mogli auf die Sprünge helfen, in der wiederum Frauen nicht nur als absente Sehnsuchtsfiguren vorkommen; und wenn die Walt Disneys von morgen Geschichten schreiben, die kein starkes Geschlecht mehr brauchen.

10
Rückweg: Das Ende der Menschheit wird nicht im TV übertragen
Woran Erzählungen beim Klima scheitern

Das größte Debakel der Filmgeschichte

»Die Zukunft: Das Eis der Polarkappen ist geschmolzen, die Kontinente sind im Wasser versunken. Die wenigen, die überlebt haben, schufen sich eine neue Welt.«[1]

So begann 1995 der damals mit 175 Millionen Dollar Produktionskosten teuerste Film der Kinogeschichte: *Waterworld.*[2] Die ersten Bilder: ein primitiv zusammengebauter Katamaran auf einem endlosen Ozean, darauf ein Mann in Lederkluft, der seinen eigenen Urin auffängt, ihn in einer improvisierten Filteranlage aufbereitet – und dann genüsslich trinkt. Ursache und Wirkung der Katastrophe werden jedenfalls mehr als deutlich. Doch das offensichtlich von der Klimaforschung entlehnte Motiv des geschmolzenen Eises (und des Anstiegs der Meeresspiegel im dystopischen Ausmaß) wird nach diesem Einstieg mit keinem Wort mehr adressiert.

Kevin Costner als Privatpirat in seiner postapokalyptischen Wasserwelt ist nicht der einzige Held, den die Klimakrise auf die Reise schickt. In *The Day After Tomorrow* (2004) von Roland Emmerich flüchten der junge Jake Gyllenhaal und seine Mitstreiter erfolgreich vor der durch die

Klimaerwärmung bedingten Kälte durch Bibliotheksflure. In *Snowpiercer* (2013) fährt ein Zug voller proletarischer Heldinnen auf ewig durch den immerwährenden Winter. Matthew McConaughey begibt sich in *Interstellar* (2014) von der reichlich kaputten Erde aus bei der Suche nach neuen Planeten auf eine epische Reise durch Wurmlöcher und menschliche Intrigen. Aber genau genommen verhandeln alle diese Filme die Klimaerwärmung nicht als ein zu lösendes Problem, sondern nutzen das Setting ihrer Konsequenzen lediglich dafür, andere Geschichten zu erzählen: eine Familiengeschichte, ein Abenteuer, eine Rebellion. Die ökologische Krise bietet nur die erzählerische Bühne, und nicht einmal das wirklich, denn die Plotpunkte sind die guten alten Herausforderungen des Action-Genres: Schießen, Fliegen, Kämpfen, Streiten. Nach einer kürzestmöglichen Einführung à la »Die Zukunft: Das Eis der Polarkappen ist geschmolzen …« folgt die klassische Heldenreise eines Individuums, welches das Kollektiv rettet. Dass das Kollektiv sich selbst rettet, kommt nicht vor. Und damit ist der Film *Waterworld* zwar in seinem finanziell desaströsen Größenwahn einzigartig, in seiner narrativen Ignoranz jedoch exemplarisch für nahezu das gesamte Kino der vergangenen Jahrzehnte. Endzeitszenarien gibt es zuhauf, manche sogar mit direkten Verweisen auf die Realität der drohenden Klimakatastrophe. Doch sie selbst wird selten erzählt. Zwar existiert die sogenannte *climate fiction* (Cli-Fi), ein Subgenre der zukunftsgerichteten Fantasy, die sich mit den Folgen der Klimaerwärmung auseinandersetzt. Romane wie *The Ministry of the Future* (2020) von Kim Stanley Robinson erzielen Achtungserfolge. Das Genre bleibt jedoch eine kleine Nische. Gleichzeitig arbeiten Filme wie *Bombshell – Das Ende des Schweigens* (2019), *The Assistant* (2019), *Promising*

Young Woman (2020) die MeToo-Debatte von 2018 auf. Auch die Diskurse, die wir über Repräsentation und Rassismus führen, spiegeln sich in Produktionen wie *Black Panther* (2018) oder *Moonlight* (2016) wider. Aber das Klima versteckt sich als Thema zumeist im Regal mit den Dokumentarfilmen. Dabei könnten Streaminganbieter aufgrund ihrer Nutzerdatenauswertungen durchaus wissen, was die Zuschauer gerade beschäftigt. Die Netflix-Serie *Ragnarök* (2020) fällt als eine der wenigen Ausnahmen auf, da sie vom klimabewegten Kampf eines Teenagers gegen einen örtlichen Industriellen erzählt. Doch auch sie biegt schon in der ersten Folge zielsicher von der Ökologie ins fantastische Coming-of-Age ab.

Nicht zu unterschlagen ist natürlich Michael Crichtons berüchtigter Bestseller *Welt in Angst* (2004), der so erfolgreich war, dass der Autor sogar für eine Stunde im Oval Office mit dem damaligen US-Präsidenten George W. Bush sprechen durfte. Wie George Marshall in *Don't even think about it: Why our brains are wired to ignore climate change* (2021) erzählt, wurde der Roman daraufhin als »wissenschaftlicher« Beleg einem Komitee des Senats vorgestellt, und Crichton hielt auf Einladung des US-Außenministeriums auf der ganzen Welt Vorträge über die Klimakrise. Wie er das geschafft hat? Indem er schlicht eine spannende Geschichte von Protagonistinnen erfand, die gegen eine teuflische Verschwörung ankämpfen – mit Happy End. Damit wurde *Welt in Angst* zum mit Abstand erfolgreichsten Roman über die Klimakrise. Es gibt nur einen Haken: Die Geschichte dreht sich um Terroristen, die gezielt Naturkatastrophen auslösen und die aufkommende Panik vor der Klimakrise nutzen, um eine Ökodiktatur zu errichten. Zu allem Überfluss enthält das Buch ausführliche technische, nonfiktionale Anhänge, die beweisen sollen, dass die menschengemachte Klimakrise eine Lüge ist.*

An diesem Beispiel erkennen wir die erste Schwierigkeit einer Fiktionalisierung des Klimawandels: Es fehlen die Antagonistinnen. Oder genauer: Es gibt zu viele von ihnen. Denn an der Klimakrise sind ja mehr oder weniger wir alle schuld. Natürlich gibt es Ölmagnaten, Fleischfabrikanten und Lobbyisten, die mehr Verantwortung tragen, und arme Menschen im globalen Süden, die kaum Emissionen verursachen. Aber selbst die größten Klimaverschmutzer bewegen sich innerhalb eines Systems, meist sogar innerhalb von Demokratien, die ihr Handeln legitimieren. Wie antagonisiert man also ein Kollektiv, das sich offenbar bis heute mehr oder weniger darauf geeinigt hat, dass es so schlimm schon nicht kommen wird – und genau durch diese Unterlassung sich selbst existenziell bedroht?

Aus diesem Problem ergibt sich unmittelbar die Schwäche der potenziellen Protagonistinnen, die ja, wir erinnern uns, immer nur so gut sind wie ihre Antagonistinnen böse. Müssten wir also alle Protagonistinnen sein? Oder taugen wenigs-

---

* Die Entstehung des Begriffs »Klimawandel« (englisch ursprünglich: *Climate Change*) ist eine eigene kleine Geschichte der Desinformation. Der Film *Vice – der zweite Mann* (2018) erzählt sie als perfide Erfindung der Republikaner um Dick Cheney, die der gefährlichen Klimaerwärmung ein natürlicheres Image verpassen wollten und harmlos klingende Vokabeln in Fokusgruppen testen ließen. Doch es war wohl eher der republikanische Politikberater Frank Luntz, der George W. Bush in einem dokumentierten Memo empfahl, statt »Klimaerwärmung« den natürlicher klingenden »Klimawandel« zu verwenden und so zu tun, als sei sich die Wissenschaft darüber generell uneins. Nachdem ein Waldbrand 2017 beinahe sein Haus in Los Angeles zerstört hätte, widerrief Luntz öffentlich; er setzt sich seitdem für Klimaschutz ein.

tens die Wissenschaftlerinnen und Aktivisten als Heldinnen? Worin besteht dann ihr Heldentum? Im beständigen Informieren und Warnen? Ist das spannend? Wie erzählt man eine Heldenreise rund um kollektive Verhaltensänderungen oder supranationale Anstrengungen?

In einer bemerkenswerten journalistischen Verdichtung ist dieses Kunststück Nathaniel Rich gelungen, der in seinem Buch *Losing Earth* (2019) die Jahre zwischen 1978 und 1982 nachzeichnet und dabei die illustren Akteure jener Zeit zum Leben erweckt. Damals stand die menschengemachte Klimaerwärmung wie nie zuvor auf der politischen Agenda, und wirkungsvolle Gegenmaßnahmen waren zum Greifen nah. Doch die Propaganda der Öl-Lobby und der Opportunismus der damaligen Politiker, die kurzfristige wirtschaftliche Erfolge der langfristigen Sicherung der Lebensgrundlage letztlich doch vorzogen, machten alle Anstrengungen zunichte. Die Umweltschützer und Klimawarner kämpften weiter, doch ohne Erfolg. Wie sich zeigte, können Helden dieses Problem nicht mit herkömmlichem Heldentum lösen. Vielmehr müssen sie intensiv mit anderen Personen zusammenarbeiten, um das Problem auf eine nächste Handlungsebene zu bringen, nämlich beispielsweise auf die politische oder kollektivistische. Das klingt schon beim Lesen sehr langatmig – zumindest im Vergleich zu den aufregenden dystopischen Stoffen, die wir gewohnt sind.

Schon der klassische Katastrophenfilm – ob *King Kong* (1933) oder *Die letzten Stunden von Pompeji* (1962), *Flammendes Inferno* (1974), *The Day After – Der Tag danach* (1983) oder eben *The Day After Tomorrow* (2004) – hat unsere Sehgewohnheiten mit einem Maximum an Spektakel verwöhnt. Im letztgenannten Film friert die Welt übrigens in Minutenschnelle ein, statt sich über Jahrzehnte langsam, aber tödlich zu erwärmen. Das Eis streckt seine weißen Krallen nach den Menschen aus, die kaum davor wegrennen können – ein Szenario, das im Kino viel besser wirkt als ein langsames Absaufen von Küstengebieten. Damit wird schlicht das Gegenteil der realen Katastrophe gezeigt.

Immerhin zeitigte der Streifen tatsächlich Wirkung – zumindest kurzfristig: Laut einer damals durchgeführten Studie waren die Menschen motivierter, sich für Klimaschutz einzusetzen, nachdem sie *The Day After Tomorrow* gesehen hatten.[3] Aber wie soll man solch einen katastrophalen filmischen Untergang noch toppen? Inwieweit könnte solch ein Film auch in unserer Gegenwart für die Ausmaße des Klimawandels sensibilisieren? Indem die Erde schon zu oft in Kino und Fernsehen spektakulär zerstört wurde, haben sich die Katastrophenbilder abgenutzt. Die Aufmerksamkeitsökonomie ist unerbittlich, und sicherlich ist auch die gegenwärtige Befürchtung, dass jede neue Warnung des Weltklimarats vor den Folgen unseres CO_2-Ausstoßes weniger eindrücklich wirkt, durchaus berechtigt. Eine schleichende Flut ist nichts gegen die Wassermassen eines Tsunamis, wie man ihn in der angekündigten Adaption von Frank Schätzings Roman *Der Schwarm* (2004) als Serie sehen wird (und auch hier ist die Ursache letztlich eine ganz andere). Es fehlen visuelle Schlüsselmotive, also starke Bilder, welche die große Katastrophe in eindrückliche Szenen gießen können. Langsam vor sich hinschmelzende Gletscher, aussterbende Arten und versinkende Inselstaaten liefern diese nicht. Zumal Klimaweltuntergänge in dieselbe emotionale Kerbe schlagen wie seit jeher »die Beschwörung der Apokalypse als schriller Dauerton seit der Schwarzen Romantik«.[4] So formuliert es die Literaturwissenschaftlerin Eva Horn in *Zukunft als Ka-*

tastrophe (2014). Wir tragen einen Speicher kollektiver, zeitspezifischer, massenkulturell verfügbarer Bilder von Katastrophen in uns, doch deren Ursachen sind uns letztlich egal. Horn fordert von Film und Buch, die katastrophale »Zukunft als Gegenwart« darzustellen.

Doch schlägt sich die Literatur dabei besser als das Kino? Nutzt sie ihre angebliche Überlegenheit in Sachen Komplexität und ihre Unabhängigkeit von starken Bildern? Wer Klimaromane wie Ian McEwans *Solar* (2010) liest – eine ins Satirische kippende Abrechnung mit dem alten weißen Naturwissenschaftler, der die Brisanz der Lage für die eigene Karriere nutzt –, stellt fest, dass auch hier die menschengemachte Klimakrise nur zum Steigbügelhalter altbekannter dramatischer Narrative dient; oder dass er gar, wie im Falle von Michael Crichton, als angebliche wissenschaftliche Chimäre dekonstruiert werden soll. Immerhin Maja Lundes Triologie (*Die Geschichte der Bienen*, *Die Geschichte des Wassers*, *Die Letzten ihrer Art*) kann als Beispiel einer Literatur dienen, die die ökologische Katastrophe erfolgreich in Romanen verarbeitet.

Der indische Schriftsteller Amitav Ghosh hat in seinem Essay *Die große Verblendung. Der Klimawandel als das Undenkbare* (2017) dargelegt, inwiefern die Abspaltung der Science-Fiction von der »Hochliteratur« Letztere von der Auseinandersetzung mit naturwissenschaftlichen Zukunftsfragen befreite. Der Topos der Natur blieb demnach allein den Wissenschaften und ihrem literarischen Genre, der Science-Fiction, überlassen. So landen Romane, die von der Zukunft erzählen, in der Nische. Diese dünkelhafte Genre-Hygiene ist bis heute in Literatur und Kino zu beobachten. Dabei liegen die Verbindungen zwischen bedrohlicher Realität und fantastischer Fiktion viel näher, als man zunächst denkt: Michael

Mann, einer der einflussreichsten (und meistgehassten) Klimaforscher der USA, antwortete auf die Frage, was eine gute Metapher für seinen Kampf sei, überraschenderweise mit: *Der Herr der Ringe* (1954/55). Für Mann sind Gut und Böse so klar verteilt wie in Mordor. Die Wissenschaftlerinnen entsprechen Gandalf, die Schreckensherrschaft Saurons mit ihrer industriellen Verwüstung fruchtbarer Landstriche und dem ewigen Feuer, das die Lebewesen knechtet, kann als kapitalismuskritischer Kommentar auf ein erstes Zeitalter entfesselter Umweltverschmutzung gelesen werden. Wenn sich die reale Klimakrise doch nur so einfach erzählen ließe!

Die Funktion von Erzählungen ist jedoch auf tiefergehende Weise nicht kompatibel mit der Klimakrise als Sujet, unabhängig vom Medium. Der Literatur-, Kultur- und Kognitionswissenschaftler Fritz Breithaupt beschreibt in seinem Buch *Die dunklen Seiten der Empathie* (2017) die emotionale Resonanz auf eine Erzählung als Empathie mit »emotionaler Rückfahrkarte«. Wer jedoch ein akutes Problem zur Krise seiner Erzählung macht, verweigert dem Publikum diese Rückfahrt – nach dem Abspann, nach der letzten Seite besteht das Problem weiterhin. Deshalb war Hollywood im Erfinden fiktiver Krisen immer erfolgreicher als im Erzählen der realen. Tatsächlich existierende Konflikte funktionieren in der Dramatisierung allenfalls dann, wenn sie entweder weiter zurückliegen, dokumentarisch erzählt werden oder in besonders simple Handlungen gepresst werden können – alles keine Optionen für die Klimakrise. Es ist uns deutlich unangenehmer, wenn man uns von der Klimakrise erzählt als von vergleichbaren fiktiven Szenarien. Ohne einen klar zu benennenden Schuldigen – und im Gegenteil: immer individuell selbst mitverantwortlich – gelingt uns keine lustvolle Identifizierung mit den handelnden Personen. Die

Identifikation mit den Protagonistinnen misslingt, wenn man schon qua Lebensstil zu den Antagonistinnen gehört. Stattdessen droht die Gefahr des schlechten Gewissens oder der Verdrängung – Gift für jeden Kinobesuch. Und was sollten wir schon tun, um die Katastrophe zu verhindern? Weniger konsumieren, fliegen, emittieren? Nicht der eine Fehler reißt uns in den Abgrund, sondern das Untätigsein beziehungsweise das ignorante Weiter-So. »Daß es ›so weiter‹ geht, ist die Katastrophe«, meinte schon Walter Benjamin.

Erzählerisch ist die Klimakrise also denkbar schwierig zu fassen. Sie ist menschengemacht, aber kollektiv, nicht die Schuld eines Bösewichts oder einer kriminellen Bande, sondern begründet in einer destruktiven Hegemonie des Menschen über die Natur. Keine Verirrung einer kranken Zeit, sondern über Jahrhunderte gewachsen. Da ist kein genialischer Unhold, keine Ideologie einer radikalen Gruppe und kein aggressiver Nationalstaat, die als Antagonisten taugen würden. Und da jeder Held nur so gut sein kann, wie sein Gegenüber schlecht ist, scheint die Hauptrolle ebenso schwer zu besetzen.

Lösen lässt sich dieses Problem auf jeden Fall nur kollektiv. Als glaubhafte Helden taugen am ehesten die Agenten positiver gesellschaftlicher Kipppunkte hin zu einer nachhaltigeren Welt (Wissenschaftlerinnen, Politikerinnen, Aktivistinnen). Doch für was könnten sie kämpfen, wenn nicht für die zähe Transformation einer ganzen Gesellschaft? Wie soll das in 90 Minuten passen und dabei auch noch unterhalten? Und wieso, fragt sich der einzelne Kreative, soll ich mir die Zähne daran ausbeißen, wenn alle anderen munter wegschauen? Können uns am Ende also nur nichtfiktionale Erzählungen retten?

Alles, was wir über die Welt erfahren, sortieren wir in bestehende Erzählungen ein. Informationen, die wir erhalten, werden mithilfe narrativer Schablonen in unsere mentale Rohrpost eingeordnet – so weit haben wir das in Kapitel 3 besprochen. Hier ein Beispiel dieser selektiven Wahrnehmung: Studien ergeben, dass unser Empfinden von Wetter und Temperaturen davon abhängt, ob wir an die Klimakrise glauben oder nicht. Menschen, die nicht daran glauben, berichten von niedrigeren Temperaturen als solche, die das tun. Bauern in Illinois, die man zu ihren jüngsten Erfahrungen mit dem Wetter befragte, betonten Extremwetterereignisse oder spielten diese herunter – je nachdem, ob sie die Klimakrise akzeptierten oder nicht. Und wenn unsere Ingroup um uns herum nicht daran glaubt, wieso sollten wir es dann tun?

Dan Kahan, Professor für Rechtswissenschaften, konstatiert in Bezug auf die Klimakrisenkommunikation: »Die Fähigkeit demokratischer Gesellschaften, das Wohlergehen ihrer Bürger zu schützen, hängt davon ab, einen Weg zu finden, diesem Kulturkampf mit empirischen Daten entgegenzuwirken.«[5] Er erklärt, wie die narrativen Schablonen sowie ihre wiederkehrenden Elemente, also »die Identität der Helden und Bösewichte, die Art ihrer dramatischen Kämpfe und der moralische Einsatz ihrer Auseinandersetzungen auf erkennbare und wiederkehrende Weise in verschiedenen kulturellen Gruppen [variieren].«[6] Dementsprechend sollten Risikokommunikatoren ihre Botschaften so gestalten, dass diese den narrativen Vorlagen der unterschiedlichen Gruppen entsprechen. Denn erst wenn die Form ihnen kulturell entgegenkommt, werden die Inhalte innerhalb der Gruppen Beachtung finden.[7] Jede Gruppe pflegt dabei eigene, verführerisch plausibel klingende Narrative, welche die eigene Sicht bestätigen – oft mit Hilfe eingeübter Archetypen und Masterplots:

1. Die Rivalität zwischen Ökologie und Ökonomie

Fälschlicherweise werden Ökologie und Ökonomie gerne gegeneinander ausgespielt. Erstens, weil der Masterplot der Rivalität einen Konflikt intuitiver macht, zweitens, weil wir uns kognitiv schwer damit tun, Kosten-Nutzen-Rechnungen anzustellen, die sich für uns auf langfristige Sicht rentieren. Die kurzfristigen Verluste, welche Teile der fossilgetriebenen Wirtschaft, beispielsweise die Automobil- oder Ölbranche, verzeichnen würden, werden als so furchteinflößend dargestellt, dass sie die Zukunft, die wir durch die Rettung der Welt erwirtschaften können, seltsam verzwergen. Die Veränderung des Status quo fordert uns zu stark heraus, als dass uns der Vorteil durch einen positiven Wandel auf abstrakter Ebene attraktiv erschiene. Das simpelste Argument – wenn es keine lebensfähige Erde mehr gibt, wird es auch keine Wirtschaft mehr geben, die man noch schützen kann – verfängt nicht.

Ein Grund hierfür ist die von Daniel Kahneman erforschte sogenannte Verlustaversion, die bedingt, dass Menschen in Entscheidungssituationen viel empfindlicher auf Verluste als auf Gewinne reagieren. Die Verlustaversion wird durch die behauptete Rivalität zwischen Ökologie und Ökonomie besonders gefördert. Menschen glauben, dass sie sich für eines von beiden entscheiden müssen, und schlagen sich deshalb auf die Seite der Ökonomie, weil ihnen das im Rahmen ihres persönlichen Vorteils plausibler erscheint. Die Klimakrise in ihrer Abstraktheit ist insofern das perfekte Beispiel einer Verlustaversion: Jetzige Defizite und Einschränkungen für zukünftige Gewinne schmerzen ganz konkret, wohingegen Zukunft immer per se unsicher ist – die Gegenwart will also unbedingt ausgekostet werden.*

Daraus ergibt sich ein journalistisches Abbildungsproblem: Lange Zeit (und stellenweise noch heute) kam in der Berichterstattung über die menschengemachte Klimakrise auf jede Aussage eines Klimaforschers ein Vertreter der Öllobby oder ein reaktionärer Politiker zu Wort. Der eine vertrat die Zukunft, der andere die Gegenwart. Beide Seiten und ihre Argumente wurden somit als faktisch gleichwertig präsentiert. Diese dichotome Darstellung des Themas, bei der Erkenntnisse der Wissenschaft und Ansichten aus der Wirtschaft einander gegenübergestellt wurden, während es zwischen beiden so gut wie keinen Konsens gab, sorgte lange dafür, dass der Klimadiskurs wie ein meinungsbasiertes Gespräch wirkte, bei dem verschiedene Sichtweisen gleichmäßig verteilt waren. Im englischsprachigen Raum bezeichnet man diese falsche Ausgewogenheit als *false balance*. Sie entsteht aus der Hoffnung, eine rigorose Ausgeglichenheit könnte Vorurteile aufbrechen und die Realität am wahrhaftigsten und fairsten abbilden. Letztlich führt sie aber zu einer verzerrten Darstellung des Sachverhalts: die Wissenschaftlerinnen warnen forschungsgestützt vor einer zerstörten Zukunft, die andere Seite will in der Gegenwart weiter Geld verdienen.

Doch schon eine Ebene tiefer, rein naturwissenschaftlich betrachtet ist der Gedanke vom Ausgleich zwischen Ökonomie und Ökologie falsch. Ohne halbwegs intakte Ökologie keine Chance auf florierende Ökonomie. Ein Kurs voller Kompromisse, der das Klima nur ein bisschen schützen will, um nicht zu viel ökonomische Veränderung einfordern zu

---

* Mehr zu unserer gefährlichen Überschätzung der Gegenwart gegenüber der Zukunft in Kapitel 12.

müssen, löst eine sich exponentiell verschlimmernde Krise nicht. Im Gegenteil: Allein die Existenz der sogenannten Kipppunkte mit ihren irreversiblen Verwerfungen des Weltklimas, beispielsweise dem Abreißen des Golfstroms, disqualifiziert die Erzählung von einer maßvollen Mitte als klügstem Weg. Ein solcher Ausgleich wäre wie ein Auto, das aus Angst vor Extremen konsequent in der Mitte der Straße fährt.

2. Wir werden verzichten müssen und Dinge werden verboten – der Ikarus-Plot

Verzicht! Verbote! Verzweiflung! Das Verzichtsnarrativ bespielt ausschließlich die Angst vor einer ungerechten Entmündigung, die zur Bewältigung der Krise angeblich nötig sei. Den Menschen soll wie bei Prometheus das göttliche Feuer wieder weggenommen werden, sprich: all der Wohlstand, den sie sich doch so hart verdient haben. Bei diesem Narrativ handelt es sich um eine Gruselgeschichte, die rationale Regulierungsansätze, wie sie in allen Politikfeldern ständig wirken, als dogmatisch übertriebene Gängelung anprangert. In Kapitel 2 hatten wir angemerkt, dass Tragödien, Abstiegsgeschichten oder Erzählungen ohne Happy End zur Abschreckung dienen. Wenn vermeintliche Verbote und Einschränkungen heraufbeschworen werden, werden der Staat, grüne Politikerinnen oder Aktivisten antagonisiert. Dass sie wie Räuber in der Nacht, oder schlimmer noch, allzu gestrenge Eltern kommen und der Gesellschaft alles Schöne, Behagliche und Luxuriöse wegnehmen, sodass man zu einem freudlosen Eremitendasein gezwungen wird, entspricht der Angst vor dem Absturz, nachdem wir dank Technologie und Fortschritt den höchsten Punkt von Wohlstand und Fortschritt erreicht haben. Und nun sollen wir nicht mehr so hoch steigen dürfen mit unseren selbst gebauten Flügeln, weil angeblich die Sonne zu heiß sein soll?

Natürlich dreht dieses Narrativ die Antagonistenrollen um, indem es Wissenschaftlerinnen, Politikerinnen, Aktivistinnen und Forscherinnen als Angreifer auf unsere Lebensstile und unseren Wohlstand hinstellt und nicht diejenigen, die sich maßlos an den natürlichen Ressourcen bedienen. Ausgerechnet die Gandalfs und Hobbits werden damit zum bedrohlichen Sauron unseres kleinen modernen Auenlandes.

Die Ein-Wort-Geschichten »Verzicht« und »Verbot« werden also inflationär verwendet – sowohl in der politischen als auch in der journalistischen Kommunikation –, um erfolgreich die narrative Deutungshoheit zu behalten, während die Sachlage eigentlich eindeutig das Gegenteil erzählt. Aufmerksamkeitsökonomisch sind das wirksame Begriffe, und die Boulevardpresse zeigt immer wieder Beispiele dafür, wie sich mit angeblichen Verboten tagelang erfolgreich Stimmung machen lässt. Es ist bemerkenswert, wie sehr eine behauptete Einschränkung Menschen auf die Barrikaden locken und politische Energie kanalisieren kann*. Regulierungen von Aspekten unseres Lebensstils, die identitätsstiftend sein können – meine Mobilität, meine Essgewohnheiten, meine Konsumvorlieben –, werden als Angriff auf die eigene Freiheit und somit als Angriff auf das Selbst empfunden. Das tribalistische Momentum greift, und wir nehmen Einschränkungen persönlich.

---

* Plädieren Sie im Netz zum Beispiel für ein Tempolimit. Sie werden überrascht sein, wie sehr sich besonders deutsche Männer über die Freiheit, auf Autobahnen zu rasen, definieren. Die Entfesselung auf der Autobahn scheint das wichtigste Elixier ihrer Heldenreise zu sein.

Diese Erzählung zeigt aber auch sehr gut den narrativen Hebel, den man nutzen könnte, um Menschen von der Wichtigkeit klimapolitischen Handelns zu überzeugen: das Persönlichnehmen. Dazu muss man eine Erzählung finden, die uns die Klimakrise mindestens genau so persönlich nehmen lässt, wie vermeintlich unfaire Einschränkungen. Wir müssen von den Einschränkungen für alle von uns erzählen, die eine Klimakatastrophe mit sich bringt. Wir müssen die wahren Antagonisten – raffgierige Konzerne, verantwortungslose Politikerinnen, gekaufte Wissenschaftler – klar benennen und auch ihr Vergehen: Raubbau an unserem gemeinsamen wertvollsten Gut – der Erde. Wir müssen eine mächtige Ingroup schaffen all derjenigen, die die Klimamärchen nicht mehr glauben und stattdessen handfesten Schutz unserer Lebensgrundlagen wollen. Jedes abgeschaltete Kohlekraftwerk, jedes neu gebaute Windrad muss zu einem gefeierten Meilenstein auf der Heldenreise der Vernünftigen werden. Schon der Begriff »Vernunft« muss zurückerobert werden von den Politikern, die faule Kompromisse als vernünftig verkaufen, die das Auto also in der Mitte der Straße steuern. Gegen diesen destruktiven Nichtangriffspakt zwischen den Antagonisten müssen wir anerzählen mit einer positiven Geschichte von gemeinsamer, friedlicher Veränderung.

Erst diese protagonistisch-protestierende Haltung vieler schafft ein mobilisierendes Gefühl von politischer Betroffenheit wie Selbstwirksamkeit – nicht zuletzt, weil man sich dank ihr als Widerständler inszenieren kann. Die Masterplots der Rettung, der Underdogs, der Metamorphose – sie erlauben uns die Erzählung einer fruchtbaren Rebellion: einmal Frodo sein und Held der eigenen Geschichte bleiben.

3. Hedonismus ist gleich Freiheit – die Aschenputtel-Geschichte

Wohingegen das Märchen einer rebellischen Selbstbehauptung noch schöner wird, wenn man den eigenen zerstörerischen Lebensstil heroisiert. Erst durch Selbstentfaltung, so erzählt es diese Geschichte, erlangt der mündige Bürger die Freiheit, die ihm zusteht. Hedonismus wird damit der David-Kampf des kleinen Mannes gegen einen Goliath aus monströsen Klimafakten. Im Grunde haben wir es hier mit einer Umkehrung des Verzichtsdiskurses zu tun. Anhänger dieses Narrativs glauben, dass sie sich ihr Dasein irgendwie verdient haben, zum Beispiel durch Arbeit und Fleiß, weshalb das Leben, das sie gegenwärtig führen, nicht falsch sein kann. Es ist eine verkappte (Selbst-)Gerechtigkeitserzählung, die unser Gefühl, uns stünden Ressourcen und Umwelt schlicht zu, auf eine Weise narrativiert, die uns im Destruktiven, im Verschwenderischen Held sein lässt. Um diese narrative Position einnehmen zu können, muss man die klimatischen Entwicklungen allerdings massiv verdrängen – und besonders die eigene Rolle dabei.

Der US-amerikanische Psychologe Peter Kahn benutzt den Begriff der *»environmental, generational amnesia«*, also der »Umwelt-Amnesie der Generationen«. Danach betrachtet jede Generation den Zustand der Umwelt, mit welcher sie aufgewachsen ist, als den Normalzustand, unabhängig davon, wie verschmutzt sie ist. Die Definition von »der Natur« ist somit relativ und von Generation zu Generation unterschiedlich[8]: »Es gibt eine sich ändernde Grundlinie dessen, was wir als die Umwelt betrachten, und da diese Grundlinie verarmt, sehen wir sie nicht einmal«, meint Kahn.[9] In dieser Wahrnehmungsverzerrung wird auch das eigene Verhalten zum selbstverständlichen Nullpunkt, den man nicht nur bewahren will, sondern verteidigen muss. Die Flucht in den selbstheroisierenden Hedonismus ist zudem äußerst kompatibel mit der in der Terror-Management-Theorie erforschten Tendenz, sich in Anbetracht von Untergang und Tod Erzählungen zuzuwenden, die zum Schutz des Selbstwertgefühls beitragen. Ein Narrativ, das das maximale Genießen persönlicher Freiheiten trotz eines nahenden Kollapses des globalen Ökosystems als erstrebenswert und richtig verkauft, wirkt darum paradoxerweise besonders attraktiv.

4. Technologie wird uns retten – vom Tellerwäscher zum Millionär

Wer nur fest genug an sich glaubt, der findet immer eine Lösung? So ganz kann sich niemand diesem Mantra entziehen, denn es ist im Kern sehr produktiv. Nicht umsonst zeichnet den Menschen ein gewisser Fortschrittsoptimismus aus. So sagte Barack Obama während einer Präsidentschaftsdebatte 2008: »[Die Klimakrise] ist nicht nur eine Herausforderung; er ist eine Chance.«[10] Damit bedient er das Narrativ, wonach sich der Mensch immer wieder neu erfindet und besonders im Angesicht von Bedrohungen und Krisen innovative Lösungen findet. Andernfalls hätten wir es als Menschheit niemals so weit gebracht. Kommunikationsexperte George Marshall erklärt, warum wir so gerne an so etwas glauben wollen:

> In kognitiver Hinsicht appelliert die *bright side** direkt an das emotionale Gehirn und durchläuft dessen Vorurteile

---

* Im Original bezeichnet Marshall diese Wahrnehmungsgewohnheit, in allem Schlechten auch eine positive Seite zu sehen, als *bright-siding:* Alles Negative werde mit unverwüstlichem Optimismus ausgeblendet.

mit Bravour. Sie ersetzt die Unsicherheit durch Zuversicht, kurzfristige Opfer durch das Angebot sofortiger Belohnungen in Form von Wohlstand und Status. Und sie kompensiert den Beigeschmack des Scheiterns und der Selbstzweifel, der mit dem Klimawandel einhergeht, durch ein übersteigertes Vertrauen in Technologie und Wirtschaftswachstum. [...] Die *bright side* ist das Narrativ der Wahl für Unternehmer und Politiker und spiegelt ihre [...] optimistische Verzerrung wider.[11]

Hinzu kommt eine notorische Selbstüberschätzung der eigenen Problemlösungskompetenz. Der *optimistic bias,* wie ihn Kahneman erforscht hat, beflügelt die Wunschvorstellung von flinken Erfindern, die den gesamten Planeten zu heilen vermögen. Die Antagonisten sind in dieser Erzählung nicht die globalen Herausforderungen, sondern jene Menschen, die den Erfolg durch Innovation pragmatisch bis kritisch einschätzen; sie gelten als pessimistische Spielverderber, die nur nicht fest genug an den Einfallsreichtum der Menschheit glauben.

5. Man kann ja eh nichts ausrichten: vom Millionär zum Tellerwäscher oder ein halber Mann-im-Loch-Plot

Dieses Märchen ist eines der Resignation. Was kann ein Einzelner schon ausrichten? Sind wir nicht alle nur Spielbälle von Schicksal oder Politik, von Großkonzernen oder anderen, dunkleren Mächten? Ist es nicht ohnehin viel zu spät und sollten wir nicht die Jahre, die uns bleiben, lieber genießen, als uns für eine unlösbare Krise zu kasteien?

Da die deutsche Übersetzung nicht ganz funktioniert, haben wir den englischen Begriff benutzt.

Wo wir uns ohnmächtig fühlen und wo uns keine Antagonisierung dazu bewegen kann, gegen eine globale Bedrohung zu handeln, verspüren wir auch keine Notwendigkeit, Verantwortung für ein Problem zu übernehmen, das sowieso unlösbar und überwältigend erscheint. Hier wird vielleicht auch deutlich, warum Schuld-Narrative im Falle des Klimaschutzes nur sehr bedingt verfangen: Möglicherweise fühlen wir uns ertappt und erkennen, dass auch wir Teil des Problems sind, aber wir fühlen uns nicht so individuell angesprochen, dass wir auch Verantwortung übernehmen würden. Die menschengemachte Klimakrise ist zu abstrakt, aber auch zu umfassend, als dass wir das Gefühl hätten, selbst etwas an ihr ändern zu können.

Der amerikanische Ökologiephilosoph Timothy Morton meint, die Klimakrise übersteige unsere Vorstellungkraft von Zeit und Raum derart, dass wir sie geistig nicht mehr wirklich fassen, sondern nur noch in einem metaphysischen Sinne ergründen können. Wir können nun einmal nicht einfach auf ein Thermometer oder auf eine Wetterkarte zeigen und sagen: »Das da ist die Klimaerwärmung!« Morton definiert das Phänomen der globalen Erwärmung deshalb als eigenständiges Problem, das er »Hyperobjekt« nennt. Da wir selbst Teil davon sind, können wir immer nur einzelne Aspekte begreifen – wie der Floh, der in einem Hundefell sitzt, niemals den gesamten Hund begreifen kann.

In der journalistischen Darstellung wurde die Klimakrise deshalb lange Zeit vor allem als halber »Mann im Loch«-Plot erzählt. Es ging immer um den Ist-Zustand und darum, wie die Menschheit in das Loch gefallen ist, aber viel zu wenig darum, wie der Protagonist wieder aus dem Loch klettert. Ja, wir müssen Emissionen senken, ja, wir müssen aus der fossilen Wirtschaft heraus – riesige Schritte, so komplex wie eben ein Hyperobjekt. So ließ sich kein denkbares Happy End anbieten – und also auch keine Hoffnung. Unser durch die Erzählstruktur bedingter Tiefpunkt lähmt allerdings jede Mobilisierung, denn die fehlende Aussicht auf einen möglichen Erfolg führt im schlimmsten Fall zu Verdrängung und Tatenlosigkeit. Oder aber sie macht umso empfänglicher für all die einfacheren Klimamärchen.

Kurzum: Man benötigt weiterhin einen Journalismus, der das Problem verständlich macht und dessen Tragweite vermittelt, aber man braucht ebenso eine konstruktive, lösungsorientierte Berichterstattung, um zu Verhaltensänderungen zu inspirieren. Erzählungen sind, wie wir wissen, in erster Linie inszenierte Problemlösungskompetenz – und davon brauchen wir sehr viel mehr. Der Kriegsberichterstatter Bill Blakemore, der in den US-Medien zu den entschlossensten Klimajournalisten zählt, hat es einmal so formuliert: »Der Klimawandel ist nicht der Elefant im Raum; er ist der Elefant, in dem wir alle stecken.«[12] Wenn wir die Klimakrise nicht als ein bloßes Phänomen, sondern buchstäblich als ein Objekt betrachten, in dem wir uns gerade befinden, so meint Morton, würden uns die Relationen zwischen Gesellschaft und Umwelt klarer werden, und wir würden die sichtbaren Schäden mehr auf uns und unser Handeln beziehen. Dann würden wir begreifen, dass wir Teil der von der Klimakrise betroffenen Umwelt sind.

Journalistisch könnte dieses Hyperobjekt also möglicherweise durch eine affektgeladene Berichterstattung und insbesondere auch durch den Einsatz von Bildern erfasst werden. Visuelle Eindrücke wie die vom brennenden Amazonas-Regenwald, von Bränden in Australien, Griechenland, Kalifornien und Kanada, von versehrten Tieren, Menschen und Architekturen erreichen uns vielleicht gerade deshalb, weil sie exemplarisch die Abstraktheit unserer Umwelt-Klima-Realität vermitteln, die sich normalerweise unserer Wahrnehmung entzieht. Wir brauchen solche konkreten Bilder und Beispiele, wenn wir über die Konsequenzen diskutieren wollen, die unsere politischen und individuellen Entscheidungen haben.

All diese eben beschriebenen Märchen entstehen nicht aus dem Nichts. Sie sind, zumindest in Teilen, Ergebnisse von millionenschwerer Propaganda, die vor allem die Fossilindustrie seit Jahrzehnten betreibt, offen oder versteckt. Allein ExxonMobil, einer der größten amerikanischen Ölkonzerne, hat auf vielen Ebenen entscheidend daran mitgewirkt, Narrative gegen den Klimaschutz zu etablieren. Wie eine ausführliche Harvard-Studie aus dem Jahr 2017 ergab, hielt man eigene Forschungen, die schon in den 70er- und 80er-Jahren zeigten, wohin ein ungebremster CO_2-Ausstoß führen würde, bewusst zurück. Und griff gleichzeitig Forschungsberichte von anderen, die zu denselben Ergebnissen gelangten, massiv an. Besonders die Individualisierung des Verzichtsnarrativs im Sinne von Märchen Nummer 2 geht auf das Konto der Industrie. So erfand der britische Ölkonzern BP den Ausdruck vom »CO_2-Fußabdruck«, der jedem Menschen vor Augen führen soll, wie sehr man selbst schuld an der Misere sei. Das Perfide daran: Es stimmt. Jeder von uns emittiert CO_2. Und doch liegt die entscheidende Lösungsebene für das Problem nicht im individuellen, sondern im politischen. Durch Ein-Wort-Narrative wie den CO_2-Fußabdruck entpolitisierte man den Diskurs hingegen, lenkte die Aufmerksamkeit auf die private Ebene und schuf sich auf der politischen die Freiheit, weiter zerstörerisch zu wirtschaften. Der bereits erwähnte Klimaforscher Michael Mann veröffentlichte 2021 ein ganzes Buch über diese narrative Kriegsführung, das zu Recht den Titel *Propagandaschlacht ums Klima* trägt. Bis heute, so Mann, wird hinter und vor den Kulissen gegen jeden Ansatz von Klimaschutz lobbyiert, zuletzt Anfang 2021 gegen Joe Bidens *Green New Deal.* Seine Gegner gehören zu jenen Zweifelhändlern, denen wir schon in Kapitel 6 begegnet sind, und arbeiten als solche weiter an der Verwirrung der Verhältnisse. Sie setzen dabei allerdings auf noch viel älteren Narrativen auf, beginnend mit einem, das in einer recht unterhaltsamen Sammlung fantastischer Kurzgeschichten steht: der Bibel.

Macht euch die Erde untertan

»Seid fruchtbar und mehret euch, füllt die Erde und unterwerft sie und waltet über die Fische des Meeres, über die Vögel des Himmels und über alle Tiere, die auf der Erde kriechen!«

So lautet das *Dominium terrae,* »die Herrschaft über die Erde«, niedergeschrieben in Genesis 1,28. Dieses theologische Narrativ bildet womöglich die Tiefengeschichte des sogenannten christlichen Abendlandes: die in uns wurzelnde Vorstellung, dass das, was wir an Ressourcen, an Umwelt, an Planet vorfinden, nur dazu da ist, uns zu ernähren.

Schon 1967 legte der amerikanische Mediävist und Wissenschaftshistoriker Lynn Townsend White in seinem Essay *The Historical Roots of Our Ecologic Crisis* (1967) dar, wie das christliche Welt- und Menschenbild zu einer ausbeuterischen Nutzung des Planeten führen musste. Er zeichnet nach, wie von den englischen Kohleminen im 13. Jahrhundert bis zum niederländischen Deichbau im 17. Jahrhundert der christliche

Mensch immer wieder mittels Technologie und ohne Rücksicht auf Verluste in Ökosysteme eingegriffen hat. Die Klimakrise erscheint so gesehen nur als der vorläufige Höhe- beziehungsweise Tiefpunkt einer langen Geschichte der ungebremsten Ausbeutung natürlicher Ressourcen. Obgleich die Schöpfung für Christinnen göttlichen Ursprungs ist, agierten die allermeisten selbst ernannten christlichen Nationen über weite Teile ihrer Historie zerstörerisch – sie nahmen das *Dominium terrae* wörtlich.

Die Problematik der kollektiven Übernutzung beginnt jedoch schon früher. Der Wechsel von einer nomadischen zu einer sesshaften Kultur war die wohl drastischste Verhaltensänderung einer Spezies, die jemals beobachtet werden konnte. Viele Konflikte lassen sich auf diesen Übergang zurückführen – und viele Narrative. »Macht euch die Erde untertan« wird in hebräischer Auslegung oft rein agrikulturell gelesen, also im Sinne von: Macht sie urbar, bestellt das Land, erntet seine Früchte. Frühere Mythen pantheistischer oder animistischer Religionen, die die Erde nicht als Ressource, sondern als Mutter ansahen – also von einem maternalen Gaia-Kosmos ausgingen, dessen Teil wir sind und den wir deshalb so behüten und bewahren müssen wie uns selbst – wurden in diesem entscheidenden Punkt teils unterdrückt, teils gewendet und weiterentwickelt: Infolgedessen stand der Mensch schon früh als Protagonist auf der einen, die zu erobernde Welt auf der anderen Seite. Die »Um-Welt« ist daher bis heute für die meisten Menschen etwas von uns Getrenntes, und die anderen Lebewesen gehören für uns zur ausbeutbaren Erde.

Der amerikanische Anthropologe Jared Diamond hat die Sesshaftwerdung einmal »den schlimmsten Fehler der Menschheit«[13] genannt; man könnte darüber diskutieren, ob dieser schlimmste Fehler mehr uns selbst geschadet hat oder eher allen anderen, vor allem den Tieren, aber auch zum Beispiel den indigenen Völkern, die dabei untertan gemacht und schrittweise an den Rand der Ausrottung gebracht wurden. Aber zugleich hat dieser vermeintliche »Fehler« vielen Menschen eine einzigartige Entwicklung beschert, großen Wohlstand und noch größeres Wissen über diese Welt um ihn herum.

Heute sind wir nach Ansicht der Geologinnen im sogenannten Anthropozän angekommen: im ersten Zeitalter dieses Planeten, das der Mensch maßgeblich mitbestimmt – unter anderem durch den Anstieg der Produktion von Treibhausgasen, die menschengemachten land(wirt)schaftlichen Veränderungen, die Überhitzung und Vermüllung der Ozeane sowie die fortdauernde Vernichtung von Pflanzen und Tieren. Somit ist der erzählende Affe die zugleich schlauste wie dümmste Spezies dieses Planeten: die Einzige, die so viel Macht erlangen konnte, wirklich etwas an ihrer Umwelt zu ändern, aber auch die Einzige, die diese Macht nutzt, um ihre eigenen Lebensgrundlagen zu zerstören.

Vieles davon geschieht unter dem Deckmantel dessen, was wir »Wirtschaft« nennen. Die Geschichten, die wir uns über sie erzählen, haben wir in Kapitel 6 beschrieben. Sie kann man als die wahren Schuldigen an der Klimakrise ausmachen. Denn die wenigsten davon preisen die Schäden an Umwelt, Tieren und Menschen ein.* Diese hegemoniale Form des

* Darauf hat beispielsweise die Ökonomin Maja Göpel in ihrem Buch *Unsere Welt neu denken. Eine Einladung* (2020) hingewiesen: Eine grundlegende Transformation unserer Wirtschaftsweise beginnt intellektuell damit, sich kritisch mit den Begrifflichkeiten auseinanderzusetzen, die unsere selektive Wahrnehmung oft semantisch zementieren.

Wirtschaftens ist inhärent ungerecht, weil fast immer jemand oder etwas leidet, um den Wohlstand anderer zu vermehren.

Schon der beliebte Begriff »Wohlstand« suggeriert als Ein-Wort-Narrativ, dass das Wohl eines Menschen oder einer Gesellschaft direkt und primär von seinem finanziellen Fortkommen abhängig sei. Andere Faktoren – Gesundheit, Gerechtigkeit, Teilhabe, intakte Umwelt – spielen eine untergeordnete Rolle. Und der »Stand« suggeriert eine Stabilität, die eine Wirtschaftsweise, die die Ressourcen der Erde auszubeuten und unwiederbringlich vernichtet, niemals erreichen kann.

Auch »Wachstum«, für Jahrzehnte die wichtigste Kennzahl volkswirtschaftlicher Erzählungen, erzählt eine Geschichte von unendlicher Steigerung, während tatsächlich bei den ihr zugrunde liegenden Ressourcen Schrumpfung oder sogar Zerstörung überwiegt. Ein Wirtschaftswachstum, wie es in allen westlichen Industrienationen mit endlichen Rohstoffen und unter immenser Belastung der Natur erkauft wurde, ist exakt das Gegenteil jenes meist regenerativen Wachstums, wie es in der Natur vorkommt.

Man könnte auf diese Weise vermutlich die gesamte Sprache unserer globalisierten Ökonomie Wort für Wort entlarven. Inzwischen kennen Sie das Instrumentarium gut genug, um selbst auf Entdeckungsreisen hinter Narrativen zu gehen und zu entscheiden, wie Sie sie verstehen und was Sie davon noch glauben. Wir wollen uns nun jedoch lieber fragen, wo der narrative Aufbruch in eine andere Zeit beginnen könnte. Welchen Erzählungen, welchen Heldinnen könnte man folgen?

Am 20. August 2018 setzte sich eine damals 16-Jährige zum ersten Mal mit einem Pappschild mit der Aufschrift »Schulstreik für das Klima« vor den schwedischen Reichstag. Im Februar 2019 schon sprach sie beim Weltwirtschaftsforum in Davos, im September 2019 dann beim UN-Klimagipfel in New York vor den mächtigsten Menschen der Welt. Das *Time*-Magazin wählte sie Ende 2019 zur Person des Jahres – als jüngster Mensch in der Geschichte dieser Auszeichnung. Wenn der Klimaschutz keine Heldinnen kennt, könnte Greta Tintin Eleonora Ernman Thunberg möglicherweise die Ausnahme sein, die die Regel bestätigt?

Ihr Weg ähnelt tatsächlich in einigen Punkten erstaunlich genau dem Monomythos: Eine junge Frau, durch ihr Asperger-Syndrom von klein auf gewohnt, anders zu sein, beginnt, die kaputte Welt zu hinterfragen, in die sie hineingeboren wurde. Im Unterschied zu fast allen anderen Menschen kann sie die Augen nicht vor den Widersprüchen unserer Zeit verschließen. Anders als wir urteilt sie nicht nach Gefühlen, sondern nur nach Zahlen. Und die sind hinsichtlich des Klimas mehr als niederschmetternd. Doch statt sich wie viele andere ohnmächtig zu fühlen und zu resignieren, tut sie das einzig Vernünftige: nämlich alles, was in ihrer Macht steht. Sie riskiert zunächst ihre Schulkarriere und folglich ihre Jugend, ihre Privatsphäre und Freiheit. Schon am ersten Tag, als sie sich vor das Parlament setzt, opfert sich Greta Thunberg auf gewisse Weise für die ganze Welt. Und nur weil sie bereit ist, ihre Reise konsequent fortzusetzen, schafft sie es, die Welt ein wenig zu verändern: Schon 2019 beginnen erste weltweite Schulstreiks mit Zehntausenden Teilnehmerinnen, die im Laufe der Jahre ihrerseits global aktiv werden und

Millionen Unterstützerinnen aktivieren. *Fridays for Future,* die Jugendbewegung, die sich hinter Greta Thunberg versammelt, gilt heute als eine der einflussreichsten Bewegungen unserer Zeit und bringt überall auf der Welt neue Heldinnen hervor. Greta hat nicht nur sich selbst, sondern viel (und viele) mehr transformiert. Doch wieso ausgerechnet sie?

Das erste Bild, was von ihr publik wurde, ist denkbar unspektakulär: Ein Mädchen sitzt mit einem Schild vor einem Gebäude. Das Berichtenswerte? Sie sollte eigentlich in der Schule sein. Das ist der erste Konflikt: Ist es vertretbar, die Schule zu schwänzen, um für die eigene Zukunft zu demonstrieren? Die Frage verdeutlicht schon den Auslöser von Gretas Reise: den Irrsinn, nach einem sehr heißen Sommer 2018 wieder zurück in die Schule zu gehen, um für eine Zukunft zu lernen, die mehr und mehr auf dem Spiel steht. Das Bild von ihr mit dem Schild sagt: Es braucht sehr wenig, um nicht mehr mitzumachen. Und es wirft die Frage auf, ob wirklich die Streikende das Problem ist oder ob es nicht vielmehr all diejenigen sind, die ein zerstörerisches System mittragen. Die Selbstwirksamkeit, die Greta Thunberg sich verschafft hat, indem sie aus einer für Hunderte Millionen Schülerinnen völlig selbstverständlichen Routine ausbricht, zeigt Menschen auf der ganzen Welt, dass – um einen Slogan der *Fridays for Future*-Bewegung zu paraphrasieren – eine andere Welt möglich ist. Dass es nicht darum geht, das Klima zu retten, sondern die Menschheit.

Es scheint, als bräuchten auch wir Geschichtenerzählerinnen einen solchen Greta-Moment: einen »Green Narrative New Deal« mit neuen, ökologisch aufgeladenen Erzählungen. Vielleicht inspiriert uns die im vorigen Kapitel skizzierte Heldinnenreise dazu, den Kampf gegen die Klimakrise erstens als Absage an althergebrachte Erzählmuster, vor allem aber als Kampf nicht gegen uns selbst, sondern gegen die wahren Antagonisten der Ausbeutung zu führen. Und zweitens mehr den vernetzten Heldinnen wie Greta als den eigensinnigen Helden der Katastrophenfilme zu folgen. Die schlechte Nachricht: Bisher verlieren wir diesen Kampf. Die gute Nachricht: Wir haben noch nicht einmal begonnen zu kämpfen. Wenn nur endlich sich all jene Menschen von der Katastrophe bedroht fühlten, die tatsächlich von ihr bedroht sind (nämlich nahezu alle), können sich auch all diese Menschen zu vernetzten Protagonistinnen einer Heldinnenreise wandeln. Jedes narrative Selbst im 21. Jahrhundert muss zwingend diese existenzielle Krise der Menschheit in eine positive Erzählung gießen können. Die Alternativen dazu sind nur Verdrängung oder Verzweiflung. Das bräuchte aber viel mehr eindrückliche Geschichten der Vorbilder, die sich auf den Weg gemacht haben, Greta zu folgen. Nichts weniger als die Rettung der Welt in kleinen Schritten zu erzählen ist heute wichtiger denn je.

Es wäre nicht das erste Mal, dass sich ein neues, wirkmächtiges Genre herausbildet, weil sich die Erde verdunkelt. Als sich am 5. April 1815 auf dem Berg Tambora rund 300 Kilometer östlich von Bali der heftigste Vulkanausbruch ereignete, der je registriert wurde, breitete sich eine immense Staubwolke um den Erdball aus, dimmte die Sonne und ließ die Temperaturen um drei bis sechs Grad stürzen. Schwere klimatische Störungen waren die Folge, 1816 ging im Volksmund als das »Jahr ohne Sommer« in die Geschichte ein. Im Mai jenes Jahres ließ sich der englische Dichter Lord Byron in Genf nieder, wo zufällig auch Mary Shelley mit ihrem Liebhaber untergekommen war. In zwei benachbarten Villen am Genfer See saß man samt Entourage herum, der Regen fesselte die Gesellschaft ans Haus. Eines Tages schlug

Byron vor, gegen die Langeweile solle jeder eine Gruselgeschichte schreiben. Byron verfasste eine Vampirgeschichte, Shelley dachte lieber darüber nach, ob es möglich wäre, einen Leichnam wieder zum Leben zu erwecken. Die Veröffentlichung ihres Romans *Frankenstein oder Der moderne Prometheus* zwei Jahre später war eine Sensation und begründete ein Genre, das uns nun schon über zwei Jahrhunderte lang verlässlich mit Stoffen aus der Zukunft beliefert, an denen wir lernen und wachsen können: die Science-Fiction. Und das ist vielleicht die Science-Fiction der Gegenwart: Geschichten vom Suchen und Finden von Glück und Gerechtigkeit.

II
Auferstehung
Der erschöpfte Affe

Das Selbst in der Krise

Als Gregor Samsa eines Morgens aus unruhigen Träumen erwachte, fand er sich in seinem Bett in einen erzählenden Affen verwandelt. So oder ähnlich beginnt eine der berühmtesten postmodernen Erzählungen überhaupt: Franz Kafkas *Die Verwandlung* (1915). Kafka, Sohn eines jüdischen Kaufmanns aus Prag, gilt als der erste und feinste Beobachter einer Entfremdung des Menschen von der Welt und sich selbst, die ein eigenes Genre begründen sollte. Die Geschichte der Literatur des 20. Jahrhunderts, ganze Karrieren wie die von Paul Auster oder David Foster Wallace sind ohne Kafka kaum denkbar. Gregor Samsa, aber auch die Protagonisten aus *Der Process* (1914/15) oder *Das Schloss* (1922/1926) (die zum einen Josef K. zum anderen nur K. heißen und in ihrer angedeuteten Autofiktionalität besonders für Auster stilbildend waren) sind lehrbuchartige Helden einer »Man in the hole«-Geschichte. Und alle kommen sie nicht raus aus dem Loch, in das eine dunkle Macht sie stürzt. Gregor bleibt ein riesiges Insekt, der Protagonist K. bleibt vor den Toren des Schlosses und Josef K. in einem Prozess verstrickt, den er nicht durchschaut. Die Botschaft von Kafkas Literatur: Es gibt keinen Ausweg aus der Misere.

Wie der Schriftsteller Will Storr in *Selfie: How the West Became Self-Obsessed* darlegt, führt die Krise der Selbsterzählungen unserer Zeit für viele Menschen in den Suizid. Hohe Erwartungen an sich selbst, das Enttäuschen der Erwartungen anderer, die Scham und dann der Impuls, diesen Teufelskreis zu durchbrechen – das traurige Muster ist bekannt. 0,1 Prozent der Menschen sterben durch Suizid, zwei von 100 versuchen es im Laufe ihres Lebens. Eine scheinbar kleine Zahl, und doch eine immens hohe, wenn man bedenkt, dass Selbsterhaltung eigentlich unser stärkster Trieb ist. Überleben ist der primäre Sinn unserer Existenz. Immer mehr Menschen schaffen das offenbar nur noch mit Hilfsmitteln: Acht bis zehn Prozent der Bevölkerung der USA nehmen Antidepressiva, Millionen sind depressiv, ob sie nun Medikamente einnehmen oder nicht. Vielleicht war die Menschheit noch nie so gesund wie heute – und zugleich fühlen sich vielleicht so viele Menschen überfordert und unglücklich wie nie zuvor. Sind wir vielleicht doch nur erschöpfte Affen?

Storr glaubt, dass die fatale Krise des Selbst, die zum Selbstmord führen kann, eine systemische ist. Unsere Gesellschaft fördert sozialen Perfektionismus im Spiegel der anderen und damit enttäuschte Erwartungen und Brüche in der eigenen Erzählung. Wenn die eigene Heldenreise offenkundig nicht aufgeht, wenn man sich selbst nur noch als »Man in the hole« wahrnimmt, wird man sich selbst zum Antagonisten. Es gibt, um noch einmal Erving Goffmans Theatermetapher aus Kapitel 3 aufzugreifen, keine Hinterbühne, keinen Backstage-Bereich mehr, wo wir uns von der Selbsterzählung ausruhen könnten. Der Kapitalismus verlangt uns in einem fort Selbstoptimierung ab, der Streit um politische Deutungshoheiten versetzt uns in konstante Alarmbereitschaft, der Kampf um die narrative Hegemonie laugt uns aus. Ständig müssen wir explizite wie implizite Narrative durchleben, bewerten und in unsere Selbsterzählung einsortieren. Unser narratives Selbst ist pausenlos herausgefordert. Dabei sind wir doch eigentlich gerade dann am glücklichsten, wenn wir uns ausnahmsweise einmal selbst vergessen.

Was wir uns über Glück erzählen

Alles beginnt (schon wieder) mit einer Wette. Und zwar zwischen Gott und dem Teufel. Diesmal ist ihr Gegenstand die Seele des Doktor Faustus. Der Teufel darf den frommen Mann in Versuchung bringen, um zu beweisen, dass Gottes Schöpfung nicht die beste aller möglichen Welten ist, sondern fehlerhaft – weshalb auch die Menschen anfällig für die diabolische Verführung sind.* Der Schweizer Wirtschaftswissenschaftler Hans Christoph Binswanger liest die Bedeutung des Dramas in einem ökonomischen Sinne: »Faust ist der ›neue Mensch‹, der seine Vollendung nicht mehr im Jenseits sucht, sondern im diesseitigen Fortschritt und daher die Bande der Tradition und des ihn beengenden Glaubens ab-

* Der gute Goethe hat sich hier natürlich massiv aus dem alttestamentarischen Buch *Hiob* bedient, in dem schon einmal um eine Seele gewettet wurde. Faust jedoch nimmt im Gegensatz zum armen Hiob einen klassischen Ikarus-Bogen: Durch den Pakt mit dem Teufel steigt er erst ganz hoch, um dann ganz tief zu fallen. Wohingegen Hiob durch die »Prüfungen« des Teufels, der ihm erst alle seine Nutztiere, dann seine zehn Kinder und schließlich seine Gesundheit nimmt, schrittweise zu einem Tiefpunkt geführt wird; von dort aber, weil er weiter zu Gott hält, wieder rehabilitiert und mit neuen Nutztieren, Kindern und Gesundheit ausgestattet wird. Zu dieser irren Geschichte eines sadistischen Wettbewerbs passt folglich der Erzählbogen »Man in the hole«.

schüttelt.«[1] Ein echter Nutzenmaximierer also, der sein Glück im eigenen Vorteil sucht. Der Literaturwissenschaftler Joseph Vogl hat in *Kalkül und Leidenschaft – Poetik des ökonomischen Menschen* diese These Binswangers weiter ausgeführt. Im Gegensatz zum *Homo compensatur,* der in den Erzählungen bis dato vorherrschte, wird das Ziel eines Ausgleichs abgelöst von kontinuierlicher Selbstoptimierung. »Nicht mehr das Maß der Bedürfnisse« treibe die Figuren an, sondern »grenzenloses Verlangen«.[2] So verspricht Mephisto Faust im Austausch für seine Seele endlose Freuden und Erkenntnisse. Nebenher erfindet Faust noch das Papiergeld, Symbol und Instrument einer potenziell ins Grenzenlose wachsenden Wirtschaft und damit so etwas wie die Demokratisierung des »Steins der Weisen«, den Faust wie alle Alchemisten sucht.* Für Binswanger ist das Ganze »die Suche nach dem künstlichen Gold mit anderen Mitteln. Aus dieser Suche entwickelt sich eine Sucht, die denjenigen, der sich ihr einmal verschrieben hat, nicht mehr loslässt. Wer die Alchemie der Wirtschaft nicht versteht, kann die ungeheuerliche Dimension der modernen Wirtschaft nicht erfassen.«[3]

Faust ist also Vorbote eines neuen, vom Kapital und seinen Glücksversprechen bestimmten Zeitalters. Als Herrscher über ein eingedeichtes Siedlungsland und Besitzer einer Schifffahrts- und Handelsgesellschaft ist er die Vollendung des modernen ökonomischen Menschen, der die Natur und ihre Zufälle seinem Profit unterwirft. Nur zwei Ureinwoh-

---

* Der Gegenwert ist gesichert durch angeblich im Boden vergrabene Schätze des Kaisers (was für eine abenteuerliche Story), weshalb dieses Zeichensystem mächtiger als jedes andere sei, wie Mephistopheles propagiert: »Das Alphabet ist nun erst überzählig / In diesem Zeichen wird nun jeder selig.«

ner betreiben in seinem Einflussbereich noch die alte Subsistenzwirtschaft, und deshalb will Faust ihnen an den Kragen, was Mephistopheles für ihn auch gewaltsam erledigt. Eine weitere wichtige ökonomische Transformation wird hier erzählt: Arbeit wird von Fleiß und Mühe zu einem produktiven Tun, das im besten Falle sogar glücklich macht. Am Ende ist Faust beinahe zufrieden, aber nicht aufgrund seines Reichtums und seiner sinnlichen Freuden, sondern wegen der Aussicht auf unbegrenzten Fortschritt und Wertschöpfung durch ein endlos erscheinendes unternehmerisches Projekt, also durch – wie man heute sagen würde – Selbstverwirklichung oder *Flow.*

Auf vielen empirischen Untersuchungen begründet, gibt die Flow-Theorie, die der ungarische Psychologe Mihály Csíkszentmihályi in den 70er-Jahren aufstellte, auf die Frage nach dem Glück genau dieselbe Antwort, die Goethe seinen Faust finden lässt: Der Mensch kann Glück auf Dauer nur durch eigene Aktivität, also durch Gestalten und Produktivität empfinden, nicht durch passives, hedonistisches Verhalten. Genau hier beginnt allerdings der narrative Schlamassel: Unsere Erzählungen haben nämlich meist nicht nur den *inciting incident* als Auslöser, lassen also ihre Heldinnen erst dann aktiv werden, wenn etwas Einschneidendes, mitunter Bedrohliches passiert. Sie verfolgen zudem eine ökonomische Logik der Akkumulation, wenn Heldinnen wie gute Kaufleute oder Doktor Faustus immer mehr von etwas oder jemandem haben wollen. Und sie tun noch etwas viel Fataleres: Sie enden. Ob happy oder unhappy, komisch oder tragisch, versöhnlich oder bittersüß – jede Geschichte hat ein Ende und vermittelt uns damit, es gebe einen eindeutigen Schlussakkord, eine Ziellinie oder wenigstens eine letzte Klappe, nachdem man die eigene Geschichte durchgestanden hat.

Das Leben selbst aber hat nur ein Ende, und dieses ist für die meisten gesunden Menschen nicht erstrebenswert. Leben ist das, was nach dem Abspann beginnt, was vor der ersten Szene ablief, was sich nicht an Plots und Genres hält. Und dafür gibt es kaum anleitende Geschichten. Dass ein eigenes kleines Subgenre existiert, dessen Prämisse darin besteht, dass seine Erzählzeit *nach* dem großen Epos einsetzt, bestätigt als Ausnahme die Regel.

Vom Flow, unserem sichersten Glücksspender, erzählen jedoch die wenigsten. Denn der Flow kennt keinen darstellbaren, zu lösenden Konflikt. Seine binäre Routine aus Konflikt-Lösung-Konflikt-Lösung ist nicht spannend genug, da die Spannung immer wieder umgehend aufgelöst wird (sonst wäre es ja kein Fluss). Wir lauschen deshalb lieber der Triole aus Konflikt-*Kampf*-Lösung, aber ihr Transfer auf unseren gleichförmigen Alltag ist zwangsläufig unbefriedigend. Die einzige Erklärung, dass im Leben kaum jemals etwas am Ende wirklich unzweifelhaft und stabil gut wird, kann nur sein: Wir haben etwas falsch gemacht oder uns nicht genug Mühe gegeben; wir haben den falschen Konflikt ausgesucht oder sind nicht auserwählt, ihn zu lösen. Also fangen wir von vorne an, gehen wie Faust teuflische Pakte ein, erobern und sammeln und werden doch nie satt.

Sex, Lügen, Kino

Unsere narrative Erschöpfung hat jedoch noch einige Quellen mehr. Mit den heutigen technischen Mitteln werden uns überwiegend Erzählungen vorgesetzt, die auf mehreren Ebenen überlebensgroß sind, weshalb jeder Vergleich des eigenen Lebens mit ihnen in Ernüchterung enden muss. Das gilt nicht nur für das moderne Hollywood-Kino, das unsere Wahrnehmung für 90 Minuten vervielfacht, indem wir Actionszenen sowohl in Highspeed als auch in Zeitlupe sehen können, oder plötzlich in der Lage sind, bis in die Molekularebene hineinzuzoomen oder die Welt aus dem All zu betrachten. Akustisch verbinden sich Soundtrack und Audiodesign ebenfalls zu einer die Narration maximal unterstützenden, semibewussten Geheimwaffe. Lauschen Sie mal einer rasanten Szene eines Actionfilms, ohne hinzuschauen: Sie werden auditiv kaum mitkommen, so rasant ist die Tonspur gestrickt. In einem zeitgenössischen Kinospektakel wie *Tenet* (2020) sieht und hört ein ganz gewöhnlicher Mensch heute innerhalb weniger Sekunden Tausende übernatürliche Dinge, was einen sinnlich ermüdet zurücklassen kann. Die Enttäuschung mit dem eigenen Leben kann andererseits aber auch durch die leise Rezeption besonders eindrücklicher Literatur oder eines Theaterstücks voller geschliffener Sentenzen und großer Gesten entstehen. Wer möchte nicht schon einmal so verliebt sein wie Julia in ihren Romeo, einmal so große Worte für ein Gefühl finden wie Shakespeare? Und kennen wir nicht alle das Gefühl, je nach Geschmack aus dem neuesten *James Bond* oder auch einem emotionalen, mit wunderschönen Menschen besetzten Arthouse-Film hinaus in einen grauen Mittwochabend zu treten und sich zu fragen, was man eigentlich falsch gemacht hat im Leben, das im Vergleich so öde erscheint?

Die erschöpfende Überlebensgröße ist jedoch längst aus dem Kino herausgetreten. Das narrative Selbst sucht in den halbprivaten Sphären der sozialen Medien seit einigen Jahren noch eine neue Art des Vergleichs: den mit immer neuen Prominenten und Idolen. Noch nie war die Halbwertszeit von Ruhm so kurz, zugleich existierte noch nie so viel Projektionsfläche, wenn jedes Instagram-Sternchen mit 20 000 Followern ständig auf Sendung ist, also in einer Woche mehr Material aus ihrem Leben liefert als eine Marilyn Monroe oder Madonna zu ihrer Zeit in einem Jahr. Wo einst die Kluft zwischen den Stars und den normalen Menschen etwa so weit war wie eben zwischen der Erde und den Sternen, ist heute die Membran der Aufmerksamkeitsökonomie, die neben der monetären Ökonomie unsere Leben bestimmt, durchlässiger geworden. Wo sich früher Aufmerksamkeitskapital nur langfristig anhäufen ließ, dafür aber verlässlich Zinsen abwarf, Prominente also langsam berühmt wurden, es aber auch lange blieben, hat sich heute eine mediale Mittelschicht etabliert, die auch die »Whos« genannt wird – neben den »Thems« der allseits bekannten Megastars und dem »Us« der unbekannten Masse. Ihr Narrativ ist stets im Entstehen begriffen, hat gerade erst begonnen oder einen entscheidenden Dreh genommen. Sie starten als Yogalehrer auf Instagram, als Comediennes auf TikTok, als ehemalige Profisportler oder kommende Politikerinnen. Manche waren vorher schon für etwas anderes berühmt, die meisten nicht. In wen wir unsere Sympathie und Empathie investieren, scheint volatiler denn je, denn wer heute noch ein *Who* auf dem Sprung zum *Them* ist, ist morgen vielleicht schon *Trash* und weg vom Fenster. Die Konsistenz der Selbsterzählungen aufsteigender *Whos* wird dabei präziser unter die Lupe genommen als je zuvor. Ein unbedachtes Wort, ein falsches Bild, und schon wandelt sich die gerade erkämpfte kollektive Gunst in das, was wir mangels besserer Begriffe als »Shitstorm« bezeichnen. Zugleich wird immer vehementer gefordert, was die Medialisierungen in den Netzwerken per se schon ausschließen: »Authentizität«, also so etwas wie die Kongruenz von Selbst- und Fremderzählung, von geäußerten und gelebten Werten. »Jeder Mensch erfindet sich früher oder später eine Geschichte, die er für sein Leben hält«, schrieb Max Frisch in *Mein Name sei Gantenbein* (1964). Der zusätzliche Anspruch an jeden von uns lautet heute aber: Sei ganz du selbst, sei echt! Dabei ist die Welt um uns herum genau das überhaupt nicht – ein weiterer Anlass zu Erschöpfung.

Ein Experiment: Zählen Sie an einem beliebigen Tag, an dem Sie außer Haus unterwegs sind, einmal alle Botschaften, die Sie erreichen – egal ob Werbung, Bekanntmachungen oder Nachrichten. Teilen Sie sie dann spontan in die Kategorien »wahr« und »unwahr« ein. Machen Sie sich diesen Vorgang, der normalerweise unbewusst abläuft, einmal ganz bewusst. Sie werden vermutlich zu mindestens zwei Erkenntnissen gelangen: dass Sie den ganzen Tag über zigfach angelogen werden – und dass es sehr anstrengend ist, Lüge von Wahrheit zu unterscheiden.

Manche der verlogenen Narrative sind so omnipräsent, so erfolgreich und werden so selten entlarvt, dass wir sie mehr oder weniger bewusst in unseren Sprachgebrauch aufgenommen haben. »Exklusivität« ist ein Beispiel, dem wir in unzähligen Variationen immer wieder kurz begegnen, etwa wenn eine Werbemail »Ein exklusives Angebot nur für Sie!« verspricht, wir aber natürlich wissen, dass dieselbe Mail an Millionen Empfänger ging. Der Kapitalismus im 21. Jahrhundert produziert so ständig eine Wechselwirkung aus narzisstischer Stimulation und narzisstischer Kränkung. Er schafft die Ansprüche erst, die er zu erfüllen vorgibt, indem er uns erzählt, wir seien alle »werte Kundinnen«, zumindest wert genug, um »exklusive Angebote« zu bekommen – und im selben Moment enttäuscht er die geweckten Begehrlichkeiten, weil er diese individualistischen

Ansprüche gar nicht bedienen kann, ja niemals auch nur versucht hat, sie zu bedienen. Auch wenn wir uns längst an eine Welt voller Werbung und Konsum gewöhnt haben und kaum jemand solchen Botschaften noch Glauben schenkt – kombiniert mit dem Authentizitätsanspruch an uns selbst, ergibt sich eine unendliche Quelle an Enttäuschungen und Erschöpfungen.

Diese Verwerfungen gehen natürlich tiefer als jede Reklame: Wo früher ein großer Mythos (Religionen, Ideologien, Familiengeschichten) ein Leben lang hielt, erlebt der durchschnittliche Mensch heute unzählige Entzauberungszyklen, bevor er überhaupt erwachsen ist. Was Max Weber noch als einmalige »Entzauberung der Welt« im Zusammenhang von Säkularisierung und Rationalisierung ansah, ist längst zur Grundeinstellung geworden. Alle »Meta-Narrative«, wie sie der französische Philosoph Jean-François Lyotard nennt, gelten als gescheitert. In unserer Lebenszeit wird die große Fortschrittserzählung, wonach alles immer besser wird – das dominierende Narrativ weiter Teile des 20. Jahrhunderts – endgültig erledigt werden, ebenso das neoliberale Narrativ vom Wachstum, das angeblich allen zugutekommt. »Gier ist gut«, sagte Michael Douglas alias Börsenmakler Gordon Gekko noch in *Wall Street* (1985). »Gier ist richtig, Gier funktioniert.« Wenn die Reichen nur genug Geld machen, so hieß es lange, sickert ihr Reichtum langsam, aber sicher zu den Armen durch. Heute wissen wir, dass diese Geschichte vom Trickle-Down-Effekt eine Lüge ist und in Wirklichkeit für immer mehr Menschen immer weniger Sicherheit und damit auch weniger Glück bedeutet. Derweil nimmt die Entfremdung zu, wie sie die Anthropologin Anna Lowenhaupt Tsing in ihrem Essay *Der Pilz am Ende der Welt* (2015) wie folgt definiert:

> […] die Geschichte einer Akkumulation von Reichtum, bei der aus Menschen oder Nichtmenschen Investitionsquellen gemacht werden. Diese Geschichte hat Investoren dazu veranlasst, Menschen wie Dinge der Entfremdung anheim zu geben, d. h. mit der Eigenschaft auszustatten, für sich allein zu stehen, als ob die Verflechtungen des Lebens keine Rolle spielten. Durch Entfremdung werden Menschen und Dinge zu beweglichen Gütern. […] Entfremdung umgeht die Verflechtungen des Lebensraums.[4]

Wir werden also herausgetrennt und wir trennen heraus, erwarten im Gegenzug eine ordentliche Portion Glück – und werden zwangsläufig enttäuscht. Wir leben eine doppelte Entfremdung, die nur in der Erschöpfung münden kann. Was machen unsere inneren Erzählerinnen daraus? Sie suchen nach Belegen, dass *ich* die Ausnahme bin, dass *ich* es besser erwische, weil ich es besser verdiene.

Mit wachsender Erschöpfung werden wir anfälliger für quantifizierbare Besser- oder Schlechterstellung. Die berühmte »Monopoly-Studie« des Psychologen Paul Piff konnte 2013 zeigen: Wenn zwei Spielern massiv unterschiedliche Regeln auferlegt und sie dadurch transparent ungleich behandelt werden, macht der innere Erzähler des bessergestellten aus »Mir geht es besser« schnell »›Ich bin besser«.

Fazit: Wenn das System nur ungerecht genug ist, reagieren wir nicht mit Rebellion, sondern mit Konfabulation. Wenn es uns schlechter geht, reagieren wir nicht mit Rebellion, sondern mit Zweckoptimismus. Der Schriftsteller John Steinbeck, der sich intensiv mit den Arbeitsverhältnissen in den Vereinigten Staaten befasste, schrieb bereits 1966: »Die ausgebeuteten Arbeiter sehen sich nicht als ausgebeutete Arbeiter, sondern als vorübergehend in die Klemme geratene Kapitalisten.«[5]

Heute scheinen wir weniger denn je von der Wirtschaft und ihren Geschichten zu verstehen, während wir mehr denn je davon abhängig sind. Wir erzählen uns über die Welt der Wirtschaft gerne eine Geschichte von Verlässlichkeit, Rationalität und Objektivierbarkeit, da Zahlen Stabilität suggerieren. Bei genauerem Hinsehen sind sie jedoch genauso relativ wie Worte. Dennoch sind und bleiben einige der wirkmächtigsten Narrative unserer Gegenwart wirtschaftliche, genauer gesagt: mathematische. Das wäre an sich kein Problem, wären sie nicht so falsch und destruktiv – und wären wir besser in Mathe. Dann würden wir nämlich auch verstehen, wie sehr das Wachstumsnarrativ des *Homo oeconomicus* uns in eine fatale Abwärtsspirale zwingt, die zur Zerstörung des Planeten führt.

Die Ökonomin Kate Raworth schreibt deshalb in ihrem Buch *Die Donut-Ökonomie. Endlich ein Wirtschaftsmodell, das den Planeten nicht zerstört* (2018): »Ein Diagramm in der Wirtschaftstheorie ist so gefährlich, dass es praktisch niemals gezeichnet wird: der langfristige Verlauf des BIP-Wachstums.«[6] Denn wenn die Weltwirtschaftsleistung bis 2050 um drei Prozent pro Jahr wächst, dann verdoppelt sich die Größe der Weltwirtschaft bis etwa 2037 und wird sich bis knapp 2050 verdreifachen. Das bedeutet auch doppelt und dreifach so hohe Belastungen für Ressourcen und Umwelt, es sei denn, man schafft Wachstum ganz ohne Verbrauch und CO_2-Ausstoß – wonach es momentan eher nicht aussieht.

Ähnlich wie mit dem BIP geht es uns mit Aktienkursen oder Indizes, die diese zusammenfassen, etwa der DAX oder der Dow Jones. Wie in Kapitel 4 ausgeführt, werden ihre mathematischen Entwicklungen erstens mit Begriffen beschrieben, die in sich schon eine Geschichte und eine gewisse Wertung tragen, zweitens werden sie zu größeren Narrativen zusammengesetzt. Steigt der DAX, dann »geht es der Wirtschaft gut«. Jedes einzelne dieser Wörter müsste in Anführungszeichen gesetzt und mit Warnhinweisen oder besser Warnfragen versehen werden: »gehen« (was bedeutet das, wem ergeht es hier wie genau?), »es« (was genau wirkt hier und was ist das Ergebnis?), »der« (was genau ist denn die so grob zusammengefasste Entität namens Wirtschaft?), »Wirtschaft« (ist der Begriff als Summe all dessen, was Kapital bewegt, nicht erstens völlig verkürzt und zweitens ausschließend gegenüber ebenfalls sehr relevanten, vielleicht für das Funktionieren einer Volkswirtschaft sogar relevanteren Bereichen? Denken wir beispielsweise an unbezahlte Care-Arbeit, die davon nicht erfasst wird und dementsprechend trotz aller Beteuerungen in Sachen Gleichberechtigung weiterhin hauptsächlich ›Frauensache‹ ist – was wiederum einer höheren Zufriedenheit und Gerechtigkeit der Gesellschaft eher im Weg steht; von Kindern und ihrer Nichtberücksichtigung ganz zu schweigen?), »gut« (was definieren wir warum als wünschenswertes Ergebnis oder einen guten Zustand von »Wirtschaft«?) – und immer so weiter. Andere Kennzahlen und damit Erzählungen gesellschaftlichen Erfolgs wie der Gini-Koeffizient* oder das Bruttonationalglück (BNG)** warten seit Jahrzehnten auf ihren Durchbruch.

---

* Der Gini-Koeffizient misst die Verteilung von Einkommen bzw. Vermögen. Je höher, desto ungleicher. Raten Sie mal, wo Deutschland im Vergleich so liegt.

** »If the government cannot create happiness for its people, then there is no purpose for government to exist.« Mit diesem Satz in seiner Verfassung schuf das Königreich Bhutan die Grundlage für eine andere Art der Selbstbespiegelung. In das BNG fließen neben wirtschaftlichen Faktoren auch Umweltparameter, Gerechtigkeit und gute Verwaltung ein.

Um diesen endlosen konsumistischen Betrieb am Laufen zu halten, ist der pragmatische, auf das Überleben und grundlegende Bedürfnisse ausgerichtete Verbrauch längst in einen hedonistischen Konsum ausgeartet. In seinem Buch *Ästhetischer Kapitalismus* schreibt der Philosoph Gernot Böhme, dass der »Inszenierungswert« von Waren kaum vom eigentlichen »Nutzwert« getrennt werden kann, wenn vor allem ästhetisch konsumiert wird. Nur zu konsumieren, was man braucht, funktioniert nicht, darf nicht funktionieren, wenn konstantes Wachstum als Ziel ausgegeben wird. Nicht zufällig, so Böhme, war die massenhafte Spiegelmanufaktur der Vorläufer der Fabrikproduktion. Unser gegenwärtiges Wirtschaftssystem wurde also nicht durch Bedarfsgüter, sondern durch Luxusgüter eines sich selbst immer bewusster erzählenden Menschen geschaffen.

Wir erinnern uns: Die wirkmächtigsten (und falschesten) Märchen für Erwachsene unserer Zeit sind strukturell gesehen Anti-Heldenreisen. Sie versprechen den Menschen *kein* Abenteuer, *keine* Reise, *keine* Transformation, nein, ihr Versprechen lautet vielmehr: Alles kann schön so bleiben, und nichts muss sich ändern, solange wir nur arbeiten und anhäufen, uns nicht beklagen und vor allem: glauben. Mittlerweile merken viele Menschen allerdings, dass das System ungerecht ist. Sie sehen, dass die Wirtschaft wächst, dass aber nur wenige davon profitieren. Ihr Unbehagen, an einem ungerechten und zerstörerischen System mitzuwirken, verbindet sich mit dem Gefühl politischer Ohnmacht und mangelnder Selbstwirksamkeit. Wie aber kann in einer immer feiner zergliederten Gesellschaft eine neue, stimmige Selbsterzählung aussehen?

Die momentan beliebtesten Antworten auf diese Frage unserer Gesellschaft sind erstaunlich individualistisch angelegt. »Achtsamkeit« und »Bewusstheit« boomen, vermutlich nicht zuletzt, weil sie das Individuum als autark erzählen. Zwar muss in diesen Konzepten jeder von uns »heilen«, wurde also bereits einmal von außen verletzt. Die Heilung liegt jedoch im Inneren, nicht im Äußeren. Antagonistinnen sind höchstens »toxische« Beziehungen, aus denen man sich lösen muss. Die Prüfungen liegen stets im eigenen psychischen Handlungsraum: Man soll lernen, zu kommunizieren, dankbar zu sein und sich ansonsten um nichts zu kümmern, was man nicht beeinflussen kann.

Stolz erzählen folglich die Jüngerinnen, dass sie keine Nachrichten mehr schauen und generell den Kontakt zu allem meiden, was sie irritieren könnte. Diese Instagram-Variante des Stoizismus will das narrative Selbst letztlich abschotten von all den erzählerischen Konflikten dort draußen – eine meist implizite, aber umso wirkungsvollere Entpolitisierung.

Was uns zu der Frage führt, welches Sternzeichen Sie eigentlich sind?

Astrologie und andere Entpolitisierungen

Manche Leute halten Astrologie für Unsinn, bestenfalls für eine Scheinwissenschaft. Andere nennen sie eine Scharlatanerie, die Sorgen zu Geld macht, Wünsche und Ängste ausbeutet, indem sie das Blaue von den Sternen herunterfabuliert, solange die Leute dafür bezahlen. Doch erstaunlich viele Menschen – selbst heute, im vermeintlich aufgeklärten, hochtechnisierten Zeitalter – richten ihr Leben mehr oder weniger nach den angeblichen Botschaften der Sterne aus. Die Astrologie mag Nonsens sein und reine Geldmache. Was sie in jedem Fall ist: eine gute Geschichte. Und heute beliebter denn je.

Populäre Astrologinnen wie die Amerikanerin Chani Nicholas haben Hunderttausende Follower auf Instagram. Es gibt zahllose erfolgreiche Podcasts, Bücher, Webseiten und andere Kanäle zum Thema Astrologie. Alles durchaus auch für eine wachsende Zielgruppe von jungen Menschen, die kaum mehr religiös sind und vielen traditionellen Erzählungen längst nicht mehr glauben. Dabei ist Astrologie ein exzellentes Beispiel für die Trias von Narrativ, Erzählung und Geschichte, die wir zu Beginn dieses Buches aufgestellt haben. Das grundlegende Narrativ von den kosmischen Strahlen, die den Menschen beeinflussen, wenn nicht sogar beherrschen, ist uralt. Schon in den frühesten Mythen nomadischer Kulturen treten Sonne und Mond als bestimmende Akteure einer umfassenden Naturphilosophie auf. Im antiken Mesopotamien, vor ungefähr 2500 Jahren, finden sich die ersten Nachweise von Sternenkunde und -deutung, also eine erste konkrete Erzählung dieses Narrativs, ein Set an Kausalitäten, kosmischen Akteurinnen und Konstellationen. Die Geschichten oblagen in dieser Zeit bis ins späte Mittelalter einer monarchischen Elite, die sich Hofastronomen leisten konnten, in deren Aufgaben die Beobachtung und Berechnung der Sternbahnen und ihre biografische Auslegung, also Astronomie und Astrologie, fließend ineinander übergingen. Erst in den vergangenen rund zweihundert Jahren wurden Horoskope zur Massenware, die Geschichten vom Menschen und seiner Sterne demokratisiert.

Heute kennt zumindest in unseren westlichen Gesellschaften vermutlich jeder sein Sternzeichen und dessen angebliche grundlegende Eigenschaften. Jede weiß, was ein Horoskop ist, und hat eine Haltung dazu. Anders als der animistische Aberglaube (etwa an schwarze Katzen oder Unglückszahlen) hat die wissenschaftlich nie belegbare Astrologie jeden Aufklärungsschritt überlebt, im Gegenteil, sie ist sogar noch gewachsen, hat sich differenziert und professionalisiert.

Lassen Sie uns an dieser Stelle von uns erzählen: Wir beide sind Skorpione. Ob wir vielleicht deshalb so gut miteinander zurechtkommen? Dabei heißt es eigentlich, Skorpione seien zu eigensinnig, zu leidenschaftlich und zu ehrgeizig, um sich langfristig zu vertragen. Einer von uns beiden blickt auf eine sehr harmonische Beziehung mit einer Skorpionin zurück. Auch sind wir beide, so viel sei verraten, in vielen Punkten sehr unterschiedlich gestrickte Menschen. Unsere Freundschaft entsteht eher durch Ergänzung als durch Ähnlichkeit. Und die typischen Skorpion-Eigenschaften – tiefgründig bis zur Trübsinnigkeit, analytisch bis zur Besserwisserei, eigensinnig bis zur Rücksichtslosigkeit – würden wir uns nur sehr bedingt anheften wollen (raten Sie mal, welche wir zugeben müssen). Wir sind beide eher sonnige Gemüter, suchen Harmonie und fühlen uns im Streit selten wohl. Was bedeutet das jetzt für die Evidenz astrologischer Charakterisierungen?

Nichts. Denn die Astrologie ist eine Naturphilosophie, die sich ihrer Falsifizierung, aber auch ihrer Verifizierung entzieht. Nur so konnte sie als Erzählung zweieinhalb Jahrtausende, eine Aufklärung und eine Industrialisierung überdauern (und übrigens auch eine Verschiebung der Sternbilder, bedingt durch die natürliche Veränderung der Erdrotation, um circa zwei Tierkreiszeichen). Was aber macht sie dann so mächtig? Die Gründe liegen auf der Hand: Sie liefert narrative Erklärungen für das Chaos von Identität und Beziehungen. Sie lässt sich nahtlos in unsere Selbsterzählungen einpassen oder sogar zu deren Zentrum machen. Sie ist offen genug für jede Umdeutung, aber zugleich konkret genug für ausschweifende Analysen. Wie Religionen bietet sie ein Set an Handlungsanweisungen, Entschuldigungen und Geschichten. Zusätzlich – und analog zu vielen anderen säkularen Narrativen der Welt- und Gesellschaftsordnung – teilt sie Menschen in Kategorien ein und ordnet ihnen pauschal Eigenschaften, Chancen und Risiken zu. Während sich alle sonstigen Gruppen und Zuordnungen auf der Welt mehr und mehr auflösen, bleiben wir astrologisch Teil einer schillernden Ingroup von vermenschlichten Tierbildern (die übrigens in anderen Kulturen ganz anders gebildet und gedeutet werden). Der Komplexität und Chiffrierung unseres Zeitalters stellt die Astrologie beharrlich eine einfache Lesbarkeit gegenüber, die sich grob an den Jahreszeiten orientiert, also unser Leben in nachvollziehbare Zyklen einteilt. Der individuellen Ohnmacht entfremdeter Individuen begegnet sie mit Hoffnung durch Kausalität, denn wer seine Voreinstellungen kennt, kann daran arbeiten – was viele Astrologinnen heute von ihrem Publikum auch dezidiert fordern.

Dabei muss man natürlich zwischen den dreizeiligen Geburtshoroskopen der Zeitschriften und den ausführlichen, »professionellen« Horoskopen unterscheiden, die einer einzelnen Person auf den Leib geschneidert werden und sich mehrerer Dimensionen an Scheinevidenz bedienen. Beiden gemeinsam ist freilich eine ganz spezielle narrative Vermischung von objektiven Kriterien (Geburtsdaten, Sternenkonstellationen) und mythologischen oder parapsychologischen Elementen (die Zuordnung von Eigenschaften zu Planeten, die Funktionalisierung ihrer Stellungen). Beides wird fantasievoll zu einer Geschichte von Ursache und Wirkung konstruiert.

So scheint die Astrologie, an die je nach Umfrage zwischen 20 und 50 Prozent der Menschen in westlichen Gesellschaften glauben, als schillerndes zeitgenössisches Beispiel einer Narrativierung des Selbst gegen jede Rationalität. Die Sehnsucht danach, andere Menschen und sich selbst in Kategorien zu stecken, gute und schlechte Kombinationen zu entdecken oder zu vermeiden, das ganze Leben in eine kohärente Erzählung mit klaren Kausalitäten zu fassen, scheint stärker als jede Vernunft. Dabei nutzen viele Menschen Horoskope und dergleichen auf virtuose Weise situativ-ironisch. Passt alles nicht so richtig zusammen, wird die Astrologie schulterzuckend als Hokuspokus kassiert. Trifft etwas zu, wird mit erhobenen Augenbrauen geglaubt, dass da eben etwas dran sei. Als Lektüre ist sie ein einziger großer *confirmation bias* – was zutrifft, trifft zu, was nicht, wird überlesen. Kaum jemand besteht jedenfalls darauf, das gesamte System der Sternendeutung zu verteidigen. Aber irgendetwas wird schon dran sein.

Die Wahrheit ist natürlich: Es ist nichts dran. Der Stand der Sterne bei der Geburt oder irgendwann im späteren Leben ist ein dramaturgisch guter Auslöser für eine Geschichte, aber ansonsten leider irrelevant. Anders als der Mond, dessen offensichtliche Anziehungskräfte oft als Kronzeugen herhalten müssen, sind die betreffenden Himmelskörper so weit entfernt, dass sie keinerlei wie auch immer gearteten Einfluss auf die Erde haben – schon gar nicht indirekt. Der Körper einer Hebamme hingegen übt deutlich stärkere Kräfte bei der Geburt aus, was jedoch selten für Narrative genutzt wird. Zudem sind die verschiedenen Deutungsschemata und Kategorisierungen der Astrologie allesamt menschengemacht und damit willkürlich. Irgendwann in der Antike oder im Mittelalter, je nach System, erfanden Hofastrologen zur Unterhaltung und Beratung der Könige bestimmte Sternbilder und Konstellationen. Dabei nutzten sie interessanterweise unter anderem das Personal der griechischen und römischen Mythologie. So steht der Planet Mars wie der gleichnamige Kriegsgott für Kampfeslust und Feuer. Er macht die im Tierkreiszeichen des Widders Geborenen zu streitlustigen und willensstarken Zeitgenossinnen. Glaubten die Griechen an ihre Mythen? Glauben wir immer noch daran?

Wenn auch die meisten ihrer Anhänger die moderne, lebensberatende Astrologie auf eine ironische Weise nutzen und im Ernstfall empirisch robusteren Wissenssystemen wie der Medizin den Vorzug geben, bleibt sie im Kern dennoch problematisch. Sie ist so pseudowissenschaftlich wie illiberal, da sie Menschen anhand völlig willkürlicher und unüberprüfbarer Kriterien kategorisiert. Dadurch führt sie zu einer seltsam narzisstischen Entpolitisierung: Schuld sind weder das System noch ich selbst, nein, schuld ist der Stand der Sonne vor erfundenen Sternbildern zum Zeitpunkt meiner Geburt. Jeder kann sich aussuchen, ob er bereit ist, die Verantwortung für sein Handeln zu tragen, oder ob man diese an die Sterne delegiert. Wenn auch reflektiertere Anhängerinnen betonen, dass neben Genen, Sozialisation und Umfeld die Astrologie nur eine der großen Einflusssphären ist, geben sie ihr mit dieser Aufzählung immerhin den Status von falsifizierbaren und damit politisch bearbeitbaren Bedeutungsschemata.

Damit ist und bleibt die Astrologie als Teil unserer Selbsterzählungen eines der beliebteren, ideologisch harmlosen, aber eben auch entpolitisierenden Märchen für Erwachsene in einer säkularisierten Gesellschaft. Sie kann uns nicht nur Halt geben, sondern auch die beschriebene Erschöpfung, die sich aufgrund narrativer Konflikte und Enttäuschungen einstellt, mindern oder wenigstens erklären.

Aber sie ist nicht das einzige derartige Erklärmuster. Betrachtet man die Sachbuchbestseller in den USA über die Jahrhunderte hinweg, beginnend 1792 mit *The Old Farmer's Almanac,* findet man eine interessante Konstante, und zwar jenseits von Esoterik und Quasireligion: die Erzählung vom Selbst und seinem Erfolg anhand strikter Normen. Egal ob Dale Carnegies *Wie man Freunde gewinnt. Die Kunst, beliebt und einflussreich zu werden* (1936), *Betty Crocker's Picture Cook Book* (1950) oder *Was Sie schon immer über Sex wissen wollten, aber bisher nicht zu fragen wagten* (1969) von David Reuben – sie alle teilen die Welt in »normal« und »unnormal« ein. Und sie verlangen von den Lesern, sich für eine der beiden Kategorien zu entscheiden. Die amerikanische Autorin Jess McHugh spürt in *Americanon: An Unexpected U.S. History in Thirteen Bestselling Books* (2021) diesen einflussreichsten Büchern nach. Ihr Fazit: Solche Ratgeber nehmen kontinuierlich den Druck vom System und richten ihn auf die Person. Die Botschaft: Wenn Benjamin Franklin, dessen Autobiografie in diesem Kanon vertreten ist, sich an den eigenen Haaren aus dem Sumpf ziehen konnte, können Sie es auch – selbst wenn Sie kein Genie sind. Hindernisse auf dem Weg zum Erfolg bilden Sie sich nur ein – oder Sie sollten diese als Protagonistin Ihres eigenen Lebens als Chancen begreifen. Vergessen Sie Karl Marx.

Dabei bleibt »Erfolg« so definiert, wie ihn weiße männliche Protestanten erreichten. Etikette bezog sich darauf, wie sich die heterosexuelle Mittelschicht verhielt. Das war normal, der Rest nicht. McHugh sieht den Grund des Erfolgs dieser Bücher darin, dass sie ein Vakuum füllten, das in einer immer säkularer werdenden Gesellschaft jenseits der Religion entstand. Keine andere »zivile Religion« konnte es mit den normalitären* Erzählungen der erwähnten Almanache und Ratgeber aufnehmen.

Bis heute bestimmen – nicht nur in den USA – solche Bücher den Markt, die mir erzählen, warum ich bin, wie ich bin und wie ich jemand anderes werden kann – Bücher also, die eine Heldenreise zu meiner ganz individuellen Angelegenheit machen, weil sie die Antagonismen in mir selbst verorten und dabei politische Dimensionen fast gänzlich aussparen. Auch neue Trends wie etwa das Lob der Achtsamkeit können durch diese Brille als entpolitisierende Opiate für die erschöpften Affen gelesen werden.

All ihre Erklärungen und Ratschläge haben eines gemeinsam: Sie zielen auf das Individuum ab, nicht auf das System. Individuelle Hebel werden tiefgehend analysiert und adressiert. Systemische Ursachen hingegen werden krass unterschätzt und vernachlässigt. Aber der Überschuss an solchen (häufig miteinander konkurrierenden) Narrativen der Weltdeutung und Selbstverortung bedeutet deshalb keineswegs, dass tatsächlich wir selbst schuld wären an unserer Enttäuschung und Erschöpfung. Der Konflikt zwischen den Narrativen ist nicht Ergebnis irgendeines persönlichen Fehlverhaltens oder Mangels, er ist vielmehr der Normalzustand einer »Gesellschaft der Singularitäten«, wie ein Buch des Soziologen Andreas Reckwitz betitelt ist, also eines Kollektivs aus lauter Individuen mit individuellen

* Ursprünglich vom Journalisten Jonas Schaible etabliert, nutzen wir diesen Begriff inzwischen sehr häufig für die Beschreibung von Narrativen oder Ideologien, deren Ziel die Herstellung, Abgrenzung und Zementierung einer selbst definierten Normalität ist.

Bedürfnissen und Lebensrealitäten. Die Konfliktlinien bilden sich auch immer deutlicher politisch-kollektiv ab: Mehrheits- gegen Minderheitsgesellschaften, Marginalisierte gegen Privilegierte, Populisten gegen Demokraten, Medien gegen soziale Medien, Medien gegeneinander. Wer sich heute in den politischen Diskurs begibt, betritt eine sturmumtoste Arena voller Tretminen. Zumindest im Vergleich zu einem Früher, als alles noch ziemlich einfach schien und rechts und links, oben und unten klar verteilt waren.

Verschiedene Geschichten, die wir uns heute als Gesellschaft erzählen, machen widersprüchliche Resonanzangebote: »Erfülle dich selbst, aber unterwerfe dich nicht dem Diktat der Selbstoptimierung!«; »Sei, wer du bist, aber sei auch eine bessere Version von dir!«; »Gönn dir, aber sei achtsam.« »Du kannst das Klima nicht allein retten, aber sei eine Klimaheldin!« Auch vor diesen Widersprüchen flüchten wir in entpolitisierte Erzählungen, die uns individuell eine narrative Vereindeutigung der Welt und die kognitive Vermeidung jedweder Dissonanz erlauben.

Interessanterweise bietet die moderne Kultur jedoch in diesen Situationen wenig Trost. Jenseits des Versuchs, selbst diesen Situationen immer wieder mit Steuerungs- und Optimierungsansätzen zu begegnen (»gegen den Krebs kämpfen«, »lebenslanges Lernen« usw.), fehlen ihr die kulturellen Modelle, Narrative und Haltungen, um mit diesen nicht nur aus der Sicht der betroffenen Subjekte sinnlos erscheinenden Unverfügbarkeiten umzugehen. In früheren Zeiten waren hier die Religionen zur Stelle und haben Instrumente der Kontingenzbewältigung an die Hand gegeben. In den weitgehend säkularen Kulturen der Gegenwart bleibt den Subjekten häufig nicht viel mehr übrig, als mehr oder minder verzweifelt das Scheitern ihrer Lebensplanung festzustellen – oder in Umgehung der eigenen Ohnmacht den Weg der Projektion einzuschlagen, indem ein angeblich Verantwortlicher für die persönliche Misere identifiziert wird (was einen Nährboden für Verschwörungstheorien bildet). Dass es an kulturellen Modellen fehlt, um mit den negativen Unverfügbarkeiten seinen Frieden zu machen, wird in der Spätmoderne, die auf einem besonders anspruchsvollen Modell des selbstbestimmten und erfolgreichen Lebens basiert, schmerzlich spürbar.[7]

Wie schwer es uns fällt, die Dissonanzen, Konflikte oder Enttäuschungen auszuhalten, können wir besonders deutlich an dem Geschrei hören, das auf dem Marktplatz der Geschichten entsteht.

Der Marktplatz der Geschichten

Dass sich eine gewisse Erschöpfung in Anbetracht aller Narrative, die diskursiv präsentiert und verhandelt werden, ausgebreitet hat, ist auch ein Ergebnis der enormen Konkurrenz, welcher Narrative durch die sozialen Medien und ihren beschleunigenden Netzwerkeffekten ausgesetzt sind. Wer ein erstes, halbwegs überzeugendes Einordnungsangebot – einen *take* – zu einem Sachverhalt anbieten kann, hat für ein Thema erst mal die Deutungshoheit. Diese kann durch einen sinnvolleren, informierteren *take* schnell ersetzt werden, was aber wiederum gedankliche Geschmeidigkeit und damit kognitive Arbeit erfordert – und nicht zuletzt die Bereitschaft, die eigene Selbsterzählung entsprechend anzupassen. Ein wichtiger Aspekt des Markts der Narrative ist also seine Zeitlichkeit und seine kumulative Entstehung. Narrative und

Erzählungen kommen nicht einfach aus dem Nichts, sondern entwickeln sich in einem Prozess: sie werden geschaffen, angeboten, kultiviert, geteilt, verfestigt, bis sie einen bestimmten Grad an Konsens erreicht haben. Master Storys mit dem größten sozioökonomischen Nutzen für die mächtigste oder die größte Gruppe an Menschen bleiben bestehen, bis ein Gegennarrativ übernimmt.

Beispielsweise stellt sich nach Attacken einzelner Täter auf vermeintlich beliebige Menschen immer zunächst die Frage: Handelt es sich um einen Extremisten oder einen psychisch kranken Menschen?. Die Antwort bestimmt, wie von dem Fall erzählt werden kann und sollte: als Terroranschlag, als Amoklauf, als Mord. Während Details über den Tathergang in die Nachrichten sickern, das Tatmotiv also noch komplett unbekannt ist, bilden sich dynamisch meist folgende Narrative heraus: »Gefahr durch Rechts/Islamismus wird unterschätzt« (Kassandra-Narrativ in Form von Regierungskritik) oder aber »Abschiebepolitik zu lasch« (Antagonisierungsnarrativ als Erregungsangebot in Form von Regierungskritik). Andere Narrative gabeln sich zum Beispiel in »Die Pandemie hat uns alle psychisch krank gemacht« (Achtsamkeitsnarrativ) oder »Es wird zu wenig für Menschen mit psychischer Krankheit gemacht« (Amplifikation mit Tribalismusangebot als Regierungskritik).

Während traditionelle Massenmedien, zum Beispiel eine Tageszeitung, die Ereignisse des Vortags nicht nur nacherzählen, sondern auch dekonstruieren können, entwickeln sich heutige Erzählungen über Ereignisse immer auch schon im Moment ihrer Entstehung und in einer Geschwindigkeit, in der es schwieriger ist, ihre Beschaffenheit zu reflektieren. Nachrichten und die Reaktionen auf sie werden heute viel schneller und vielseitiger konstruiert: Wir narrativieren in Echtzeit, wie beim Lesen einer Zeile in einem Buch. Je nach Akteurinnen, Sendern, Empfängerinnen und Intentionen verbreiten sich diese Narrative unterschiedlich schnell und auch unterschiedlich wirkmächtig. In einer Art Hochfrequenzhandel der Geschichten kaufen wir persönlich anderen die ab, die bei uns am besten wirken.

Die gesellschaftlichen Friktionen, die sich auf dieser schnelllebigen Geschichtenbörse bemerkbar machen, sind in gewisser Hinsicht auch einem unterschiedlichen Umgang der Generationen mit Erzählungen zuzuschreiben. Es existieren narrative Generationenkonflikte: Die sogenannten Baby-Boomer sind mit einer stringenten, eindeutigen Erzählung über den Verlauf und die Richtigkeit der Dinge aufgewachsen, gewissermaßen einer Tiefengeschichte für eine ganze Generation. Die Antagonisten waren erst eindeutig (Stichwort Kalter Krieg), dann unterlegen. Das narrative Angebot war wesentlich kleiner und durch die traditionellen Medien als *gatekeeper* auf eine Weise reguliert, dass die Narrative eine gesamtgesellschaftliche Relevanz sowie Konsistenz und damit ein längeres Haltbarkeitsdatum hatten. Die daraus resultierende Selbstsicherheit gipfelte in Francis Fukuyamas (in seinem Allgültigkeitsanspruch grandios missverstandenen) Begriff vom »Ende der Geschichte«.*

Heute haben wir dank Internet und sozialer Medien gewissermaßen ein beschleunigtes Narrativieren *on demand*.

---

* Die Verspottung ebendieser Tiefengeschichte findet man zusammengefasst in dem durch TikTok berühmt gewordenen Ausdruck »Ok, Boomer« – ein Seufzer der jüngeren Generation als Reaktion auf die als unterkomplex empfundene Weltsicht der älteren.

Im Rahmen einer digitalen Öffentlichkeit haben wir zudem rein technisch eine inflationäre Fülle an Identifikations- und Affektangeboten einer sich ausdifferenzierenden Gesellschaft, die global vernetzt ist und die ihr Geschichtenerzählen und -verbreiten für viele sichtbar präsentiert. Die Konflikte zwischen all den dabei schriftlich wie visuell präsentierten Geschichten sind wiederum ebenfalls Teil dieser Erzählungen beziehungsweise eigene Geschichten, die wir uns erzählen: Wenn etwa davon die Rede ist, dass die Meinungsfreiheit eingeschränkt werde*, die Meinungskorridore enger würden oder es eine Cancel Culture gebe, also unliebsame Personen konzertiert aus dem Diskurs entfernt würden, so sind das Erzählungen, die vom Kampf um Deutungshoheit berichten.

Insbesondere die Idee der Cancel Culture funktioniert als Narrativ nur in einer autoritär geprägten Vorstellung, wonach Diskurse von einer dominanten Master Story bestimmt werden – sonst könnte keine Einschränkung von einer Seite gegenüber einer anderen behauptet oder befürchtet werden. Das bedeutet aber auch: Mit der Idee der Cancel Culture zu

---

* Spätestens jetzt kommt die Stelle, an der wir sagen müssten: »Ich mag verdammen, was du sagst, aber ich werde mein Leben dafür einsetzen, dass du es sagen darfst«, ganz im Geiste einer freien Äußerungskultur, wie sie der französische Philosoph der Aufklärung Voltaire forderte. Allerdings ist dieser Satz gar nicht von ihm. Sein Kampf um die Redefreiheit ist unbestritten, dennoch stammen die Worte von einer Frau und wurden in einer Biografie mit dem Titel *The Friends of Voltaire* (1906) über ihn niedergeschrieben. Die englische Schriftstellerin Evelyn Beatrice Hall veröffentlichte diese unter dem Pseudonym S. G. Tallentyre und fasste Voltaires Haltung gegenüber Claude Adrien Helvétius, einem anderen französischen Philosophen, mit diesem Satz zusammen. Dass er schließlich ihm zugeschrieben wurde, passte einfach zu gut in seine Geschichte.

arbeiten erkennt solch ein Ungleichgewicht als Voraussetzung an, also die soziale Hierarchie, in der tatsächlich jemand narrativ über andere bestimmt. Daher rührt die vorauseilende Angst vor Bevormundung sowie das Misstrauen in die Freiheit des öffentlichen Austausches. Die narrative Schablone der Cancel Culture rahmt Kritik, Protest oder Boykottaufrufe als Unterdrückung der freien Meinungsäußerung und der Kunstfreiheit ein, behauptet einen eigenen Opferstatus (»Man darf heute ja gar nichts mehr sagen!«) und wirft im selben Moment den mit dem Begriff antagonisierten Kritikerinnen, also denen, die »canceln«, vor, sie stilisierten sich opportunistisch zu Opfern und reagierten übersensibel.* Die unterschwellige Warnung des Eingeschränktwerdens, die das Narrativ der Cancel Culture enthält, ist der Grund, warum es so gut verfängt: Es ist das auf andere projizierte Autoritäre.

Die Aushandlungen der Deutungshoheit und die Debatten, die dabei entstehen, kreisen hierbei um dieselben essenziellen Fragen, die wir in diesem Buch schon skizziert haben: Wer kann und darf seine Geschichten erzählen? Auf welche Wirklichkeitserzählung einigen wir uns als Gesellschaft und

---

* Die bizarrste Eskalation erlebte der Begriff mit der Behauptung des Schweizer Schriftstellers Adolf Muschg, Cancel Culture sei der neue Holocaust: »Ein falsches Wort, und du hast den Stempel. Das ist im Grunde eine Form von Auschwitz«. So sagte es der 86-Jährige 2021 wörtlich in der SRF-Sendung *Sternstunde*. Zu diesem Zeitpunkt hatte Muschg eine spektakuläre Karriere als Hypochonder hinter sich. Einmal unterzog er sich tatsächlich einer Gehirnoperation, um von einem nicht vorhandenen Tumor geheilt zu werden. Das lassen wir in diesem Kontext einfach mal so stehen. (*Sternstunde Philosophie:* »Adolf Muschg – Wie geht Lebenskunst?«, SRF, 25. April 2021, www.srf.ch/play/tv/sternstunde-philosophie/video/adolf-muschg---wie-geht-lebenskunst?urn=urn:srf:video:a32e445a-a56e-4286-bbd1-32fc9910e586)

warum? Wir alle performen und konstruieren politisch und sozial unser narratives Selbst, aber was geschieht, wenn die Geschichte des einen die Selbsterzählung des anderen einschränkt? Wer bestimmt, wer wann und wo mehr Recht auf die Validität seiner Geschichte hat? Konflikte vermeintlich kultureller Art sind oftmals narrative Konflikte, da Kultur selbst eine Erzählung ist von dem, was gut und wahr und schön ist – oder eben nicht.

Das Überangebot an Geschichten, von dem man annehmen könnte, dass es mehr Auswahlmöglichkeiten und Freiheiten mit sich bringt, hat nicht nur die eingangs erwähnte Erschöpfung zur Folge, die sich wiederum in einer Sehnsucht nach vereinfachenden Narrativen manifestiert; es führt über kurz oder lang auch zu etwas, das wir »narrative Dissonanz« nennen wollen. Analog zur kognitiven Dissonanz ist dies das Spannungsgefühl, das entsteht, wenn sich zwei Narrative, die uns sinnvoll erscheinen, widersprechen. Was zu dem Versuch führt, Vereindeutigung herzustellen und auf Narrative zu pochen, »auf die wir uns einigen können« (siehe das Leitkultur-Narrativ aus Kapitel 8). Es können inzwischen viel mehr Menschen als früher niedrigschwellig Kritik an der aktuellen Ordnung der Dinge und damit an den Mehrheitserzählungen üben. Das Ergebnis ist oftmals die Angst beziehungsweise das Narrativ, es sei kein Konsens in der Einordnung der Wirklichkeit mehr möglich, die Gesellschaft zersplittere unwiederbringlich in feindliche Parteien.

Während viele der narrativen Angebote uns emotional und intellektuell herausfordern und wir überhaupt viel öfter und schneller eine narrative Neukalibrierung vornehmen müssen, stehen wir zugleich mehr denn je vor der Aufgabe, Narrative zuzulassen und zu schützen, die unseren eigenen widersprechen, und jene abzulehnen und zu kritisieren, die den demokratischen Diskurs und die Meinungsfreiheit angreifen und damit ein Angriff auf die Toleranz höchst selbst sind. In *Die offene Gesellschaft und ihre Feinde* schrieb Karl Popper 1945: »Uneingeschränkte Toleranz führt mit Notwendigkeit zum Verschwinden der Toleranz. Denn wenn wir die unbeschränkte Toleranz sogar auf die Intoleranten ausdehnen, wenn wir nicht bereit sind, eine tolerante Gesellschaftsordnung gegen die Angriffe der Intoleranz zu verteidigen, dann werden die Toleranten vernichtet werden und die Toleranz mit ihnen.«[8] Ebendeshalb müssen wir menschenfeindliche, protofaschistische und verschwörungstheoretische Narrative problematisieren, ohne sie dadurch wirkmächtiger zu machen. Das ist das Dilemma unserer liberalen Demokratien: Wir können nicht ignorieren, was den demokratischen Diskurs absichtsvoll verletzt, doch indem wir uns damit beschäftigen, verschaffen wir ihm erst den Raum, zu einem wirkmächtigen Narrativ zu werden. Die Frage aber, wer oder was stattfinden und wer darüber bestimmen darf, ist in den vergangenen Jahren immer wichtiger geworden. Und immer umstrittener.

Identitätspolitik – narrative Dissonanz und das Recht am narrativen Selbst

Die schönste und wichtigste Erzählung der Menschheit besagt: Alle Menschen sind gleich. Für ihre Verwirklichung kämpfte unter anderem die erste Frau, die eine bewaffnete Militäroperation in den Vereinigten Staaten anführte: die Afroamerikanerin Harriet Tubman, die selbst aus der Sklaverei vom Süden in den Norden fliehen konnte und fortan unter dem Codenamen Moses andere Sklaven befreite und in den Norden brachte. Sie wurde Soldatin und Kundschafterin der Unionsarmee, später Frauenrechtlerin. Die größte von ihr organisierte Operation während des Bürgerkriegs war 1863 die Rettung von 750 schwarzen Sklavinnen am Combahee River. Nach ebendiesem Fluss benannte die Schriftstellerin Barbara Smith 1974 ein schwarzes, queer-feministisches Kollektiv, das *Combahee River Collective,* das durch ein 1977 veröffentlichtes Manifest den Begriff der »Identitätspolitik« prägte.[9] Diese sollte als Strategie im Kampf gegen »rassische, sexuelle, heterosexistische und klassenbezogene Unterdrückung« dienen.

Jeder Mensch, der sich im demokratischen Diskurs vertreten sehen möchte, betreibt im Grunde Identitätspolitik. Wenn zum Beispiel die CSU sich für ein Tanzverbot an einem christlichen Feiertag ausspricht, betreibt sie Identitätspolitik für christliche Menschen. Vertreter der Mehrheitsgesellschaft merken nur nicht, wo für sie Identitätspolitik wirkt, weil sie sich seit jeher im Diskurs gespiegelt sehen. Dementsprechend steht Identitätspolitik erst einmal für demokratisches Partizipationsbestreben und politische Selbstermächtigung – eine Idee also, die definitiv älter ist als das erwähnte Manifest von Smith.

Kritiker der sogenannten Identitätspolitik – wie sie heute als Gattungsbegriff für alle Arten von Liberalisierung, Antidiskriminierung und Ermächtigung von Marginalisierten gefasst wird – bringen unter anderem das Argument vor, sie richte sich gegen die Idee eines demokratischen Egalitarismus – gegen die aufklärerische Vorstellung also, dass jede Stimme gleiches Gewicht hat und jeder Mensch unabhängig von Hautfarbe, Geschlecht, sexueller Orientierung oder Klasse eine gleichwertige Sprecherinnenposition innehat. Aus Sicht der Kritiker widersprechen identitätsbezogene

Partikularinteressen der Idee des Universalismus: Wie sind denn alle Menschen gleich, wenn jemand aufgrund seines Geschlechts oder seiner Herkunft bevorzugt angehört, eingeladen, besetzt, befördert, sichtbar gemacht wird? Sollte das alles nicht besser keine Rolle spielen?

Die Kritik an der Identitätspolitik hat an dieser Stelle recht: Es *sollte* so sein: Aber sie verkennt, dass das beschworene Ideal nicht existiert. Die Erzählung »Alle Menschen sind gleich« ist ethisch universell richtig, in der Wirklichkeit vieler Menschen aber bloße Fiktion. Zahlreiche Bewohner dieses Planeten werden aufgrund unterschiedlicher Aspekte schlechter behandelt als andere. Es gibt von vornherein eine Asymmetrie: eine Mehrheitsgesellschaft und Minderheiten, die sich der Mehrheitsgesellschaft anpassen müssen, um existieren zu können. Marginalisierte Stimmen wurden schon immer unterdrückt oder überhört. Der Egalitarismus, den der Kritiker beschützen möchte, ist ein Ideal, das sozial nicht genügend geschützt wird, da diese Asymmetrien für die Mehrheit nicht sicht- oder spürbar sind. Deshalb erscheint aus der Perspektive einer privilegierten Person das Narrativ der dringend notwendigen Identitätspolitik als ein Angriff auf dieses noble Ideal.

Gerade deswegen ist eine vielfältige Reflexion politischer Erzählhaltungen so immens wichtig. Es macht diskursiv einen Unterschied, ob eine weiße oder eine Schwarze Person über das Schwarzsein spricht oder ob Männer oder Frauen über #MeToo sprechen. Und es ist ein enormes Problem, dass Nichtakademiker in der politischen und medialen Sphäre unterrepräsentiert sind. Es geht dabei nicht darum, Gruppen und ihre Wortbeiträge gegeneinander auszuspielen, sondern darum, Individuen das Recht auf ihre Geschichte und auf die öffentliche Konstruktion eines narrativen Selbst zuzugestehen.

Die Abbildung von Ungerechtigkeit, die einen selbst nicht betrifft, ist eine journalistische, kulturelle und politische Herausforderung. Dieses notwendige Momentum der Empathie herzustellen, die bereits besprochene narrative Transportation, also ein Verständnis für die so fremde Lebenswirklichkeit eines anderen zu ermöglichen, ist Sinn der Geschichten, die wir uns übereinander erzählen. In dem Moment, wo ich nicht das Gefühl habe, dass die Heldenreisen anderer etwas mit mir zu tun haben, in dem Moment, wo ich mich von Hürden und Herausforderungen nicht so geprüft fühle, wie andere es erleben, bin ich nicht in der Lage, Veränderungsprozesse der Heldin nachzuvollziehen. In dem Moment aber, wo ich mich wahrhaftig in mein Gegenüber hineinversetze, kann ich gar nicht zulassen, dass dieses verletzt wird, ohne dass auch mir das schadet.

Hier wird das Dilemma erkennbar: zwischen der Idee einer Aufklärung, die nach universeller Gleichheit strebt, und einer alltäglichen Realität, in der paradoxerweise um die Sichtbarmachung von Heterogenität und Unterschieden gekämpft werden muss, um überhaupt auf die bestehenden Ungleichheiten hinweisen zu können. Es existiert das Narrativ, wonach durch das Benennen dessen, was uns unterscheidet, diese Unterschiede überhaupt erst geschaffen werden; dass Menschen, die auf die Unterrepräsentation von Hautfarben hinweisen, die wahren Rassisten seien, da sie überhaupt auf so etwas wie Hautfarben achten. Dieses Narrativ verwechselt jedoch Boten und Nachricht. Die Behauptung, Identitätspolitik (oder das, was damit beschrieben wird) zersplittere die Gesellschaft, basiert auf falschen Dichotomien: Gleichheit *oder* Heterogenität. Egalitarismus *oder* Identität. Dabei erreichen wir Gleichheit im Sinne von Gleichberechtigung doch gerade dadurch, dass wir die Pluralität einer Gesellschaft anerkennen. Die beiden Werte widersprechen sich gar nicht, der eine ist die Prämisse des anderen. Wahrhaftig gleichberechtigt wäre es nicht, irgendwann feststellen zu können, dass es keine Unterschiede mehr zwischen Menschen gibt. Wahrhaft gleichberechtigt wäre es, feststellen zu können, dass alle Menschen unterschiedlich sind, aber keiner aufgrund der Unterschiede benachteiligt wird.

Im Manifest des *Combahee River Collective,* das Identitätspolitik als Begriff in unsere Debatten gebracht hat, heißt es: »Wir lehnen Podeste, Königinnentum und das Gehen zehn Schritte hinter uns ab. Als Mensch anerkannt zu werden, als ebenbürtiger Mensch, ist genug.«[10] Man forderte darin im Grunde dasselbe, was heute Kritiker von Identitätspolitik fordern. Klassenbewusste Identitätspolitik ist nicht das Ziel, sondern der Hebel, um aus der Selbsterzählung der Aufklärung – »Alle Menschen sind gleich« – eine gesellschaftspolitische Wirklichkeit zu machen.

Der zerzählte Affe

Die narrativen Aushandlungen, die mit am stärksten polarisieren, sind also letztlich immer noch: Klassenbewusstsein und Gerechtigkeitsempfinden, Verteilung von beziehungsweise Zugang zu Ressourcen, die Geschlechterrollen, das Verhältnis einer Mehrheitsgesellschaft zu Minderheiten sowie rassistische und antisemitische Narrative, die weiterhin reproduziert werden. Das Aufbrechen dieser alten Erzählmuster macht sich insbesondere in einer sensibleren Sprachkritik bemerkbar, die mitunter in ihrer zyklischen Wiederkehr und vermeintlichen Trivialität (»Es geht doch nur um Schnitzel und Schokoküsse, um Pronomen, Akronyme und

Sternchen«) ermüden kann. Doch erinnern wir uns: Ein einziges Wort kann eine ganze Geschichte erzählen. Und die Leben von Menschen hängen von den Geschichten ab, die über sie erzählt werden.

Diese Narrative werden komplexer, spezifischer und damit kleinteiliger; sie werden korrigiert und justiert, ihre Verhandlung wird nuancierter, teilweise auch widersprüchlicher. Aber unser Gehirn funktioniert weiterhin wie ein Geschichtenscanner. Wir tendieren zu Antagonisierungen und Komplexitätsreduktion. Narrativieren ist nichts anderes, als Eindeutigkeiten herzustellen, um zu überleben. Deswegen ertragen wir nur schwer die Spannung, die durch Dissonanzen entsteht.

Um diese Unklarheiten aushalten zu können, muss der eindeutig erzählende Affe lernen, Erzählungen zuzulassen, die so komplex – und uneindeutig – wie die Wirklichkeit sind. Dafür benötigen wir Ambiguitätstoleranz: die Fähigkeit, unauflösbare Vagheiten, mehrdeutige Informationen, Widersprüche und offene Enden auszuhalten. Andreas Reckwitz stellt in seinem Buch *Das Ende der Illusionen* fest, es sei »eine Lebensform« gefragt, »die Ambiguitätstoleranz gegenüber dem eigenen Leben entwickelt und einsieht, dass sich der moderne Fortschrittsglauben« – ein Narrativ – »nicht ohne Weiteres auf die Biografie des Einzelnen übertragen lässt«.[11]

Den Begriff der Ambiguitätstoleranz machte zuletzt der Arabistik-Forscher Thomas Bauer durch seine lesenswerte Gegenwartsanalyse *Die Vereindeutigung der Welt* (2018) populär.[12] Darin beklagte er, dass in einer sich vereinheitlichenden Wirklichkeit, die von gesellschaftlichem Tribalismus und einer Homogenisierung von Kunst und Kultur geprägt ist, unsere Fähigkeit schwindet, möglichst gelassen auf Mehrdeutigkeiten und Widersprüche zu reagieren. Der französische Philosoph Jean-François Lyotard würde sagen, dass es darum geht, die »inkommensurablen«, also nicht vergleichbaren Welterklärungen als solche zu akzeptieren – und dennoch mit ihnen zu operieren; eigene »Sprachspiele« (den Begriff übernimmt er von Wittgenstein) als solche zu reflektieren und miteinander in Beziehung zu setzen, kurzum: die Protagonisierungen und Antagonisierungen der anderen mit den unsrigen abzugleichen und eine gemeinsame Bühne zu finden, auf der wir unsere narrativen Inszenierungen der Wirklichkeit miteinander ausprobieren können.

Die Erzählungen der Identitätspolitik liefern dafür ein Beispiel: Wir müssen gleichzeitig aushalten, dass alle Menschen gleich sind und zugleich, dass unterschiedliche Menschen unterschiedliche Bedürfnisse, Positionen und Privilegien haben. Wenn wir unsere Heldenreise als Menschheit genau betrachten, fallen zwei Dinge auf: Unser narrativer Instinkt bringt uns zusammen, er versammelt uns rund um das wärmende Feuer. Und: Unser Denken in Geschichten ist so universell, dass diese über Jahrtausende und Kulturen hinweg dieselben Muster verfolgen: Überleben und Sinnfindung. Mögen unsere Probleme auch noch so verschieden sein, sie sind es letztlich, die uns narrativ verbinden. Und das wiederum führt uns zum vielleicht größten Feuer der Menschheit, um das wir uns neu versammeln müssen.

12
Rückkehr mit dem Elixier
Wie wir die Welt vielleicht doch noch retten

Kassandras und Coronas

Und sie schelten meine Klagen,
Und sie höhnen meinen Schmerz.
Einsam in die Wüste tragen
Muß ich mein gequältes Herz,
Von den Glücklichen gemieden
Und den Fröhlichen ein Spott!
Schweres hast du mir beschieden,
Pythischer, du arger Gott!

Dein Orakel zu verkünden,
Warum warfest du mich hin
In die Stadt der ewig Blinden
Mit dem aufgeschloßnen Sinn?
Warum gabst du mir zu sehen,
Was ich doch nicht wenden kann?
Das Verhängte muß geschehen,
Das Gefürchtete muß nahn.
[…]

Meine Blindheit gib mir wieder
Und den fröhlich dunklen Sinn!

Nimmer sang ich freud'ge Lieder,
Seit ich deine Stimme bin.
Zukunft hast du mir gegeben,
Doch du nahmst den Augenblick,
Nahmst der Stunde fröhlich Leben -
Nimm dein falsch Geschenk zurück!

So klagt Kassandra, die Tochter des trojanischen Königs Priamos, in Friedrich Schillers gleichnamiger Ballade von 1802. Der Gott Apollon hatte Kassandra ihrer Schönheit wegen die Gabe der Weissagung geschenkt. Als sie jedoch seine Verführungsversuche zurückwies, verfluchte er sie und ihre Nachkommenschaft in einem Anfall toxischer Männlichkeit: Niemand sollte mehr ihren Weissagungen Glauben schenken. Schlimmer noch, wie sie bei Euripides spricht: »Diejenigen, die bereits leiden und im Unglück stehen, nennen mich klug, vorher gelte ich als wahnsinnig.«

Und beim Zeus, welche Weissagungen nicht alle ungehört verhallen sollten! Erst empfahl sie ihren Landsleuten, ihren Bruder Paris zu töten, bevor er die schöne Helena raubte und Troja damit in den Untergang führte. Gegen Ende des von dem Raub ausgelösten Trojanischen Krieges warnte sie (wie auch der Priester Laokoon, den zum Dank eine Seeschlange fraß) die Trojaner vergeblich vor dem Trojanischen Pferd und der Hinterlist der Griechen. Niemand hörte auf sie, Troja ging unter. Und in der Folge, ungerechterweise, letztlich auch Kassandra: Nach der Eroberung Trojas vergewaltigte sie Aias der Lokrer im Tempel der Athene, in den sie sich geflüchtet hatte. Der griechische König Agamemnon beanspruchte Kassandra als Sklavin und nahm sie mit nach Mykene. Dort wurde er von seiner Frau Klytaimnestra und deren Geliebten Aigisthos im Bad erdolcht. Kassandra, die wegen ihrer seherischen Gabe um dieses Schicksal wusste und es auch vorhergesagt hatte, wurde von Klytaimnestra schließlich ebenfalls ermordet.

Die Kassandras unserer Tage sind Klimawissenschaftlerinnen und Virologen. Beide Fächer (und alle mit ihnen verwandten) warnten und warnen allermeistens vergebens – und damit beginnt die lange Liste der erschreckenden Parallelen zwischen Klima und Corona. Die Pandemie traf nahezu alle Nationen auf der Welt unvorbereitet. So wie die Folgen des Klimawandels, die wir in diesem Sommer 2021 unter anderem in Kanada, Madagaskar, China, Kalifornien, Westdeutschland, rund ums Mittelmeer und in Russland beobachten können, und all die Waldbrände, Erosionen, Dürren, Orkane, Flutwellen auf weitgehend ungeschützte Gesellschaften treffen.* Tatsächlich hängen die Ursachen der beiden Krisen enger zusammen, als viele glauben wollen, so wie auch die Narrative, wahre wie falsche, sich ähneln. Nur die Skala ist nicht vergleichbar. »Wenn die Klimakrise ein Krieg ist, ist die Pandemie eine Pistolenkugel«, schrieb der schwedische Philosoph und Klimaaktivist Andreas Malm im April 2020.

Doch eins nach dem anderen. Wie und wann genau der

---

* Und auch ein illustres deutsches literaturwissenschaftliches Forschungsprojekt nannte sich »Cassandra«, als es in den vergangenen Jahren ähnlich der DARPA und ihrem *Storynet* in Zusammenarbeit mit den Behörden herausfinden wollte, wie man lokale Konflikte anhand virulenter Narrative vorhersagen könne. In Interviews mit dem *Deutschlandfunk* und der *FAZ* klagte der Leiter Prof. Dr. Jürgen Wertheimer darüber, dass man trotz wertvoller Erkenntnisse nicht wirklich auf die Ergebnisse ihrer Arbeit höre. Immerhin habe das Cassandra-Projekt die Krisen in Algerien 2018 und Bergkarabach 2021 vorhergesagt.

SARS-CoV-2-Erreger zum ersten Mal von einem Fledertier auf einen Zwischenwirt und von dort auf den ersten Menschen übersprang, war Gegenstand einer aufwendigen Untersuchung der Weltgesundheitsorganisation (WHO). Deren letztlich unklares Ergebnis sei politischer Sprengstoff, warnte der chinesische Außenminister Wang Yi im Januar 2021, denn sowohl was die mögliche Ursache der Zoonose als auch was den Umgang mit den ersten Fällen angehe, impliziere selbst ihr vages Ergebnis bereits Schuldzuweisungen. Vergeblich hatten die chinesischen Behörden schon im Dezember 2019 und Januar 2020 versucht, die Erzählung vom »chinesischen Virus« einzufangen, indem sie dessen Existenz und vor allem die ersten Erkrankten und Toten – darunter eine der Kassandras der Pandemie, den Arzt Li Wenliang, der die Welt warnen wollte – schlichtweg negierten. Wertvolle Zeit wurde vergeudet, weil die chinesische Regierung nicht der Antagonist in dieser Geschichte sein wollte.

Was an der Hypothese, dass ein Laborunfall in Wuhan die Pandemie losgetreten haben könnte, wirklich dran ist, weiß man bis heute nicht. Immerhin ist man sich sicher, dass das Virus von Wuhan aus den hochgetakteten internationalen Flugverkehr nutzte, bevor es nach Norditalien und schließlich nach Bayern kam. Es breitete sich in Clustern aus, in denen manche hochinfektiöse, aber nicht immer symptomatische Erkrankte Dutzende, wenn nicht Hunderte Menschen gleichzeitig anstecken – so geschehen im Februar 2020 bei der berühmten Karnevalssitzung in Heinsberg oder in mehreren Aprés-Ski-Bars im österreichischen Wintersportort Ischgl. Die Behörden und Regierungen trafen die ersten Meldungen unvorbereitet, auch wenn sie öffentlich etwas anderes erzählen. Der deutsche Gesundheitsminister Jens Spahn (CDU) erklärte noch am 12. Februar 2020: »Wir sind wachsam, wir sind aufmerksam, wir sind gut vorbereitet.« Der letzte Teil des Satzes ist in der Rückschau eine massive, fahrlässige Fehleinschätzung; oder – wenn Spahn so informiert war, wie man es von einem Gesundheitsminister erwartet – in der wohlwollendsten Interpretation eine »weiße Lüge«, um keine Panik zu verbreiten. Wie überraschend traf die Pandemie die westliche Welt? Welche Vorkehrungen waren getroffen worden, welche hätten bereits getroffen sein müssen? Nahezu alle Politikerinnen und viele Medien stricken bis heute am Narrativ des Nichtwissens, des Überraschungsangriffs durch das Virus, eines globalen kollektiven Schicksalsschlags, eines Unfalls. Das ist die erste Lüge.

Schon 2001, nach der SARS-Epidemie in Asien, die dort viele Menschenleben forderte, aber zum Glück schnell eingedämmt werden konnte, Europa also nie wirklich erreichte, beschlossen viele Institutionen und Regierungen erste Präventivmaßnahmen. Der deutsche »Nationale Pandemieplan«, der 2005 entstand und 2017 aktualisiert wurde, ist Ergebnis dieser ersten Attacke eines Coronavirus auf die global vernetzten und damit anfälligen menschlichen Gesellschaften. Diese Pläne, mit wissenschaftlichen Studien unterfüttert, sind einsehbar. Darin stehen allerlei Maßnahmen und Vorkehrungen, die zu treffen sind. Hatte man sie vergessen? Nein. Die Obama-Administration führte noch vor wenigen Jahren ausführliche Planspiele durch, wie auf solch ein Virus zu reagieren sei. Ein Pathogen, das eine globale Pandemie auslösen kann, nannte die WHO 2018 in einem Szenario »Disease X«.

Immer wieder also befasste man sich auf unterschiedlichen Ebenen mit den Gefahren von Erregern. Doch als Corona dann kam, wirkten fast alle westlichen Regierungen gänzlich unvorbereitet. All die Pandemiepläne und Planspiele, all die Lehren, die man aus SARS gezogen hatte, waren offenbar umsonst gewesen. Wieso aber hätte man mit Pandemien, vor allem solchen durch Influenzaviren, nicht nur rechnen sollen, sondern sogar müssen? Weil nahezu jede einzelne Wissenschaftlerin, die sich mit diesem Bereich der Virologie beschäftigte, seit Jahren, wenn nicht Jahrzehnten gewarnt hat: Eine neue Zoonose, wie sie schon bei HIV, der Vogelgrippe, Ebola und eben SARS stattfand, ist nur eine Frage der Zeit. Die Ursachen dafür liegen vor allem in unserer aggressiven Ausbeutung der Ökologie. Denn gefährlich werden dem Menschen Tiere als Virenträger erst mit der Vernichtung ihrer natürlichen Lebensräume (etwa durch Entwaldung oder Versiegelung von Flächen, Abbau von Bodenschätzen, Einsatz giftiger Chemikalien), ihrer Nahrungsgrundlagen oder sonstiger wichtiger Gegebenheiten ihrer Biotope; durch Jagd oder tierische Feinde, die der Mensch eingeschleppt hat oder die auf der Flucht vor dem Menschen in ein fremdes Habitat einfallen. Tiere unter Stress tragen mehr Viren mit sich und geben auch mehr Viren durch Exkremente oder Blut an ihre Umwelt ab.

Im Falle des neuartigen Coronavirus konnte eine Gruppe um den Mathematiker Robert Beyer, der am Institut für Klimafolgenforschung Potsdam arbeitet, im Januar 2021 aufzeigen, dass in den vergangenen hundert Jahren 40 Fledermausarten aufgrund klimatischer Veränderungen ihre angestammten Habitate verließen und in die Yunnan-Region im südlichen China und in naheliegende Gegenden in Myanmar und Laos übersiedelten. So entstand dort ein Hotspot für Coronaviren, da die Tiere um die hundert neue Coronaviren mit sich brachten, darunter auch eines, das dem SARS-CoV-2-Virus genetisch sehr ähnlich ist.

Ursache für diese dramatischen Veränderungen ist also

auch die Erderwärmung, die laut Aaron Bernstein, Direktor des Zentrums für Klima, Gesundheit und globale Umwelt an der Universität Harvard, »jedes Lebewesen, das nicht ein Mensch ist, Richtung der Pole drückt, um aus der Hitze zu gelangen. Und das schafft die Gelegenheit für Viren und Bakterien, neue Spezies zu befallen.«[1] Um dann eine weltweite Pandemie zu verursachen. Denn früher wären lediglich lokal begrenzt die Bewohner einzelner Dörfer im Urwald, die zu nah an Fledermauskolonien oder Ähnliches geraten wären, von einem gefährlichen Virus befallen und im schlimmsten Fall ausgelöscht worden. In unserer eng besiedelten, hochvernetzten Welt kann sich ein Virus jedoch nahezu unbegrenzt ausbreiten.

Die chinesische Stadt Wuhan ist dafür ein hervorragendes Beispiel. Zwischen 2000 und 2018 verdreifachte sich ihre Einwohnerzahl, während neue Eisenbahn- und Flugverbindungen sie und China mit dem Rest der Welt verbanden. Dass Norditalien am frühesten und schlimmsten unter dem Virus litt, ist wiederum kein Zufall: Ein milliardenschweres Austausch- und Investitionsprogramm vervielfachte die Verschränkungen zwischen den beiden Ländern. Chinesische Arbeiterinnen, die in sechs Billigfliegern pro Tag zwischen Mailand und China hin- und herreisen, sind in der größtenteils von chinesischen Firmen übernommenen Textilindustrie der Lombardei keine Ausnahme mehr. Zudem ist Mailand als industrielles Zentrum eine der am meisten unter Smog leidenden Städte der Welt, die Menschen sind dort besonders anfällig für Lungenkrankheiten. Außerdem ist die Lombardei dicht besiedelt und mit vielen auf Effizienz getrimmten Privatkliniken ausgestattet, in denen sich das Virus in einem frühen Stadium ungehindert ausbreiten konnte.[2]

Dass die Pandemie wie eine Naturkatastrophe aus dem

Nichts über uns gekommen sei, ist demnach die zweite Lüge, die viele Politiker verbreiteten. Wir wissen sehr genau, wie wir sie uns eingehandelt haben, wir kennen die Auslöser und die begünstigenden Faktoren. Und sie wird nicht die letzte Pandemie gewesen sein. Wo das Coronavirus herkam, warten noch weit mehr und gewiss auch gefährlichere Erreger. Forscher gehen davon aus, dass es bis zu einer Million ähnliche Viren gibt; allein in Fledermäusen wurden 3000 davon identifiziert. Dabei ist Corona im Vergleich noch ein harmloses Virus, wenn man an das viel tödlichere Ebolavirus denkt, das, ebenfalls durch eine Zoonose, in einem Gebiet Westafrikas seinen Ausgang nahm, wo der Mensch die Umwelt seit Langem unter Stress setzt. Die Menschheit hat die natürlichen Ökosysteme der Erde inzwischen so stark verändert, dass die Verbreitung bislang unbekannter Viren immer wahrscheinlicher wird.

Betrachtet man also unser riskantes Spiel mit den Gefahren von Zoonosen, könnte man laut Andreas Malm den Eindruck gewinnen, »als hätte die menschliche Wirtschaft beschlossen, den mit Coronaviren und anderen Krankheitserregern gefüllten Behälter in die Höhe zu heben und die ganze Ladung anschließend über sich selbst zu vergießen«[3]. Die Art und Weise, in der wir an vielen Stellen hochgradig fahrlässig in Ökosysteme eingreifen, ist mehr als selbstzerstörerisch. Entweder wird diese Pandemie also in hundert Jahren rückblickend als ein Wendepunkt unserer Zivilisationen gesehen werden – oder aber es wird in hundert Jahren kaum mehr jemanden geben, der noch auf sie zurückblicken kann.

Wenn wir als Spezies schon unzählige Male die Erfahrung machten, dass wir besser auf die Kassandras unter uns gehört hätten, und zwar so oft, dass wir diesen Figuren tragende Nebenrollen in unseren Mythen geben – wieso ziehen wir nicht die richtigen Lehren daraus? Eine so kurze wie ernüchternde Antwort: Weil noch mächtigere Erzählungen und Programmierungen in uns gegen die Kassandras arbeiten. Wir haben sie in den ersten Kapiteln kennengelernt: innere Erzähler und Tribalismus und Wahrnehmungsfehler, die uns einst die passenden Geschichten lieferten, um in einer nomadischen vormodernen Gesellschaftsform zu überleben. Die sich aber heute, in postmodernen Kollektiven von Millionen Individuen rund um den Globus, fatal gegen uns wenden. Und eine davon hat mit Marshmallows zu tun.

Das Trolley-Problem zwischen Gegenwart und Zukunft

Stellen Sie sich ein Kind im Alter von vier Jahren vor, das man vor eine einfache Wahl stellt: Es kann entweder einen Marshmallow sofort haben oder, wenn es sich noch ein wenig beherrscht, zwei Marshmallows später. Für Letzteres muss es nur fünfzehn Minuten still an einem Tisch sitzen, auf dem die beiden süßen Belohnungen warten, heimlich beobachtet von einer Kamera. Was werden wohl die meisten Kinder tun?

Psychologen der Universität Stanford führten Anfang der 1970er-Jahre mehrere solcher Experimente durch. Man erwartete, dass die Kinder in Aussicht auf die höhere Belohnung die Wartezeit relativ gut ertragen können. Das Gegenteil war jedoch der Fall: Die Frustration darüber, nicht sofort zugreifen zu dürfen, schien die Kinder geradezu zu quälen. Ihr Kampf gegen die Versuchung führte zu allerlei Übersprungshandlungen: Grimassen, wilde Gesten, Singen und sogar dem Versuch einzuschlafen (was einem Teilnehmer auch gelang). Die Forscherinnen kamen zu dem Ergebnis, dass wir eine gegenwärtige Belohnung gegenüber jeder zukünftigen emotional um ein Vielfaches höher bewerten; und dass Geduld uns umso schwererfällt, je klarer wir die Belohnung vor Augen haben.*

Die Volkswirtschaftslehre entwickelte daraufhin das Konzept der »Zeitpräferenz«, welches erklärt, warum wir Konsum in der Gegenwart dem in der Zukunft vorziehen. Hier hallt das Echo aus Kapitel 3 nach: Unsere Endlichkeit und damit unser Sinn für ein Vorher, ein Jetzt und ein Nachher verführen uns immer wieder zu irrationalen Entscheidungen.

Oder sind diese gar nicht so irrational? Zukünftiger Konsum unterliegt schließlich grundsätzlicher Unsicherheit. Menschen wissen nicht, ob sie morgen noch da sind, deshalb sind sie eben ungeduldig. Im Grunde sind wir wie Homer Simpson, der dieses Kapitel mit hellsichtigen Worten vor-

---

* Das Experiment wurde vielfach nachgestellt und dokumentiert. Andere Wissenschaftler fanden allerdings heraus, dass man die Ergebnisse etwas falsch interpretiert hatte: Die im Experiment gemessene Willensstärke wurde mit schulischem Erfolg in Zusammenhang gebracht, und so kam man zu der Schlussfolgerung, mehr Willensstärke führe zu besseren Noten. Allerdings ließ man dabei die Einkommensverhältnisse der Familien unberücksichtigt. Das wäre allerdings wichtig gewesen, denn im Test griffen Kinder aus armen Haushalten schneller zur sofortigen Belohnung, weil sie bereits früh das Gefühl von Unstetigkeit und Unsicherheit kennengelernt hatten. Fazit: Wer Angst um seine Zukunft hat, nimmt, was er kriegen kann; mit mehr Sicherheit lernt es sich einfacher und erfolgreicher. Die bisherige Forschung zum bedingungslosen Grundeinkommen bestätigt diese These übrigens: Wer in seiner Selbsterzählung finanzielle Unsicherheit ausklammern kann, hat mehr Muße, um sich zum Protagonisten biografischer Abenteuer zu machen.

wegnahm: »That's a problem for future Homer. Man, I don't envy that guy.«[4] Der egozentrische Magnetismus des Status quo scheint immer größer als jedes Angebot, das eine bessere Zukunft verspricht – zumindest wenn wir kollektiv handeln. Im Individuellen können Menschen zwar sehr vernünftig sein, indem sie sparen und ihr Hab und Gut »für schlechte Tage« bewahren. Die Landwirtschaft mit ihrer geduldigen Mechanik von Saat und Ernte, von guten und mageren Jahren, hat uns das Vorsorgen gelehrt. Doch im Kollektiv macht uns unser Misstrauen gegenüber anderen einen Strich durch die Rechnung. In dem Moment, wo etwa unser Gewinn davon abhängt, dass die anderen Marshmallow-Kandidatinnen sich auch beherrschen, wir aber keine Informationen darüber haben, ob sie das wirklich tun, sind wir verführt, unseren Marshmallow zu essen. Und wenn die Marshmallows ein gemeinsam verwaltetes Gut sind, so wie beispielsweise das Klima oder unsere Gesundheit in einer Pandemie, wird es immer Menschen geben, die sich maßlos daran bedienen. Kurzum: Die Erzählung, dass sich Kooperation lohnt, kann noch so überzeugend sein – der egoistische Affe ist oft stärker, weil er vom Egoismus der anderen überzeugt ist.

In repräsentativen Demokratien sind Politikerinnen nicht anders als Homer Simpson. Ihre Probleme sind in der Regel auch eher kurzfristig und blicken selten über die nächste Wahl hinaus. Doch für ihre Entscheidungsfindung kommt eine weitere Ebene hinzu. Stellen wir uns unsere Repräsentanten als Lokführer eines Zuges vor. Dieser rast mit hoher Geschwindigkeit auf eine Engstelle zu. Just dort stehen fünf Bauarbeiter auf den Gleisen. Die Lokführer versuchen sie zu warnen, doch vergebens: Die Arbeiter tragen Gehörschutz und wenden dem nahenden Zug den Rücken zu. Doch da sehen die Lokführer eine Weiche, die man noch rechtzeitig umlegen kann. Allerdings führt sie auf eine andere Schiene, und dort stehen ebenfalls Menschen, aber nur zwei. Auch diese beiden können nicht mehr gewarnt werden. Sollten unsere Lokführer nun die Weiche umlegen und somit die fünf Menschen retten, dafür aber die anderen beiden töten? Dürfen sie so utilitaristisch entscheiden und den Saldo von drei geretteten Menschenleben zur Maxime ihres Handelns machen?

Dieses moralphilosophische Problem nennt man »Trolley-Problem« (vom englischen Wort *trolley,* der Waggon). Politikerinnen sehen sich heute einem Trolley-Problem zwischen Gegenwart und Zukunft gegenüber, nur ist das Umstellen der Weiche mit sehr viel Geld und Energie verbunden, sodass die Frage keine rein ethische, sondern auch eine ökonomische ist. Stellen sie heute die Weichen und sorgen dafür, dass später viel weniger Schaden entsteht? Oder lassen sie den Zug einfach fahren, sparen heute den Aufwand und schauen dann, wie schlimm es wirklich wird? Diese Frage führt direkt zum vieldiskutierten »Präventionsparadox«, auf das Virologinnen zu Beginn der Pandemie immer wieder hingewiesen haben: Wer präventiv handelt, schützt die Gesellschaft vor künftigen Schäden, kann jedoch nie beweisen, wie notwendig und richtig die Prävention gewesen ist. »There's no glory in prevention«[5], pflegte Christian Drosten zu sagen. In der Kombination all dieser Faktoren entwickeln spätmoderne Gesellschaften einen starken Gegenwartsvorzug – kollektiv sind wir *future Homer.*

Es gibt noch weitere Aspekte, die sich bei Corona wie beim Klima bestürzend gleichen. Allen voran mächtige Märchen, die der Prävention entgegenstehen, vor allem das vermeintliche Gegensatzpaar »Schutz« und »Wirtschaft«, also der Appell an eine angebliche Vernunft, wonach man Gesundheitsschutz und Wirtschaft gegeneinander abwägen müsse und nicht beides haben könne. Dabei bedingen sich in Wahrheit Gesundheit und Wirtschaft gegenseitig – ohne Gesundheit kann es keine Wirtschaft geben. Oder nehmen wir das Narrativ von der »Eigenverantwortung«, dem pandemischen Gegenstück zum CO_2-Fußabdruck der Klimakrise: Bei einem gemeinsam zu schützenden Gut wie »Gesundheit« greift der Einfluss des Einzelnen viel zu kurz, als dass Eigenverantwortung ausreichen würde. Die wichtigste Gemeinsamkeit beider Krisen sind jedoch ihr enormes exponentielles Risiko und die damit verbundene Irrationalität von zögerlichen Gegenmaßnahmen und Kompromissen. Zugleich werden strikte präventive Maßnahmen und ihre Vertreterinnen gerne als »Feinde der Freiheit« diffamiert, um sie politisch kaltzustellen. Statt des Virus oder der Umweltverschmutzung erscheinen dann jene als Feind, die besonders laut warnen. Kassandra wird zur Antagonistin.

Damit kommen wir zum größten Problem des Menschen in einer sich exponentiell verschlimmernden Krise: Unsere Gehirne sind für solch einen Ausnahmezustand narrativ falsch programmiert. Denn gegen wessen Prinzipien und Wirkmechanismen verstößt genau diese Situation grundlegend und in fast allen Punkten? Genau: gegen die Heldenreise. Die Heldenreise schildert und lehrt uns, dass der Held immer auf einen Auslöser für seine entscheidenden Handlungen wartet – und zwar meistens auf einen gravierenden, greifbaren, beweiskräftigen. Niemals zieht ein Held präventiv ins Abenteuer. Es wäre ja auch kein Abenteuer, wenn man eine Herausforderung gewissermaßen prophylaktisch bestehen könnte, bevor es richtig schlimm wird. Ein Held wäre keiner, wenn er schon mit vorausschauenden Vorkehrungen die Welt verändern könnte, denn dann müsste er sich nicht wandeln. Stattdessen wartet er auf den Auslöser, auf die Mentorinnen, auf die Freunde und Instrumente, vor allem aber auf die Feinde, Herausforderungen und Aufgaben. Dann erst wird er zögernd aktiv, doch nur von Level zu Level. Oft genug würde er gerne alles hinschmeißen, und nur die lebensbedrohliche Dringlichkeit der Probleme (und oft genug schmerzhafte Dinglichkeit in Person von Bösewichten mit Schwertern oder Pistolen) zwingt ihn wieder zum Handeln. Problemlösung kennt der Held also nur als akute Transformation am Tiefpunkt, nicht als präventive Veränderung. Echte Helden handeln nicht vor dem Knall, nein, sie warten sogar meistens, bis es *richtig* knallt.

Es erscheint paradox: Nur zögerliche Helden sind echte Helden. Sie müssen zunächst Anlauf nehmen, um schließlich weiter springen zu können als alle anderen. Damit ist dieser Held natürlich das Gegenteil eines klugen Pandemikers. Der würde sich von einem charismatischen Mentor, vielleicht einem Virologen, schon lange vor einer Zwangslage genauestens beraten lassen, und dann würde er handeln. Was eine viel bessere Krisenperformance, aber eben auch eine viel langweiligere Geschichte ergäbe.

Was lehrt uns die Heldenreise am Ende? Dass dem zögerlichen Helden etwas Einzigartiges winkt: der Hauptgewinn. Nicht eine Bewahrung des Status quo, sondern die ultimative Verbesserung, ein echtes Happy End. Eine Prävention, die nur etwas verhindern oder bewahren, nie aber etwas grundsätzlich Neues bewirken will, erscheint dagegen unsexy. Die Science-Fiction-Autorin Ursula K. Le Guin, der wir schon in Kapitel 9 begegnet sind, bringt unsere fehlgeleiteten Heldenideale auf den Punkt, wenn sie schreibt: »Wir bewundern heroisch nutzlosen Trotz, und wir belächeln langmütigen Widerstand.«[6]

Die großen Krisen zeigen uns, dass wir genau das Gegenteil tun sollten. Der erzählende Affe hat sich in einem Tempo und in einer Qualität entwickelt, die ihn zum Herrscher über die Welt gemacht haben. Doch es sieht so aus, als wäre er mit seinem selbsterklärten evolutionären Happy End als »Krone der Schöpfung« über das eigentliche Ziel hinausgeschossen.

Die einzige Konstante des Menschseins ist, dass nichts bleibt, wie es ist. Wir wissen, dass wir uns ändern, sowohl revolutionär als auch evolutionär; plötzlich in großen Schritten, kaum merklich durch stetigen Wandel (und manchmal hören wir sogar auf die Kassandras). In diesem Buch haben wir behauptet, genau das sei die hauptsächliche Existenzberechtigung von Geschichten: dass sie Wandel ermöglichen. Doch ausgerechnet unsere beliebtesten Geschichten versagen offenbar hinsichtlich einer klugen Prävention. Gibt es eine Möglichkeit, wie wir diese narrativen Programmierungen doch noch für unsere Rettung nutzen können?

Fantasie ist ein Muskel, und Geschichten sind ein Virus

Der US-amerikanische Ökonom Robert J. Shiller erklärt in *Narrative Wirtschaft. Wie Geschichten die Wirtschaft beeinflussen – ein revolutionärer Ansatz* (2020) am Beispiel des Bitcoin-Narrativs, das sich seit 2009 verbreitet hat, wie schnell und tiefgreifend eine neue überzeugende Erzählung die wirtschaftlichen Entscheidungen von Menschen beeinflussen kann.* Der narrative Rahmen ist überschaubar: eine David-

* Bisher dominierten Narrative des Wachstums und des freien Handels unsere wirtschaftlichen Erzählungen. Ein Beispiel dafür ist die der

gegen-Goliath-Geschichte von jungen unorthodoxen Digital Natives, die es mit der globalen Finanzelite aufnehmen; eine Antagonisierung der herkömmlichen, von unfähigen Regierungen verwalteten Währungen, die als starr und ungerecht gebrandmarkt werden; die Heroisierung der Kryptowährungen als egalitäre Instrumente einer anarchistischen Utopie; das Versprechen von einem sich geradezu magisch vervielfachenden Reichtum, der sich jenen bietet, die sich die Transformation von herkömmlichen Geldanlagen hin zu digitalen dezentralen Währungen trauen und damit Teil einer kosmopolitischen Elite werden (oder es zumindest gerne wären). Diesen mutigen Aufbruch mit ein paar Klicks in die eigene Selbsterzählung zu integrieren fiel Millionen von Menschen sehr schnell sehr leicht, sodass die Kryptos zu selbsterfüllenden Prophezeiungen wurden. »Es ist zum Teil die Geschichte einer Blase und zum Teil ein Thriller«[7], so Shiller. Denn der Krypto-Erfinder Satoshi Nakamoto ist seit 2010 untergetaucht und nicht mehr gesehen worden.

Dadurch wurde er natürlich zum Gegenstand endloser Spekulationen. »Laien und normale Menschen«, so Shiller, »können am Narrativ mitwirken, und das erlaubt ihnen, sich beteiligt zu fühlen und sogar eine Identität rund um den

---

sogenannten Laffer-Kurve, angeblich von einem Wirtschaftsprofessor namens Arthur B. Laffer 1974 auf eine Serviette gemalt, um den amerikanischen Spitzenpolitikern Dick Cheney und Donald Rumsfeld zu erklären, dass geringere Steuern ab einem gewissen Punkt nicht weniger, sondern mehr Steuereinnahmen brächten. Die beiden nahmen das Stück Stoff mit und zeigten es Präsident Ronald Reagan. Dessen extrem neoliberale Wirtschaftspolitik in den 80er-Jahren war angeblich die direkte Folge dieser Serviettenskizze. Bis heute plappern Politiker auf der ganzen Welt diese These nach, ohne dass sie jemals bewiesen worden wäre – das Virus ist endemisch geworden.

Bitcoin aufzubauen.«[8] Reich werden durch die Teilnahme an einer besseren Zukunft inklusive Detektivspiel – das Narrativ war zu gut, um nicht geglaubt zu werden.

Shiller vergleicht die Ausbreitung von Narrativen tatsächlich mit der von Viren wie Ebola (wobei erwähnt werden muss, dass sein Buch kurz *vor* Corona erschienen ist): »Ansteckung geschieht von Person zu Person durch Unterhaltungen, ob direkt, übers Telefon oder durch soziale Medien. Ansteckung geschieht auch von einem Nachrichtenunternehmen zum anderen oder von einer Talkshow zur nächsten, während sie die Geschichten des jeweils anderen ansehen oder lesen.«[9] Wie pandemische Wellen liefen sie durch die Gesellschaft. Im Falle von Ebola im Kongo konnten Forscherinnen sogar nachweisen, dass die narrative Epidemie die medizinische erst ermöglichte, indem verharmlosende oder sogar negierende Verschwörungserzählungen wie »Ebola wurde erfunden, um Geld zu machen« verbreitet und von 25 Prozent der dortigen Bevölkerung auch geglaubt wurden.

Welche Art von »Gedankenviren«, wie Shiller diese sich epidemisch ausbreitenden Geschichten auch nennt, wären nun aber denkbar, um die Welt zu retten? Vielleicht solche, die so »glaubwürdig« und interaktiv wie *QAnon* sind, so spannend und befreiend wie Bitcoin, aber ökologisch produktiv und progressiv. Was seit einigen Jahren diskutiert und erprobt wird, ist die zunehmende Verbindung von Ökonomie und Ethik im »ethischen Konsum«, ebenso das sogenannte *divestment,* also die Umschichtung von angelegtem Kapital in nachhaltige Fonds. Analog zu den geologischen Kipppunkten gibt es hier soziale Kipppunkte, nach denen es schlicht nicht mehr statthaft oder ethisch vertretbar ist, die Zerstörung der Welt weiter als Nebenwirkung hinzunehmen. Auf diese Kipppunkte müssen wir hinarbeiten. Gesünderes Wirtschaften muss eine Frage der Ehre werden.

Lieber Kopf und Kragen riskieren, als das Gesicht verlieren

Der englische Philosoph Kwame Anthony Appiah hat in *Eine Frage der Ehre oder: wie es zu moralischen Revolutionen kommt* anhand dreier historischer Beispiele nachgezeichnet, wie sich Gesellschaften von gewissen Normen verabschiedeten, indem sie sich moralisch weiterentwickelten. Dabei erzählt er die Geschichte des Duells als Wiederherstellung von »Ehre«, die Geschichte des Füßebindens, einer Verkrüppelung chinesischer Frauen bis ins 20. Jahrhundert, sowie die Abschaffung der Sklaverei. All diesen historischen Beispielen ist gemein, dass die jeweiligen Rituale tief ins narrative Gewebe der Gesellschaften und damit in das narrative Selbst der Menschen eingebunden waren. Dabei begreift Appiah die Ehre als Antwort auf die Frage, was wir anderen Menschen grundlos schulden. Oder besser: Ehre ist die Geschichte, die wir uns erzählen, um zu erklären, warum wir wem was ohne Gegenleistung schulden. Ehre bedeutet quer durch alle Kulturen und Zeitalter einen Anspruch auf Respekt.

Was bedeutet Respekt? Ein Nichtangriffspakt auf allen Ebenen. Ein egalitäres Wohlwollen. Ein Grundeinkommen an Wertschätzung (in Abgrenzung zu ehrenvollem Ruhm, den man kompetitiv auf Schlachtfeldern und Sportplätzen erlangt). Die für uns als soziale Wesen so wichtige Achtung und Anerkennung gewinnen wir durch eine ehrenvolle Erzählung unseres Selbst. Moralisch »gut« kann ich nur sein, wenn ich in der Lage bin, ein intaktes Narrativ meiner selbst aufrechtzuerhalten. Verstößt man jedoch gegen die Ehre und damit gegen die Moral, verliert man in vielen Kulturen »sein Gesicht«. Dieser Gesichtsverlust kann als Metapher für den Verlust der narrativen Hegemonie über die eigene Identität verstanden werden. Scham wiederum ist das angemessene Gefühl bei Verhalten ohne Ehre, wenn man also die eigene Erzählung durchkreuzt. Für Appiah ist die Konsistenz dieser ethischen Selbsterzählung grundlegend: »Ein wahrhaft ehrenwerter Mensch durfte ebenso wenig stolz auf sein ehrbares Verhalten sein wie auf die Tatsache, dass er atmet.«[10]

Wenn aber jemand diese Konsistenz herausforderte, indem er etwa den Vorwurf der Lüge erhob, führte das noch im England des 19. Jahrhunderts zu Duellen zwischen Gentlemen, also Ehrenmännern, die sich eben genau darüber definierten, dass sie sich der Genugtuung eines Kontrahenten nicht versagten. Im öffentlich ausgetragenen Kampf um die narrative Deutungshoheit versucht der Herausforderer diese zurückzugewinnen, indem er für sie damals sogar sein Leben aufs Spiel setzte. Die Selbstdarstellung von Tapferkeit, bei der Regeln wichtiger waren als der Selbsterhalt, zeigte die narrative Autonomie des Gentleman. Den Herausforderer machte sie zum Protagonisten, den Duellanten zum Antagonisten.

Damit schaffte der Gentleman laut Appiah auch einen exklusiven Bezugsrahmen zwischen der »Ehrenwelt«, also einer Ingroup, die sich über ihre Überlegenheit zur Outgroup definiert. Das Duell war vor allem auch eine Demonstration des gesellschaftlichen Rangs, denn die zumeist adligen Kontrahenten kamen für gewöhnlich straffrei davon, im schlimmsten Falle mit ein paar Jahren selbst gewähltem Exil.

So konnte sich das Duell als brutale Praxis noch lange halten, obwohl Argumente und öffentliche Meinung klar dagegensprachen. Laut dem englischen Philosophen William Godwin bedurfte ein Gentleman großen Mutes, um das Risiko einer sozialen Sanktionierung einzugehen – jedenfalls mehr, als man braucht, um sich der ungenauen Duellpistole eines oft absichtlich daneben zielenden Gegners zu stellen.

Was wäre eine heutige Entsprechung zum Duell, zum chinesischen Füßebinden oder zur Sklaverei? Was verdrängen wir mit aller Macht? Welche beschämende Praxis schleppen wir schon viel zu lange wie einen kulturellen Wurmfortsatz mit uns herum? Wovon könnten sich zumindest reiche westliche Gesellschaften befreien, weil sie über genug Ressourcen und Informationen verfügen, um die »moralische Revolution« leisten zu können?

Der massenhafte Fleischkonsum wäre ein Beispiel. Er wird oft mit dem Hinweis auf die individuelle Freiheit verteidigt, so als gäbe es nichts Edleres und Befreienderes, als ein abgepacktes Stück Tier im Supermarkt zu kaufen und zu Hause zu verspeisen. Wir wissen, dass die Fleischindustrie eine der klimaschädlichsten, sozial ungerechtesten, am stärksten subventionierten (und damit gesellschaftlich teuersten) Branchen überhaupt ist. Ganz abgesehen von der ethischen Frage, ob und wenn ja, unter welchen Umständen man Tiere für unseren Vorteil töten sollte. Wieso also gibt es in Deutschland noch Schweinezuchtbetriebe und Hühnerfarmen, in denen täglich Zigtausende Lebewesen gequält, getötet und zu billigen Lebensmitteln verarbeitet werden? Wieso werden diese tierischen Produkte nicht schamvoll unter der Ladentheke gehandelt, sondern von Discounterketten in ihren Werbeheften ganz vorne angepriesen, zum Sonderpreis? Wie anders als mit einem angeekelten »Wie konntet ihr nur denken, das wäre normal?« sollen unsere Enkel einmal darauf reagieren? Eine Denkfigur übrigens, die auch Appiah immer wieder einsetzt, um auf eine prekäre und damit revolutionsreife Moral hinzuweisen.

Der endgültige Umstieg auf erneuerbare Energien könnte ein weiteres Beispiel sein. Ihre Verhinderung, der oft noch geführte Kampf gegen Windräder und Solarkollektoren, er muss schambesetzt werden. Oder Bekleidung, die unter menschenunwürdigen Umständen gefertigt wird. Wir tragen am Leib, stecken uns in den Mund und amüsieren uns mit dem, was der sogenannte Fortschritt durch ungeregelte Produktion mittels globaler Lieferketten zu uns gebracht hat – und sind damit unmittelbar mitverantwortlich für Ausbeutung, Vermüllung und Klimaerhitzung. Davon zu erzählen, welchen Schaden Mensch und Umwelt dabei nehmen und wie wahnsinnig diese kollektive Verdrängung einer nachfolgenden Generation vorkommen muss, müsste die erste grundlegende moralisch-narrative Revolution sein.

Um einen solchen Pfad konsequent und in allen Bereichen zu beschreiten, braucht es viel mehr Fantasie, als wir sie heute aufbringen. »Die Vorstellungskraft«, soll der Schriftsteller Neil Gaiman einmal gesagt haben, »ist wie ein Muskel. Wenn man ihn nicht trainiert, verkümmert er.«[11] Dieser Muskel muss stärker ausgebildet sein als der natürliche Muskel der Verdrängung, die bei Problemen entsteht, bei denen keine Selbstwirksamkeit möglich oder nötig scheint.*

Von den mündlich weitergegebenen Mythen des nomadischen Lagerfeuers bis zu den 3-D-Brillen in heutigen Kinos – in der Geschichte der Menschheit wurde das narrative Work-

* Die anatomischen Muskelpartien heißen übrigens Agonisten und Antagonisten.

out immer wieder angepasst und erweitert, unsere narrativen Muskeln wurden entsprechend trainiert, und so erreichten wir neue Leistungsplateaus. Das Epos als Genre der Antike handelte von der »absoluten Zeit«, wie Goethe und Schiller sie nannten, mit der die Gegenwart und ihre Menschen keine Berührung hatten. Der Roman, so hat es der russische Literaturwissenschaftler Michail Michailowitsch Bachtin herausgearbeitet, war dann das erste Genre, das die Gegenwart bearbeitete. Die Science-Fiction wiederum begreift die Zukunft als gestaltbar. Den nächsten Evolutionsschritt müssen unsere Erzählungen machen, um Kassandras Warnungen wirkmächtiger transportieren zu können.

Die Coronakrise hat hier einige Vorstellungsräume geöffnet. Wie in vorherigen Pandemien schlummert in ihr tatsächlich eine große transformative Kraft. Die Beulenpest zum Beispiel, die ab dem 14. Jahrhundert schätzungsweise ein Drittel der europäischen Bevölkerung auslöschte, führte zur Erfindung der öffentlichen Gesundheitsvorsorge, zu Neuerungen in Kultur und Wirtschaft, und sie trug zur Entstehung zentralisierter Staaten bei. Corona könnte uns nun zum Beispiel lehren, dass wir anders von unseren Kollektiven und ihrer Zukunft erzählen sollten. Wie das geschehen kann, lässt sich vielleicht anhand der vorausschauenden No-Covid-Politik der neuseeländischen Regierung erahnen, die diese erfolgreich mit einem Narrativ des Konnektivs verband. »Fünf Millionen Mitspieler« nannte man die Bevölkerung – und eben nicht »fünf Millionen Antagonisten« gemäß den oben beschriebenen Corona-Narrativen. Für die kollektive Bereitschaft, schon bei nur einem Infizierten landesweite Maßnahmen zu treffen, war ein gemeinsames Verständnis entscheidend, das die gesamte Bevölkerung zu Protagonisten machte und das Virus zum Antagonisten (und nicht etwa die

Maßnahmen zu seiner Eindämmung oder »die anderen«, die sich nicht an sie hielten). Für die Klimakrise könnte sich daraus analog ein Metanarrativ der Sorge um die gemeinsamen Lebensgrundlagen ergeben. Der soziale Kipppunkt, dass alles, was nicht dieser Sorge dient, als unehrenhaft gilt, muss heute so schnell wie möglich herbeierzählt werden.

Doch wie lässt sich der visionäre, vernünftige Modus stärken, sodass er wie selbstverständlich erscheint und von der Mehrheit der Bevölkerung angenommen und vertreten wird? Die Antwort ist scheinbar simpel: aller Wahrscheinlichkeit nach durch Geschichten und narrative Abbildungen einer wünschenswerten Zukunft alias Utopien.

Eine Utopie für unruhige Zeiten

> Keine Weinkneipe, keine Bierkneipe, kein Bordell, keine Gelegenheit zur Sittenverderbniß, keine Schlupfwinkel, keine heimliche Versammlung, sondern die Augen Aller, die stets auf ihn gerichtet sind, zwingen ihn zu seiner gewohnten Arbeit oder zu ehrbarer Muße.[12]

Eine furchtbare, gar dystopische Vorstellung einer lustfeindlichen Überwachungsgesellschaft, die ihre Individuen nur durch Arbeit als wertvoll ansieht? Für den Politiker und Philosophen Thomas Morus war dies Teil einer idealen Gesellschaft, die er in seinem Buch *Utopia* beschrieb.* Sein imagi-

---

* Morus entwickelte darin einige interessante Ideen, wie zum Beispiel die rituelle gegenseitige Nacktbeschau von möglichen Ehepartnerinnen auf Utopia, statt der verhüllten und damit enorm risikobehafteten Sitte seiner Zeit.

nierter »Nicht-Ort« (vom griechischen ū = nicht, *tópos* = Ort) – ein ideales Nirgendwo, zu gut, um wahr zu sein – prägt bis heute unsere Vorstellung einer in der Ferne liegenden besseren Gesellschaft. Eine Utopie ist die Projektionsadresse aller guten Wünsche, wird jedoch oft als illusorisch hingestellt und ist somit auch abwertend konnotiert. »Das ist ja utopisch«, sagt man, wenn etwas unerreichbar erscheint oder jemand ein viel zu optimistisches Ideal erträumt.

Angesichts unserer heutigen selbstzerstörischen Systeme und der konsequenten Vernichtung von Lebensraum für die Erhaltung eines geradezu ungesunden Überflusses ist klar: Die wahre Utopie einer Mehrheitsgesellschaft liegt nicht weit in der Zukunft und bedarf allerlei tatkräftiger Veränderung. Unser verklärter, kaputter, suizidaler Status quo ist der eigentliche Nicht-Ort im Sinne einer *Prätopie* oder *Egotopie:* der Ort eines Ichs, das nur an sich denkt. Seine ausgesprochenen Bewahrer sind die sogenannten Konservativen, die man präziser »Destruktive« nennen sollte. Demgegenüber erscheinen die vermeintlich »utopischen« Vorstellungen der grundlegenden Transformation aller Lebensbereiche als einzig sinnvoller Ausweg aus der ewigen Fortsetzung unseres zersetzenden Lebensstils.

Die Philosophin Eva von Redecker hat in ihrem Buch *Revolution für das Leben. Philosophie der neuen Protestformen* (2020) nachgezeichnet, wie sich der Utopiebegriff im Lauf der Zeit verändert hat. Für Karl Marx etwa war die Utopie gleich »Uchronos«, die Zeit nach dem Kapitalismus, in der man seine Stunden und Tage nicht mehr verkaufen muss, wie das im Kapitalismus der Fall ist. Der Marxismus fokussierte auf bestimmte Vehikel (die Arbeiterklasse, die durch Revolution ihr volles Potenzial entfaltet), die uns dorthin bringen könnten. Die Voraussetzungen dafür seien im

Schoße der Gesellschaft vorhanden und müssten nur vom Schleier der kapitalistischen Herrschaft befreit werden (oder auch der Sachherrschaft, in der die Dinge als Waren auf einem Markt über die Menschen herrschen). Kommt uns das bekannt vor? Beschrieb der Marxismus damit im Grunde nicht so etwas wie eine Heldenreise der Arbeiterklasse?

Die ökologische Krise hat den Marxismus wenn nicht widerlegt, so doch zumindest vor neue Aufgaben gestellt: Nur die Produktionsmittel zu vergesellschaften kann nicht die Lösung sein, wenn wir damit weiter unsere Lebensgrundlage zerstören. Zugleich birgt unsere Art zu wirtschaften aus Sicht Redeckers viel mehr Probleme als ein womöglich verfehltes Klimaziel, da sie eng verzahnt ist mit allerlei Ausbeutungsmechanismen, nicht nur ökologischer Art. Zuallererst wären da laut Redecker die »Herrschaft über Räume« und die damit verbundene »volle individuelle Verfügung, die Souveränität über ein Objekt«, wie sie das Eigentumsprinzip vorsieht, das in modernen westlichen Gesellschaften absolut ist.

Was ist die Alternative? Die Klimaschutzparole *Another world is possible* – was bedeutet sie? Um es noch einmal auf den Punkt zu bringen: Die eigentliche Utopie ist unser Status quo, den wir nur noch mit enormem Aufwand aufrechterhalten. Er ist ein Nicht-Ort, den man nur mit massiver Verdrängung als idealen Nullpunkt begreifen kann. Zu glauben, es genüge, sanfte Veränderungen vorzunehmen, wie sie die »Konservativen« als Rhetoriker des Stillstandes anstreben, also immer nur so viel Bewegung zuzulassen, wie partout nicht zu vermeiden ist, ist eine einzige große Lebenslüge.

Die Frage, wie genau eine Utopie beschaffen sein sollte, ist demnach eine Sackgasse. Ihre utopische Kraft gewinnt die »andere Welt« schon dadurch, dass sie sich nicht selbst zerstört, dass sie also weiter existieren kann. Erste Bedingung für die Fortführung der aktuellen Welt wäre folglich eine tiefgreifende Transformation unserer Lebens- und Wirtschaftsweise, die uns heute noch »utopisch« erscheint. Wenn sich alles ändert, weil wir sonst alles zerstören, drängt sich die nächste Frage auf: Leben wir eigentlich in einer Utopie oder Dystopie?

Beides. Je nachdem, wo Sie geboren werden.

Stellen Sie sich vor, Ort und Zeitpunkt Ihrer Geburt entschieden darüber, wie Ihr Leben verlaufen wird. Wer erst einmal in spezifische Lebensumstände hineingeboren wurde, für den ist es nahezu unmöglich, sie grundlegend zu verbessern oder zu verändern. Genau das ist die Prämisse der Handlung von *Elysium* (2013), eines typischen Zukunftsszenarios des durchschnittlich unpolitischen Actionfilms. In dieser Geschichte leben die reichen Menschen in ökologisch intakten, geschützten Zonen, andere – die Mehrheit – in einem höllisch heißen Chaos. Und während wir Anfang Juli 2021 die Nachrichtenbilder sehen, die uns ein brennendes Gasleck in der Nähe einer Ölplattform im Golf von Mexiko zeigen, wo eine Pipeline explodierte, ein kreisrundes Inferno, von Menschen gemacht, aber von Menschen kaum mehr beherrschbar, fragen wir uns: Was unterscheidet fiktionale Dystopien wie die in *Elysium* eigentlich noch von unserer realen Gegenwart? Und warum erzählen wir so viel lieber von ihnen als von Utopien?

Weil sie spannender sind. Die Utopie, in der jeder alles hat, ist nun mal leider langweilig. Und sie kann weder gut noch schlecht ausgehen, sie kann nur *sein*. Wir wollen aber Geschichten hören, gerade weil wir nicht wissen, wie sie ausgehen. So erscheint das Schema der Heldenreise zwar unproduktiv, aber alternativlos. Wir können hinter diesen evolutionären Schritt nicht mehr zurück. Zugleich wollen wir jedoch einen bewohnbaren Planeten und Gerechtigkeit für alle. »Der Mensch ist eine Maschine, die ihre Lebenswelt kollektiv erfindet«[13], sagt der Psychologe Wolfgang Prinz. Also müsste es doch auch möglich sein, dass wir sie ent-finden und neu bauen. Nur wie?

Vielleicht, indem man doch wieder auf die in diesem Buch behandelten uralten Muster unserer Geschichten zurückgreift. Was, wenn wir uns selbst zu Protagonisten einer epischen Erzählung – *unserer* Erzählung – machen? Was, wenn wir als Menschheit auf einer Heldenreise sind? Was wäre dann unser Weckruf, unser Auslöser gewesen? Wo hätten wir uns unserem Ruf verweigert? Welche transformatorische Schwelle stellt dann die Klimakrise dar, welche die Corona-Pandemie? Und, am allerwichtigsten: Was ist das große Ziel? Worin besteht unsere tiefgreifende Verwandlung, die auch die Welt verwandelt?

Vielleicht lassen sich diese Fragen am einfachsten beantworten, wenn man vom Ende her denkt, und zwar ausnahmsweise mal optimistisch. Was das *unhappy end* unserer Spezies wäre, ist klar: Wir rotten uns selbst aus. Aber wie sähe denn ein mögliches Happy End aus? Gemäß den Prinzipien des Monomythos müssten wir etwas in uns entdecken, in Handlung umsetzen und damit in der Welt als neues Prinzip entfalten, was immer schon in uns steckte. Eine Eigenschaft, die uns von allen anderen Lebewesen unterscheidet und die der Schlüssel zu einer neuen Welt ist. Nehmen wir einmal an, diese Eigenschaft wäre unsere Fähigkeit, uns eine bessere, gerechtere, friedlichere Welt auszumalen und uns dafür zu verbünden, also unser Bewusstsein für eine schlimme Vergangenheit, unsere Fantasie einer besseren Zukunft und unsere Leidenschaft, davon zu erzählen. Kein

Tier besitzt eine vergleichbare Fähigkeit, und sie scheint heute nötiger denn je. Wenn wir sie also neu entdecken und nutzbar machten, wäre das eine veritable Transformation. Dafür müssen wir uns folgende Fragen stellen: Wie sähe die Belohnung aus? Hätten wir am Ende wahrlich utopische Zustände – und welche wären das? Was wäre diese ›andere Welt‹, in die uns unsere Heldenreise führt? Und wie verhält sie sich zur Natur? Als System ist diese ja (ohne unser Eingreifen) ein stabiles, das keine Heldenreisen kennt und benötigt. In einem intakten Ökosystem stehen die dort vorkommenden Arten untereinander und die Individuen in einer Art Miteinander in Beziehung und regulieren sich gegenseitig, zum Beispiel über Nahrungsketten, die sich bedingen, sodass komplexe Netze und Beziehungen entstehen. Je komplexer das Ökosystem, also je mehr verschiedene Arten vorkommen, desto stabiler ist das ökologische Gleichgewicht. Auf Ebene der Individuen ist die Natur ein stabiler Kreislauf, in dem Transformationen und Ausbrüche nur durch Vererbung über die Generationen vorgesehen sind. Die Natur kennt keine Narrative, sie hat keine Verwendung dafür. Müssten wir dann nicht, am Ende der Heldenreise der gesamten Menschheit, die uns hoffentlich mit der Ökologie versöhnt, die Heldenreise an sich ablegen? Oder wenigstens, was unsere Rolle darin angeht, ganz neu denken?

Die wahren Antagonisten

Wir, die Autoren dieses Buches, haben lange darüber nachgedacht, wie das Konzept der Heldenreise mit der Menschheitsgeschichte vereinbar ist – bis wir endlich begriffen haben, wo unser Fehler lag: Wir haben den Menschen immer als Protagonisten einer Geschichte begriffen. Was aber, wenn er bis heute eine ganz andere Rolle gespielt hat?

Schauen wir noch ein letztes Mal zurück auf die *Ilias,* diese vielleicht größte Geschichte der westlichen Welt. Was ist ihr Thema? Die Gewalt, meinte die französische Philosophin Simone Weil in ihrem Essay *Die Ilias oder das Poem der Gewalt:* »Die Gewalt macht jeden, der sie erleidet, zum Ding. So unerbittlich, wie die Gewalt vernichtet, so unerbittlich berauscht sie den, der sie besitzt oder zu besitzen glaubt.«[14] Im Rausch der Gewalt vernichtet der Mensch heute seine eigene Lebensgrundlage in rasendem Tempo. Das Ergebnis sind zerstörte Landschaften und, schlimmer noch, unabsehbare Eingriffe in komplexe Ökosysteme, deren Folgen wir noch lange spüren werden, sprich: »Ewigkeitskosten«[15], wie es der Philosoph Wolfram Eilenberger ausdrückt.

Wenn der Mensch als Held also entwurzelt wurde – oder besser: sich auf dem Irrweg namens »Ausbeutung« selbst entwurzelte, um hemmungslos von den Ressourcen des Planeten zu zehren –, dann wäre der logische nächste Schritt, umzukehren und einen anderen Weg zu bestreiten. Einen Weg, der bereits im Menschen selbst angelegt ist. Die machbaren Lösungen sind durchaus schon in der menschlichen Geschichte ersichtlich, wenn man nur die eigene Rolle darin richtig begreift. Doch solange man gewaltvoll agiert, bleibt man blind: »So löscht der Krieg jede Vorstellung eines Ziels aus«, schreibt Weil, »auch die eines Kriegsziels. Er löscht sogar den Gedanken aus, den Krieg zu beenden. [...] der Kopf müsste nachdenken und einen Ausweg finden, hat aber jede Fähigkeit verloren, irgendwelche Überlegungen anzustellen, die in diese Richtung gehen.«[16]

Das einfachste Beispiel für die Selbstblindheit ist die schier grenzenlose Verfügbarkeit der erneuerbaren Energiequellen, die wir nicht ausreichend nutzen. Oder nehmen wir die orchestrierte Umstellung der Wirtschaft auf ein großes Ziel hin, für die man ohne jede Relativierung und ohne jeden verbrämten Militarismus die Kriegswirtschaften im Zweiten Weltkrieg als Vorbilder studieren könnte, beispielsweise die der USA. Oder die Umstellung unseres täglichen Konsums auf Kreislaufwirtschaft. Man stelle sich vor, wir erledigten eine dieser großen Aufgaben – würden uns dann kommende Generationen für diese tiefgreifende Verwandlung loben oder eher kopfschüttelnd fragen, was uns so lange davon abhielt?

Die Gewalt gegen unsere Lebensgrundlagen kann ein Ende finden. Sie ist weder »alternativlos« noch Bedingung unserer Möglichkeiten. Dass wir dies noch nicht verstehen, liegt in der Natur unserer Heldenreise. Die Heldin muss erst an einem Tiefpunkt angelangt sein, um den Irrweg als Irrweg zu erkennen. Der Missbrauch der Macht, so Simone Weil, liege dabei nicht in der Verfolgung und Tötung des Gegners, sondern in der Maßlosigkeit der Mächtigen. »Was sie wollen«, schreibt sie über Agamemnons kriegerische Griechen, »ist alles oder nichts. Alle Schätze Trojas sollen zu Kriegsbeute werden, alle Paläste, Tempel und Häuser zu Asche, alle Frauen und Kinder zu Sklaven, alle Männer zu Kadavern.« Diese Maßlosigkeit führt uns heute zu einer vergleichbaren Selbstentwurzelung wie bei den Griechen im Epos. Kaum jemand ist noch ernsthaft glücklich über diesen Raubbau, diese Sinnlosigkeit unserer Lebensweise. Vielmehr sind wir erschöpfte Affen, ausgelaugt stehen wir in der Sackgasse, in die wir uns hineinmanövriert haben, müde von all den Versuchen, die Mauern, vor denen wir mittlerweile stehen, zu erklimmen, anstatt endlich mit der Umkehr zu beginnen.

Diese kann mit einer einfachen Erkenntnis beginnen: Wir erzählen unsere Geschichte falsch. Unzählige Beispiele zeigen unser gewaltvolles Verhältnis zur Welt, das unsere Zeit, die man auch das Anthropozän nennt, prägt. Aus der Perspektive nahezu aller nichtmenschlichen Lebewesen der Erde sind wir nicht die Protagonisten dieses Planeten, sondern Milliarden von Antagonisten, bösartig und brutal, von der eigenen Selbstgerechtigkeit verblendet und letztlich gefährlicher, als es sich irgendein Horror- oder Zombiefilm ausdenken könnte. Erinnern wir uns an den Antihelden Thanos aus Kapitel 2, der dachte, er müsse die Welt retten, indem er sie fast zerstört, und sich selbst für den Protagonisten hielt. Am Ende seiner antagonistischen Heldenreise erkannte er, dass er der Antagonist ist. Diese Reflexion ist der erste Schritt auf dem Weg zum wahren Protagonisten. Ganz wie der Held wird er zum »Herrscher der beiden Welten«. Dann beginnt seine Geschichte bestenfalls noch einmal von Neuem.

Das letzte Bild

Der britische Fantasy-Autor Sir Terry Pratchett hat die Macht von Geschichten auf der von ihm erfundenen und in zahllosen wunderbaren Romanen bespielten Scheibenwelt zu einem eigenen chemischen Element verdichtet: dem »Narrativium«. Dieses Element und seine übermenschliche Kraft sind bei ihm so real wie die Sonne oder die knochenbrechende Kraft eines Orang-Utans, der zugleich Bibliothekar ist. Auf unserer Rundwelt hingegen verhalten sich die Menschen laut Pratchett nur so, als existiere das Narrativium um sie herum. »Wir erwarten«, schreibt er, »dass es morgen nicht regnet, *weil* Dorfkirmes ist und weil es unfair wäre, wenn

Regen das Fest verderben würde. Oder wir erwarten getreu der pessimistischen Art unserer Landsleute häufiger, *dass* es regnet, weil Dorfkirmes ist.«[17] Das Narrativium jedoch erklärt uns nicht nur die generelle Bösartigkeit oder Gutartigkeit der Welt, sondern beeinflusst auch unmittelbar unsere Handlungen und sogar ganze Epochen der Menschheit. Innerhalb unseres nach Geschichten aufgebauten Geistes gibt es Pratchett zufolge so etwas wie eine »seltsame Schleife, die wie ein Möbiusband die materielle und die geistige Ebene des Daseins vertauscht«.[18] Gute Geschichten fühlen sich für uns so materiell an wie Dinge. Und genau aus diesem Grund können Geschichten so mächtig sein: Wir wünschten, die Welt wäre wirklich vom Narrativium angetrieben und jede Geschichte würde wahr, wenn wir sie erzählen. Aus diesen Wünschen heraus werden Geschichten manchmal wirklich wahr. Ob es das Narrativium auf unserer Welt gibt oder nur auf der Scheibenwelt, ist aber letztlich völlig egal. Weshalb genau sind die Amerikaner damals auf den Mond geflogen (und ja, sie sind es *wirklich*)? Weil die Russen an Bord des *Sputnik* den ersten Mensch im Weltall hatten und man in den USA alles, aber auch wirklich alles daransetzte, die bis dahin stiefmütterlich behandelte Raumfahrt der NASA an die Weltspitze zu bringen, um so die Überlegenheit des kapitalistisch-demokratischen Narrativs zu beweisen. *To get along and get ahead,* wie Will Storr sagen würde, bedeutete in den 60er-Jahren eben, strikt gemäß des Narrativiums zu handeln. Heute muss es bedeuten, strikt gemäß der Ehre zu handeln und nicht länger Antagonist sein zu wollen. Und einander von dieser Umkehr zu erzählen.

Sicherlich haben Sie längst bemerkt, dass die Kapitel dieses Buches nach den Stadien der Heldenreise benannt sind. Wir sind im zwölften und letzten Stadium angelangt:

»Rückkehr in die gewohnte Welt mit dem Elixier«. Durch die dafür notwendige Verwandlung sind wir nun »Herrscher der beiden Welten« und wieder dort angekommen, wo unsere Reise begann. Das Buch in Ihren Händen ist immer noch das gleiche. Aber *wir* haben uns verändert.

Unsere These war und ist, dass Narrative, verpackt in mächtige Kulturprodukte, politische Programme oder platte Popsongs, heute die größte transformative Kraft besitzen. Und das nicht obwohl, sondern weil wir sie selten als solche wahrnehmen, sie aber umso lustvoller weitergeben. Wir haben aber auch erkannt: Einige der stärksten (und verlogensten) Narrative unserer Zeit sind Anti-Heldenreisen. Sie versprechen den Menschen *kein* Abenteuer, keine Reise, keine Transformation. Ihre ebenso fatale wie verführerische Botschaft lautet: Alles kann so bleiben, wie es ist. Wir müssen uns überhaupt nicht ändern.

Wenn Sie sich nun ein Narrativ selbst stricken könnten, wie sähe es aus? Wären Sie lieber Held oder Mentor? Wie sehr sind Sie bereit, alles aufs Spiel zu setzen? Wo sind Sie Antagonist, wollen es aber gar nicht mehr sein? Welche Geschichte von uns selbst und der Menschheit würden wir gerne erzählen? Vielleicht ist der Moment gekommen, in dem wir, wie im Film *Matrix,* zwischen der blauen und der roten Pille wählen müssen (bei aller Vorsicht vor diesem oft missbrauchten Motiv): Wollen wir aufwachen oder weiterschlafen?

Wenn wir am Ende dieses Buches einen Ratschlag haben, dann jenen, den man in Sicherheitstrainings für Krisensituationen am häufigsten hört. Wenn wir einer Gefahr entgegensehen, ist es ratsam, zu handeln, *bevor* es brenzlig wird. Also: Seien Sie keine Heldin. Seien Sie kein Held. Bleiben Sie ein erzählender Affe. Erzählen Sie sich und Ihren Lieben die Geschichte einer guten Zukunft. Lassen Sie diese Geschichte mit einer Wette auf ein Happy End beginnen. Fragen Sie sich ehrlich, wo Sie Protagonistin, wo Antagonistin sind. Erfinden Sie Utopien, fantasieren Sie paradiesische Zustände, seien Sie mutig. Verbünden Sie sich dazu mit anderen, die bisher nur zu träumen wagen.

Vor allem aber: Warten Sie nicht auf den Auslöser, bevor Sie handeln. Beginnen Sie Ihre Reise heute.

Danksagung

Danke

… den Mentoren, die mir erklärt haben, wie man von der Wirklichkeit erzählt: Stefan Niggemeier, Bo Rosenkranz, Jürn Kruse, sowie Stefan Kuzmany und der *Spiegel-Kultur*-Redaktion.

… dem Mentor, der mir gezeigt hat, wie man Wirklichkeiten durch Erzählungen erschafft: Lou Binder.

… den Verbündeten: den liebsten Eltern, Timon Karl Kaleyta, Tilman Mühlenberg, Wolfgang M. Schmitt, Elisabeth Ruge, Anne Will, Tolgay Azman und allen lieben *Piratensender Powerplay*-Hörerinnen und Hörern.

… dem besten Gefährten für so eine Reise, unerschrocken und nobel: Friedemann.

Und danke meinem Helden, dem Mutigsten von allen: Martin.

(Samira El Ouassil)

Mein Dank geht an:

Elisabeth Ruge, Max und Marleen Montgomery, Wolfram Eilenberger, Fritz Breithaupt, Manuel Kilian, Lilo und Momo und Elena, Gunnar Cynybulk, Eva von Redecker, Christian Stöcker, Georg Diez, der Superredaktion, Anne Will, Maja Göpel, Tolgay Azman und Boris Beimann – für ihre direkte oder indirekte Hilfe, die Affen zu zähmen.

Unseren Leserinnen und Hörern für die zugeneigte Aufmerksamkeit und die Toleranz unserer kryptischeren Momente.

Samira für das denkbar größte, gemeinsame, jetzt erst begonnene Abenteuer.

Meinen Großeltern und Eltern für die vielen Geschichten.

(Friedemann Karig)

Literatur

Anderson, Kurt: *Fantasyland. 500 Jahre Realitätsverlust.* München, Goldmann 2018

Appiah, Kwame Anthony: *Eine Frage der Ehre oder: Wie es zu moralischen Revolutionen kommt.* München, C. H. Beck 2011

Bauer, Thomas: *Die Vereindeutigung der Welt. Über den Verlust an Mehrdeutigkeit und Vielfalt.* Ditzingen, Reclam 2018

Bergen, Benjamin K.: *Louder Than Words: The New Science of How the Mind Makes Meaning.* New York, Basic Books 2012

Bernays, Edward: *Propaganda. Die Kunst der Public Relations.* Freiburg, Orange Press 2009

Binswanger, Hans-Christoph: *Geld und Magie. Eine ökonomische Deutung von Goethes Faust.* Stuttgart, Edition Weitbrecht 1985

Blumenberg, Hans: *Arbeit am Mythos.* Frankfurt a. M., Suhrkamp 1979

Breithaupt, Fritz: *Die dunklen Seiten der Empathie.* Berlin, Suhrkamp 2017

Breithaupt, Fritz: *Kultur der Ausrede.* Berlin, Suhrkamp 2012

Bröckling, Ulrich: *Postheroische Helden. Ein Zeitbild.* Berlin, Suhrkamp 2020

Bude, Heinz: *Gesellschaft der Angst.* Hamburg, Hamburger Edition HIS 2014

Burke, Kenneth: *Die Rhetorik in Hitlers »Mein Kampf« und an-*

dere Essays zur Strategie der Überredung. Frankfurt a. M., Suhrkamp 2015
Child, Lee: *Der Held. Wie Helden die Welt verändern, und warum wir sie heute mehr als je zuvor brauchen. Ein Essay*. München, Blanvalet 2019
Carriger, Gail: *The Heroine's Journey: For Writers, Readers, and Fans of Pop Culture*. o. O., Gail Carriger LLC 2020
Cavarero, Adriana: *Relating Narratives: Storytelling and Selfhood*. London, Routledge 2000
Cron, Lisa: *Story or Die. How to Use Brain Science to Engage, Persuade, and Change Minds in Business and in Life*. Berkeley, Ten Speed Press 2021
Dörre, Klaus: *In der Warteschlange. Arbeiter*innen und die radikale Rechte*. Münster, Westfälisches Dampfboot 2020
Duhm, Dieter: *Der unerlöste Eros*. Radolfzell, Verlag Meiga 1991
El-Mafaalani, Aladin: *Wozu Rassismus? Von der Erfindung der Menschenrassen bis zum rassismuskritischen Widerstand*. Köln, Kiepenheuer &Witsch 2021
Frank, Robert H.: *Ohne Glück kein Erfolg. Der Zufall und der Mythos der Leistungsgesellschaft*. München, dtv 2018
Gess, Nicola: *Halbwahrheiten. Zur Manipulation von Wirklichkeit*. Berlin, Matthes & Seitz 2021
Gladwell, Malcolm: *Die Kunst, nicht aneinander vorbei zu reden*. Reinbek b. Hamburg, Rowohlt 2019
Gottschall, Jonathan: *The Story Paradox: How Our Love of Storytelling Builds Societies and Tears them Down*. New York, Basic Books 2021
Gottschall, Jonathan: *The Storytelling Animal: How Stories Make Us Human*. Boston u. a., Mariner Books 2013
Haffner, Sebastian: *Geschichte eines Deutschen. Die Erinnerungen 1914–1933*. Stuttgart, Deutsche Verlags-Anstalt 2000

Haven, Kendall: *Story Smart: Using the Science of Story to Persuade, Influence, Inspire, and Teach*. Santa Barbara, Libraries Unlimited 2014

Herder, Benita: *Bild und Fiktion. Eine Untersuchung über die Funktion von Bildern in der Erkenntnistheorie*. Köln, Herbert von Halem 2017

Hochschild, Arlie Russell: *Fremd in ihrem Land. Eine Reise ins Herz der amerikanischen Rechten*. Frankfurt a. M., Campus 2017

Horn, Eva: *Zukunft als Katastrophe*. Frankfurt a. M., Fischer 2014

Kendi, Ibram X.: *Gebrandmarkt. Die wahre Geschichte des Rassismus in Amerika*. München, C. H. Beck 2017

Klemperer, Victor: *LTI – Notizbuch eines Philologen*. Berlin, Aufbau-Verlag 1947

Koschorke, Albrecht: *Wahrheit und Erfindung. Grundzüge einer Allgemeinen Erzähltheorie*. Frankfurt a. M., Fischer 2012

Kracher, Veronika: *Incels. Geschichte, Sprache und Ideologie eines Online-Kults*. Mainz, Ventil Verlag 2020.

Lakoff, George / Johnson, Mark: *Leben in Metaphern. Konstruktion und Gebrauch von Sprachbildern*. Heidelberg, Carl-Auer 2021

Langmuir, Gavin I.: *History, Religion, and Antisemitism*. Los Angeles u. a., University of California Press 1990

Le Guin, Ursula K.: *Am Anfang war der Beutel. Warum uns Fortschritts-Utopien an den Rand des Abgrunds führten und wie Denken in Rundungen die Grundlage für gutes Leben schafft*. Klein Jasedow, ThinkOya 2020

Lowenhaupt Tsing, Anna: *Der Pilz am Ende der Welt. Über das Leben in den Ruinen des Kapitalismus*. Berlin, Matthes & Seitz 2021

Löwenthal, Leo: »Falsche Propheten. Studien zum Autoritarismus«, in: Ders.: *Schriften 3. Zur politischen Psychologie des Autoritarismus*. Frankfurt a. M., Suhrkamp 1982

Malm, Andreas: *Klima|x*. Berlin, Matthes & Seitz 2020

Marcks, Holger / Fielitz, Maik: *Digitaler Faschismus. Die sozialen Medien als Motor des Rechtsextremismus*. Berlin, Dudenverlag 2020

Marshall, George: *Don't Even Think About It. Why Our Brains Are Wired to Ignore Climate Change*. New York u. a., Bloomsbury 2014

Mason, Paul: *Postkapitalismus: Grundrisse einer kommenden Ökonomie*. Berlin, Suhrkamp 2016

Montague, Read: *Your Brain Is (Almost) Perfect: How We Make Decisions*. New York, Penguin 2006

Moreno, Juan: *Tausend Zeilen Lüge. Das System Relotius und der deutsche Journalismus*. Berlin, Rowohlt 2019

Painter, Nell Irvin: *The History of White People*. New York, W. W. Norton & Company 2010

Pratchett, Terry / Stewart, Ian / Cohen, Jack: *Die Philosophen der Rundwelt: Die Wissenschaft der Scheibenwelt*. München, Piper 2012

Prinz, Wolfgang: *Selbst im Spiegel. Die soziale Konstruktion von Subjektivität*. Berlin, Suhrkamp 2013

Raworth, Kate: *Die Donut-Ökonomie. Endlich ein Wirtschaftsmodell, das den Planeten nicht zerstört*. München, Hanser 2018

Reckwitz, Andreas: *Das Ende der Illusionen. Politik, Ökonomie und Kultur in der Spätmoderne*. Berlin, Suhrkamp 2019

Ricœur, Paul: *Das Selbst als ein Anderer (Übergänge)*. Paderborn, Wilhelm Fink Verlag 2005

Rouillé, André: *La photo numérique, une force néo-libérale*. Paris, L'Échappée 2020

Rubin, Miri: *Gentile Tales: The Narrative Assault on Late Medieval Jews.* New Haven u. a., Yale University Press 1999

Sanyal, Mithu M.: *Identitti.* München, Hanser 2021

Scheller, Jörg: *Identität im Zwielicht. Perspektiven für eine offene Gesellschaft.* München, Claudius Verlag 2021

Shiller, Robert: *Narrative Wirtschaft. Wie Geschichten die Wirtschaft beeinflussen – ein revolutionärer Erklärungsansatz.* Kulmbach, Plassen 2020

Snyder, Blake: *Rette die Katze! Das ultimative Buch übers Drehbuchschreiben.* Berlin, Autorenhaus Verlag 2015

Snyder, Timothy: *Über Tyrannei. Zwanzig Lektionen für den Widerstand.* München, C. H. Beck 2017

Stanley, Jason: *How Fascism Works: The Politics of Us and Them.* New York, Random House 2018

Stöcker, Christian: *Das Experiment sind wir. Unsere Welt verändert sich so atemberaubend schnell, dass wir von Krise zu Krise taumeln. Wir müssen lernen, diese enorme Beschleunigung zu lenken.* München, Blessing 2020

Storr, Will: *The Science of Storytelling: Why Stories Make Us Human, and How to Tell Them Better.* London, William Collins 2019

Storr, Will: *Selfie: How the West became self-obsessed.* London, Picador 2017

Stoverock, Meike: *Female Choice. Vom Anfang und Ende der männlichen Zivilisation.* Stuttgart, Tropen 2021

Tobias, Ronald B.: *20 Masterplots – Die Basis des Story-Building in Roman und Film.* Berlin, Autorenhaus Verlag 2016

Tolentino, Jia: *Trick Mirror. Über das inszenierte Ich.* Frankfurt a. M., Fischer 2020

Ullrich, Wolfgang: *Selfies. Digitale Bildkulturen.* Berlin, Wagenbach 2019

Veyne, Paul: *Glaubten die Griechen ihre Mythen?* Berlin, Suhrkamp 1987

Vogl, Joseph: *Kalkül und Leidenschaft. Poetik des ökonomischen Menschen*. Zürich, Diaphanes 2011

Vogler, Christopher: *Odyssee der Drehbuchschreiber, Romanautoren und Dramatiker. Mythologische Grundmuster für Schriftsteller*. Berlin, Autorenhaus Verlag 2018

Watts, Duncan J.: *Everything is Obvious: Why Common Sense is Nonsense*. London, Atlantic Books 2011

Weil, Simone: *Krieg und Gewalt. Essays und Aufzeichnungen*. Zürich, Diaphanes 2011

Whitehead, Colson: *The Underground Railroad*. New York, Doubleday 2016

Und nochmals zur Sicherheit: Schauen Sie *Inside* von Bo Burnham.

Anmerkungen

Kap. 1

1 Buch Genesis 1,28, www.die-bibel.de/bibeln/online-bibeln/lesen/LU17/GEN.1/1.–Mose-1

Kap. 2

1 *Der Herr der Ringe: Die zwei Türme* (USA 2002, Peter Jackson)
2 Ebd.
3 Eva M. Thury, Margaret K. Devinney: *Introduction to Mythology: Contemporary Approaches to Classical and World Myths.* New York, Oxford University Press 2017, S. 217
4 Fritz Breithaupt: *Die dunklen Seiten der Empathie.* Berlin, Suhrkamp 2017, S. 155
5 Joseph Campbell: *Der Heros in tausend Gestalten.* Berlin, Insel Verlag 2011, S. 248
6 Die Werke sind Joseph Campbells *Der Heros in tausend Gestalten* und Christopher Voglers *Die Odyssee der Drehbuchschreiber, Romanautoren und Dramatiker: Mythologische Grundmuster für Schriftstelle*r und Blake Snyders *Save the Cat! The Last Book on Screenwriting You'll Ever Need.*
7 *Der Herr der Ringe: Die Gefährten* (USA 2001, Peter Jackson)
8 François Truffaut: *Mr. Hitchcock, wie haben Sie das gemacht?*, München, Hanser 1973, S. 187
9 *The Dark Knight* (USA/UK 2008, Christopher Nolan)
10 Vgl. Mitschnitt von Kurt Vonneguts Vortrag: »Shapes of stories«. 1995, www.youtube.com/watch?v=oP3c1h8v2ZQ.
11 Kurt Vonnegut: Palm Sunday. London, Vintage 2020, S. 627

12 Andy Reagan, Lewis Mitchell, Dilan Kiley, Christopher M. Danforth, Peter Sheridan Dodds: »The emotional arcs of stories are dominated by six basic shapes«, *EPJ Data Science* 5, 31, 2016

13 Marco Del Vecchio, Alexander Kharlamov, Glenn Parry, Ganna Pogrebna: »The Data Science of Hollywood: Using Emotional Arcs of Movies to Drive Business Model Innovation in Entertainment Industries«, in: *Journal of the Operational Research Society,* 2020, S. 1110–1137; /www.researchgate.net/figure/Compound-Effect-of-Movie-Genre-and-Emotional-Arc-on_tbl7_325805052

14 Ronald Tobias: *20 Master Plots: And How to Build Them*. Cincinnati, Penguin Random House 1993, S. 10

15 *OK! Magazin,* 31. August 2016

16 *OK! Magazin,* 9. Januar 2019

17 *OK! Magazin,* 27. Juni 2018

18 *OK! Magazin,* 18. Dezember 2018

19 Herfried Münkler im Gespräch mit Thilo Kößler: »Was bedeutet Krieg in unserer Zeit?«, Deutschlandfunk, 19. Oktober 2015, www.deutschlandfunk.de/kriegssplitter-von-herfried-muenkler-was-bedeutet-krieg-in.1310.de.html?dram:article_id=334482

20 Ulrich Bröckling: *Postheroische Helden. Ein Zeitbild*. Berlin, Suhrkamp 2020, S. 9

21 Ebd., S. 13

22 Ebd., S. 27

23 Ebd., S. 13

24 Ebd., S. 11

Kap. 3

1 Hans Blumenberg: *Arbeit am Mythos.* Frankfurt a. M., Suhrkamp 1979, S. 194

2 Walter Benjamin: »Der Erzähler. Betrachtungen zum Werk Nikolai Lesskows« (1936/37) in: Erzählen. Schriften zur Theorie der Narration und zur literarischen Prosa. Frankfurt a. M., Suhrkamp 2007, S. 444

3 *Die Matrix* (USA 1999, Lana Wachowski, Lilly Wachowski)

4 Colin Barras: »Is an Aboriginal tale of an ancient volcano the oldest story ever told?«, *Sciencemag,* 11. Februar 2020, www.sciencemag.org/news/2020/02/aboriginal-tale-ancient-volcano-oldest-story-ever-told

5 *Tausendundeine Nacht (Neue Orientalische Bibliothek),* nach der ältesten arab. Hs. in der Ausg. von Muhsin Mahdi, übers. v. Claudia Ott. München, C. H. Beck 2018, S. 29
6 Vgl. Jonathan Gottschall: *The Storytelling Animal: How Stories Make Us Human.* Boston u. a., Mariner Books 2013.
7 Vgl. Lisa Cron: *Wired for Story: The Writer's Guide to Using Brain Science to Hook Readers from the Very First Sentence.* Berkeley, Ten Speed Press 2012.
8 Vgl. Kendall Haven: *Story Smart: Using the Science of Story to Persuade, Influence, Inspire, and Teach.* Santa Barbara, Libraries Unlimited 2014.
9 Walter Fisher: »Narration as a human communication paradigm: The case of public moral argument«, in: *Communication Monographs,* 51, 1 (1984), S. 1–22
10 Will Storr: *The Science of Storytelling: Why Stories Make Us Human, and How to Tell Them Better.* London, William Collins 2019, S. 28
11 Benjamin K. Bergen: *Louder Than Words: The New Science of How the Mind Makes Meaning.* New York, Basic Books 2012, S. 118
12 Vgl. Daniel L. Everett: *Die größte Erfindung der Menschheit. Was mich meine Jahre am Amazonas über das Wesen der Sprache gelehrt haben.* Aus dem Englischen übers. v. Harald Stadler. München, Deutsche Verlags-Anstalt 2013.
13 Lee Child: *Der Held. Wie Helden die Welt verändern, und warum wir sie heute mehr als je zuvor brauchen. Ein Essay.* München, Blanvalet 2019, S. 22
14 Will Storr: *Selfie: How the West became self-obsessed.* London, Picador 2017, S. 45
15 Jonathan Gottschall: *The Storytelling Animal: How Stories Make Us Human.* Boston u. a., Mariner Books 2013, S. 82
16 Haven, *Story Smart,* S. 26
17 *Tausendundeine Nacht,* S. 46
18 Vgl. Cron, *Story or Die,* S. 24, 172, 181.
19 Vgl. Read Montague: *Your Brain Is (Almost) Perfect: How we make decisions.* New York, Penguin Group 2006, S. 103–107.
20 »Dopamine Jackpot! Sapolsky on the Science of Pleasure«, *3. März 11,* Mitschnitt von Robert Sapolskys Vortrag an der California Academy of Sciences. San Francisco, Fora TV, 15. Februar 2011, Minute 1:04–1:10, www.youtube.com/watch?v=axrywDP9Ii0&t=66s
21 Paul J. Zak: »Why inspiring stories make us react: the neuroscience

of narrative«, in: *Cerebrum: the Dana forum on brain science,* 2, 2015, www.ncbi.nlm.nih.gov/pmc/articles/PMC4445577/

22 Vgl. Jorge A. Barraza, Paul J. Zak: »Empathy toward strangers triggers oxytocin release and subsequent generosity«, in: *Annals of the New York Academy of Sciences,* 1167, 2009, S. 182–189, pubmed.ncbi.nlm.nih.gov/19580564/

23 Jorge A. Barraza, Veronika Alexander, Laura Beavin, Elizabeth Terris, Paul J. Zak: »The heart of the story: peripheral physiology during narrative exposure predicts charitable giving«, in: *Biological psychology,* 105 (2015), S. 138–143, pubmed.ncbi.nlm.nih.gov/25617658/

24 Vgl. Cron, *Story or Die,* S. 103.

25 Storr, *The Science of Storytelling,* S. 20 f.

26 Michael J. Spivey, Joy J. Geng: »Oculomotor mechanisms activated by imagery and memory: eye movements to absent objects«, in: *Psychological research,* 65, 2002, S. 235–241, pubmed.ncbi.nlm.nih.gov/11789427/

27 Spivey, Geng, »Oculomotor mechanisms«, S. 237

28 Carol Clark: »A novel look at how stories may change the brain«, 17. Oktober 2013, esciencecommons.blogspot.com/2013/12/a-novel-look-at-how-stories-may-change.html

29 Christopher Bergland: »Reading Fiction Improves Brain Connectivity and Function«, in: *Psychology today,* 4. Januar 2014, www.psychologytoday.com/us/blog/the-athletes-way/201401/reading-fiction-improves-brain-connectivity-and-function

30 Benjamin »Der Erzähler.« S. 457

31 Der Aufsatz basiert auf einem Vortrag für die Berkeley Communications Conference, gehalten am 1. Juni 2016. Er wurde ursprünglich im *Greater Good Magazine* veröffentlicht. Jeremy Adam Smith: »The science of the story«, news.berkeley.edu/berkeley_blog/the-science-of-the-story/

32 Benjamin, »Der Erzähler«, S. 111

33 Vgl. Storr, *The Science of Storytelling,* S. 84 f.

34 Haven, *Story Smart,* S. 17

35 Tom Van Laer, Ko de Ruyter, Luca M. Visconti, Martin Wetzels: »The Extended Transportation-Imagery Model: A Meta-Analysis of the Antecedents and Consequences of Consumers' Narrative Transportation«, in: *Journal of Consumer Research,* 40, 5 (2014), S. 797–817, www.jstor.org/stable/10.1086/673383

36 Storr, *The Science of Storytelling,* S. 207

37 Lynn Hunt: Inventing Human Rights: A History. New York, U. U. Norton & Company 2007, S. 57 und 56

38 Fritz Breithaupt: *Kultur der Ausrede.* Berlin, Suhrkamp 2012, S. 58

39 Friedrich Schiller: *Der Verbrecher aus verlorener Ehre.* Studienausgabe, hrsg. v. Alexander Košenina, Stuttgart, Reclam 2014, S. 6

40 Haven, *Story Smart,* S. 42–46

41 Hannah Arendt: *The Life* of *Mind.* New York, Harcourt and Brace 1971, S. 132

42 Adriana Cavarero: *Relating Narratives. Storytelling and Selfhood.* London, Routledge 2000, S. 17

43 Arendt, *The Life* of *Mind,* S. 87

44 Wolfgang Prinz: *Selbst im Spiegel. Die soziale Konstruktion von Subjektivität.* Berlin, Suhrkamp 2013, S. 296

45 Erving Goffman: *Wir alle spielen Theater. Die Selbstdarstellung im Alltag.* München, Piper 1956, S. 147

46 Jia Tolentino: *Trick Mirror. Über das inszenierte Ich.* Frankfurt a. M., S. Fischer 2020, S. 28

47 Prinz, *Selbst im Spiegel,* S. 211

48 Ebd., S. 296

49 Ebd., S. 297

50 Plutarch: *Vita Thesei* 23. Übers. v. Wilhelm K. Essler, in: *Was ist und zu welchem Ende betreibt man Metaphysik?,* Dialectica 49, 1995, S. 281–315

51 Paul Ricœur: *Soi-même comme un autre.* Paris, Éditions du Seuil 1990, S. 196

52 Vgl. Paul Ricœur: »L'identité narrative«, in: *Esprit,* 5–8, 1988, S. 295.

53 Jonas Kaplan, Sarah Gimbel, Sam Harris: »Neural correlates of maintaining one's political beliefs in the face of counterevidence«, in: *Scientific Reports,* 6, 39589, 2016, www.nature.com/articles/srep39589

54 Giuliana Mazzoni: »The real you is a myth – we constantly create false memories to achieve the identity we want«, in: *The Conversation UK,* 19. September 2018, theconversation.com/the-real-you-is-a-myth-we-constantly-create-false-memories-to-achieve-the-identity-we-want-103253

55 Iris Murdoch, Ronald Hepburn: »Symposium: Vision and Choice in Morality«, in: *Proceedings of the Aristotelian Society, Supplementary Volumes,* 30 (1956), S. 14–58, www.jstor.org/stable/4106662.

56 Storr, *Selfie,* S. 64
57 Ebd., S. 65
58 Aristoteles: *Politik*. Übers. v. Eckart Schütrumpf Hamburg, Felix Meiner Verlag 2012, S. 7
59 Storr, *Selfie,* S. 71 f.
60 Zitiert in ebd., S. 71.
61 Andreas Reckwitz: *Das Ende der Illusionen. Politik, Ökonomie und Kultur in der Spätmoderne.* Berlin, Suhrkamp 2019, S. 237
62 Ebd., S. 233
63 Ebd., 208
64 Ebd., 217
65 Ebd., S. 215
66 Jean-Jacques Rousseau: »Über die Tugend des Helden« (1751), in: *Zeitschrift für Kulturphilosophie 3*, 1 (2009), S. 119
67 Ulrich Bröckling: *Postheroische Helden. Ein Zeitbild.* Berlin, Suhrkamp 2020, S. 25
68 JRE Clips: »Guy Ritchie, ›You Must Be The Master of Your Own Kingdom‹« – The Joe Rogan Experience, 5. Mai 2017, www.youtube.com/watch?v=rd3yeX1-SaM

Kap. 4

1 Albrecht Koschorke: *Wahrheit und Erfindung. Grundzüge einer Allgemeinen Erzähltheorie.* Frankfurt a. M., S. Fischer 2012, S. 10
2 Victor Klemperer: *LTI – Notizbuch eines Philologen.* Berlin, Aufbau-Verlag 1947, S. 21
3 Lera Boroditsky, Lauren Schmidt, Webb Phillips: »Sex, Syntax, and Semantics«, in: Gentner & Goldin-Meadow (Hrsg.): *Language in Mind: Advances in the study of Language and Cognition,* Cambridge, MIT Press 2003, S. 65–71
4 Jonathan Winawer, Nathan Witthoft, Michael C. Frank, Lisa Wu, Alex R. Wade, Lera Boroditsky: »Russian blues reveal effects of language on color discrimination«, in: *Proceedings of the National Academy of Sciences, 104* (19), 2007, S. 7780–7785
5 Lera Boroditsky: »Wie Sprache unser Denken formt«, TED Woman 2017, New Orleans, www.ted.com/talks/lera_boroditsky_how_language_shapes_the_way_we_think

6 Caitlin Fausey, Lera Boroditsky: »Who dunnit? Cross-linguistic differences in eye-witness memory«, in: *Psychonomic Bulletin & Review,* 18, 1 (2011), S. 150–157

7 Boroditsky, »Wie Sprache unser Denken formt«

8 Paul Thibodeau, Lera Boroditsky: »Metaphors We Think With: The Role of Metaphor in Reasoning«, in: *PLoS one,* 6 (2), 2011

9 George Lakoff, Elisabeth Wehling: *Metaphor and Health Care: On The Power to Make Metaphor Into Law,* 6. September 2012, georgelakoff.com/2012/09/16/metaphor-and-health-care-on-the-power-to-make-metaphor-into-law/

10 George Lakoff: *The Political Mind: A Cognitive Scientist's Guide to Your Brain and Its Politics.* New York u. a., Penguin Books 2008

11 Vgl. George Lakoff, Mark Johnson: *Metaphors We Live by.* Chicago, University of Chicago 1980.

12 John R. Searle: »How Performatives Work«, in: *Linguistics and Philosophy,* 12, 5, 1989, S. 535 f.

13 John R. Searle: »The logical status of fictional discourse«, in: *New Literary History,* 6, 2, *On Narrative and Narratives* (1975), S. 319–332

14 Vgl. Kendall L. Walton: *Mimesis as Make-Believe. On the Foundations of the Representational Arts.* Cambridge/London, Harvard University Press 1990.

15 Benita Herder: *Bild und Fiktion. Eine Untersuchung über die Funktion von Bildern in der Erkenntnistheorie.* Köln, Herbert von Halem Verlag 2017, S. 92

16 Willy Brandt: *Erinnerungen.* Berlin, Ullstein 2013, S. 214

17 Scott McCloud: *Comics richtig lesen – Die unsichtbare Kunst,* Hamburg, Carlsen 1994

18 Teju Cole: *The Superhero Photographs of the Black Lives Matter Movement, New York Times,* 26. Juli 2016, www.nytimes.com/2016/07/31/magazine/the-superhero-photographs-of-the-black-lives-matter-movement.html (eigene Übersetzung)

19 Theo van Leeuwen, Gunther Kress: *Reading Images: The Grammar of Visual Design.* New York, Routledge 2021, S. 54

20 Ebd., S. 60

21 Leider ist der Aufsatz aus Mediendienst Integration online nicht mehr verfügbar; mediendienst-integration.de/artikel/bildredaktion-verwendung-von-symbolbildern-mit-kopftuch-fuer-integration.html

22 Sabine Schiffer: »Schluss mit der Fokussierung«, in: *Televizion,* 21. Januar 2008, S. 56, www.br-online.de/jugend/izi/deutsch/publikation/televizion/21_2008_1/schiffer.pdf

23 Katrin Pfündel, Anja Stichs, Kerstin Tanis: *Muslimisches Leben in Deutschland 2020. Studie im Auftrag der Deutschen Islam Konferenz. Forschungsbericht 38,* Bundesamt für Migration und Flüchtlinge, 28. April 2021, S. 37, www.bamf.de/SharedDocs/Anlagen/DE/Forschung/Forschungsberichte/fb38-muslimisches-leben.pdf;jsessionid=8832C3D7426D143E8BF58A547A683730.internet542?__blob=publicationFile&v=15

24 Ipsos MORI: »Perils of Perception 2018«, 16. Januar 2019, www.ipsos.com/sites/default/files/ct/news/documents/2019-01/perils_of_perception_2018_charts_v1_final_041218_004.pdf

25 Bertelsmann Stiftung (Hrsg.), Gert Pickel: *Weltanschauliche Vielfalt und Demokratie. Wie sich religiöse Vielfalt auf die politische Kultur auswirkt.* 11. Juli 2019, S. 13, www.bertelsmann-stiftung.de/de/publikationen/publikation/did/weltanschauliche-vielfalt-und-demokratie

26 Wolfgang Ullrich: *Selfies. Digitale Bildkulturen*. Berlin, Wagenbach 2019, S. 44

Kap. 5

1 *The Social Network* (USA 2010, David Fincher)

2 Ebd.

3 »Jede hinreichend fortgeschrittene Technologie ist von Magie nicht mehr zu unterscheiden«, sagte der Schriftsteller Arthur C. Clarke, in: *Biokapital. Die Versöhnung von Ökonomie, Natur und Menschlichkeit.* Berlin, Berlin Verlag 2008.

4 Jane McGonigal: »Videospiele für eine bessere Welt«, TED-Talk, Februar 2010, www.ted.com/talks/jane_mcgonigal_gaming_can_make_a_better_world?language=de

5 Vgl. Jane McGonigal: *Reality is broken: Why Games Make Us Better and How They Can Change the World.* O. O., Vintage Digital 2011.

6 Charlie Brooker: *How Videogames Changed the World. Channel 4,* 2013

7 Ebd.

8 Wolfgang Ullrich: *Selfies: Digitale Bildkulturen*. Berlin, Wagenbach 2019, S. 5

9 Ebd., S. 8

10 *Face/Off – Im Körper des Feindes* (USA 1997, John Woo)
11 Ullrich, *Selfies,* S. 44
12 Jia Tolentino: *Trick Mirror. Über das inszenierte Ich.* Frankfurt a. M., S. Fischer 2020, S. 28
13 André Rouillé: *La Photo numérique, une force néo-libérale.* Paris, L'Échappée 2020, S. 176
14 The Hollywood Reporter: »Writers Roundtable: John Krasinski, Bo Burnham, Tamara Jenkins, Peter Farrelly, Eric Roth | Close Up«, 11. Februar 2019, youtu.be/qbPxMsOKQ5o
15 Ebd.
16 Michael Tomasello: *Eine Naturgeschichte der menschlichen Moral.* Berlin, Suhrkamp 2016, S. 17
17 Paul Mason: *Postkapitalismus. Grundrisse einer kommenden Ökonomie.* Berlin, Suhrkamp 2016, S. 18
18 Aus der Vorankündigung zu Jonathan Gottschall: *The Story Paradox: How Our Love of Storytelling Builds Societies and Tears them Down.* New York, Basic Books, erscheint Dezember 2021, www.basicbooks.com/titles/jonathan-gottschall/the-story-paradox/9781541645974/

Kap. 6

1 Jeannie Vanasco: »Why Is the U. S. Government Interested in Storytelling?«, in: *The New Yorker,* 14. März 2011, www.newyorker.com/books/page-turner/why-is-the-u-s-government-interested-in-storytelling
2 Larry Tye: *The Father of Spin: Edward L. Bernays and the Birth of Public Relations.* London, Picador 2002, S. 111
3 Zitiert in: Wichard Woyke: *Weltpolitik im Wandel: Revolutionen, Kriege, Ereignisse … und was man daraus lernen kann.* Wiesbaden, Springer VS 2016, S. 135.
4 Hannah Arendt: »Die Lüge in der Politik. Überlegungen zu den Pentagon-Papieren«, in: Dies.: *Wahrheit und Lüge in der Politik. Zwei Essays,* München, Piper 1972, S. 18
5 Ebd., S. 21
6 Edward Bernays: *Propaganda. Die Kunst der Public Relations.* Freiburg, Orange Press 2009, S. 52
7 Ebd., S. 13
8 Nicola Gess: *Halbwahrheiten. Zur Manipulation von Wirklichkeit.* Berlin, Matthes & Seitz 2021, S. 30

9 Zitiert in: Malcolm Gladwell: *Die Kunst, nicht aneinander vorbei zu reden*. Hamburg, Rowohlt 2019, S. 57.

10 Fritz Breithaupt: *Kultur der Ausrede*. Berlin, Suhrkamp 2001, S. 8

11 Albrecht Koschorke: *Wahrheit und Erfindung. Grundzüge einer Allgemeinen Erzähltheorie*. Frankfurt a. M., S. Fischer 2012, S. 12

12 Breithaupt, *Kultur der Ausrede,* S. 58

13 Juan Moreno: *Tausend Zeilen Lüge. Das System Relotius und der deutsche Journalismus*. Berlin, Rowohlt 2019, S. 275

14 Gess, *Halbwahrheiten,* S. 56

15 Ebd., S. 53

16 Ebd.

17 Margrit Sprecher, Daniel Puntas Bernet: »›Ich hatte nicht mehr das Gefühl, eine Grenze zu überschreiten‹«, in: *Reportagen,* 59 (Juli 2021), reportagen.com/content/erfundene-wirklichkeit

18 Arendt, »Die Lüge in der Politik«, S. 33

19 Duncan J. Watts: *Everything is obvious: Why Common Sense is Nonsense*. London, Atlantic Books 2011, S. 72

20 Mark Granovetter: »Threshold Models of Collective Behavior«, in: *The American Journal of Sociology,* 83, 6 (1978), S. 1420–1443

21 Watts, *Everything is obvious,* S. 76

22 Lyndon B. Johnson: »36th President of the United States: 1963–1969. Special Message to the Congress on Conservation and Restoration of Natural Beauty«, 8. Februar 1965, *The American Presidency Project,* University of California, Santa Barbara, www.presidency.ucsb.edu/documents/special-message-the-congress-conservation-and-restoration-natural-beauty

23 Karl Marx: *Zur Kritik der politischen Ökonomie*. Berlin, Dietz 1951, S. 236

24 Christian Stöcker: *Das Experiment sind wir. Unsere Welt verändert sich so atemberaubend schnell, dass wir von Krise zu Krise taumeln. Wir müssen lernen, diese enorme Beschleunigung zu lenken*. München, Blessing 2020, S. 117

25 Joseph Vogl: *Kalkül und Leidenschaft. Poetik des ökonomischen Menschen*. Zürich, Diaphanes 2011, S. 180

26 Ebd., S. 181

27 Hans-Dieter Gelfert: *Shakespeare*. München, C. H. Beck 2014, S. 49

28 Ebd., S. 50

29 Evangelische Kirche in Deutschland (Hrsg.): *Die Bibel nach Martin*

Luthers Übersetzung. Lutherbibel. Stuttgart, Deutsche Bibelgesellschaft 2017, S. 524

30 Ebd.

31 Donald W. Hanson: *From Kingdom to Commonwealth: The Development of Civic Consciousness in English Political Thought.* Cambridge, Harvard University Press 1970, S. 71

32 Ernst Kantorowicz: *Die zwei Körper des Königs. Eine Studie zur politischen Theologie des Mittelalters.* Stuttgart, Klett-Cotta 1992

33 Max Horkheimer, Theodor W. Adorno: *Dialektik der Aufklärung.* Frankfurt a. M., S. Fischer 1969, S. 9

34 Michael Lewis: »Don't Eat Fortune's Cookie«, Princeton University's 2012 Baccalaureate Remarks, Princeton University, 3. Juni 2012, www.princeton.edu/news/2012/06/03/princeton-universitys-2012-baccalaureate-remarks

35 Vgl. Robert H. Frank: *Ohne Glück kein Erfolg. Der Zufall und der Mythos der Leistungsgesellschaft.* München, dtv 2018.

36 Michael Young: »Down with meritocracy«, *The Guardian,* 29. Juni 2001, www.theguardian.com/politics/2001/jun/29/comment

37 Michael J. Sandel: »The Tyranny of Merit«, TED-Talk, 15. September 2020, www.youtube.com/watch?v=Qewckuxa9hw

38 Max Weber: *Grundriss der Sozialökonomik. III. Abteilung: Wirtschaft und Gesellschaft.* Tübingen, Mohr (Paul Siebeck) 1922, S. 281. Zitiert von Nell Irvin Painter: *The History of White People.* New York, W. W. Norton & Company, S. 222.

39 Ibn Battūta: *Reisen ans Ende der Welt. Durch Afrika und Asien.* Wiesbaden, Edition Erdmann 2016, S. 264

40 Dieser Aphorismus, der Battūta zugeschrieben wird, ist in einigen Publikationen und auch im Internet zu finden, eine Primärquelle konnte allerdings nicht ausfindig gemacht werden. Siehe z. B. Dan Mayur: *Global Nomad: Travels and Travails.* Bloomington, Xlibris 2020, S. 14.

41 Vgl. Ibram X. Kendi: *Gebrandmarkt. Die wahre Geschichte des Rassismus in Amerika.* München, C. H. Beck 2017, S. 19.

42 Gomes Eanes De Azurara: *The Chronicle of the Discovery and Conquest of Guinea 1441–1448.* Übers. v. C. Raymond Beazley und Edgar Prestage, London, Hakluyt Society 1896, S. 85

43 Aladin El-Mafaalani: *Wozu Rassismus?* Köln, Kiepenheuer & Witsch 2021, S. 31

44 Vgl. Georg Korth: »Zur Etymologie des Wortes ›Slavus‹ (Sklave)«, in: *Glotta,* 48, 1970, S. 145–153.

45 John Biewen: »How Race Was Made«, in: *Seeing White,* 2, www.sceneonradio.org/episode-32-how-race-was-made-seeing-white-part-2/

46 El-Mafaalani, *Wozu Rassismus?,* S. 31

47 PBS: Racetimeline, www.pbs.org/race/000_About/002_03_c-godeeper.htm

48 UNESCO: *The Race Question (= UNESCO and its Programme III),* Paris, UNESCO 1950, S. 8

49 Vgl. Doris Liebscher: *Rasse im Recht – Recht gegen Rassismus: Genealogie einer ambivalenten Kategorie.* Berlin, Suhrkamp 2021, S. 96.

50 Anatol Stefanowitsch im Gespräch mit dem RBB Kultur, 15. Juni 2020; leider ist das Gespräch online nicht mehr abrufbar (www.rbb-online.de/rbbkultur/radio/programm/schema/sendungen/rbbkultur_am_vormittag/archiv/20200615_0905/wissen_0910.html)

51 Sigmund Freud: *Das Unbehagen in der Kultur.* Gesammelte Werke 14, London, Imago 1939, S. 474

52 Sigmund Freud: *Der Mann Moses und die monotheistische Religion.* Gesammelte Werke 16, London, Imago 1939, S. 197

53 Evangelische Kirche in Deutschland, *Die Bibel nach Martin Luthers Übersetzung,* S. 2272

54 Miri Rubin: *Gentile Tales: The Narrative Assault on Late Medieval Jews.* New Haven u. a., Yale University Press 1999

55 Gavin I. Langmuir: *History, Religion, and Antisemitism.* Los Angeles u. a., University of California Press 1990, S. 303

Kap. 7

1 Kenneth Burke: *Die Rhetorik in Hitlers »Mein Kampf« und andere Essays zur Strategie der Überredung.* Aus dem Amerikanischen übers. v. Günter Rebing, Frankfurt a. M., Suhrkamp 2015, S. 7–34

2 Victor Klemperer: *LTI – Notizbuch eines Philologen.* Berlin, Aufbau-Verlag 1947, S. 135

3 Ebd., S. 135 ff.

4 Ebd., S. 155

5 Ebd., S. 153

6 Ebd.

7 Ebd., S. 155

8 Ebd., S. 187

9 Ebd., S. 150

10 Ebd., S. 236

11 Ebd., S. 230

12 Cole Horton: »From World War to *Star Wars:* Imperial Officers«, 20. August 2014, www.starwars.com/news/from-world-war-to-star-wars-imperial-officers

13 François de Smet: *Reductio ad hitlerum. Une théorie du point Godwin.* Paris, Puf 2014, E-Book, Position 1819

14 Mike Godwin: »Meme, Counter-meme«, *Wired Magazine,* 1. Oktober 1994, www.wired.com/1994/10/godwin-if-2/

15 De Smet, *Reductio ad hitlerum,* Position 1804

16 Gavriel David Rosenfeld: *Who was »Hitler« before Hitler? Historical Analogies and the Struggle to Understand Nazism, 1930–1945.* Cambridge, Cambridge University Press 2018, S. 249

17 Auf den offiziellen *Disney World*-Seiten ist das Zitat zur Bewerbung nicht mehr online, da die Parade seit 2018 nicht mehr aufgeführt wird, aber auf einigen Disney-Blogs und Reise-Portalen ist der offizielle Werbetext noch auffindbar, z. B.: The Disney Blog – A Galaxy of Star Wars Experiences at Disney's Hollywood Studios, thedisneyblog.com/2017/04/20/galaxy-star-wars-experiences-disneys-hollywood-studios/; Savvy Travel Group – Disney's Hollywood Studios Additional Attractions, thesavvytravelgroup.com/client-login/research-center/disneys-hollywood-studios-additional-attractions/

18 Siehe Lindsay Ellis: »The Ideology of the First Order«, 3. Juni 2018, 00:33 min, youtu.be/XAVeyXwy3BE.

19 Holger Marcks, Maik Fielitz: *Digitaler Faschismus. Die sozialen Medien als Motor des Rechtsextremismus.* Berlin, Dudenverlag 2020, S. 232

20 Ebd., S. 195

21 Glenn Kessler, Salvador Rizzo, Meg Kelly: »Trump's false or misleading claims total 30,573 over 4 years«, *The Washington Post,* 24. Januar 2021, www.washingtonpost.com/politics/2021/01/24/trumps-false-or-misleading-claims-total-30573-over-four-years/

22 Timothy Snyder: *Über Tyrannei. Zwanzig Lektionen für den Widerstand.* München, C. H. Beck 2017, S. 43

23 Jason Stanley: *How Fascism Works: The Politics of Us and Them.* New York, Random House 2018, S. 57

24 Snyder, *Über Tyrannei,* S. 51

25 Leo Löwenthal: »Falsche Propheten. Studien zum Autoritarismus«, in: *Schriften 3. Zur politischen Psychologie des Autoritarismus.* Frankfurt a. M., Suhrkamp 1982, S. 22

26 Björn Höcke, zitiert in: »Die Höcke-Rede von Dresden in Wortlaut-Auszügen«, in: *Zeit Online,* 18. Januar 2017, www.zeit.de/news/2017-01/18/parteien-die-hoecke-rede-von-dresden-in-wortlaut-auszuegen-18171207

27 Stanley, *How Fascism Works,* S. 33

28 Heinrich Himmler: »Document 1992 (A)-PS« *National Political Studies for the Armed Forces,* Januar 1937, in: *International Military Tribunal, Trial of the Major War Criminals XXIX.* Nürnberg, The Tribunal 1948, S. 225 f.

29 Vgl. Manoel Horta Ribeiro, Raphael Ottoni, Robert West, Virgílio A. F. Almeida, Wagner Meira: »Auditing Radicalization Pathways on YouTube«, 4. Dezember 2019, www.researchgate.net/publication/335337464_Auditing_Radicalization_Pathways_on_YouTube

30 Zeynep Tufekci: »YouTube, the Great Radicalizer«, in: *The New York Times,* 10. März 2018, www.nytimes.com/2018/03/10/opinion/sunday/youtube-politics-radical.html

31 Robert Evans: »From Memes to Infowars: How 75 Fascist Activists Were ›Red-Pilled‹«, *Bellingcat,* 11. Oktober 2018, www.bellingcat.com/news/americas/2018/10/11/memes-infowars-75-fascist-activists-red-pilled/

32 J. M. Berger: *The Alt-Right Twitter Census: Defining and Describing the Audience for Alt-Rigth Content on Twitter.* Dublin, VOX-Pol Network of Excellence 2018, S. 36, www.voxpol.eu/download/vox-pol_publication/AltRightTwitterCensus.pdf

33 Helder Ferreira do Vale: »Why is Brazil becoming politically radicalized«, in: *Political Studies Association,* 4. Oktober 2018, www.psa.ac.uk/psa/news/why-brazil-becoming-politically-radicalized

34 Max Fisher, Amanda Taub: »How YouTube Radicalized Brazil«, *The New York Times,* 11. August 2019, www.nytimes.com/2019/08/11/world/americas/youtube-brazil.html

Kap. 8

1 Der franko-amerikanische Schriftsteller Jonathan Littell beschreibt diese Szene aus der Sicht seines Protagonisten, des SS-Offiziers Dr.

Maximilian von Aue, in seinem monumentalen Roman *Die Wohlgesinnten* (2008). Die Schilderung in diesem Buch ist hauptsächlich Littells gründlich recherchierter, aber dennoch fiktionalisierter und den Leserinnen vom rein fiktionalen Ich-Erzähler dargebotenen Version entnommen. Die offensichtlichen Authentizitätsprobleme einer solchen Kolportage bitten wir zu entschuldigen.

2 Wikipedia: »Bestand: Himmler am 4. 10. 1943 in Posen«, 8. August 2009, nl.wikipedia.org/wiki/Bestand:Himmler_am_4.10.1943_in_Posen.ogg

3 Ebd.

4 Ebd.

5 Peterson Smith: *Heinrich Himmler,* S. 267 (Bemerkungen zur Edition), S. 273 (Nr. 85) und S. 300

6 Arlie Russell Hochschild: *Fremd in ihrem Land. Eine Reise ins Herz der amerikanischen Rechten.* Frankfurt a. M., Campus 2017, S. 187

7 Ebd., S. 187 f.

8 Löwenthal: »Falsche Propheten. Studien zum Autoritarismus«, S. 37

9 Fran Lebowitz im Gespräch mit Frank Rich, beim Vanity Fair's New Establishment Summit, Transkription ihrer Aussagen: »Let Fran Lebowitz soothe all your election-realted worries« *Vanity Fair,* 20. Oktober 2016, www.vanityfair.com/news/2016/10/fran-lebowitz-trump-clinton-election

10 Ronald Hill: »Trump's Twitter feed shows ›arc of the hero,‹ from savior to showdown«, *The Conversation,* 14. Januar 2021, theconversation.com/trumps-twitter-feed-shows-arc-of-the-hero-from-savior-to-showdown-152888. Der wissenschaftliche Aufsatz befindet sich im Erscheinen.

11 Im Original *fantasy-industrial complex,* »Illusorisch-industriell«, um die ökonomische Systematik des Verkaufs dieser Fiktionen und Trugbilder herauszuarbeiten.

12 Anderson, *Fantasyland,* S. 178

13 Ebd.

14 Ebd., S. 49

15 Corlson Whitehead: *The Underground Railroad.* New York, Doubleday 2016, S. 79

16 Umberto Eco: »Reise ins Reich der Hyperrealität«, in: Ders.: *Über Gott und die Welt. Essays und Glossen.* München, Hanser 2020, S. 35–99, hier S. 53

17 Ebd., S. 41

18 Jean Baudrillard: »Simulacra and Simulations«, in: Ders.: *Selected Writings*, hrsg. v. Mark Poster. Stanford, Stanford University Press 2001, S. 169–187, hier S. 169

19 Vgl. Eco, »Reise ins Reich der Hyperrealität«, S. 81. Vgl. auch Baudrillard, »Simulacra and Simulations«, S. 174.

20 Eco, »Reise ins Reich der Hyperrealität«, S. 81

21 Ebd., S. 82

22 Ebd., S. 83

23 Baudrillard, »Simulacra and Simulations«, S. 175

24 Hannah Arendt: »The Aftermath of Nazi Rule. Report from Germany«, *Commentary*, Oktober 1950, www.commentary.org/articles/hannah-arendt/the-aftermath-of-nazi-rulereport-from-germany/

25 John Maynard Keynes: *Krieg und Frieden. Die wirtschaftlichen Folgen des Vertrags von Versailles.* Berlin, Berenberg Verlag 2014, S. 95

26 Sebastian Haffner: *Geschichte eines Deutschen. Die Erinnerungen 1914–1933.* Stuttgart, Deutsche Verlags-Anstalt 2000, S. 131

27 Ebd., S. 71

28 Ebd., S. 193

29 Ebd., S. 213

30 Christian Berndt: »Dieses Mitleid mit den Opfern war neu«, *deutschlandfunkkultur.de,* 2019, www.deutschlandfunkkultur.de/auswirkungen-der-tv-serie-holocaust-dieses-mitleid-mit-den.976.de.html?dram:article_id=439092

31 Lukas Wieselberg: »Holocaust. Meilenstein der Erinnerung.«, science.ORF.at, 2014, sciencev2.orf.at/stories/1750273/index.html

32 Jens Müller-Bauseneik: »Die US-Fernsehserie ›Holocaust‹ im Spiegel der deutschen Presse (Januar – März 1979). Eine Dokumentation«, Zeitgeschichte-online, *Die Fernsehserie »Holocaust« – Rückblicke auf eine »betroffene Nation«,* März 2004, zeitgeschichte-online.de/sites/default/files/documents/mbauseneik.pdf

33 Ebd.

34 Ebd.

35 Elmar Hügler: »Soll Trivialität geadelt werden?«, *Die Zeit,* 23. Februar 1979, S. 16

36 »Epochale US-Serie ›Holocaust‹ im BR Fernsehen«, BR, 8. Juli 2019, www.br.de/presse/inhalt/pressemitteilungen/serie-holocaust-im-br-fernsehen-100.html

37 Klaus Umbach: »Endlösung im Abseits«, *Der Spiegel* 14. Januar 1979
38 Thomas Chorherr: »Der Holocaust-Masochismus«, *Die Presse*, 3. Februar 1979
39 Volker Tackmann: »Warum die Holocaust-Serie ein neues Ende hat«, *bild.de*, 19. Januar 2019, www.bild.de/unterhaltung/tv/tv/holocaust-serie-erschuetterte-die-nation-warum-sie-ein-neues-ende-hat-59644436.bild.html?wtmc=twttr.shr
40 Wieselberg, »Holocaust«
41 Heidemarie Uhl: *Transformationen des österreichischen Gedächtnisses. Nationalsozialismus, Krieg und Holocaust in der Erinnerungskultur der Zweiten Republik*. Wien, StudienVerlag 2014
42 Hügler, »Soll Trivialität geadelt werden?«
43 Volker Steinhoff: »Holocaust. Die Lüge von den ahnungslosen Deutschen«, *ndr.de*, 2001, daserste.ndr.de/panorama/archiv/2001/Holocaust-Die-Luege-von-ahnungslosen-Deutschen,erste7664.html
44 Vgl. Bassam Tibi: *Europa ohne Identität? Europäisierung oder Islamisierung*. Stuttgart, ibidem-Verlag 2016.
45 Ebd., S. 21
46 Vgl. ebd., S. 100.
47 Julian Nida-Rümelin: »Streitgespräch Integrationspolitik und kulturelle Anerkennung – Alternative zu ›Leitkultur‹ und Parallelgesellschaft?«, in: *Neue Gesellschaft / Frankfurter Hefte*, 10, 2007, S. 43
48 »Sommerpressekonferenz von Bundeskanzlerin Merkel«, im Wortlaut, 31. August 2015, www.bundesregierung.de/breg-de/aktuelles/pressekonferenzen/sommerpressekonferenz-von-bundeskanzlerin-merkel-848300

Kap. 9

1 Dieter Duhm: *Der unerlöste Eros*. Radolfzell, Verlag Meiga 1991, S. 78
2 Jack Holland: *Misogynie. Die Geschichte des Frauenhasses*. Feldafing, Zweitausendeins 2020, S. 48 f.
3 Richard Lingeman: *The Noir Forties: The American People From Victory to Cold War*. New York, Nation Books 2012
4 Es wird ihm zugeschrieben, aber eine eindeutige Quelle ist nicht zu finden. Der Drehbuchautor Michael Cunningham könnte ihm die Worte in den Mund gelegt haben. Siehe das Interview mit ihm in

Sarah Anne Johnson: *The Very Telling: Conversations With American Writers.* Lebanon (USA), University Press New England 2006, S. 14.

5 Lena Richter: »Queer denken. Erzählstrukturen und Weltenbau aus queerfeministischer Perspektive«, in: *Das Science-Fiction Jahr 2020,* hrsg. v. Hardy Kettlitz, Melanie Wylutzki, Berlin, Hirnkost Verlag 2020

6 Brit Marling: »I don't want to be the strong female lead«, *New York Times,* www.nytimes.com/2020/02/07/opinion/sunday/brit-marling-women-movies.html [eigene Übersetzung]

7 Richter, »Queer denken«

8 Ursula leGuin: »The Carrier Bag Theory of Fiction«, in: *Women of Vision: Essays by Women Writing Science Fiction*, hrsg. v. Denise Dupont. London, St. Martin's Press 1988, S. 153 (eigene Übersetzung)

9 Ebd., S. 152

10 Gail Carriger: *The Heroine's Journey: For Writers, Readers, and Fans of Pop Culture.* O. O., Gail Carriger LLC 2020, Position 101

11 Ebd., Position 111

12 Ebd., Position 115

13 Alex DiBranco: »Male Supremacist Terrorism as a Rising Threat«, *International Centre for Counter-Terrorism – The Hague (ICCT),* 10. Februar 2020, icct.nl/publication/male-supremacist-terrorism-as-a-rising-threat/

14 Robert Bongen, Katharina Schiele: »Rechtsextremismus: Feminismus als Feindbild«, *Tagesschau,* 31. Oktober 2019, www.tagesschau.de/investigativ/panorama/frauenhass-rechtsextremismus-101.html

15 Orion Donovan-Smith: »He pledged to kill ›as many girls as I see‹ in mass shooting. After second chances he's going to prison«, *The Washington Post,* 24. Mai 2019, www.washingtonpost.com/crime-law/2019/05/24/he-pledged-kill-many-girls-i-see-mass-shooting-after-second-chances-hes-going-prison/

16 Veronika Kracher: *Incels. Geschichte, Sprache und Ideologie eines Online-Kults.* Mainz, Ventil Verlag 2020, S. 62 f.

17 Vgl. Laura Bates: *Men Who Hate Women. From incels to pickup artists, the truth about extreme misogyny and how it affects us all.* London, Simon & Schuster UK 2020, S. 18.

18 Vgl. ebd., S. 19.

19 Vgl. die Aussagen von Lisa Sugiura, Dozentin für Kriminologie und

Internetkriminalität an der Universität Portsmouth, zit. in Bates, *Men Who Hate Women,* S. 20.

20 Michael Kimmel: *Angry White Men: American Masculinity at the End of an Era*. New York, PublicAffairs 2017, S. 17

21 Ebd., S. 18

22 Vgl. Heinz Bude: *Gesellschaft der Angst*. Hamburg, Hamburger Edition HIS 2014, S. 58.

23 Mark S. Hamm, Ramón Spaaij: *The Age of Lone Wolf Terrorism. Studies in Transgression*. Columbia, Columbia University 2017, S. 84

24 Ebd.

25 Kracher, *Incels,* S. 178

26 Ebd., S. 180

27 Ebd., S. 178

Kap. 10

1 *Waterworld* (USA 1995, Kevin Reynolds, Kevin Costner)

2 Swapnil Dhruv Bose: »›Waterworld‹: Exploring the failure of the most expensive film of its time«, *Far Out Magazine,* 18, 2021, faroutmagazine.co.uk/waterworld-exploring-the-failure-of-the-most-expensive-film-of-its-time/

3 Anthony Leiserowitz: »Day After Tomorrow: Study of Climate Change Risk Perception«, *Environment,* 46, 2004, S. 22–39

4 Eva Horn: *Zukunft als Katastrophe*. Frankfurt a. M., Fischer 2014, S. 104

5 Dan Kahan: »Fixing the communications failure«, *Nature,* 463, 2010, S. 296–297, hier S. 296, ssrn.com/abstract=1630002

6 Dan M. Kahan, Hank Jenkins-Smith, Donald Braman: »Cultural Cognition of Scientific Consensus«, *Journal of Risk Research,* 14, 2011, S. 147–174, ssrn.com/abstract=1549444, bezugnehmend auf: Michael D. Jones, Mark K. McBeth: »A Narrative Policy Framework: Clear Enough to Be Wrong?«, *The Policy Studies Journal,* 38, 2, 2010, S. 329–353, liberalarts.oregonstate.edu/sites/liberalarts.oregonstate.edu/files/economics/jones31oct2013a.pdf.

7 Vgl. Kahan/Jenkins-Smith/Braman, »Cultural Cognition of Scientific Consensus«.

8 Vgl. Peter H. Kahn, Thea Weiss: »The Importance of Children In-

teracting with Big Nature«, in: *Children, Youth and Environments,* 27, 2, 2017, S. 7.

9 Kim Eckart: »What counts as nature? It all depends«, *University of Washington,* 15. November 2017, www.washington.edu/news/2017/11/15/what-counts-as-nature-it-all-depends

10 Transkript der zweiten Debatte im Rahmen der Präsidentschaftswahl 2008 zwischen John McCain und Barack Obama in Nashville, *New York Times,* 7. Oktober 2008, www.nytimes.com/elections/2008/president/debates/transcripts/second-presidential-debate.html

11 George Marshall: *Don't Even Think About It: Why Our Brains Are Wired to Ignore Climate Change.* New York u. a., Bloomsbury 2014, S. 145

12 Bill Blakemore: »The Elephant We're All Inside«, *ABC News,* 9. November 2012, abcnews.go.com/blogs/technology/2012/09/the-elephant-were-all-inside

13 Jared Diamond: »The Worst Mistake in the History of the Human Race«, *Discovery Magazine,* 1987, www3.gettysburg.edu/~dperry/Class%20Readings%20Scanned%20Documents/Intro/Diamond.pdf

Kap. II

1 Joseph Vogl: *Kalkül und Leidenschaft. Poetik des ökonomischen Menschen.* Zürich, Diaphanes 2011, S. 148

2 Ebd., S. 148

3 Hans-Christoph Binswanger: *Geld und Magie: Eine ökonomische Deutung von Goethes Faust.* Stuttgart, Edition Weitbrecht 1985, S. 9 f.

4 Anna Lowenhaupt-Tsing: *Der Pilz am Ende der Welt. Über das Leben in den Ruinen des Kapitalismus.* Berlin, Matthes & Seitz 2018, S. 19

5 Zitiert in: Meike Stoverock: *Female Choice. Vom Anfang und Ende der männlichen Zivilisation.* Berlin, Tropen 2021, S. 58.

6 Kate Raworth: *Die Donut-Ökonomie. Endlich ein Wirtschaftsmodell, das den Planeten nicht zerstört.* München, Hanser 2018, S. 41

7 Andreas Reckwitz: *Das Ende der Illusionen.* Berlin, Suhrkamp 2019, S. 193 f.

8 Karl R. Popper: *Die offene Gesellschaft und ihre Feinde. Bd. 1: Der Zauber Platons.* München, UTB-Francke 1975, S. 609 f.

9 Das Manifest ist hier abrufbar: Combaehee River Collective: The Statement, 1977, combaheerivercollective.weebly.com/the-combahee-river-collective-statement.html

10 Keeanga-Yamahtta Taylor (Hrsg.): *How We Get Free: Black Feminism and the Combahee River Collective*. Chicago, Haymarket Books 2017, S. 17

11 Reckwitz, *Das Ende der Illusionen,* S. 197

12 Vgl. Thomas Bauer: *Die Vereindeutigung der Welt. Über den Verlust an Mehrdeutigkeit und Vielfalt*. Ditzingen, Reclam 2018, S. 15–21.

Kap. 12

1 masinope.be/nieuws/coronavirus-climate-change-and-the-environment/ (eigene Übersetzung)

2 Vgl. Vanja Budde: »Botschaften aus Bergamo«, *Deutschlandfunk,* 7. Oktober 2020, www.deutschlandfunk.de/corona-in-norditalien-botschaften-aus-bergamo.795.de.html?dram:article_id=485364. Siehe auch: Mirco Nacoti, Andrea Ciocca, Angelo Giupponi, et al.: »At the Epicenter of the Covid-19 Pandemic and Humanitarian Crises in Italy: Changing Perspectives on Preparation and Mitigation«, *NEJM Catalyst Innovations in Care Delivery,* 3. März 2020, catalyst.nejm.org/doi/full/10.1056/CAT.20.0080

3 Andreas Malm: *Klima:x*. Berlin, Matthes & Seitz 2020, S. 17

4 Zitiert in: Tim Harford: *The Next Fifty Things that Made the Modern Economy*. London, Hachette 2020, S. 80.

5 Korinna Henning, Christian Drosten: »Coronavirus-Update: There is glory in prevention«, NDR, 11. Juni 2020, www.ndr.de/nachrichten/info/48-Coronavirus-Update-There-is-glory-in-prevention,podcastcoronavirus221.html

6 Ursula K. Le Guin: *Am Anfang war der Beutel*. Klein Jasedow, ThinkOya 2020, S. 68

7 Robert Shiller: *Narrative Wirtschaft. Wie Geschichten die Wirtschaft beeinflussen – ein revolutionärer Ansatz*. Kulmbach, Plassen 2020, S. 29

8 Ebd., S. 29

9 Ebd., S. 47

10 Kwame Anthony Appiah: *Eine Frage der Ehre oder: wie es zu moralischen Revolutionen kommt*. München, C. H. Beck 2011, S. 55

11 Für die englische Version »The imagination is a muscle. If it is not exercised, it atrophies« finden sich einige Quellen, aber kein Ursprung des Zitats.

12 Thomas Morus: *Utopia*, O.O. eClassica 2013, S. 58

13 Ulrich Schnabel, Thomas Assheuer: »Die soziale Ich-Maschine«, www.zeit.de/2010/24/Prinz-Interview

14 Simone Weil: »Die Ilias oder das Poem der Gewalt«, in: *Krieg und Gewalt. Essays und Aufzeichnungen.* Zürich, Diaphanes 2011, S. 161

15 Elisabeth von Thadden: »Wir begreifen heute, dass unsere Lebensform nicht fortsetzbar ist«, www.zeit.de/kultur/2021-04/wolfram-eilenberger-corona-krise-philosophie-kapitalismus-hoffnung-entwurzelung

16 Weil, »Die Ilias«, S. 163

17 Terry Pratchett, Ian Stewart, Jack Cohen: *Die Philosophen der Rundwelt. Die Wissenschaft der Scheibenwelt.* München, Piper 2012, S. 42

18 Ebd., S. 44

Register

»John Dylan-Haynes gilt als einer der profiliertesten Hirnforscher weltweit.«

DER SPIEGEL

Wie entstehen Gedanken? Sind sie vor Zugriff von außen sicher oder wird man irgendwann per Gehirnscan unsere Wünsche, Lügen und Gefühle erkennen können? Wird das Marketing unsere Hirnprozesse gezielt beeinflussen, um ein Verlangen nach bestimmten Produkten zu erzeugen? Haben wir überhaupt einen freien Willen? Wieso kann man Entscheidungen im Gehirn schon sehen, bevor sich jemand bewusst entscheidet? John-Dylan Haynes und Matthias Eckoldt gehen diesen Fragen nach und liefern spannende Einblicke in die Möglichkeiten und Grenzen der Hirnforschung.

John-Dylan Haynes und Matthias Eckoldt
Fenster ins Gehirn
Wie unsere Gedanken entstehen und wie man sie lesen kann

Hardcover mit Schutzumschlag
Auch als E-Book erhältlich
www.ullstein.de

ullstein

WO IST DIE LINKE, DIE IHREN NAMEN VERDIENT?

Klimawandel, Wirtschaftskriege, echte Kriege, Menschen auf der Flucht, das freie Denken bedrängt von Populismus und Political Correctness: Unsere Welt leidet an Stapelproblemen. Wer bietet Lösungen? Der Kapitalismus sicher nicht, er ist ja meist deren Ursache. Vielmehr brauchen wir eine neue Form des Kommunismus – eine linke Agenda, die nicht kleinkariert, sondern global denkt, den wahren Feind ins Visier nimmt und das konkrete Handeln zum Wohle aller in den Mittelpunkt rückt.

»Slavoj Žižek ist Psychoanalytiker, Kommunist – und einer der aufregendsten europäischen Philosophen der Gegenwart.«
Deutschlandfunk

Slavoj Žižek
Ein Linker wagt sich aus der Deckung

Aus dem Englischen von Frank Born, Michael Adrian und Karen Genschow
Hardcover mit Schutzumschlag
Auch als E-Book erhältlich
www.ullstein.de

Das 20. Jahrhundert im Spiegel eines faszinierenden Gebäudes und einer unvergleichlichen Stadt

Gebaut von einem jüdischen Industriellen aus Böhmen; durch einen Wehrmachtsgeneral vor der Zerstörung bewahrt; schließlich von Shirley Temple und anderen US-Botschaftern mit neuem Glanz versehen – das ist die Geschichte des Petschek-Palais, eines der berühmtesten Gebäude der Stadt Prag. Norman Eisen erzählt mit viel Charme die spannende Geschichte dieses Hauses, das den Ersten und Zweiten Weltkrieg ebenso überdauerte wie die Ära des Kommunismus und den Prager Frühling und schließlich die Rückkehr der Demokratie erlebte.

»Ein bemerkenswertes Buch und ein erstrangiges Werk der Geschichtsschreibung.« *Madeleine Albright*

Norman Eisen

Der letzte Palast von Prag

Ein legendäres Haus und die Stürme des 20. Jahrhunderts

Aus dem Englischen von Nikolaus de Palézieux
Hardcover mit Schutzumschlag
Auch als E-Book erhältlich
www.ullstein.de

Propyläen